알기 쉬운

# 재무관리

송지영 · 강성익 · 전수영 공저

형지사

# 머리말

최근 재무관리에 대한 관심이 기업뿐만 아니라 일반인들 사이에서도 지속적으로 증대되고 있다. 이는 재무관리가 기업가치극대화 및 주주부의 극대화 등의 기업목표를 달성하기 위하여 자금의 조달 및 운용 등 기업내부의 재무사항을 관리하는 것으로, 이를 통해 기업활동 중 자금흐름과 관련된 제반 의사결정을 보다 효율적으로 수행하기 위한 이론과 기법을 습득할 수 있을 것이라는 발상에서 연유된다고 여겨진다. 그러나 이와 같은 재무관리에 대한 관심고조에도 불구하고, 여전히 재무관리는 어렵고 지루한 과목이라는 인식이 팽배해 있는 것도 사실이다.

이와 같은 제반사항을 고려하여 본 서에서는 재무관리를 처음 공부하는 대학생들이 재무관리에 대한 전반적인 흐름과 세부적인 재무이론 및 관리기법을 알기 쉽게 이해할 수 있도록 하는 데에 주안점을 두고 기술하였다. 본 서의 주요 특징을 서술하면 다음과 같다.

첫째, 기본적으로 각 장의 주제 및 목표제시, 기본개념과 기법에 대한 이해를 바탕을 둔 내용전개, 중요개념 및 용어, 연습풀이 등의 일련의 구성 하에서 재무관리를 처음 공부하는 사람이 보다 흥미를 갖고 재무관리와 관련한 제반문제에 체계적으로 접근하고 이해하는 데 도움을 주고자 하였다.

둘째, 부분적인 학습을 통해 전체적인 내용을 쉽게 이해할 수 있도록 기본적이고 핵심적인 내용을 중심으로 기술하였다.

셋째, 가능한 한 많은 예제를 제시하였다. 이와 같은 예제풀이를 통해 기본적인 개념과 기법을 쉽게 이해할 수 있도록 하였다.

넷째, 각 장 연습문제를 제시하여 주요개념 및 용어를 스스로 점검할 수 있는 기회를 부여함과 아울러, 제시된 문제풀이를 통해 기본개념과 기법에 대한 이해를 증진시키고자 하였다.

본 서는 한 학기에 강의가 가능하도록 13장으로 구성되어 있으며, 아래와 같이 집필을 각각 분담하였다.

제 1 장 재무관리의 개념, 제 6 장 자산의 가치평가, 제 7 장 자본예산/강성익 교수,

제 2 장 재무제표와 현금흐름, 제 3 장 재무분석, 제 4 장 기업의 손익분석, 제 5 장 화폐의 시장가치/전수영 교수,

제 8 장 자본비용, 제 9 장 자본구조, 제10장 배당정책, 제11장 기업의 인수・합병, 제12장 선물과 옵션, 제13장 국제재무관리/송지영 교수

저자들 간에 게재순서, 게재내용 등에 대하여 몇 회 걸쳐 조정을 거쳤으나 각 장 간에 약간의 차이가 발생하는 등 여러 가지 미진한 점이 많음을 시인하지 않을 수 없다. 부족한 부분은 앞으로 계속 수정・보완해 나갈 것이며, 여러 부족한 부분들에 대한 독자들의 아낌없는 조언과 질책을 기대한다.

본 서를 집필하는 과정에서 국・내외의 재무관리 교재 및 관련 논문들을 많이 참고하였으며, 주위의 여러분으로부터 많은 도움을 받은 것에 대해 깊이 감사드린다. 끝으로 본 서가 출간되도록 애써 주신 형지사의 유성열 사장님과 최명성 이사님, 그리고 출판관계자 여러분께 감사드린다.

저자들 씀

# 차 례

제 1 장

# 재무관리의 개념

재무관리는 경영학의 한 분야로서 기업이 필요로 하는 자금을 조달하고 조달된 자금을 어떻게 사용할 것인지를 다루는 학문이다. 기업은 필요한 자금을 적시에 잘 조달하여 공급하고 좋은 곳에 투자함으로써 성장 · 발전을 기할 수 있다. 본장에서는 재무관리를 이해하기 위한 기초단계로서 재무관리의 개념과 목표에 대해서 설명하고, 재무관리의 주요기능 중에 하나인 자본조달결정과 관련된 금융시장에 대해서 알아본다.

## 제1절 재무관리의 의의 및 기능

재무관리(financial management)는 회계학, 생산관리, 마케팅, 인사관리, 경영정보학, 국제경영 등과 같이 경영학을 구성하는 세부전공 중의 한 영역이다. 재무관리는 기업의 자금조달과 자금운용을 다루는 학문이기 때문에 기업재무(corporate finance)라고도 한다.

재무관리의 영역은 기업활동 중에서도 자금흐름과 관련된 제반 의사결정을 보다 효율적으로 수행하기 위한 이론과 기법을 다룬다. 기업재무의 문제는 금융기관뿐만 아니라 제조업 등 모든 형태의 기업에서 대두되는 문제이므로 그 적용범위가 가장 넓다. 좁은 의미에서 재무관리는 재무학의 한 영역으로 이해된다. 그러나 재무관리의 넓은 의미에서는 재무학의 영역을 모두 포함하는 것으로 사용하기도 한다.[1)]

기업재무는 일반적으로 좁은 의미의 재무관리로 해석되며, 그 기능으로는 기업경영자가 의사결정 주체로서 기업은 어떠한 사업에 투자할 것인가 하는 투자결정(investment decision), 이러한 투자에 필요로 하는 자본을 어떻게 조달할 것인가 하는 자본조달결정(financing decision)으로 이루어진다.

기업경영을 위하여 어떤 사업을 수행할 것인가 얼마만큼의 자금을 어느 자산에 투자할 것인가에 관한 의사결정을 투자결정이라 하며, 이 투자결정을 달리 표현하면 자산구성을 최적화함으로써 투자수익률의 극대화를 추구하는 기능을 말한다. 기업경영을 위하여 취득하는 자산은 자금이 1년 이상 장기간에 걸쳐 사용해야 하는 장기성자산(건물, 설비 등 비유동자산)과 자금이 단기간에 회수될 수 있는 단기성자산(유동자

1) 재무학(finance)은 일반적으로 투자론, 금융기관론, 재무관리의 세 영역으로 나눈다.

산)으로 구분할 수 있다. 이러한 비유동자산에 관한 투자분석을 자본예산(capital budgeting)이라 한다. 또한 사업수행과 관련하여 일시적으로 보유하게 되는 매출채권, 재고자산과 같은 운전자본도 기업의 유동성에 영향을 미치기 때문에 단기적 관점에서 투자결정의 대상에 포함될 수 있다.

투자에 필요한 자금을 어떻게 조달할 것인가에 관한 의사결정을 자본조달결정(financing decision)이라 한다. 자금조달을 내부자금조달(내부유보자금, 유상증자)과 외부자금조달(회사채발행, 금융기관차입, 해외차입)로 구분하기도 하나, 이들 기업의 자금조달원천은 크게 자기자본과 타인자본으로 구분되며, 각 자본의 구성비율을 자본구조(capital structure)라 한다. 기업이 사용하는 모든 자금에는 고유의 자본비용이 수반되며 기업은 다양한 자본조달방법을 사용하므로 최선의 자금조달결정은 평균자본비용을 최소화하는 것이다. 따라서 기업은 최적의 투자결정과 자금조달결정을 이루었다면 당해 기업의 투자수익률은 자본비용보다 높아야 한다.

재무의사결정의 주된 내용은 재무상태표라는 회계적 양식을 통하여 잘 이해할 수 있다. 투자결정은 재무상태표의 차변항목과 관련된 의사결정이라 할 수 있다. 건물, 기계설비와 같은 투자결정의 결과는 고정자산의 크기로 나타나고, 매출채권, 재고자산 등 운전자본에 관한 투자결정은 유동자산의 크기로 나타난다. 따라서 투자결정은 유동자산과 비유동자산의 투자비중을 결정하는 자산구조(asset structure), 자산믹스(asset mix)의 결정문제이다. 자본조달결정은 재무상태표상의 대변항목과 관련된 의사결정이다. 투자소요자금을 부채 또는 자기자본으로 조달할 것인가를 결정하는 것은 기업의 자본구조(capital structure), 자본조달믹스(financing mix)를 결정하는 것이 된다.

## 제 2 절 재무관리의 대상으로서의 기업

기업의 형태에 따라 기업재무의 형식이 달라질 수 있고 여러 가지 제약이 수반될 수 있다. 먼저 기업의 개념을 파악하기 위하여 경제적 측면과 법적 측면에서 파악하고 그 형태별 장단점을 살펴보기로 한다.

경제적 측면에서는 경제행위를 수행하는 경제주체는 개인, 기업, 정부로 나눌 수 있다. 가계는 생산요소를 공급하고 생산물을 소비하는 경제주체로서 개인이나 가정으로 구성된다. 기업은 생산요소를 고용하여 생산물을 생산하는 생산의 경제주체이다. 경영학에서는 이와 같이 가치의 증식이라는 사적인 목적을 위하여 상품을 제공하는 기업을 연구대상으로 하며, 재무관리는 기업의 투자와 자금의 조달에 관하여 연구하게 된다.

한편 법적측면에서 보면, 민법은 사람(人)을 권리와 의무의 주체로 규정하고, 사람을 자연인과 법인으로 분류한다. 법인이란 단체에 법인격을 부여한 것이고 단체에는 재단과 사단이 있다.[2] 한편 단체에는 영리를 목적으로 하는 단체와 비영리를 목적으로 하는 단체가 있는데, 재단은 반드시 비영리 단체이어야 하나, 사단에는 민법의 규율을 받는 비영리사단과 상법의 규율을 받는 영리사단이 있다. 이에 따라 회사의 인격적 위상을 표시하면 다음과 같다.

2) 사단과 재단에 법인격 없는 경우, 법인격 없는 사단, 법인격 없는 재단이라 한다.

[그림 1-1] 기업의 법적 지위

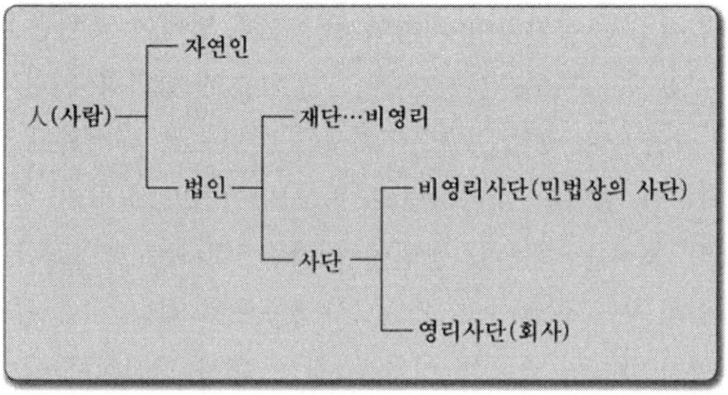


상법은 '회사라 함은 상행위 기타 영리를 목적으로 하여 설립한 사단을 이른다'[3] 고 규정하고, 또한 회사는 '법인으로 한다'[4] 고 규정하고 있다. 따라서 회사는 「사단성」, 「영리성」, 「법인성」을 개념요소로 하여 「영리를 목적으로 한 사단법인」이라 정의할 수 있다. 그러면 다음에서 회사의 개념요소를 사단성, 법인성, 영리성 순으로 설명하기로 한다.

사단이라 함은 일정한 목적을 위해 결합된 사람의 단체를 말한다. 사단은 인적 결합체로서 재산의 집합체인 재단과 구별된다. 회사가 사단이어야 한다는 것은 회사라는 단체가 복수의 사람, 즉 사원(社員)에 그 기초를 두고 있음을 뜻한다. 그러나 회사는 영리실현을 위한 물적 기초로서 자본을 요하므로 사원들은 예외없이 출자를 통해 자본의 형성에 참여하여야 한다. 회사는 비영리사단과 같은 인적 결합체만은 아니고 자본적 결합체의 성격을 갖고 있다.

또한 공동의 목적을 위해 사람이 결합한 단체에는 사단과 조합이 있다. 그러므로 수인이 공동으로 영리사업을 하고자 할 때 법적 조직을 사단으로 할 것인지 조합으로 할 것인지 선택하여야 한다. 일반적으로 결합체의 단체성이 우월하여 구성원으로부터의 독립성이 인정될 때 이

3) 상법 제169조
4) 상법 제171조 제1항

를 사단이라 하고, 그 결합체의 단체성보다는 구성원들의 개성이 뚜렷할 때 이를 조합이라 한다. 양자는 실정법상에서도 차이가 있어 사단은 단체법적인 조직원리에 의하여 규율됨에 반하여 조합은 구성원들의 계약관계일 뿐이므로 기본적으로 구성원들의 합의와 관련 계약법[5]에 의하여 규율된다. 상법은 모든 회사를 사단으로 규정하고 있으므로 상법에 의하여 설립된 회사라면 모두 사단이지만 회사의 종류에 따라서는 조합적 성질을 갖는다. 상법에 의하면 '회사는 합명회사, 합자회사, 유한책임회사, 주식회사와 유한회사 5종으로 한다.'[6]고 규정하고 합명회사, 합자회사는 조합적 성질을 갖는 회사(인적회사)이며, 주식회사는 단체성이 크게 부각되어 가장 사단적인 성격을 갖는다. 유한회사 및 유한책임회사는 합명회사나 합자회사에 비하여 사단적인 결합체이기는 하나, 주식회사에 비하면 조합적인 성격을 갖는다.

상법은 모든 회사에 대하여 법인격을 부여하고 있는데 인격이란 본래 권리·의무의 귀속점을 의미한다. 즉 회사는 권리능력을 가지므로 사원으로부터 독립하여 권리·의무를 취득할 수 있으며 사원은 회사재산에 대하여 직접적인 권리를 갖지 못함을 뜻한다. 회사는 상행위 기타 영리를 목적으로 하는 사단법인이므로 회사가 영리를 목적으로 하기 위하여는 영리행위를 목적으로 할 뿐만 아니라 영리행위에 의하여 얻은 이익을 그 사원에게 분배하는 것까지를 그 목적으로 하여야 한다. 이익의 분배란 이익배당, 지분증가 또는 잔여재산분배 등의 방법에 의하여 회사가 얻은 이익을 사원에게 귀속시키는 것을 말한다.

다음으로 자본시장과 금융투자법에 의하면 증권시장에 상장되는 회사를 상장법인으로 규정하여[7] 회사를 법인으로 하고 증권시장에서 상장대상회사로 하고 있다.

이상과 같이 경제적 측면과 법적 측면에서 기업에 대하여 살펴보았다. 즉 경영학의 대상이 되는 기업은 경제행위를 수행하는 경제주체이

5) 민법 제703조 이하
6) 상법 제170조
7) 자본시장과 금융투자업에 관한 법률 제9조 제1항

며, 영리목적으로 설립된 회사라고 정의할 수 있다. 앞에서 본 바와 같이 기업인 회사는 합명회사, 합자회사, 유한책임회사, 주식회사와 유한회사로 분류할 수 있는데, 앞의 세 가지 형태는 인적 결합의 성격이 강한 소규모 회사에 적합한 형태이나, 주식회사는 대규모회사에 적합한 형태라 할 수 있다. 오늘날 우리나라의 기업은 대부분이 주식회사 형태이며,[8] 증권시장에 상장되어 있는 기업도 주식회사로 되어 있다.

본서에서 논의되는 모든 내용이 주식회사 형태를 전제로 할 것이기 때문에 다음에서 주식회사의 조직과 특성을 알아보기로 한다.

먼저 주식회사의 조직에는 주주총회, 이사회, 감사가 있다. 주주총회는 회사의 소유자인 주주 전원으로 구성되며, 주주의 의사를 수렴하여 회사의 의사를 결정한다. 이사선임, 결산승인 등 법률 및 정관에 규정된 회사의 주요사항을 의결하며, 주주들은 각자 소유하는 주식수에 따라 의결권을 행사한다. 주식회사에 있어서 주주총회는 필요적 상설기관이며, 회사의 소유자로 구성된 최고의결기관이다. 이사회는 주주총회에서 선임된 이사들로 구성된 업무집행에 관련된 사항을 의사결정하는 필요적 상설기관이며, 이사의 직무집행을 감독한다. 이사의 인원수는 3인이 원칙이며 임기는 3년을 초과하지 못한다. 또한 감사는 업무감사를 주된 직무로 하는 필요적 상설기관이며 주주총회에서 선임하고 임기는 3년을 초과할 수 없다.

다음으로 주식회사의 특징을 보기로 한다. 첫째, 주식회사의 자본금은 다수의 주식으로 분할된다. 자본을 주식으로 분할하는 이유는 아주 영세한 자금을 가진 자도 출자에 참여할 수 있게 하는 것이다. 즉 대중자본을 집중시키기 위한 수단으로 창안된 것이다. 나아가서 주식은 주권으로 증권화하여 자유롭게 양도되고 유통시장에서 자유롭게 거래되는데, 이는 주주의 투하자본의 회수를 용이하게 하고 결국 주주의 모집을 쉽게 한다(자본의 증권화). 둘째, 주주는 회사에 대하여 주식의 인

8) 2004년 현재 주식회사의 수는 영리법인 34만 5,749개 중 32만 9,110개로 95.2%이다. 양현봉 · 이상진, 「법인설립제도 개선방안」 2007.

수가액을 한도로 출자의무를 부담할 뿐(주주의 유한책임), 회사채무에 대하여 아무런 책임을 부담하지 아니한다. 합명회사나 합자회사의 사원이 회사의 채무를 개인의 재산으로 책임을 지는 것과 달리 이는 주식회사가 물적회사임을 선명하게 하는 요소이다. 셋째, 주식회사에는 많은 주주가 존재하나 대부분의 주주는 회사경영에 참여하지 아니하며 관심을 두지 아니한다. 단지 주가상승의 자본이득이나 배당수입을 희망할 뿐이다. 따라서 회사의 경영은 소수의 대주주나 전문경영인에 의하여 이루어지는 경우가 많다. 특히 회사의 규모가 클수록, 또한 주식분산이 잘 될수록 전문경영인에 의하여 회사경영이 이루어진다(소유와 경영의 분리).

## 제 3 절 재무관리의 목표

### 1. 기업의 목표

경영자가 기업발전에 필요한 투자결정이나 자금조달 등 재무관리의 여러 기능을 효율적으로 수행하기 위하여는 재무관리에서 궁극적으로 추구하는 목표를 분명히 하여야 한다. 재무의사결정 역시 목표를 지닌 의사결정이므로 목표를 분명히 하고, 그 재무의사결정이 잘 수행되고 있는지에 관하여 평가가 이루어져야 한다. 재무관리는 기업경영의 한 관리부분이므로 재무관리에서 추구하는 목표는 기업의 목표라 할 수 있다.

일반적으로 기업활동의 목표로서 이익의 극대화(profit maximization), 기업가치극대화(maximization of firm value) 및 주주부의 극대화(maximization of shareholder wealth)가 제시되어 왔으나, 전통적으로 제시되어 왔던 이익극대화의 목표는 다음에서 설명하는 바와 같이 여러 가지 문제점이 존재하므로 현대의 재무관리에서는 가장 포괄적인 목표로서 기업가치 극대화 또는 주주부의 극대화를 기업의 목표로 하고 있다.

## 2. 이익의 극대화

전통적으로 기업의 목표로서 이익의 극대화를 기업의 목표로 설정하여 왔는데 이 목표는 다음과 같은 문제점이 있는 것으로 비판되고 있다.

첫째, 이익개념의 모호성이다. 이익에는 영업이익, 순이익, 주당이익 등 여러 가지가 있고 서로 다른 의미를 갖고 있는데 어느 이익을 목표로 할 것인지 분명하지가 않다. 또한 회계적 이익은 기업회계기준에 의하여 계산된 기간이익으로서 기업회계기준상 인정된 회계처리방법이 다양하므로(예컨대, 감가상각방법 및 각종 자산평가방법 등) 어떠한 방법으로 회계 처리하느냐에 따라 동일기업이라 하더라도 회계처리결과가 상이하게 나타날 수 있다. 따라서 이익의 극대화를 재무관리의 목표로 한다면 해당기간의 회계적 이익을 극대화하는 방법만이 정당화될 것이다.

둘째, 이익의 시간성을 고려하고 있지 않다. 동일 금액의 이익이라 할지라도 올해의 이익과 3년 후의 이익은 같을 수가 없다. 즉, 시간적으로 먼저인 것이 높게 평가되어야 함에도 불구하고 시간적 가치가 무시되고 있다. 또한 기업경영방식에 따라서 장단기 이익이 상반되게 나타날 수 있다. 예컨대 연구개발투자를 미루지 않고 그 때마다 투자를 집행한다면 단기이익은 저조하더라도 장기이익은 높게 나타난다.

셋째, 이익실현의 불확실성을 무시하고 있다. 기대이익이 클수록 높은 위험을 수반하는 것이 일반적인데(이익과 위험의 상충관계〈trade-off〉) 이익을 높이기 위하여 위험의 증대를 감수하는 것이 반드시 합리적이라고는 할 수 없다.

넷째, 자기자본비용을 무시하고 있다. 기업은 타인자본과 자기자본 두 가지의 수단으로 자본을 조달한다. 그러나 당기순이익에는 타인자본비용(지급이자)만 차감된다. 자기자본 사용에 대한 대가는 반영되지 않고 있다.

## 3. 기업가치 극대화와 주주부의 극대화

전통적인 기업의 이익극대화는 기업의 목표로서 적절하지 못하다고 비판되고 있다. 현대 재무관리에서는 기업가치 극대화를 기업의 목표로 하고 있다.

기업가치 또는 부는 기업에서 창출하는 미래의 기대현금흐름을 그 위험정도와 시간가치를 고려하여 현재가치로 환산한 기대현금흐름의 현재가치이다. 이를 식으로 표시하면 다음과 같다.

$$V = \sum_{t=1}^{n} \frac{CF_t}{(1+k)}$$

$V$ : 기업가치
$CF_t$ : $t$기의 현금흐름
$k$ : 현금흐름의 위험도를 고려한 할인율

현금흐름은 기업의 영업활동에서 실제로 발생하는 현금의 유입·유출에 의하여 변동될 뿐 회계처리 절차에 의하여 달라지지 않으며, 앞의 식에서 보는 바와 같이 기업가치는 위험의 정도와 현금흐름의 시간가치에 의하여만 변동된다. 따라서 회계이익이 많다고 하여 현금흐름이 증가하는 것은 아니며 기업의 제반 영업활동, 즉 주주들에 대한 배당, 종업원에 대한 임금지급, 원재료 구입 등 현금에 의해서만 가능하기 때문에 기업경영에서 중요한 것은 회계적 이익이 아니라 현금흐름이다. 이와 같이 기업목표를 정의하면 개념이 명확하고 귀속주체가 분명하며,

현금흐름의 시간성과 위험성이 고려되고 모든 자본비용이 감안되어 가장 적절한 재무관리목표가 된다.

물론 기업에는 주주 이외에도 고객, 종업원, 거래기업. 채권자, 조세징수자로서의 정부 등 많은 이해관계자(stakeholder)가 존재하며, 각 이해관계자는 현금흐름에 대한 청구권을 보유하므로 때로는 이들 간에 이해상충이 발생할 수 있다. 그러나 기업이 주주가치의 증대에 진력하는 것이 다른 이해관계자들의 이익을 침해하는 것은 아니다. 즉 기업경영에서 주주의 역할이 중시되는 이유는 다수의 이해관계자 중에서 주주만이 유일하게 자신의 이익극대화를 추진하는 과정에서 다른 모든 이해관계자들의 이익을 극대화할 수 있기 때문이다.

기업가치는 주주가치와 채권자가치의 합으로 구성된다. 그러나 채권자의 가치는 확정적 원리금으로 확정되어 있으므로 일정하기 때문에 기업가치와 직접적인 관계가 없다. 반면에 주주의 가치는 채권자에 대한 채권을 지급한 후에 남는 잔여재산청구권(residual claim)에 있으므로 기업의 가치에 비례한다 할 수 있다. 또한 주주는 기업의 궁극적 소유주로서 기업의 미래성과에 대한 위험을 부담하므로 주주만이 기업의 진정한 소유주라는 관점에서 기업가치의 극대화 목표는 주주부의 극대화 목표와 일치한다고 볼 수 있다. 어떤 기업이 증권시장에서 상장되어 그 주식이 거래되고 있다면 그 기업의 주주의 가치는 주가와 주식수의 곱으로 나타낼 수 있으므로 주주부의 극대화는 주가의 극대화라고도 말할 수 있다.

## 4. 대리인 문제

앞에서 기업에 관하여 논의한 바와 같이 현대사회에서 지배적인 기업형태는 주식회사제도로 되어 있고 기업가치의 극대화는 바로 주주가치의 극대화라 할 수 있다. 그러면 주식회사가 오늘날 지배적 회사형태가 된 이유는 어디에 있는 것일까? 첫째 이유는 대량생산 체제가 요구하는 거대자본의 동원에 가장 유리한 제도이기 때문이다. 거대자본의 동원만이 문제라면 국가가 조세권을 동원하여 직접 나설 수도 있다. 주식회사제도의 의의는 주식시장을 통하여 위험부담을 가능한 한 낮추어 투자자의 자발적 투자를 최대한 동원할 수 있다는 데 있다. 다음으로 두 번째 이유는 전문경영인을 최대한 효율적으로 활용할 수 있는 제도라는 데 있다.

주식회사제도의 이러한 장점은 소유와 경영의 분리라고 불리는 위험부담능력과 전문경영능력의 분리에서 온다. 이 양 기능을 분리함으로써 주식시장을 통하여 위험을 분산시킬 수 있어 일반투자자들이 부담하여야 하는 투자에 따른 위험부담수준을 전반적으로 낮출 수 있고 위험부담능력의 효율적 배분을 이룰 수 있다. 즉, 주식시장을 통하여 투자자의 위험부담능력과 의사에 따라 상이한 회사에 투자할 수 있으므로 그만큼 거대자본의 효율적 동원이 가능하게 되는 것이다.

그러나 주식회사제도에는 이러한 이점만이 있는 것은 아니다. 주식회사제도의 문제는 장점으로 지적되는 위험부담능력과 경영능력의 분리에서 나온다. 이 양 기능의 분리에서 나오는 것이 소위 대리인의 문제(agency problem)이다. 대리인 문제란 대리인관계(agency relationship)에서 발생하는 대리인비용(agency cost)에 관한 문제이다. 대리인관계는 주인(principal)이 대리인(agent)으로 하여금 주인의 이익을 위하여 행사할 것을 조건으로 자신의 권리를 일부를 행사하게 하고 대리인의 그 노력에 대하여 보상을 지급하는 관계이다. 대리인이란 주인으로부터 그러한 임무를 위임받은 자이다. 그런데 대리인이론에 의하면 대리인은 주인의 이익의 희생위에 자신의 이익을 추구하려는 이기적 동기를 가질 수 있기 때문에 주인과 대리인 사이에는 이해상충의 문제 즉 대리인문제가 발생할 수 있고, 여기에서 발생하는 비용이 대리인비용이다.[9)]

오늘날 기업에서는 소유와 경영이 분리되어 주주는 자본에만 참여하고 경영은 전문경영인에게 위임되어 있다. 따라서 대리인의 논리는 기

9) 박세일, 『법경제학』, 2003, 박영사, 441~443쪽.

업에 바로 적용할 수 있는데 주주는 주인이고 경영자는 대리인이 되어서 주주와 경영자 간에는 대리인의 문제가 발생하며, 대리인비용이 발생하게 된다. 그러면 투자결정에 있어서 과소투자와 과잉투자와 관련한 주주와 경영자 간의 대리인문제를 알아보기로 한다. 만일 위험이 다소 높지만 투자가치는 충분한 사업기회가 대두되었을 경우 주주입장에서는 투자하는 것이 유리하지만 경영자가 만약의 투자실패로 인한 인책 가능성 때문에 투자를 기피한다면 주주는 기회손실을 입게 될 것이다. 반대로 경영자가 단순히 외형성장에 따라 자신에게 돌아올 이익을 키우기 위하여 별로 투자가치가 없는 사업에 투자를 한다면 주주가치를 훼손할 수도 있다.

대리인비용의 구성을 더 구체적으로 나누어 보면 다음과 같다. 첫째가 감독비용(monitoring cost)인데 주주의 이익을 추구하는지를 감시하는 외부감사비용, 법률자문비용 등이 있다. 둘째가 경영자보상비용(incentive bonding cost)인데 주주와 경영자의 이해관계가 일치하도록 인센티브를 지급하는데 드는 비용을 말한다. 마지막으로 잔여손실비용(residual loss)인데 과다비용지출, 무사안일주의의 자족성향, 외형위주의 경영전략 등 주주목표와 경영자목표 간의 괴리로 인하여 초래되는 기업가치의 감소분을 말한다.

현대 기업에 있어서 경영자들이 효율경영을 위하여 노력하도록 유도하고 경영자들의 이해관계를 주주의 이해관계와 일치하도록 유인하는 메커니즘에 의하여 대리인 비용을 축소할 수 있는데 기업내부와 기업외부의 기업경영 규율장치가 존재한다. 먼저 내부규율을 보면, 첫째로 사외이사제와 같은 견제장치 즉 주주총회에서 임원 선출권을 통하여 경영자를 교체하는 견제기능이다. 둘째로 스톡옵션이나 종업원지주제도와 같은 경영자보상제도를 들 수 있다. 경영자보상제도는 경영자가 주주의 이익극대화를 위하여 진력하게 하는 유인이며, 기업이 경쟁력 있고 유능한 경영자를 선임할 수 있는 중요한 수단으로 작용한다. 다음으로 외부시장규율을 보면, 상품시장에서는 경쟁촉진, 공정거래 정책, 환경단체운동 등의 압력으로, 노동시장에서는 경영자 인력시장에서의 경쟁압력이나, 경영자에 대한 평판은 경영자로 하여금 주주의 이익을 위하여 노력하도록 하는 압력이 될 수 있다. 또한 금융시장에서는 대출채권심사 및 사후감독, 부실기업에 대한 주거래은행 관리 등으로, 자본시장에서는 경영자의 의사결정이 주가에 반영됨으로써 주가가 경영자의 효율적 경영을 유도하는 기능을 수행한다. 자본시장에서 경영자가 비효율적으로 경영하는 경우에는 주가의 하락 등으로 기업인수의 표적이 되고 또는 적대적 M&A의 가능성으로 무능한 경영자의 교체압력으로 작용하게 된다. 이와 같은 기업경영규율장치 중에서도 경영자에게 가장 직접적으로 영향을 미칠 수 있는 것은 자본시장이다. 결국 경영자들은 주주부의 극대화를 위하여 진력하게 되고 주주 중시 경영을 할 수밖에 없다. 이상과 같은 제도적 장치로 주식회사제도의 소유와 경영이 분리로 인한 단점인 대리인비용의 문제점이 상당 부분 해결될 수 있다고 볼 수 있다.

## 제 4 절 금융시장과 기업재무

### 1. 금융시장

재무관리의 주요기능 중 하나가 자본조달결정이며 재무담당 경영자는 금융시장과 밀접한 관계를 갖고 있다. 기업이 필요한 자금을 수시로 조달하고 또한 일시적인 여유자금을 효율적으로 운영하기 위하여는 재무담당 경영자는 금융시장을 잘 이해하고 있어야 한다.

금융시장(financial market)이란 자금공급자와 자금수요자간에 금융거래가 조직적으로 이루어지는 장소를 말하며, 재화시장처럼 특정한 지역이나 구체적 공간뿐 아니라 자금의 수요와 공급이 유기적으로 이루어지는 추상적인 공간을 말한다. 금융거래가 이루어지기 위하여는 금융수단(financial instruments)이 필요한데 이러한 금융수단을 금융자산 또는 금융상품이라 한다.10) 금융경제 전체적으로 보면 가계부문은 소득이 지출보다 많으므로 자금의 공급하는 흑자주체이며, 기업은 소득을 상회하는 투자활동을 하므로 자금을 수요하는 적자주체이다. 따라서 금융시장은 가계부문에 여유자금을 운용할 수 있는 수단을 제공하고 흡수한 자금을 투자수익성이 높은 기업을 중심으로 기업부문에 이전시킴으로서 국민경제의 생산력을 향상시킨다.11) 기업은 금융시장을 통하여 저렴한 비용으로 자금을 조달하여 투자활동을 하게 되며, 이러한 금융시장이 없다면 기업은 투자에 필요한 자금을 전적으로 개인의 재산이나, 기업의 영업활동으로 벌어들인 자금에 의존하게 되므로 기업의 성장잠재력은 제한적일 수밖에 없다.

## 2. 직접금융과 간접금융

기업이 금융시장을 통한 자금조달에는 크게 직접금융(direct financing)과 간접금융(indirect financing)으로 나눌 수 있다. 직접금융이란 자금수요자가 자기명의로 발행한 증권12) 즉 주식이나 채권을 자금공급자에게 교부하고 자금을 조달하는 것을 말한다. 주식을 소유하게 된 주주는 해당기업의 이익배당이나 잔여재산의 분배를 청구할 수 있는 권리를 갖게 된다. 또한 주주총회에서 이사회의 구성 등 기업의 주요사항을 결정하는 의결권을 갖게 된다. 한편, 채권을 소유한 채권자는 장기적인 이자수입과 만기시에 원금을 상환받을 수 있는 권리를 가지며 기업의 이익과 잔여재산에 대한 청구권에 있어서 주주보다 우선권을 갖는다. 직접금융이라 해서 유가증권 발행회사가 발행, 매출, 이자지급,

10) 금융자산은 현재 또는 미래의 현금흐름에 대한 청구권을 나타내는 증서로서 예금증서, 어음, 채권 등이 그 예이다.
11) 한국은행, 『우리나라의 금융시장』, 2007, 3~4쪽.
12) 직접증권 또는 본원적 증권(primary security)이라고 한다.

원금상환 등 모든 관련업무를 하는 것은 아니다. 기업에 대하여 증권발행의 시기, 규모, 조건 등에 관하여 조언하고, 발행, 매출 등의 업무를 책임지고 수행하는 금융기관이 필요한데 이를 담당하는 회사를 투자은행(investment bank)이라 한다. 또한 기 발행된 증권을 소유한 자가 타인에게 양도하여 자금을 회수할 경우에도 증권의 매매를 중개하는 금융회사가 존재한다.[13] 이와 같이 직접금융은 자금의 수요자와 자금의 공급자간에 증권의 매매형태를 통하여 자금이 수수되나 투자은행 등은 수수료를 받고 자금이전을 중개하여 줄 뿐이다. 따라서 자금의 이전을 인수, 중개, 주선하는 금융기관은 자금의 공급자와 수요자에 대하여 책임을 부담하지 아니하고, 자금의 공급자와 수요자 간에 책임문제가 발생하게 된다. 이와 같은 자금거래가 이루어지는 시장을 직접금융시장이라 하며, 그 거래기간에 따라 1년 미만의 단기자금이 거래되는 시장을 단기금융시장(money market)이라 하고 장기자금이 거래되는 시장을 자본시장(capital market)이라 한다. 자본시장은 다시 타인자본이 거래되는 회사채시장과 자기자본을 조달하는 주식시장으로 구분할 수 있다.

한편 간접금융은 자금의 공급자와 최종수요자 사이에 은행이나 보험회사와 같은 금융중개기관(financial intermediaries)이 개입하여 자금을 이전하는 방식이다. 은행이 일반적으로 단기자금을 전문적으로 취급하는 반면, 생명보험회사와 연기금 등은 장기자금을 주로 조달한다. 간접금융에서는 자금의 공급자는 예금통장이나 정기예금증서 및 보험증서와 같이 은행 및 보험회사가 발행한 증서를 소지하게 되며, 이 자금의 공급자에 대하여는 금융중개기관들이 책임을 부담하며, 자금의 수요자는 금융중개기관들에 대하여 책임을 부담한다. 따라서 간접금융기관들은 자금의 공급자와 수요자 사이에서 수수되는 자금의 금리차, 또는 운용수익을 취득하는 업무를 영위하게 되는 것이다. 따라서 직접금융과 달리 자금의 공급자와 수요자간에는 어떠한 금융거래로 인한 책임을

13) 우리나라의 「자본시장과 금융투자업에 관한 법률」에서는 투자매매업을 하는 투자금융업자로 규정하고 있다.

지지 아니한다. 이러한 자금이 거래되는 시장을 예금증서시장, 보험증권시장이라 한다.

[그림 1-2] 금융시장과 자금흐름

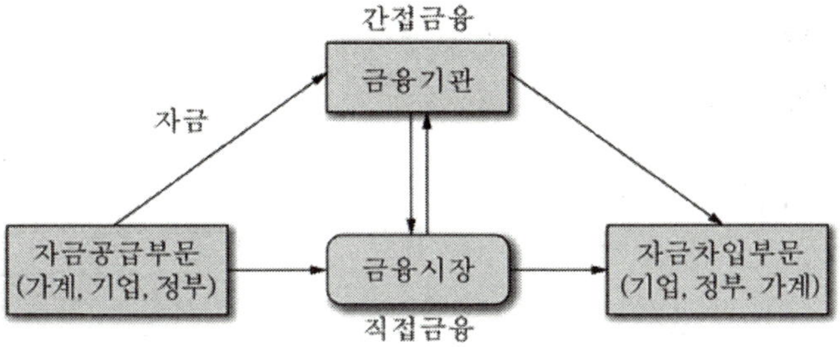


## 3. 발행시장과 유통시장

금융시장은 거래단계에 따라 발행시장과 유통시장으로 나눌 수 있다. 발행시장(primary market)은 단기금융상품이나 채권, 주식 등 장기금융상품이 새로이 발행되는 시장이며, 기업 등이 자금을 직접 조달하는 시장이다. 앞에서 직접금융에서 설명한 바와 같이 주로 투자은행의 도움으로 투자자들에게 증권을 모집·매출함으로써 발행기업이 자금을 조달하는 시장이다. 대표적인 발행시장으로 회사채, 국채 등이 발행되는 채권발행시장과 주식을 발행하는 주시발행시장이 있다. 한편 유통시장(secondary market)이란 발행시장을 통하여 이미 발행된 장단기 금융상품이 투자자간 거래되는 시장을 말한다. 유통시장에는 상장주식 또는 채권이 거래되는 증권거래소나, 선물, 옵션 등 파생상품이 거래되는 선물거래소, 그리고 비상장주식이나, 채권 등이 거래되는 장외시장 등이 있다.

발행시장과 유통시장은 상호 유기적인 관계를 맺고 있다. 발행시장이 발달되어 있지 아니하면 새로운 유가증권이 원활하게 공급되지 못하게 되므로 유통시장이 활성화될 수 없으며, 유통시장이 발달되어 있지 아니하면 투자자들이 투자를 기피하게 되어 발행시장이 발달할 수 없게 된다. 유통시장에서 형성되는 증권의 가격은 향후 기업 등이 발행하는 증권의 공정가격 결정에 직접 영향을 미치게 된다.

이상에서 살펴본 바와 같이 금융시장은 [그림 1-3]에서 보는 바와 같이 자금의 조달 및 운용과 관련하여 금융시장을 크게 나누면 간접금융시장과 직접금융시장으로 구분할 수 있다.

[그림 1-3] 우리나라 금융시장의 구조

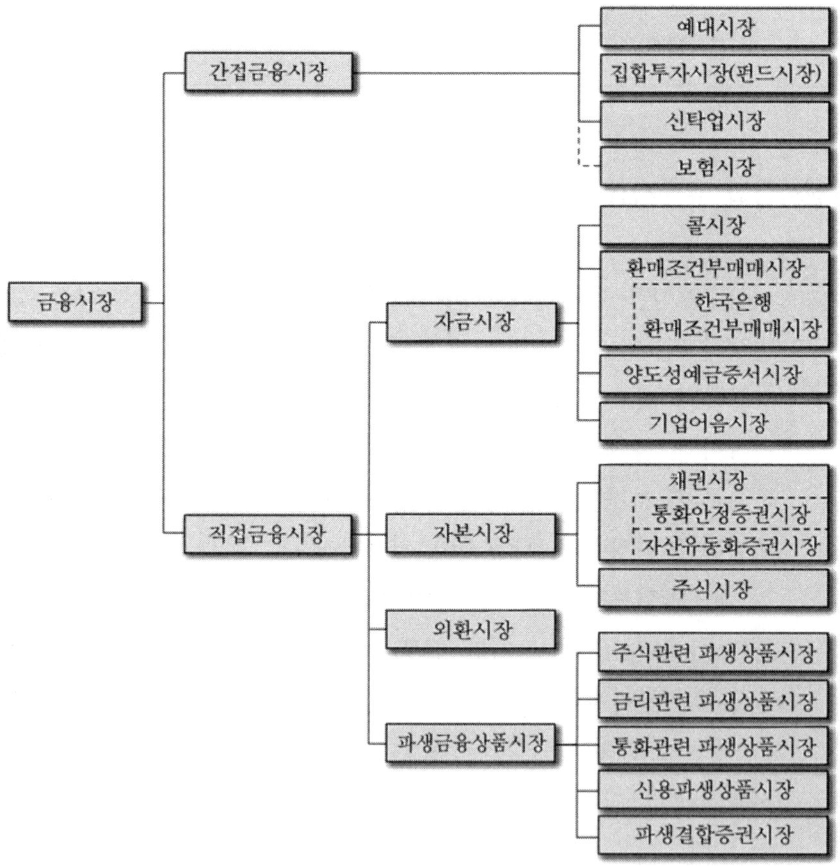


자료 : 한국은행,『한국의 금융시장』, 2012년 12월, 8쪽.

경영자는 직접금융시장과 간접금융시장, 그리고 발행시장과 유통시장을 잘 이해하고 각 시장을 통한 다양한 자금조달방법들을 활용하여 최적의 자금조달전략을 구사하고, 여유자금을 효율적으로 운영함으로써 기업이 이익극대화에 기여하여야 한다.

## 중요개념 및 용어

| | | |
|---|---|---|
| 재무관리 | 기업재무 | 환매조건부채권 |
| 투자결정 | 자본구조 | 양도성예금증서 |
| 자본조달결정 | 자산구조 | 기업어음 |
| 이익의 극대화 | 이해관계자 | 표지어음 |
| 기업가치극대화 | 잔여재산청구권 | 통화안정증권 |
| 기업가치 | 금융시장 | 국채 |
| 대리인문제 | 직접금융 | 지방채 |
| 대리인비용 | 간접금융 | 회사채 |
| 자본비용 | 단기금융시장 | 금융채 |
| 자본자산 | 자본시장 | 특수채 |
| 재무적 의사결정 | 발행시장 | 선도계약 |
| 효용의 극대화 | 유통시장 | 금융선물 |
| 주주의 부 | 회사채시장 | 차액결제선물환 |

## 연 습 문 제

1. 재무관리의 목표와 기능에 대하여 설명하라.

2. 기업가치의 극대화를 설명하라.

3. 기업재무의 관점에서 기업조직의 특징과 장단점을 설명하라.

4. 주식회사제도의 특성을 설명하라.

5. 주식회사제도에 있어서 대리인제도를 설명하라.

6. 주주와 경영자 간의 이해가 상충될 수 있는 예를 들어 보라. 이러한 이해상충을 완화할 수 있는 방법에 대하여 설명하라.

7. 금융시장의 역할에 대하여 설명하라.

# 제 2 장

# 재무제표와 현금흐름

오늘날에는 다양한 재무정보의 공시요구가 증가하고 있다. 재무정보공시의 기본목적은 정보이용자의 의사결정에 유용한 정보를 전달하는 것이고 이와 같은 목적을 달성하기 위하여 재무정보의 전달과정에서 이용되는 일체의 수단 및 방법을 포괄적으로 총칭하는 용어가 재무보고이다. 본 장에서는 재무보고의 가장 핵심적인 수단으로 이용되는 재무제표의 전체인 재무상태표, 포괄손익계산서, 자본변동표, 현금흐름표 및 주석 등을 살펴본 후 기업의 현금흐름을 살펴본다.

# 제 1 절 재무제표

"재무제표"(financial statements : F/S)는 회계의 최종 산출물로서 기업의 외부이해관계자인 주주, 채권자, 거래처, 정부 등에게 기업의 영업활동에 대한 회계정보를 일정한 양식에 의하여 전달하기 위한 회계보고서이다. 국제회계기준(IFRS: International Financial Reporting)에 의한 재무제표는 재무상태표, 포괄손익계산서, 현금흐름표, 자본변동표, 그리고 주석이 포함된다.[1)]

## 1. 재무상태표

재무상태표(balance sheet)는 일정시점 현재 기업실체의 재무상태(financial position)에 대한 정보를 제공하는 재무보고서이다. 즉 기업이 보유하고 있는 경제적 자원인 자산과 경제적 의무인 부채 그리고 자본에 대한 정보를 제공하는 보고서로서 정보이용자들이 기업의 유동성, 재무적 탄력성, 수익성과 위험 등을 평가하는 데 유용한 정보를 제공한다.

재무상태표의 양식은 계정식과 보고식이 있다. 계정식이란 차변에 자산이, 대변에 부채와 자본이 기재되며 보고식은 좌우의 구별이 없이 재무상태표 상단으로부터 자산, 부채, 자본의 순서대로 기재된다. 기업회계기준에서는 두 가지 방법을 모두 허용하고 있으나, 일반적으로 자산, 부채 및 자본을 동시에 파악할 수 있는 계정식이 주로 사용된다. 계정식으로 표시된 재무상태표 양식은 〈표 2-1〉과 같다.

〈표 2-1〉의 재무상태표 대변은 자본을 어떻게 조달하였는지에 대한

1) 기업회계기준서 제21호

자본조달 원천을 나타내주며, 기업의 보유자산에 대한 채권자와 주주의 청구권에 대한 지분정도를 나타내준다. 부채항목은 채권자들로부터 조달된 자금으로 채권자지분을 나타내고, 자본은 주식발행을 통해 주주들로부터 조달된 자금과 기업내부에 유보시킨 자금으로서 주주 지분을 나타낸다. 차변은 자산항목으로 기업이 영업활동을 위하여 보유·운용중인 자산내역을 나타낸다. 따라서 재무상태표를 구성하고 있는 자산, 부채, 자본항목 사이에는 항상 재무상태표등식(balance sheet equation) 즉, 자산 = 부채 + 자본이 성립한다. 재무상태표에 포함된 항목들과 작성기준을 구체적으로 살펴보면 다음과 같다.

〈표 2-1〉

**재무상태표(요약계정식)**

제×기 20××년 ×월 ×일 현재
제×기 20××년 ×월 ×일 현재

회사명 (단위 : 원)

| 과목 | 제×(당)기 | 제×(전)기 | | 제×(당)기 | 제×(전)기 |
|---|---|---|---|---|---|
| 자산 | | | 부채 | | |
| I. 유동자산 | ××× | ××× | I. 유동부채 | ××× | ××× |
| (1)당좌자산 | | | 1. 매입채무 | | |
| 1. 현금및현금성자산 | | | 2. 미지급금 | | |
| 2. 단기투자자산 | | | 3. 단기차입금 | | |
| 3. 매출채권 | | | 4. 미지급비용 | ××× | ××× |
| 4. 선급비용 | | | 5. .......................... | | |
| 5. 기타 당좌자산 | | | | | |
| (2)재고자산 | | | II. 비유동부채 | | |
| | | | 1. 사채 | | |
| | ××× | ××× | 2. 장기차입금 | | |
| Ⅱ 비유동자산 | | | 3. 장기성매입채무 | | |
| (1) 투자자산 | | | 4. | ××× | ××× |
| 1. 투자부동산 | | | 5. .......................... | | |
| 2. 장기투자증권 | | | | ××× | ××× |
| 3. 지분법적용 투자주식 | | | 부채총계 | ××× | ××× |
| 4. | | | | | |
| 5. | | | 자본 | | |
| 6. .......................... | | | I. 자본금 | ××× | ××× |
| (2) 유형자산 | | | II. 자본잉여금 | ××× | ××× |
| 1. 토지 | | | | ××× | ××× |
| 2. 설비자산 | | | 1. 주식 발행 초과금 | | |
| 3. 비품 | | | 2. 감자차익 | | |
| 4. 차량운반구 | | | 3. .......................... | | |
| 5. 건설중인자산 | | | | | |
| 6. .......................... | | | | | |
| (3) 무형자산 | | | III. 자본조정 | | |
| 1. 영업권 | | | | | |
| 2. 산업재산권 | | | IV. 기타포괄손익누계액 | | |
| 3. 개발비 | | | | | |
| 4. 기타무형자산 | | | V. 이익잉여금 | | |
| | | | 1. 법정적립금 | | |
| (4) 기타비유동자산 | | | 2. 임의적립금 | | |
| | | | 3. 미처분 이익잉여금 | | |
| | | | 자본총계 | ××× | ××× |
| 자산총계 | ××× | ××× | 부채와자본총계 | ××× | ××× |

### 1) 자산항목

자산(assets)이란 경제적 가치가 있는 자원 즉, 자산이란 가치가 있는 물건 또는 권리이며, 현금화가 되는 기간에 따라 크게 유동자산(current assets)과 비유동자산(non-current assets)으로 구분된다.

유동자산은 재무상태표일로부터 1년 이내에 현금화되는 자산이나, 사용되어 소멸될 자산을 말한다. 이는 다시 당좌자산(quick assets)과 재고자산(inventories)으로 구분된다. 당좌자산은 재고자산을 제외한 유동자산을 의미하는 것으로 현금화하는데 시간이 많이 소요되고 불확실성이 높은 유동자산인 재고자산이 제외된 것이다.

비유동자산은 현금화되는 기간이 1년 이상이 되는 자산으로 대부분 영업활동에 사용할 목적으로 장기간 보유하는 자산을 말한다. 비유동자산은 다시 투자자산, 유형자산, 무형자산, 기타 비유동자산으로 구분되며, 토지를 제외한 대부분의 유・무형자산은 감가상각(depreciation)이라는 절차를 통해 장기간에 걸쳐 비용으로 처리된다. 투자자산(investment assets)은 정상적인 영업활동과 관련 없이 타기업을 지배・통제하기 위한 목적에서 장기 투자한 유가증권이나, 여유자금의 활용목적에서 1년 이상 투자한 타회사의 유가증권, 투자목적은 아니지만 예치보증금과 같이 고정적인 성격을 지닌 자산으로 1년 이상에 걸쳐 예치된 예금 등을 말한다. 유형자산(tangible assets)은 실물이 구체적인 형태를 지니고 있는 자산으로서 토지, 건물, 구축물, 기계장치 등을 말한다. 무형자산(intangible assets)은 구체적인 실체가 존재하지는 않지만 영업활동을 위하여 사용할 수 있는 권리를 갖는 자산으로 영업권, 산업재산권, 광업권, 개발비 등이 있다.

### 2) 부채항목

부채(liabilities)란 과거 거래나 사건의 결과로 현재 기업실체가 부담하고 있고 미래에 자원의 유출 또는 사용이 예상되는 의무이다. 즉, 기업이 미래에 재화나 용역의 형태로 타인에게 제공해야 할 현재의 채무를 의미한다. 부채는 1년 이내에 상환할 유동부채(current or short-term liabilities)와 1년 이후에 상환할 비유동부채(non current or long-term liabilities)로 구분된다. 유동부채는 기업의 정상적인 영업주기 내에 결제가 예상되거나 재무상태표일로부터 1년 내에 결제되어야 하는 부채로 단기차입금, 매입채무 등을 포함한다. 비유동부채는 1년 이후에 만기일이 도래하는 부채로서 장기차입금, 사채, 퇴직급여충당부채 및 기타 유동부채 등이 있다.

### 3) 자본항목

자본(capital)은 자산에 대한 소유주 지분 즉, 주주의 지분을 의미하며, 기업이 소유하고 있는 총자산에서 총부채를 차감한 잔액을 말한다. 자본에는 자본금, 자본잉여금, 자본조정, 이익잉여금, 기타포괄손익누계액 등의 계정이 있다.

자본금(capital stock)은 기업의 출자액을 말하는데, 주식회사의 경우 주주들에게 발행한 주식의 액면금액에 발행주식수를 곱한 금액을 말한다. 액면을 초과하여 자본을 조달한 경우 그 초과금액은 주식발행초과금의 과목으로 자본잉여금 계정으로 분류된다.

자본잉여금(capital surplus)은 자본거래 즉, 주주와의 거래에서 발생한 잉여금으로 주식발행, 증자 혹은 감자에서 발생한다.

자본조정(capital adjustments)은 자본과는 관련성이 있으나, 자본에 속하는 자본금, 자본잉여금 및 이익잉여금 중 어디에도 속하지 못하는 성격을 갖는 항목을 말한다. 이러한 항목들은 대부분 자본에 가산 또는 차감하는 성격을 갖는다.

이익잉여금(retained earnings)은 손익거래 즉, 영업활동에서 발생한 잉여금(이익)중에서 주주에게 배당을 지급하고 난 나머지를 기업에 유보시킨 금액으로 이익준비금, 기타법정적립금, 임의적립금 등이 있다.

기타포괄손익누계액(accumulated other comprehensive income)은 기

업실체가 일정기간 동안 소유주와의 자본거래를 제외한 모든 거래나 사건에서 인식한 자본의 변동액 즉, 재무상태표에 매도가능증권평가손익, 해외사업환산손익, 파생상품평가손익 등의 잔액이다

#### 4) 재무상태표 작성기준[2)]

##### (1) 구분표시의 원칙

자산, 부채 및 자본으로 구분하고, 자산은 유동자산과 비유동자산등으로 구분하며, 자본은 자본금, 자본잉여금, 자본조정 등으로 구분하여 표시함을 원칙으로 한다. 이는 재무상태표의 작성에 통일을 기하고 기업간 비교가 용이하도록 하기 위함이다.

##### (2) 총액표시의 원칙

자산, 부채 및 자본에 의하여 기재함을 원칙으로 하며, 자산의 항목과 부채 또는 자본의 항목을 상계함으로써 그 전부 또는 일부를 재무상태표에서 제외해서는 안 된다. 관련과목을 임으로 상계시킬 경우 자산, 부채 및 자본의 실제금액을 파악할 수 없고, 부당하게 거래가 누락될 수 있기 때문이다

##### (3) 1년 기준

자산과 부채는 현재 1년 또는 영업주기를 기준으로 구분하여 표시함을 원칙으로 한다. 즉, 1년 이내에 현금전환 가능성이 있는 자산은 유동자산에 포함시키고, 그렇지 않는 경우는 비유동자산으로 분류한다. 부채는 1년 이내에 상환되어야 할 유동부채와 그렇지 않은 경우 비유동부채로 분류한다.

##### (4) 유동성 배열의 원칙

유동성배열의 원칙은 유동성 순서에 의해 재무상태표에 기록해야 함을 의미한다. 즉, 자산항목의 경우 현금전환 가능성이 높은 자산부터

---

2) 기업회계기준에서는 6가지 재무상태표 작성기준을 표시하고 있다.

기입하고, 부채항목의 경우 상환기일 빠른 순서로 기입하는 원칙을 말한다.

### (5) 잉여금구분의 원칙

기업에서 발생하는 잉여금은 크게 자본잉여금과 이익잉여금으로 구별되는데, 이를 혼동하여 표시하여서는 안 된다는 원칙이다. 즉, 영업성과와 관계없이 발생한 주식발행초과금, 감자차익 등의 자본잉여금과 당기순이익 중에서 배당하지 않고 기업내부에 적립하여 형성된 이익준비금, 기타법정적립금, 각종 임의적립금 등 손익거래에서 발생한 이익잉여금을 구분해야 하는 기준을 말한다.

### (6) 미결산항목의 표시원칙

가지급금, 가수금 등의 미결산계정은 그 내용을 나타내는 적절한 계정과목으로 표시하고, 대조계정 등의 비망계정은 재무상태표의 자산 또는 부채항목으로 표시하여서는 안 된다는 원칙이다.

## 2. 포괄손익계산서

손익계산서(income statement :I/S)는 일정기간 동안의 기업의 수익과 비용을 비교하여 재무성과를 알려주는 재무보고서로 기업의 수익성을 파악할 수 있도록 회계기간 동안 발생한 모든 수익, 비용 및 수익에서 비용을 차감한 순이익(net income)에 관한 정보를 제공한다.

손익계산서 양식에는 계정식과 보고식이 있으나 기업회계기준에서는 보고식만을 인정하고 있으며, 표준식 또는 요약식으로 작성하도록 규정하고 있다. 계정식은 차변에 비용을, 대변에는 수익을 기재하고 수익과 비용의 차액인 순이익은 차변에 기재하여 작성하는 방법이다. 보고식은 수익과 비용을 순서대로 나열하면서 수익에서 비용을 차감한 이익 또는 손실을 나타내는 양식이다. 기업회계기준에 의한 손익계산서 양식은 〈표 2-2〉와 같다.

〈표 2-2〉 손익계산서(요약식)

제×기 20××년×월×일부터 20××년×월×일까지
제×기 20××년×월×일부터 20××년×월×일까지

회사명 (단위 : 원)

| | 제×(당)기 | 제×(전)기 |
|---|---|---|
| Ⅰ. 매출액 | ××× | ××× |
| Ⅱ. 매출원가 | ××× | ××× |
| Ⅲ. 매출총이익 | ××× | ××× |
| (또는 매출총손실) | | |
| Ⅳ. 판매비와관리비 | ××× | ××× |
| 1. 급여 | | |
| 2. 퇴직급여 | | |
| 3. 복리후생비 | | |
| 4. 임차료 | | |
| 5. 접대비 | | |
| 6. 통신비 | | |
| 7. 감가상각비 | | |
| 8. 세금과공과 | | |
| 9. 광고선전비 | | |
| 10. 대손상각비 | | |
| 11. ............ | | |
| Ⅴ. 영업이익 | ××× | ××× |
| (또는 영업손실) | | |
| Ⅵ. 영업외수익 | ××× | ××× |
| 1. 이자수익 | | |
| 2. 배당금수익 | | |
| 3. 임대료 | | |
| 4. 외환차익 | | |
| 5. 외환환산이익 | | |
| 6. ............ | | |
| Ⅶ. 영업외비용 | ××× | ××× |
| 1. 이자비용 | | |
| 2. 무형자산상각비 | | |
| 3. 외환차손 | | |
| 4. 외화환산손실 | | |
| 5. 기부금 | | |
| 6. ............ | | |
| Ⅷ. 법인세비용차감전순이익 | ××× | ××× |
| (또는 법인세비용차감전순손실) | | |
| Ⅵ. 법인세비용 | ××× | ××× |
| Ⅶ. 당기순이익 | ××× | ××× |
| (또는 당기순손실) | | |
| (주당경상이익 : ×××원) | | |
| (주당순이익 : ×××원) | | |

〈표 2-2〉의 손익계산서에는 수익, 비용, 순손익의 정보가 기록되는데, 최근에는 기업의 성과에 영향을 미치는 모든 손익항목을 당기순이익의 하단에 기타포괄손익항목으로 표시하는 포괄손익계산서 작성이 보편화 되고 있다. 즉, 포괄손익계산서(statement of comprehensive income)는 일정기간 동안 소유주와의 거래 이외의 모든 원천에서 자본이 증가하거나 감소하는 정도와 그 내역에 대한 정보를 제공하는 보고서이다. 여기서 소유주와의 거래는 유상증자, 배당 또는 자기주식거래로서, 이러한 거래를 제외한 모든 자본증감내용이 손익계산서에 기록된다는 의미이다.

다음은 포괄손익계산서의 구체적 항목들을 과 작성기준을 살펴보자.

### 1) 수익

수익(revenues)은 기업의 주요 영업활동인 재화의 판매나 용역의 제공 등의 대가로 발생한 경제적효익의 증가분을 말한다. 수익은 자산의 증가나 부채의 감소를 수반하게 되고 궁극적으로는 자본을 증가시킨다. 수익은 크게 영업수익(매출수익)과 영업외 수익으로 구분된다.

매출수익은 상품(제품이나 용역 포함)을 판매한 금액, 즉 주된 영업활동을 통하여 재화 또는 용역을 제조·판매한 대가로 발생하는 매출액을 의미한다.

영업외수익은 제조, 판매 등과 같은 기업의 주된 영업활동 이외의 보조적 또는 부수적 영업활동에서 반복적으로 발생하는 수익으로서, 주로 투자활동이나 재무활동에서 발생한 수익을 말한다. 영업외수익에는 예금이나 대여금 등에 대하여 발생한 이자수익, 주식이나 출자금 등의 단기투자자산 및 장기투자자산으로 인하여 이익 또는 잉여금을 분배받는 배당금수익, 건물이나 토지 등을 빌려주고 받는 임대료, 주식이나 사채를 구입한 가격보다 높은 가격으로 매각한 경우 그 차액인 유가증권처분이익, 건물이나 토지를 구입한 가격보다 높은 가격으로 매각한 경우 그 차액인 유형자산처분이익, 거래시점의 환율과 결제시점의 외화채권, 채무대금의 환율차이로 발생하는 결제이익인 외환차익, 결산일에 화폐성외화자산 또는 외화부채를 환산하는 경우, 환율의 변동으로 인하여 발생하는 외화환산이익 그리고 기업이 자산을 증여받았을 경우 그 자산의 평가액을 나타내는 자산수증이익과 채무를 무상으로 면제받은 경우 채무면제이익 등이 포함된다.

### 2) 비 용

비용(expenses)이란 수익을 얻기 위하여 일정기간 동안 지출한 자산의 감소액을 말한다. 기업이 재화의 판매, 용역의 제공 등 영업활동을 수행함에 따라 발생하는 자산의 유출이나 사용 또는 부채의 증가액을 말한다. 비용과 종종 혼용되어 사용되는 용어 중에 원가가 있는데 엄밀히 말해서 원가(cost)란 재화나 용역을 취득하기 위하여 지급하는 대가이며, 비용은 수익을 얻기 위하여 일정기간 동안 소비되는 재화 및 용역의 원가를 말한다. 손익계산서에 기재되는 비용은 크게 매출원가, 판매비와관리비, 영업외비용, 법인세비용으로 구분된다.

매출원가는 매출된 상품이나 제품의 원가를 말한다. 상기업의 경우는 기초상품재고액과 당기상품 매입액의 합계액에서 기말상품 재고액을 차감하여 산정하며, 제조기업의 경우는 기초제품재고액과 당기제품제조원가의 합계액에서 기말제품 재고액을 차감하여 산정한다.

판매비와관리비는 판매활동과 관리활동에서 발생한 비용을 말한다. 판매비와관리비에는 판매부서와 관리부서 직원에 대한 급여, 건물, 토지 등을 빌려 쓰고 지급한 임대료, 신문, 라디오, 잡지 등에 광고하기 위해 지출한 광고선전비, 건물, 비품, 상품 등에 대해 지급한 보험료 등이 포함된다.

영업외비용은 제조, 판매 등과 같은 기업의 주된 영업활동 이외의 보조적 또는 부수적 영업활동에서 반복적으로 발생하는 비용으로서, 주로 투자활동이나 재무활동에서 발생한 비용이나 손실을 말한다. 영업외비용에는 차입금에 대하여 발생한 이자, 주식이나 채권을 구입한 원가보다 낮은 가격으로 매각한 경우 그 차액인 유가증권처분손실, 건물이나 토지를 구입한 원가보다 낮은 가격으로 매각한 경우 그 차액인 유형자산처분손실, 그리고 거래시점의 외화채권, 채무의 환율과 결제시점의 외화채권, 채무의 환율차이로 발생하는 손실인 외환차손, 결산일에 화폐성외화자산 또는 부채환산시 환율변동으로 인한 외화환산손실 등이 포함된다.

법인세비용은 법인세법 등의 법령에 의하여 당해 사업연도에 부담하여야 할 법인세 등을 말한다.

### 3) 포괄이익

일반적으로 이익(income, earnings)은 일정기간 발생한 총수익에서 총비용을 차감한 금액이다. 즉, 일정기간의 총수익이 총비용보다 크면 당기순이익(net income)이라 하고, 총수익보다 총비용이 더 큰 경우에는 이를 당기순손실이라 한다. 기업은 수익과 비용을 그 발생원천에 따라 구분한 후 그 발생원천이 비슷한 유형의 수익과 비용을 대응시킴으로써 단계별로 이익을 산출한 한다. 예를 들면, 기업의 가장 중심적인 영업활동과 관련하여 발생한 수익, 즉 매출액에 매출원가를 대응시켜 매출총이익(gross profit)을 계산하고 여기에 매출 및 영업수익을 창출하기 위해 간접적으로 소비된 판매비와 관리비를 차감하여 영업이익을 계산한다. 영업이익에 정상영업활동 이외에서 발생하는 영업외수익을 가산하고, 영업활동과 관련 없이 발생하는 영업외비용을 차감하여 법인세비용차감전순이익(profit before income tax)을 산출하며, 여기에 다시 법인세비용을 차감하여 당기순손익을 계산한다.

한편, 일부 항목은 광의의 수익과 비용에 포함되지만 회계기준에 의하여 당기손익에 반영하지 못하도록 되었는데 이들은 기타포괄손익(other comprehensive income)으로 분류되어 보고된다. 결국 기타포괄손익은 자본을 증가 또는 감소시키지만 순이익계산 시에는 제외되는 기타항목이다. 기타포괄손익의 한 예로 토지나 건물 등의 유형자산에 대한 자산재평가이익이 있다. 총포괄손이익은 아래와 같이 당기순손익과 기타포괄손익의 합이다.

총포괄손익 = 당기순손익 + 기타포괄손익

포괄손이익계산서는 당기순손익과 기타포괄손익을 보고하며 이 둘의 합계는 총포괄이익(total comprehensive income)이 된다. 총포괄손익은 당기 중 자본의 변동을 가져오는 손익거래를 모두 반영한다.

포괄손익계산서의 구조는 크게 수익에서 비용을 차감하여 당기순이익을 산출하고 당기순이익에 기타포괄손익을 더해주면 총포괄손익을 구할 수 있다.

#### 4) 손익계산석 작성원칙

##### (1) 발생주의와 실현주의 기준

모든 수익과 비용은 그것이 발생한 기간에 정당하게 배분되도록 처리하여야 한다. 다만, 수익은 실현시기를 기준으로 계상하고, 미실현수익은 당기의 손익계산에 산입하지 아니함을 원칙으로 한다.

##### (2) 수익 · 비용 대응표시의 기준

수익과 비용은 그 발생원천에 따라 명확하게 분류하고 각 수익항목과 이와 관련되는 비용항목을 대응하여 표시하여야 한다.

##### (3) 총액주의 기준

수익과 비용은 총액으로 기재함을 원칙으로 하고 수익항목과 비용항목을 직접 상계함으로써 그 전부 또는 일부를 손익계산서에서 제외해서는 아니 된다.

##### (4) 손익 구분표시의 기준

손익계산서는 매출총손익, 영업손익, 법인세비용차감전순손익, 당기순손익으로 구분 표시하여야 한다.

## 3. 현금흐름표

현금흐름표(statement of cash flows)는 일정기간 동안의 현금흐름(cash flows)을 나타내는 표로서 현금의 변동내용을 명확히 보고하기 위하여, 당해 회계기간에 속하는 현금의 유입(inflows)과 유출(outflows) 내용을 나타내는 재무보고서를 말한다. 현금흐름표에서는 현금에 영향을 미치는 활동을 크게 영업활동(operating activities), 투자활동(investing activities), 재무활동(financial activities)으로 인한 현금의 유출입으로 구분하고, 여기에 기초의 현금을 가산하여 기말의 현금을 산출하는 형식으로 표시한다. 〈표 2-3〉에 이를 예시하였다.

〈표 2-3〉 **현금흐름표(요약식)**

제×기 20××년×월×일부터 20××년×월×일까지
제×기 20××년×월×일부터 20××년×월×일까지

회사명 (단위 : 원)

| 과 목 | 제×(당)기 | 제×(전)기 |
|---|---|---|
| Ⅰ. 영업활동으로 인한 현금흐름 | ××× | ××× |
| 1. 영업활동으로 인한 현금유입액 | | |
| 2. 영업활동으로 인한 현금유출액 | | |
| Ⅱ. 투자활동으로 인한 현금흐름 | ××× | ××× |
| 1. 투자활동으로 인한 현금유입액 | | |
| 2. 투자활동으로 인한 현금유출액 | | |
| Ⅲ. 재무활동으로 인한 현금흐름 | ××× | ××× |
| 1. 재무활동으로 인한 현금유입액 | | |
| 2. 재무활동으로 인한 현금유출액 | | |
| Ⅳ. 현금의 증가(감소) ( Ⅰ + Ⅱ + Ⅲ) | ××× | ××× |
| Ⅴ. 기 초 현 금 | ××× | ××× |
| Ⅵ. 기 말 현 금 | ××× | ××× |

영업활동은 기업의 주요 수익의 창출활동(재화판매, 용역제공 등) 그

리고 투자활동과 재무활동이 아닌 기타 모든 활동을 포함한다. 영업활동으로 인한 현금유입에는 제품판매로 인한 현금유입, 이자수익과 배당수익 등이 있고, 영업활동으로 인한 현금유출에는 원재료, 상품 등의 구입에 따른 현금유출, 종업원에 대한 현금지출, 미지급법인세의 지급, 이자비용 등이 있다. 영업활동으로 인한 현금흐름은 손익계산서의 수익·비용항목에 변동을 가져올 뿐 아니라, 기업의 수익창출활동으로부터 현금을 창출할 수 있는 중요한 경영성과의 척도로서 기업을 재무상태를 나타내는 현금흐름으로 가장 많이 사용된다.

투자활동으로 인한 현금흐름(cash flow from investment activities)은 기업이 성장을 위해 새로운 자산을 구입하거나 현재 상태를 유지하기 위해 지출하는 투자금액 등 기업의 새로운 투자와 관련한 현금흐름을 말한다. 장기성자산 및 현금성자산에 속하지 않는 기타 투자자산의 취득과 처분에 관련된 현금흐름 즉, 유형자산이나 장기적 투자목적의 금융자산이 투자활동으로 인한 현금흐름에 해당한다. 투자활동으로 인한 현금흐름은 미래수익과 미래현금흐름 창출을 창출할 자원의 확보를 위해 지출된 정도를 나타내기 때문에 현금흐름을 별도로 구분하여 공시하는 것이 중요하다.

자산의 처분이나 자금의 회수 등으로 인하여 현금의 유입이 발생하는 경우 처분자산의 장부가액이 아닌 실제의 현금유입액을 기록하며, 자산의 구입이나 자금의 대여시에도 실제의 현금유출액을 기록한다. 따라서 자산의 처분으로 인한 대금을 회수하지 못했거나 자산취득시 대금을 아직 지급하지 않은 경우에는 그만큼 현금유입액과 유출액에서 각각 차감한다. 투자활동으로 인한 현금흐름은 기초와 기말의 재무상태표에서 비유동자산의 증가(또는 감소)분을 살펴보면 알 수 있다.

재무활동으로 인한 현금흐름(cash flow from financing activities)은 기업에 필요한 자금을 조달하고 이에 대한 대가를 지급함으로써 발생하는 현금흐름을 의미한다. 기업은 자금을 조달하기 위해서 부채의 차입 및 주식발행을 하고, 이를 활용한 대가로 채권자에게는 이자와 원금을 지급하며, 주주에게는 배당금을 지급한다. 재무활동으로 인한 현금흐름은 미래현금흐름에 대한 자본제공자의 청구권을 예측하는데 유용하기 때문에 별도로 구분 공시하는 것이 중요하다. 재무활동으로 인한 현금흐름은 재무상태표의 부채와 자본항목의 증감 그리고 손익계산서의 이자비용과 배당금지급액을 살펴보면 알 수 있다.

## 4. 자본변동표

자본변동표(statement of owner's equity)는 일정기간 동안 재무상태표상 자본변동에 관한 내용을 나타내는 재무보고서이다. 자본은 주주들과의 거래로 인하여 변화하거나 영업활동에 따라 발생하는 손익으로 인하여 변화하게 된다. 회사가 최초로 설립되어 주식을 발행하면 주주들이 발행가액에 해당하는 현금 등을 납입하게 된다. 이때 주식의 액면가액에 해당하는 금액은 자본으로 액면가액을 초과하는 금액은 자본잉여금으로 분류되며, 이 둘을 납입자본(paid-in capital)이라고 부른다. 물론 설립 이후 추가로 자금이 필요하여 유상증자를 하는 경우에도 주주들로부터 납입이 이루어지고 그에 따라 자본금 또는 자본잉여금이 변화하게 된다.

한편 회사가 영업활동을 시작함에 따라 수익과 비용이 발생하게 되는데 수익과 비용의 차이인 순이익은 재무상태표상의 자본 중 이익잉여금을 증가시키며 주주들에게 배당금을 지급하면 이익잉여금이 그만큼 감소하게 된다. 이와 같은 자본금, 자본잉여금 및 이익잉여금의 변동내용을 표시한 자본변동표를 〈표 2-4〉에 예시하였다.

〈표 2-4〉 **자본변동표**

20××년 1월 1일부터
20××년 12월 31일까지

회사명 (단위: 원)

| | 자본금 | 자본잉여금 | 자본조정 | 기타포괄손익누계액 | 이익잉여금 | 총 계 |
|---|---|---|---|---|---|---|
| 20××. 1 .1 | ××× | ××× | ××× | ××× | ××× | ××× |
| 회계정책변경누적효과 | | | | | (×××) | (×××) |
| 전 기 오 류 수 정 | | | | | (×××) | (×××) |
| 수정 후 이익 잉여금 | | | | | ××× | ××× |
| 유 상 증 자 | ××× | ××× | | | | ××× |
| 당 기 순 이 익 | | | | | ××× | ××× |
| 배 당 금 | | | | | (×××) | (×××) |
| 20××. 12 .31 | ××× | | | | ××× | ××× |

## 5. 주석

주석(notes)은 재무제표 전반 또는 재무제표상의 해당과목에 기호를 붙이고 별지에 동일한 기호를 표시하여 그 내용의 세부적 사항을 서술적으로 기재하는 방법이다. 예를 들면 크게는 계속기업으로서 존속가능성에 영향을 미칠 수 있는 특정의 위험과 불확실성(예: 거래처파산)이나 재무상태표에는 인식되지 않는 자원(예: 매장광물의 발견)의 기술을 할 수 있다. 작게는 특정 금융자산과 관련하여 만기일과 이자율 및 회수위험 등이 포함될 수 있다.

주석은 재무제표 본문을 강조하거나 더욱 상세히 설명하기 위한 보충수단으로 이용되고 있지만 때로는 내용이 매우 전문적이어서 상당한 노력 없이는 이해하기 어려운 경우도 있다.

# 제2절 현금흐름

## 1. 현금흐름의 이해

재무의사결정을 하는 데 있어서 가장 기초적인 작업 중의 하나는 현금흐름을 정확하게 파악하는 것이다. 기업이 벌어들이는 미래현금흐름을 모르면 기업의 가치를 평가할 수 없다. 기업에게도 미래현금흐름은 매우 중요하다. 기업은 매입한 원재료 및 제품, 상품의 대금을 현금으로 지급할 것이며 기업의 임직원에게도 급여를 지급해야 한다. 영업활동을 위해 투자를 집행하면 현금지출이 발생한다. 자금조달을 위해 발행한 사채가 만기가 되면 일시에 큰 금액을 지급해야 할 수도 있다. 또한 자본의 제공자인 주주들은 일정수준의 배당을 요구할 것이다. 이러한 현금을 지급하기 위해서는 수익창출활동에서 충분한 현금흐름이 발생해야 한다. 현금흐름이 원활하지 못하면 거래처를 잃거나 임직원이 이탈하거나 사기가 저하될 수 있으며, 부채를 갚지 못하면 당기순이익이 발생하는 기업일지라도 부도가 발생할 수 있다. 또한 주주들의 기대치보다 낮을 배당을 지급할 경우 주주들이 경영진을 교체할 수도 있다. 따라서 기업은 현금의 유입과 유출내역에 대해 정확히 파악하고 향후 활동에서 발생할 현금 유출입에 대한 계획을 작성해야 하므로 기업 스스로가 현금흐름정보를 필요로 한다.

현금흐름이란 간단히 기업에 들어오는 현금(cash inflow)과 나가는 현금(cash outflow)의 차이를 말하는데, 재무관리에서 사용하는 현금흐름은 그 계산을 어떻게 하느냐에 따라 영업활동으로 인한 현금흐름(cash flow from operation)과 순현금흐름(net cash flow of the firm), 그리고 잉여현금흐름(free cash flow of the firm)으로 구분된다.

앞으로 살펴볼 투자결정(invest decision)에서 기본적으로 이용될 현금흐름은 영업활동으로 인한 현금흐름이지만 순현금흐름은 영업활동으로 인한 현금흐름과 밀접한 관련을 갖고 있으므로 여기에서 같이 살펴보고자 한다.

### 1) 회계이익과 순현금흐름

기업의 포괄손익계산서를 살펴볼 때 보통 순이익(당기순이익)이 강조된다. 그러나 발생주의(accrual basis)에 의해 계산된 순이익은 실제 현금수입이 없는 수익항목이나 실제 현금지출이 없는 비용항목이 들어 있기 때문에 한 해 동안 기업에 유입된 현금흐름과는 차이가 있다.

물론 발생주의에 의한 순이익(net income)이 향후 기업의 경영성과를 예측하는데 필요한 많은 정보를 포함하고 있기 때문에 현재와 미래의 경영성과를 판단하고 예측하는데 많은 도움이 된다. 하지만 발생주의에 기반한 정보들은 경영자의 주관적인 평가와 추정을 반영하고 있으며 경영자가 자신에게 유리한 회계방법을 선택하여 당기순이익을 조정할 가능성도 있다. 따라서 기업이 보고한 이익의 질을 평가할 때 이익과 현금흐름정보를 함께 살펴보면 유용한 정보를 얻을 수 있다. 즉, 보고된 이익이 높은 현금흐름을 수반하는 경우 그 이익의 질(earnings quality)이 높다고 볼 수 있으며, 이익은 높으나 현금흐름은 나쁜 경우에는 보고된 이익의 질이 상대적으로 낮다고 할 수 있다. 당기순이익에 대응되는 현금흐름으로 기업의 순현금흐름(net cash flow of the firm)이 있으며, 다음과 같이 정의된다.

순현금흐름 = 당기순이익 + 현금지출이 없는 비용 - 현금수입이 없는 수익

앞의 식에서 현금지출이 없는 비용의 대표적인 예는 감가상각비(depreciation)이다. 따라서 현금지출이 없는 비용항목으로 감가상각비만을 고려하고 현금수입이 없는 수익항목을 무시하면 순현금흐름은 당

기 순이익에 감가상각비를 가산한 값이다.

### 2) 영업활동으로 인한 현금흐름

기업의 재무상태를 나타내는 현금흐름으로 영업활동으로 인한 현금흐름이 가장 많이 사용한다. 영업활동으로 인한 현금흐름은 기업의 투자결정에서 기준이 되는 현금흐름으로 다음과 같이 정의된다.

$$\begin{aligned}\text{영업활동으로 인한 흐름} &= \text{영업이익} + \text{감가상각비} - \text{영업이익} \times \text{법인세율} \\ &= \text{영업이익}(1\text{-법인세율}) + \text{감가상각비}\end{aligned}$$

위에서 감가상각비를 더해 주는 것은 영업이익의 계산과정에서 감가상각비가 비용항목으로 차감되었으나 실제로는 감가상각비가 현금지출항목이 아니기 때문이다. 감가상각비는 단순히 장부상에 나타나는 비용의 배분과정이지 실질적인 현금지출을 발생시키지 않는다. 그리고 주의할 것은 영업활동으로 인한 현금흐름을 계산할 때 빼주는 법인세비용은 손익계산서상의 법인세비용이 아니라, 영업이익에 법인세율을 곱해준 값이라는 것이다.

자금조달활동에 따른 효과가 반영되기 전의 현금흐름인 영업활동으로 인한 현금흐름은 자기자본만으로 자금을 조달한 기업이나 타인자본을 사용한 기업이나 똑같은 영업활동을 하고 있다면 동일하다. 그리고 영업이익에 법인세율을 곱해서 계산된 법인세비용은 기업이 타인자본을 쓰지 않고 자기자본만으로 자금을 쓰고 있다면 지출될 법인세비용이다. 따라서 자기자본만으로 자금을 쓰고 있는 기업은 영업이익(1－법인세율)이 바로 당기순이익이므로 위에서 계산되는 영업활동으로 인한 현금흐름은 당기순이익에 감가상각비를 더한 순현금흐름과 같다.

### 3) 잉여현금흐름

투자안을 평가할 때 목적적합한 현금흐름은 실제로 처분가능한 현금흐름이다. 그러므로 기업들은 현금흐름을 계산할 때 투자안으로 인하여 발생되는 운전자본과 자본적지출 등의 소요자본이 포함된 개념인 잉여현금흐름(free cash flow)에 초점을 맞춘다. 잉여현금흐름이란 기업 본연의 사업활동인 영업활동으로부터 창출된 현금흐름에서 세금, 영업비용, 설비투자액을 공제한 후의 잔여현금흐름이며, 이것을 구하는 일반식은 다음과 같다

잉여현금흐름 = 영업현금흐름 - 순운전자본의 변동 - 자본적지출

이 값은 운전자본(working capital)의 변화에서 노후장비 교체를 위한 소요자본을 차감하기 전의 영업현금흐름을 측정하는 가장 좋은 기준이 된다. 이 개념은 재무제표상의 비현금성 감가상각을 노후자산 교체를 위한 실제 현금으로 대체해 준다. 여기서 순운전자본(net working capital)은 유동자산에서 유동부채를 차감한 금액을 의미하고 유지자본지출(sustaining capital spending)은 현행 영업활동을 유지하는데 요구되는 자본비용을 말한다. 따라서 주요 프로젝트에 대한 자본지출이나 기업규모의 확장을 의도한 인수합병, 현행 영업수준 이상의 생산능력 확장 등을 위한 자본지출은 제외해야 한다. 잉여현금흐름은 성과를 측정하는데 비교적 우월하며 가치측정의 지표로 사용되는 순이익보다 더 현실적이다. 이론적으로도 잉여현금흐름은 어떤 기업에 공정가치를 산출하는 개념이다. 기술적으로 잉여현금흐름은 때때로 운전자본 내지 모든 자본지출의 변화를 포함한다. 이 개념은 기업평가자들에 의해 주로 사용되며 향후 예측을 산출할 때 사용한다. 이러한 방식으로 모든 투자지출은 총투자에 대한 결과인 현금흐름으로 포착된다.

잉여현금흐름은 투자자들이 순이익의 대체적인 사용을 인정하는 경우에만 사용할 수 있다. 많은 기업들과 분석자들은 직접적인 잉여현금흐름 수치를 제공하고 있지 않다. 그러나 영업현금흐름에서 총자본투자를 차감함으로써 대략적으로 추정이 가능하다. 기업의 확장을 목적으로

사용된 대규모의 자본지출은 구분할 수 있다면 가급적 생략해야만 하며, 영업활동에 기인한 현금흐름은 비정규적이거나 1회성에 그치는 항목을 제거하여 조정해야 한다.

## 2. 현금흐름표의 작성방법

현금흐름을 표시하는 방법은 크게 총액으로 표시하는 직접법(direct method)과 실무상의 편의를 위해 당기순이익에서부터 출발하는 간접법(indirect method)이 있다. 이 두 가지 방법의 차이점은 영업활동으로 인한 현금흐름을 작성하는 방법에만 차이가 있을 뿐 그 외는 동일하다.

### 1) 직접법

직접법은 실제현금이 유입원천과 유출원천을 보고하기 때문에 재무정보 사용자에게 보다 유용하다. 즉 직접법은 현금을 수반하여 발생한 수익 또는 비용항목을 총액으로 표시하되, 현금유입액은 원천별로, 현금유출액은 용도별로 분류하여 표시한다. 직접법에 의하여 영업활동으로 인한 현금흐름을 산출하려면 직접장부에서 해당 활동으로 인한 유입액과 유출액을 구하거나 손익계산서 항목을 연관시켜 조정함으로써 구할 수 있다. 따라서 손익계산서와의 대비가 쉽다는 장점이 있다.

직접법을 위한 조정 작업은 다음의 [그림 2-1] 절차를 따른다.

손익계산서상의 영업활동관련 계정과목을 고려한다. 즉, 기준관련항목 중 수익은 플러스(+)의 값에서 비용관련항목은 마이너스(-)의 값에서 시작한다. 이때 예외적인 계정과목으로 감가상각비, 대손상각비, 퇴직급여가 있다. 이들은 현금유출이 없는 비용이므로 관련 기준 계정과목의 금액에서 제거한다. 예를 들어 감가상각비의 증가는 비현금성 비용의 증가이므로 발생주의에 의해서 계상된 판매 및 일반관리비 총액에서 감가상각비의 증가분만큼을 제거하여 판관비의 순현금지출액을 구한다.

재무상태표상의 영업활동관련 계정과목을 고려한다. 이때 대변항목의 증가는 현금의 유입을 가져오고 차변항목의 증가는 현금의 유출을 가져온다. 그러므로 현금유입의 증가시 기준계정과목 금액에 가산하고 현금유출의 증가시 기준계정과목 금액에서 차감한다. 예를 들어 매출채권의 경우 재무상태표의 차변항목이므로 매출채권의 증가는 현금의 유입을 뜻하므로 매출액에 가산한다.

[그림 2-1] 직접법에 의한 현금흐름표

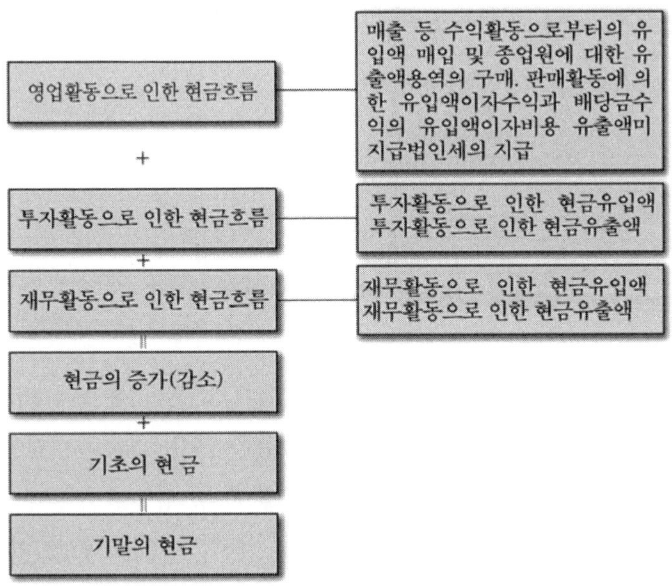


### 2) 간접법

손익계산서나 재무상태표 등에 기재된 금액을 사용해, 발생주의 회계에 의해 측정된 금액으로 현금수지를 수반하지 않는 거래를 조정하여 현금을 기준화하는 방법이다. 다시 말하면 당기순이익(또는 당기순손실)에 현금의 유출이 없는 비용 등을 가산하고 현금의 유입이 없는 수익 등을 차감하며, 영업활동으로 인한 자산·부채의 변동을 가감하여 표시하는 방법으로 [그림 2-2]와 같다.

[그림 2-2] 간접법에 의한 현금흐름표

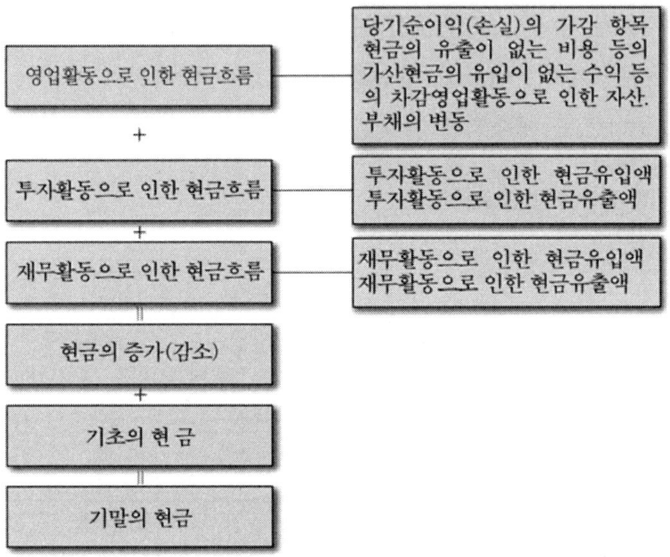


영업활동으로 인한 현금흐름에서 현금흐름의 유출이 없는 비용인 감가상각비, 퇴직급여 등은 가산하고 현금유입이 없는 수익인 사채상환이익, 장기차입금상환이익, 투자자산처분이익, 유가증권평가이익은 차감한다. 그리고 영업활동으로 인한 자산, 부채의 변동부분인 재고자산, 매출채권, 이연법인세차, 매입채무 미지급법인세 이연법인세대 등의 증감액을 반영한다. 투자활동으로 인한 현금흐름에서는 투자활동으로 인한 현금유입액인 단기금융상품, 유가증권 토지 등의 처분과 투자활동으로 인한 현금유출액인 현금의 단기대여, 단기 금융상품의 취득, 유가증권의 취득, 토지의 취득, 개발비의 지급 등이 반영된다. 재무활동으로 인한 현금흐름에서는 재무활동으로 인한 현금유입액인 단기차입금의 차입, 사채의 발행, 보통주의 발행과 재무활동으로 인한 현금유출액인 단기차입금의 상환, 사채의 상환, 유상감자 등이 반영된다. 간접법은 현금흐름과 이익 간 차액의 원인을 찾기 용이하며, 직접법에 비해 실무적으로 사용이 쉽다는 장점이 있다.

그러나 간접법에서는 감가상각비와 같은 일부이 비용이 현금의 유입 원천으로 나타나게 되어 재무정보이용자에게 혼란을 줄 수 있기 때문에 직접법을 좀더 선호한다. 사실 현금흐름표가 내포하는 많은 정보는 기업의 손익계산서와 재무상태표를 주의 깊게 살펴보면 모두 수집될 수 있는 정보이다. 그럼에도 불구하고 현금흐름표는 회계를 처음 접하는 사람이나 발생회계를 신뢰하지 못하는 사람에게 이해하기 쉬운 정보를 제공한다는 측면에서 그 유용성을 갖는다. 또한 현금을 창출하거나 소모한 영업활동에 초점을 맞추므로 기업의 지급불능 여부에 대한 현실적인 정보를 제공한다.

## 3. 기업의 현금관리와 현금흐름정보의 유용성

### 1) 기업의 현금관리

현금흐름정보 및 현금흐름표의 중요성은 기업의 현금관리 목적으로부터 시작된다. 기업의 현금관리(cash management) 목적은 무엇일까? 이는 기업활동을 효율적으로 수행하기 위한 적정한 현금보유수준을 유지하여 기업의 지급불능위험을 줄이면서 수익성을 높이고자 하는데 있다. 현금관리의 대상은 현금뿐만 아니라 언제든지 현금으로 전환할 수 있는 단기예금까지도 포함된다. 현금관리는 최소한의 현금잔고 유지가 중요한 기본과제가 된다. 이는 기업의 현금부족으로 인한 지급불능의 위험을 줄이고 기회비용도 최소화하기 위한 가능한 한 적은 현금잔고를 유지하여야 함을 말한다. 그리고 여분의 자금은 수익성 있는 자산에 투자할 수 있도록 현금관리가 중요한 의미를 가진다. 현금은 그 자체로서 비수익성자산임에도 불구하고 기업이 현금을 보유하고자 하는 동기를 일반적으로 다음 세 가지를 들 수 있다. 첫째, 기업이 정상적인 영업활동 등을 위해서 필요한 자금을 보유하는 거래적 동기(transaction motive)를 들 수 있으며, 이는 매월 정상적으로 발생하는 임금이나 원재료 구입 및 경비지출을 위한 소요자금을 유지하는 것이다. 둘째, 기업이 예측할 수 없는 비상사태나 우발적인 사항 등의 자금수요에 대비해서 필요한 자금을 보유하는 예비적 동기(precautionary motive)를 들 수 있다. 셋째, 장래에 큰 이익을 얻을 수 있는 투자기회에 투자할 목적으로 현금을 보유하는 투기적 동기 (speculative motive)를 들 수 있다. 예를 들어, 장래 원자재가격의 급등에 대비해서 적절한 시기에 저렴한 가격으로 원자재를 구입한 후 가격이 오를 때 매각하여 투기적 이익을 얻을 수 있는데 대기성 자금의 보유가 모두 투기적 성격의 현금이다.

### 2) 현금흐름정보의 유용성

기업의 현금흐름과 관련된 재무적 건전도에 대한 정보는 기업의 이해관계자들에게 매우 중요한 정보가 되고 있다. 특히 금융기관과 같은 채권자입장에서는 이 같은 현금흐름에 대한 정보가 매우 중요하다. 채권자 입장에서 대출기업의 채무불이행의 가능성이 어느 정도인지를 보다 잘 평가하기 위해서는 현금흐름에 대한 정보가 매우 중요하다. 채권자 입장에서 대출기업의 채무불이행의 가능성이 어느 정도인지를 보다 잘 평가하기 위해서는 현금흐름의 변동원인이나 현금창출능력을 평가하여야 한다. 또한 경영자들에게는 기업이 그간 필요한 현금을 어떻게 조달했으며 어떻게 사용하였는지를 평가하는 것이 성장전략을 수립할 때 중요한 정보가 된다. 지금까지의 현금의 조달과 사용면에서 특징 혹은 제약을 감안할 때 성장목표를 달성할 수 있는 현금소요액을 조달하는 대안이 무엇이며, 그것이 기업의 재무적 건전도에 어떠한 영향을 미칠 것인가를 판단해야 한다. 따라서 현금흐름특징이나 변동원인에 대한 체계적인 정보가 필요하다.

현금흐름분석의 일차적인 목적은 기업운용에 필수불가결한 현금흐름의 변동원인을 분석하여, 기업활동이 지속적으로 유지·성장하는데 필요한 자금이 적절히 공급되고 유통되는지를 파악하기 위한 것이다. 현금흐름분석을 통하여 얻어낼 수 있는 정보를 정리하면 다음과 같다.

- 기업의 유지 · 성장에 필요한 현금의 원활한 공급과 순환에 대한 정보
- 영업활동으로부터의 현금창출능력과 기업의 배당능력에 관한 정보
- 내부금융과 외부금융 사이에 균형관계
- 장 · 단기 현금의 조달과 사용 및 부채상환능력에 관한 정보
- 현금사정이 악화되어 지급불능의 사태에 이르게 될 위험은 없는가?
- 유망한 투자기회가 주어졌을 때 투자할 수 있는 충분한 현금이나 재무적 여력 및 재무적 탄력성을 보유여부에 대한 정보
- 회계적 이익과 현금유출입 간에 차이가 발생하는 원인에 대한 정보

## 중요개념 및 용어

| | | |
|---|---|---|
| 재무제표 | 손익계산서 | 발생주의 |
| 재무상태표 | 수익 | 이익의 질 |
| 자산 | 비용 | 잉여현금흐름 |
| 부채 | 원가 | 순현금흐름 |
| 자본 | 이익 | 영업활동 |
| 현금흐름표 | 포괄이익 | 투자활동 |
| 자본변동표 | 보고식 | 재무활동 |
| 주석 | 계정식 | 납입자본 |
| 유동자산 | 유동부채 | 운전자본 |
| 비유동자산 | 비유동부채 | 직접법 |
| 투자자산 | 자본금 | 간접법 |
| 유형자산 | 자본조정 | 현금관리 |
| 무형자산 | 자본잉여금 | 거래적 동기 |
| 기타포괄손익누계액 | 이익잉여금 | 예비적 동기 |
| 포괄손익계산서 | | |

## 연 습 문 제

1. 기업회계기준에서 정하는 재무제표에는 어떤 것이 있는가?

2. 재무상태표의 기본구조를 설명하여라.

3. 다음의 재무상태표 계정들을 설명하여라.
   1) 유동자산과 유동부채
   2) 고정자산과 고정부채
   3) 유동자산과 당좌자산
   4) 자본금과 잉여금

4. 손익계산서란 무엇인가?

5. 손익계산서의 기본구조를 설명하여라.

6. 현금흐름표의 기본구조를 설명하여라.

7. 자본변동표분석의 의의를 설명하여라.

8. 주석의 의미를 설명하여라.

9. 현금흐름법을 작성하는 데는 직접법(direct method)과 간접법(indirect method)의 두 가지 방법이 있다. 이 두 방법에 대해서 간단히 설명하고 차이점을 제시하라.

10. 다음에 주어진 현금흐름표 정보를 이용하여 질문에 답하라.

| | A | B | C |
|---|---|---|---|
| 영업현금흐름 | (1,000) | (1,000) | (1,000) |
| 투자현금흐름 | (6,500) | (100) | (500) |
| 재무현금흐름 | 9,000 | 900 | (1700) |
| 기초현금 | 500 | 500 | 500 |

1) 각 기업의 기말현금흐름을 계산하시오

2) 현금흐름표를 보고 A, B, C사의 경영상황을 간단히 설명하시오.

3) 기업매수자의 입장에서 A, B, C사 중 어느 기업을 선호하겠는가? 그 이유는 무엇인가?

# 제 3 장

# 재 무 분 석

본 장에서는 기업의 재무의사결정과 기업의 이해집단들에게 매우 유용한 정보를 제공해 주는 수단으로서 기업의 재무상태와 경영성과를 평가하는 재무비율분석에 대해서 설명하고자 한다. 먼저 재무분석에 필요한 중요 개념들을 알아본 후, 분석에 활용되는 주요재무비율의 종류와 경제적 의미, 그리고 재무분석의 유용성과 그 한계 등에 대해서 살펴본다. 이와 더불어 재무분석의 한계점을 보완할 수 있는 종합적 재무비율분석에 대하여 알아본다.

## 제 1 절 재무분석의 의의

재무분석(financial analysis)은 기업이 이해관계자의 합리적인 의사결정에 필요한 정보를 위하여 기업의 경영상태에 관한 자료를 수집・분석・평가하는 과정이다. 즉, 기업의 현 운영상태가 어떠하며 문제점이 무엇인가를 알아보기 위한 기업에 대한 일종의 건강진단분석을 재무분석이라고 한다.

재무분석자료는 회사에 대한 평가 자료로서 이해집단들에게는 기업의 운영상태를 판단하고 이해하는데 도움을 주며 기업에게는 향후 기업운영의 의사결정에 중요한 정보와 지침이 된다. 재무분석이란 용어의 의미와 목적에 대해서 살펴보면 다음과 같이 3가지로 요약할 수 있다.

첫째, 넓은 의미에서의 재무분석은 기업운영의 의사결정에 도움을 얻기 위해서 기업의 재무활동 전반에 걸친 분석을 하는 것을 의미한다. 따라서, 재무적 자금흐름과 관련된 모든 기업활동 뿐만 아니라 기업운영의 전반적인 활동에 대한 분석도 포함된다.

둘째, 좁은 의미로 재무분석은 기업의 현재와 과거의 재무상태와 경영성과를 파악하여 미래의 기업경영에 필요한 기초자료를 얻기 위한 것이다. 이러한 목적을 위해서는 재무제표분석 등 과거의 매출액이나 원가 등도 그 분석자료가 된다.

셋째, 가장 좁은 의미의 재무분석이다. 이때의 분석은 재무제표에 대한 분석을 의미하는 것으로 대표적인 재무제표인 재무상태표와 손익계산서가 분석대상이 된다. 재무제표에 의한 분석이 주로 이용되므로 이를 재무비율분석(financial ratio analysis)이라고 한다.

재무비율분석의 목표는 일정시점 또는 일정기간 동안 재무제표 항목간의 관계를 분석함으로써 기업의 경영상태와 성과를 평가하는 것이다.

즉, 기업재무제표 내 다양한 항목들을 다른 항목과 연관 지어 의미를 찾는 것으로 실무분야 뿐만 아니라 연구 분야에서 널리 사용되어 왔다. 예를 들어 실무에서는 기업의 미래성과를 예측하기 위해 재무비율을 사용한다. 반면, 연구자들은 이러한 비율을 찾아내는 모형을 개발한다. 최근 재무비율분석에서 다루는 중요한 문제들은 재무비율의 분포특성, 산업간 비율의 비교, 파산예측, 재무비율을 이용한 기업특성의 설명, 주식시장과의 연관성, 재무비율의 예측력 등이다.

## 제 2 절 재무비율의 분류

재무비율은 재무상태표와 손익계산서를 중심으로 한 재무제표의 두 항목에서 구해지는 것이므로 여러 항목들 간의 결합이 매우 다양하게 이루어질 수 있다. 그러나 앞에서 밝힌 것처럼 경제적 의미와 논리적 연관성이 높아서 실제로 많이 사용되고 있는 재무비율은 50여개를 넘지 않는다. 이들 재무비율들은 여러 가지 형태로 분류되고 있는데, 자주 사용되는 재무비율분석을 분류하면 다음과 같다.

### 1. 분석자료에 의한 분류

재무비율을 구성하는 두 항목이 재무상태표 혹은 손익계산서 중 어떠한 것을 이용하였느냐에 따라 다음과 같이 분류한다.

(1) 재무상태표비율(balance sheet ratios): 재무비율의 분자·분모항목이 모두 재무상태표 항목인 경우(예: 유동비율, 자기자본비율 등)

(2) 손익계산서비율(income statement ratios): 재무비율의 분자·분모항목이 모두 손익계산서 항목인 경우(예: 매출액영업이익률, 매출액

순이익률)

(3) 혼합비율(mixed ratios): 재무비율의 분자·분모항목이 서로 다른 회계자료의 항목인 경우 즉, 한 항목은 재무상태표, 다른 한 항목은 손익계산서에서 얻어진 비율

이와 같은 분류방법은 분석자료에 의한 것인데 재무상태표는 일정시점을 기준으로 작성된 회계자료이고 손익계산서는 일정기간을 기준으로 작성된 회계자료이므로 이상의 분류는 다시 정태비율과 동태비율로 구분될 수 있다.

(1) 정태비율(static financial ratios): 일정시점에서 기업의 재무상태를 나타내는 재무비율로서 재무상태표비율을 말한다.

(2) 동태비율(dynamic financial ratios): 일정기간 중 기업의 경영성과를 나타내는 재무비율로서 손익계산서비율을 말한다. 앞서 설명한 혼합비율은 내용상 손익계산서의 항목과 재무상태표의 항목을 대응시켜 작성된 비율이므로 동태비율에 포함시킬 수 있다.

## 2. 분석방법에 따른 분류

비율분석을 실제로 수행할 때는 재무비율을 계산하여 이를 산업평균비율과 비교하거나 재무비율의 역사적 추이를 관찰하는 분석방법을 이용한다. 그러나 기업간에 자산규모의 차이가 존재할 때에는 기업 간의 경영성과나 재무상태를 비교하기 위하여 재무제표의 각 항목을 자산총계나 매출액으로 나누어 백분비로 표시한 다음 기업 상호간을 비교하는 분석을 이용한다. 이와 같은 측면에서 재무비율을 관계비율과 구성비율로 분류할 수 있다.

(1) 관계비율(relative ratio): 관계비율이란 재무제표의 두 항목을 대

응시켜 계산한 비율을 말한다. 대개 비율분석은 관계비율에 의하여 이루어지며, 앞서 소개한 정태비율(재무상태표비율), 동태비율(손익계산서비율, 혼합비율)도 관계비율에 따르는 분류방법이다.

(2) 구성비율(component ratios): 재무상태표의 구성비율은 자산·부채·자본의 각 항목을 자산총계(부채와 자본총계)로 나누어 계산한 백분비를 말하며, 손익계산서의 구성비율은 각 항목을 매출액으로 나누어 계산한 백분비를 말한다. 구성비율을 이용하면 자산 규모나 매출액이 서로 다른 기업의 재무상태나 경영성과가 왜 차이가 나는지, 그리고 시간의 흐름에 따라서 기업의 자산규모, 재무구조, 비용구조가 어떻게 변화하였는지를 파악할 수 있다.

## 3. 이용목적에 따른 분류

재무정보는 기업에 관련된 이해관계자의 경제적 의사결정에 도움을 줄 때 가치가 있다. 그러나 이해관계자마다 필요로 하는 정보의 내용은 차이가 있다. 예를 들어, 투자자는 기업의 수익성에 관심이 많고, 채권자는 기업의 장·단기 채무이행능력에 관심을 갖게 되며, 경영자는 기업경영전반의 효율에 관하여 알고자 한다.

이와 같은 정보는 재무비율에 의해서 제공될 수 있으므로 재무비율은 의사결정자의 이용목적(information need)에 따라 분류하는 것이 가장 좋다. 이러한 기준에 의해서 분류하는 방법은 학자 간에 약간의 차이를 보이지만 대체로 ① 유동성비율 ② 레버리지비율(장기지급능력비율) 또는 안정성비율 ③ 수익성비율 ④ 회전율(효율성비율) ⑤ 성장성비율 ⑥ 자본시장비율 등으로 분류하고 있다.

## 4. 수익과 위험관계에 따른 분류

현대재무이론에서는 가치평가 문제를 수익과 위험의 상관관계에서 분석하고 있다. 이 같은 관점에서 분류하면 크게 기업의 위험을 나타내는 비율과 기업의 수익 및 성장성을 나타내는 비율 그리고 주가와 생산성을 나타내는 비율로 구별할 수 있다.

즉, 위험을 나타내는 비율로는 유동성비율, 레버리지비율, 안정성비율 등이 있으며, 수익과 성장을 나타내는 비율은 활동성비율, 성장성비율, 수익성비율 등이 있다.[1] 본서는 웨스턴과 브리감(J. F. Weston and E. F. Brigham)의 분류를 기본으로 우리나라 실정에 비추어 생산성 비율을 추가하여, 〈표 3-1〉과 같이 중요재무비율별로 각 비율의 경제적 의미와 관련비율을 정리하였다.

〈표 3-1〉 중요 재무비율의 분류 및 관련비율

| 재무비율의 분류 | | 경제적 의미 | 관련비율 |
|---|---|---|---|
| 기업 위험 | 유동성비율 | 기업의 단기채무능력측정 | 유동비율, 당좌비율, 순운전자본구성비율 |
| | 레버리지비율 | 기업의 장기채무상환능력측정 | 부채비율, 이자보상비율, 자기자본비율 |
| | 안정성비율 | 경기변동의 적응능력측정 | 비유동비율, 비유동장기적합률 |
| 수익과 성장 | 활동성비율 | 특정자산의 이용효율성측정 자산투자의 적절성측정 | 매출채권회전율, 재고자산회전율, 비유동자산회전율, 총자산회전율 |
| | 성장성비율 | 기업의 외형, 수익력의 향상정도 측정 | 매출액증가율, 총자산증가율, 순이익증가율 |
| | 수익성비율 | 투하자본 대비 경영성과, 이윤창출능력 측정 | 총자산순이익률, 자기자본이익률, 매출액순이익률 |
| 주가와 생산성 | 생산성비율 | 생산요소의 성과측정 | 부가가치율, 노동생산성, 자본생산성 |
| | 시장가치비율 | 주가수준의 평가 | 주가수익비율(PER), 주당순자산비율(PBR), q비율 |

1) J. F. Weston and E. F. Brigham, *Managerial Finance* (Hinsdale, IllIonis: the Drayden Press, 1981), pp. 138~152.

# 제 3 절 재무비율과 표준비율

기업의 재무상태와 경영성과를 분석하기 위하여 재무비율을 측정한 후에 이를 평가하기 위해서는 그 재무비율을 비교·평가할 기준이 필요하다. 즉, 평가한 비율이 좋은지 나쁜지 알아보기 위한 판단기준이 필요하다. 이때 판단기준이 되는 비율이 표준비율(standard ratio or benchmarks)이다. 판단기준이 되는 표준비율로는 이상적표준비율, 산업표준비율, 경쟁기업의 재무비율 등이 있는데, 이중 산업평균비율이 가장 많이 쓰이고 있다.

## 1. 이상적 표준비율

이상적 표준비율(ideal bench marks)은 각 기업이 속한 업종이나 기업의 규모등과 관계없이 어느 기업의 재무비율이 이 수준을 상회하여야 그 기업의 재무상태나 경영성과가 양호하다고 판단하게 되는 절대적 기준이다. 이상적인 재무비율은 각 나라의 경제적 여건과 그 기업이 속해 있는 산업상의 특성 등을 고려하여 설정될 수 있다. 그러나 각 나라의 여건이나 환경을 고려한다는 것이 쉬운 일이 아니므로 주로 과거에 경험적으로 나타난 이상적인 재무비율이 사용되어 왔다. 예를 들어, 은행에서 파산된 기업의 원리금의 50% 정도는 회수된다는 경험을 통해서 유동비율은 200%이상 되어야 양호한 것으로 판단된다. 이외에도 미국실무계에서 사용되고 있는 것은 당좌비율 100% 이상, 부채비율 100% 이하, 고정비율 100% 이하 등이 있다.

이상적표준비율은 다음과 같은 문제점이 있다. 첫째, 이상적인 표준비율은 특정국가의 경제적 여건이나 산업상의 특성을 고려하고 있지 않다. 둘째, 재무비율의 이상적수준도 분석자의 입장에 따라 다르게 해석될 수 있다. 이를테면 유동비율의 이상적수준인 200%가 채권자의 입장에서는 만족스러운 유동성 수준일 수 있지만, 수익성 측면을 중시하는 경영자나 주주의 입장에서는 기업자금이 유동자산에 과다하게 투자된 것으로 받아들여질 수 있다.

## 2. 산업표준비율

그 기업과 동일한 산업에 속해 있는 많은 기업들의 평균비율, 즉 산업평균비율(industry average ratios)을 표준으로 하는 방법이다. 산업표준비율은 표준산업분류와 같은 일정한 기준에 의하여 산업을 세분한 다음, 같은 산업에 속하는 기업들의 재무비율을 계산하고 이로부터 그 산업을 대표하는 재무비율의 값을 산출함으로써 결정된다. 우리나라에서 작성되고 있는 산업평균비율의 자료는 한국은행의 "기업경영분석과" 산업은행의 "재무분석"이 있다. 여기에 포함된 표준비율은 업종별 종합재무제표에서 계산되므로 일종의 가중평균이라 할 수 있는데, 종합, 대기업, 중소기업 등 기업규모별로 평균비율을 수록하고 있어 상호비교가 편리하다.

다만, 산업평균비율을 이용할 때 문제가 되는 것은 여러 업종에 동시에 진출하고 있는 다각화기업의 평균비율을 어떻게 구하느냐 하는 점이다. 이러한 경우 그 기업의 매출액에 가장 크게 기여하는 품목의 산업평균비율을 그리고 매출액 구성비가 유사할 경우 가중평균을 사용하는 것이 합리적일 것이다.

## 3. 경쟁기업의 재무비율

산업평균비율은 기업규모에 따라 차이가 있을 수 있으므로 이것을 표준비율로 적용하기가 적절하지 못한 경우, 유사한 같은 규모의 경쟁기업의 재무비율을 표준비율로 이용하는 것이 보다 이상적일 수 있다.

실제로 많이 활용되고 있는 표준비율로서 산업평균비율은 어느 기업이나 꼭 표준으로 삼아야 할 절대적인 최선의 표준비율은 아니다. 다만 기업에서 재무비율을 분석하는데 하나의 지침(rule of thumb)으로 활용할 수 있다.

# 제 4 절 재무비율분석의 실제

## 1. 유동성비율

기업에 자금을 대출해 주는 금융기관이나 외상으로 상품을 공급하는 거래처 입장에서는 대출업체나 거래업체의 단기채무에 대한 변제능력(solvency)이나 자금사정을 평가하는 것이 매우 중요한 사안이다. 유동성비율(liquidity ratios)은 기업들의 단기채무에 대한 변제능력이나 자금사정에 대한 정보를 제공해 주는 비율로 기업에 운전자금을 대출한 금융기관, 신용으로 상품을 공급한 상품공급자와 같은 단기신용의 제공자가 큰 관심을 갖게 된다.

일반적으로 유동성(liquidity)은 기업이 단기부채를 상환할 수 있는 능력으로 정의된다. 기업자산 중에서 유동자산(current assets)은 1년 이내에 현금화가 가능한 자산들로서 현금, 유가증권, 단기금융상품, 매출채권, 재고자산 순으로 현금화될 가능성이 높다. 따라서 단기성 부채에 대한 변제능력을 분석하는 것은 유동자산의 크기와 유동부채의 크기를 비교하는 것으로부터 출발한다.

유동성비율로서는 유동비율과 당좌비율이 대표적이다.

### 1) 유동비율

유동비율(current ratio)은 유동자산을 유동부채로 나눈 비율로 기업의 단기채무지급능력을 측정하는 재무비율이다. 즉 유동비율은 단기채권자의 청구권이 유동자산에 의해 어느 정도 충당될 수 있는지 나타내는 지표이다.

$$유동비율(\%) = \frac{유동자산}{유동부채} \times 100$$

유동비율은 기업의 유동성을 측정하는 대표적인 비율로서 가장 많이 사용되는 비율분석이다. 일반적으로 유동비율이 200% 이상이면 대체적으로 단기 지급능력이 위험한 상태가 아니라고 여긴다. 그러나 이러한 기준은 임의적인 것이다. 채권자 입장에서 보면 유동비율이 높을수록 청구권의 회수가능성이 높아짐을 의미하지만 경영자의 입장에서 보면 유동비율이 높을수록 수익성이 낮음을 의미함으로 경영자 입장에서 유동비율이 높다는 것이 자산을 효율적으로 이용하고 있지 못하다는 것을 의미할 수도 있다. 따라서 유동비율은 이용자의 입장에 따라 달리 평가될 수 있음을 유의하여야 한다.

### 2) 당좌비율

당좌비율(quick ratio)은 유동 유동자산에서 재고자산을 차감한 당좌자산을 유동부채로 나눈 비율로 다음과 같이 계산된다.

$$당좌비율(\%) = \frac{당좌자산}{유동부채} \times 100$$

재고자산은 판매과정을 거치기 때문에 현금으로 전환되는 속도가 비교적 늦을 뿐만 아니라 현금화되지 못할 가능성도 있으며, 청산

(liquidation)시 손실의 발생위험이 가장 큰 자산이다. 당좌비율은 유동성비율 중에서 현금화하는데 유동성이 가장 낮은 재고자산을 제외함으로써 유동성을 보다 엄격히 측정하기 위한 비율이다.

특히 경기에 민감한 재고자산이나 진부화 위험이 높은 재고자산을 보유하는 기업의 단기채무지급능력을 평가하는데 유용한 지표다. 따라서 유동비율이 양호함에도 불구하고 당좌비율이 불량한 경우에는 그 원인으로 재고자산의 과다보유를 추정해 볼 수 있다. 일반적으로 당좌비율은 100% 이상이면 양호한 것으로 평가한다.

### 3) 순운전자본구성비율

순운전자본(net working capital)은 유동자산에서 유동부채를 차감한 금액으로 측정된다. 따라서 순운전자본이 양(+)의 값을 갖는다는 것은 유동자산으로 유동부채를 상환한 후 여유분이 존재한다는 것을 의미한다. 반대로 순운전자본이 음(-)의 값을 갖는다는 것은 기업이 소유한 유동자산보다 상환할 유동부채가 더 많다는 것을 의미한다.

기업규모에 따라 필요한 순운전자본의 크기가 달라질 수 있기 때문에 총자산에서 순운전자본이 차지하는 비율인 순운전자본구성비율(net working capital total assets)로 단기 유동성을 측정할 수 있다. 순운전자본비율은 주로 기업의 파산예측에 많이 이용되고 있는 재무비율이며, 다음과 같이 계산된다.

$$\text{순운전자본구성비율}(\%) = \frac{\text{순운전자본}}{\text{총자산}} \times 100$$

## 2. 레버리지비율

레버리지비율(leverage ratio)은 기업이 장기 채무에 대한 원금과 이자를 원만하게 지급할 수 있는지를 평가하는데 주요 목적이 있으며, 장기적인 재무 및 영업구조를 강조하고 있다.

레버리지비율은 기업의 자본구조 즉, 타인자본의 의존정도를 나타내는 것으로 자본구조비율(capital structure ratio) 또는 부채성비율이라고 한다. 기업의 타인자본 의존도는 채권회수에 대한 위험정도를 나타내는 것으로 채권자의 입장에서는 타인자본 의존정도가 낮을수록 채권에 대한 안전도(margin of safety)가 높다고 평가하게 된다. 그러나 타인자본의 비중이 커질수록 적은 자본으로 기업지배권을 행사할 수 있고 이자비용으로 인한 법인세절감효과까지 고려한 주주의 입장에서는 타인자본의존도가 낮다는 것을 채권자와 다르게 평가할 수 있다.

실무에서는 레버리지비율을 두 가지 방법으로 측정한다. 첫째 재무상태표비율을 이용하여 부채의 의존도를 측정하는 방법으로 부채비율, 자기자본비율 등이 있다. 둘째, 손익계산서비율을 이용하여 타인자본에 의존함으로써 발생하는 재무적 고정비용의 지급능력을 측정하는 방법으로 이자보상비율이 있다. 이 두 가지 방법은 서로 보완적으로 이용된다.

### 1) 부채비율

부채비율(debt ratio, debt to equity ratio)은 기업의 총부채를 자기자본으로 나누어 다음과 같이 계산하며 기업의 자본구조를 나타내는 가장 중요한 비율이다. 분자는 타인자본인 부채이고, 그 분모는 자기자본으로 구성되어 있다. 부채비율을 계산할 때 분모에 자기자본 대신 총자본(=총자산)을 이용하기도 한다. 이렇게 계산된 비율이 부채비율이다. 부채비율이 낮을수록 장기채무지급능력이 양호하며, 일반적으로 100% 이하이어야 바람직한 것으로 평가된다.

$$\text{부채비율} = \frac{\text{부 채}}{\text{자기자본}} \times 100\%$$

### 2) 자기자본비율

자기자본비율(shareholders' equity to total assets) 또는 자기자본구성비율은 자기자본을 총자본으로 나누어 계산한다. 자기자본은 자본총계로 측정되며, 소유자가 불입한 납입자본금, 자본잉여금, 이익잉여금, 그리고 자본조정항목이 포함된다. 자기자본비율이 높다는 것은 채권자의 입장에서 원금과 이자에 대한 안전도가 그만큼 보장된다는 것을 의미하며, 일반적으로 50% 이상일 경우 바람직한 것으로 평가된다. 자기자본비율은 앞서 설명한 부채비율과 함께 기업의 재무구조를 측정하는 가장 중요한 지표로 활용되고 있다.

$$\text{자기자본비율} = \frac{\text{자기자본}}{\text{총 자 본}} \times 100\%$$

### 3) 이자보상비율

이자보상비율(times interest earned)은 이자 및 법인세차감전순이익(earning before interest and taxes: EBIT)을 이자비용으로 나누어 계산한다. 이 비율은 정상적인 경영상태에서 이자비용을 지급할 수 있는 기업의 능력 즉, 영업이익으로 이자비용의 몇 배까지 지급할 수 있는가를 측정하는 비율이기 때문에 적정수준의 이자보상비율을 유지해야만 이자비용의 지급능력이 양호한 것으로 평가한다. 이 비율이 1보다 작을 경우 채권자들의 법적대응으로 인하여 기업이 파산할 수 도 있다.

$$\text{이자보상비율}(\%) = \frac{\text{영업이익}}{\text{이자비용}} \times 100\%$$

## 3. 안정성비율

기업자금의 조달에 있어 중요한 원칙은 비유동자산 등 자금회수에 장기간이 소요되는 장기성투자는 자기자본과 같은 장기성자본으로 조달하고 매출채권이나 재고자산 등 운전자본에 대한 투자는 단기성 자본으로 조달한다는 것이다. 만일, 장기시설투자에 단기자금을 사용한다면 투자자금이 회수되기 전에 차입금상환을 해야 하는 상황이 발생함으로써 기업의 재무위험이 높아질 우려가 있다. 이처럼 자금조달의 측면에서 안정성을 측정하고자 하는 것이 안정성비율이다. 안정성비율은 비유동비율과 비유동장기적합률이 대표적이다.

#### 1) 비유동비율

비유동비율(non-current ratio)은 비유동자산을 자기자본으로 나눈 비율로 자본의 유동성을 나타내는 지표다. 비유동자산은 환급할 수 없으며, 또 여기에 투자한 자산의 회수를 뜻하는 감가상각 기간도 오래 걸리기 때문에 가급적이면 자기자본으로 조달하는 것이 바람직하다. 비유동비율은 100% 이하를 이상적으로 보고 있으며, 비율이 낮으면 낮을수록 안정도가 높아진다. 만일 이 비율이 100%를 초과할 경우 비유동자산의 일부가 단기자금인 유동부채로 조달되고 있다는 것을 의미하며, 유동부채를 고정화시켜 결과적으로 운전자금의 부족을 초래하게 된다.

$$\text{비유동비율} = \frac{\text{비유동자산}}{\text{자기자본}} \times 100\%$$

#### 2) 비유동장기적합률

비유동장기적합률(non-current assets to long term capital ratio)은 기업이 비교적 안정적으로 운영할 수 있는 장기자본(자기자본+비유동부채)이 장기성자산이라고 할 수 있는 비유동자산에 어느 정도 투입되어 운영되고 있는가를 측정하는 지표이다. 이 비율은 기업의 안정성을 측정하는데 있어서 비유동비율의 보조지표로 사용되며 100%이하일 때 양호한 것으로 해석되어 왔다.

$$비유동장기적합률 = \frac{비유동자산}{자기자본 + 비유동부채} \times 100\%$$

## 4. 수익성비율

수익성비율(profitability ratio)은 기업의 총괄적인 경영성과와 이익창출능력(earnings generating power)에 대한 정보를 보여주는 비율로, 분자에 이익항목이 분모에 투자액 또는 매출액이 포함된다. 즉, 기업이 주주와 채권자로부터 조달한 자금을 이용하여 어느 정도의 영업성과를 올렸는지, 그리고 기업이 생산・판매・자금조달 등의 활동을 얼마나 효율적으로 수행하였는지 측정하는 지표가 되는 것으로 주요 이해관계자들이 가장 중시하는 비율이다. 예를 들어 경영자는 사업확장이나 신규사업의 참여 판단, 채권자는 장기적 안정성평가, 주주는 투자가치판단, 그리고 세무당국은 담세능력평가의 기준으로 활용하고 있다. 그러나 수익성비율은 손익계산서상의 회계이익에 기초하여 측정되기 때문에 기업의 실질적인 현금흐름에 관한 정보가 반영되지 않는 결점이 있음으로 이에 유의하여야 한다. 따라서 기업의 수익성분석시 유동성분석이나 현금흐름분석을 병행하는 것이 바람직하다.

### 1) 총자산순이익률

총자산순이익률(net Income on total assets)은 기업의 수익성을 대표하는 비율로서 총자산을 수익창출에 얼마나 효율적으로 이용하고 있는가를 측정한다. 이 비율은 투자수익률(return on investment: ROI)이라고도 하며, 순이익을 총자산으로 나누어 산출한다.

$$총자산순이익률 = \frac{순이익}{자산총계}$$

### 2) 자기자본순이익률

자기자본순이익률(return on equity)은 자기자본의 성과를 나타내는 비율로 순이익을 자기자본으로 나누어 계산한다. 자기자본 순이익률은 주주들이 요구하는 투자수익률로 자기자본순이익률이 높다는 것은 자기자본이 효율적으로 운용되고 있음을 뜻한다. 이 비율이 주주들의 기대에 미치지 못할 경우 더 이상의 주주의 자금유입을 기대하기 어렵다. 이는 경영활동의 위축과 주가하락의 원인으로 작용할 수 있다. 따라서 기업과 주주 모두의 입장에서 수익성측정에 중요한 지표라고 할 수 있다.

$$\text{자기자본 순이익률} = \frac{\text{순이익}}{\text{자기자본}} \times 100\%$$

### 3) 매출액순이익률

매출액순이익률(return on sales)은 순이익과 매출액의 관계를 측정, 즉 매출로부터 얼마만큼의 이익(margin)을 얻느냐를 나타내는 재무비율이다. 이 비율은 기업의 영업활동의 성과를 총괄적으로 파악하는 비율로서 매출액순이익률이 높을수록 양호하다.

$$\text{매출액순이익률} = \frac{\text{순이익}}{\text{매 출 액}} \times 100\%$$

## 5. 활동성비율

활동성비율(activity ratio)이란 기업이 소유하고 있는 자산들을 얼마나 효과적으로 이용하고 있는가를 측정하는 비율이다. 이와 같은 비율들은 매출액에 대한 각 중요자산의 회전율로 표시되는 것이 보통이다. 즉, 기업이 재고자산, 유동자산, 고정자산 등의 자원을 얼마나 효율적으로 이용하고 있는지 측정하는 비율로 매출액을 각 중요자산으로 나누어 구하는 회전율로 표시한다. 회전율로 계산되는 활동성비율은 영업활동 순환과정의 각 단계에 얼마 정도의 자금이 묶여 있는가에 대한 정보를 제공한다.

### 1) 총자산회전율

총자산회전율(total asset turnover)은 기업이 보유하고 있는 총자산이 1년 동안 몇 번 회전하였는가? 즉, 자산이용의 능률을 총괄적으로 나타내는 지표로 매출액과 평균총자산으로 산출된다.

$$\text{총자산회전율} = \frac{\text{매출액}}{\text{평균총자산}}$$

### 2) 매출채권회전율과 매출채권회수기간

매출채권회전율(account receivable turnover ratio)은 매출채권이 현금화되는 속도 또는 매출채권에 대한 투자효율성을 나타낸다. 이 비율은 매출액을 평균매출채권으로 나눈 것으로서, 매출채권은 다음과 같이 계산된다.

$$\text{매출채권회전율} = \frac{\text{매출액}}{\text{평균매출채권}}$$

매출채권회전율이 높을수록 매출채권의 현금화속도가 빠르다는 것을 의미한다. 그러나 과다한 신용판매확대, 고객의 지급불능, 매출채권의 회수부진 등이 매출채권율을 떨어뜨리기도 한다. 1년 즉, 365일을 매출채권회전율로 나누면 매출채권이 한번 회전하는데 소요된 기간을 나타낸다. 이것을 매출채권 평균회수기간(average collection period)이라고 하는데, 매출채권 평균회수기간은 다음과 같이 계산된다.

$$\text{매출채권평균회수기간} = \frac{365\text{일}}{\text{매출채권회전율}}$$

### 3) 재고자산회전율

재고자산회전율(inventory turnover ratio)은 매출원가를 평균재고자산으로 나누어서 계산한다. 이 비율의 분모인 재고자산이 일반적으로 취득원가로 평가되어 있기 때문에 분자도 매출액보다는 매출원가를 이용하는 것이 일반적이다. 재고자산회전율은 다음과 같이 계산된다.

$$\text{재고자산회전율} = \frac{\text{매출원가}}{\text{평균재고자산}}$$

재고자산회전율은 재고자산투자가 매출액과 적절한 균형관계를 유지하고 있는 것을 전제로 하고 있다. 이 비율이 높으면 재고자산에 대한 투자가 낮음을 의미하는 것으로 재고자산회전율이 과도하게 높다는 것은 재고자산에 대한 투자가 너무 낮아 긴급한 수요에 적절한 대응이 어려울 것으로 예상할 수 있다. 반대로 지나치게 낮다면 불필요한 재고자산의 보유로 인한 기회비용의 발생으로 해석할 수 있다.

### 4) 유형자산회전율

유형자산회전율(tangible assets turnover)은, 유형자산이 1년 동안에 몇 번 회전되어 매출을 실현하였는지 즉, 유형자산 투자의 효율성을 측정하는 것으로 매출액과 유형자산으로 산출된다. 유형자산의 회전율이 높다는 것은 보유하고 있는 유형자산에 비해 높은 매출을 실현하고 있음을 의미하므로 유형자산이 효율적으로 이용되고 있다고 해석 할 수 있다. 그러나 고정설비의 장기간 이용에 따른 과다한 감가상각 때문에 유형자산이 낮게 계상되어 회전율이 높게 나타날 수 있다. 그러므로 이 비율이 높은 원인이 어디에 있는지 면밀히 검토한 후 유형자산에 대한 효율성을 평가해야 한다.

$$\text{유형자산회전율} = \frac{\text{매출액}}{\text{유형자산}}$$

## 6. 성장성비율

성장성비율(growth ratio)은 일정기간 중에 기업의 경영규모 및 경영성과가 얼마나 증대되었는가를 나타내는 비율로서, 일반적으로 재무제표 각 항목에 대한 일정기간 동안의 증가율로 측정한다. 이 비율이 높다는 것은 특정기업의 외형이나 자산규모의 성장률이 동일산업내의 다른 기업에 비하여 높다는 것으로 그만큼 연구개발·마케팅전략 등의 면에서 강한 경쟁력을 갖고 있다고 보아도 무방하다. 대표적인 측정항목으로는 총자산증가율, 자기자본증가율, 매출액 증가율, 순이익증가율 등이 있다.

### 1) 총자산증가율

총자산증가율(total assets growth rate)은 기업에 투하·운용된 총자산이 그 해에 얼마나 증가하였는가를 나타내는 비율로 기업의 전체적인 성장규모를 측정하는 지표이다. 따라서 총자산증가율이 높다는 것은 투자활동이 적극적으로 이루어져 기업규모가 빠른 속도로 증가하고 있다고 판단할 수 있다.

$$\text{총자산증가율} = \frac{\text{당기말 자산총계} - \text{전기말 자산총계}}{\text{전기말 자산총계}}$$

### 2) 자기자본증가율

자기자본증가율(owner's equity growth rate)은 일정기간 중 내부유보 또는 유상증자 등을 통해 자기자본이 얼마나 증가했는가를 나타낸다. 이 비율이 높을수록 기업의 재무적 안정성과 주식가격의 상승가능성이 높다고 판단한다.

$$자기자본증가율 = \frac{당기말\ 자본총계 - 전기말\ 자본총계}{전기말\ 자본총계}$$

### 3) 매출액증가율

매출액증가율(sales growth rate)은 기업의 외형적 신장세를 나타내는 대표적인 지표라고 할 수 있다.

$$매출액증가율 = \frac{당기매출액 - 전기매출액}{전기매출액}$$

매출액증가는 판매단가의 인상 또는 판매량증가에 기인한 것으로 이에 대한 분석이 필요하며, 매출액이 증가하여도 순이익이 감소하는 경우가 있으므로, 성장성지표인 순이익증가율에 대한 분석을 병행되어야 한다.

## 7. 생산성비율

생산성비율은 기업활동의 능률을 측정・평가하는 비율들이다. 생산성이란 투입량에 대한 산출량의 정도를 의미하는 것으로 기업의 자본, 노동, 경영 등의 생산요소를 결합하는 방법에 따라 산출량이 어느 정도 달성되었는지를 측정하는데 이용된다. 생산성분석은 기업활동의 능률과 성과를 측정・평가하고, 나아가 그 발생원인과 성과배분의 합리성 등을 규명하려는 목적을 갖는다. 생산성에 관한 지표는 바로 경영합리화의 지표라고도 볼 수 있다.

### 1) 부가가치율

부가가치율(ratio of gross value added to net sales)은 일정기간 중에 창출된 부가가치를 같은 기간 중의 매출액으로 나누어 계산한 비율이다.[2] 이 비율은 매출액 중 생산활동에 참여한 생산요소에 귀속되는 소득의 비율을 나타내는 지표로서 소득률이라고도 한다.

$$부가가치율 = \frac{부가가치}{매출액}$$

### 2) 자본의 생산성

자본의 생산성(productivity of capital)은 총자본투자효율이라고도 하며 기업에 투자된 총자본(부채와 자본총계)이 1년 동안에 어느 정도의 부가가치를 산출하였는가를 나타낸다. 따라서 자본생산성이 높을수록 총자본이 효율성정도가 높다는 것을 의미한다.

$$자본생산성 = \frac{부가가치}{부채와\ 자본총계}$$

### 3) 노동의 생산성

노동의 생산성(productivity of labor)이란 노동력 한 단위당 성과를 나타내는 지표이다. 부가가치를 종업원수로 나눈 종업원 1인당 부가가치(value added per employee)가 대표적이다.

---

2) 부가가치(value added)란 기업이 생산활동을 한 결과 새로이 창출한 가치를 말한다. 부가가치 계산에는 가산과 차감방식이 있는데 우리나라에서는 다음과 같은 가산형식을 채택하고 있다. 부가가치 = 경상이익 + 인건비 + 순금융비용 + 임차료 + 세금과 공과 + 감가상각비

$$노동생산성 = 종업원\ 1인당\ 부가가치 = \frac{부가가치}{연평균\ 종업원수}$$

여기서 1인당 부가가치가 높다는 것은 노동력이 효율적으로 이용되어 보다 많은 부가가치를 창출하였다는 것을 의미한다. 서비스업이나 노동집약산업의 경우 생산요소로서 인적자원이 보다 중시되므로 종업원의 1인당 부가가치와 같은 경영지표가 유용하다.

## 8. 시장가치비율

시장가치비율(market value ratios)은 투자자가 기업의 과거성과와 미래전망에 대해 어떻게 생각하고 있는지를 알 수 있게 하는 지표이다. 즉, 주가를 이용하여 기업의 가치를 평가하는 방법으로 수익성과 위험도를 모두 반영하는 지표로 볼 수 있다. 주가를 이용한 비율로 기업의 여러 가지 의사결정과 그 결과로 얻어지는 기업의 재무상태와 경영성과에 대하여 증권시장이 어떻게 평가하고 있는가를 알 수 있다.

### 1) 주가수익비율

주가수익비율(price earnings ratio: PER)은 보통주의 시장가격을 주당이익(earnings per share: EPS)으로 나눈 것으로 P/E 비율이라고 한다. PER는 현주가를 주당이익으로 나눈 것이므로 기업이 벌어들이고 있는 1원의 이익에 대해서 증권시장의 투자자들이 얼마의 대가를 지불하고 있는가를 측정한 것이다. 즉, 기업의 단위당 이익발생능력에 대한 증권시장에서의 평가수준을 나타낸 것이다.

$$주가수익비율(PER) = \frac{현재주가}{주당이익}$$

일반적으로 PER은 성장성이 높거나 위험이 낮을수록 높아지나 회계이익을 가능한 적게 계상하려는 보수적 회계처리로 인해서 높게 나타나는 경우도 있다.

### 2) 주가순자산비율

주가순자산비율은 주가 대 장부가치비율(price book-value ratio)이라고도 하며 주식가격을 1주당 순자산(1주당 장부가치)로 나누어 산출한다. 즉, 장부상으로 본 소유주지분과 증권시장에서 평가되는 가치를 비교한 것으로 PBR이 낮은 주식일수록 저평가된 주식으로 간주한다.

$$\text{주가순자산비율(PBR)} = \frac{\text{현재주가}}{\text{주당순자산}}$$

### 3) q비율

q비율(Tobin's q)이란 기업이 보유하는 부채와 지분의 시장가치를 기업이 보유하는 자산의 대체원가(replacement cost)로 나눈 비율을 말하며, 저명한 경제학자인 토빈의 연구업적에 따라 그 명칭이 붙여진 것이다.[3)]

$$q\text{비율} = \frac{\text{부채} + \text{지분의 시장가치}}{\text{추정된 대체원가}}$$

강력한 경쟁우위를 가지는 기업일수록 q비율이 1을 초과하며, 높을 것으로 기대된다. 높은 q비율을 갖는 기업은 앞으로 성장 가능한 기업임을 의미하고, 낮은 q비율을 갖는 기업은 경쟁이 심한 산업이나 사양산업에 속하는 경우가 많다.

---

3) J. Tobin, "A General Equilibrium Approach to Monetary Theory," *Journal of Money, Credit and Banking* (February 1969), pp. 15~29.

## 제 5 절 재무비율분석의 유용성과 문제점

비율분석의 경우 분석목적에 따라 사용하는 재무비율이 다르고, 다른 경영기법도 병행하여 쓰고 있지만, 간단하며 이해가 쉬워 경영학이나 재무관리를 공부하지 않은 사람도 쉽게 사용할 수 있다는 장점이 있다. 또한 의사결정을 위하여 다른 자료의 수집이 거의 필요 없어 시간과 비용을 절약할 수 있고 재무분석의 기초단계에서 간단한 문제점을 미리 발견할 수 있어 경영실무에서 많이 활용되는 방법이다. 그러나 비율분석은 다음과 같은 문제점이 있으므로 지나치게 의존하는 것은 바람직스럽지 못하다.

첫째, 기초자료인 재무제표에 분식이 없다는 것이 전제되어야 한다. 만약에 어떤 목적 하에서 회사의 경영성과나 재무상태가 왜곡되어 재무제표에 기록되었다면, 이 재무제표를 이용한 비율분석 또한 왜곡되어 그 의미가 퇴색하게 된다.

둘째, 계수화가 가능한 재무자료의 분석으로 기업의 경제적 실태를 파악하고자 하는 기법으로 계수화가 곤란한 질적 요인의 분석은 비율분석에서는 다룰 수 없게 된다. 따라서 기업의 분석시 비재무자료의 분석이 병행되는 것이 바람직하다.

셋째, 경영분석의 근본목적은 기업의 미래상태를 예측하기 위한 것인데, 비율분석은 과거의 회계정보에 의존하고 있다. 그러나 과거의 정보에 의존한 비율분석은 급변하는 국·내외 정세나 경영환경 등에 대한 부분까지 세세히 반영하여 예측하기 어렵다는 한계점이 있다. 예를 들어 과거의 유동비율이 나쁘더라도 경제적 사정에 따라 기업의 지급능력이 개선될 수도 있고, 반대로 현재 지급능력이 좋더라도 불황 등으로 미래에는 급격히 악화될 수도 있다.

넷째, 합리적인 경영을 하는 같은 산업에 속하는 기업들 사이에도 경영방침이나 기업의 성격에 따라 재무비율에 커다란 차이가 생긴다. 예를 들어 고급품을 취급하는 의류상은 신용거래가 많으나 저급품을 취급하는 곳에서는 외상거래가 없을 때 두 기업간의 매출채권회수기간을 비교할 수 없다

다섯째, 비율분석에서는 재무비율을 개별적으로 작성 · 검토 · 해석하는 방법을 취하고 있다. 따라서 EPS는 산업평균 이상이지만 부채비율은 산업평균 이하인 경우와 같이 각 재무비율이 주는 정보가 서로 어긋나는 경우가 종종 있다. 이러한 경우 재무비율의 종합적 해석이 상당히 곤란하게 된다.

여섯째, 산업표준비율은 비율분석에서 비교기준으로 가장 널리 이용되고 있으나 표준비율 설정하는데 어려움이 있다. 즉, 한 기업의 비율을 정확하게 계산하여 이것을 산업평균과 비교하여 분석한다고 하더라도 산업평균이 그 기업의 특색에 맞는 최선의 비율이라고 단언할 수는 없다는 것이다. 요컨대, 특정기업에 맞는 표준비율이 이론상으로는 있을 수 있으나, 실제로 그 비율의 객관적인 계산이 거의 불가능하기 때문에, 단순히 한 산업에 속하는 여러 기업의 비율의 평균치가 표준이 될 수 없다는 것이다.

이러한 비율분석의 단점을 보완하기 위한 종합적인 비율분석방법으로 ROI기법과 지수법 등이 있다.

# 제 6 절 종합적 재무비율분석

## 1. 투자수익률의 분석

### 1) ROI분석의 의의와 목적

투자수익률(return on investment: ROI)은 미국의 화학회사인 듀퐁(Du Pont)사에서 사업부의 업적을 평가하고 관리하기 위한 내부통제방법으로 개발되어 사용하던 것으로 듀퐁시스템이라고도 하며, 가장 널리 이용되고 있는 경영성과의 측정도구이다. ROI분석은 ROI를 결정하는 요인을 수익성과 회전율로 분해한 다음, 각 결정요인의 세부항목에 대한 관리를 통하여 궁극으로 회사의 경영성과를 계획·통제하는 것을 목적으로 한다. 최근에는 기업전체 경영성과의 계획 및 통제, 내부통제 및 기업 내의 자원배분결정, 이익예측, 기업경영성과 평가 등 여러 목적에 활용되고 있다.

### 2) ROI분석의 체계

듀퐁시스템은 ROI가 수익성을 나타내는 매출액 순이익률과 영업활동에서 제공된 자산이 얼마나 효율적으로 이용되고 있는지를 나타내는 총자산회전율로 분해될 수 있다는 데 의미를 두고 있다. 즉, ROI은 순이익을 자산으로 나눈 것으로 다음과 같이 매출액순이익률과 총자산회전율의 곱으로 표시된다.

$$\text{ROI} = \frac{\text{순이익}}{\text{총자산}} = \frac{\text{순이익}}{\text{매출액}} \times \frac{\text{매출액}}{\text{총자산}}$$

$$= \text{매출액순이익률} \times \text{총자산회전율}$$

또한 매출액 순이익률과 총자본회전율은 [그림 3-1]에서 보는 바와 같이 비율분석에서 결합된 항목들의 결합으로 표시된다. 이를테면, ROI 분석체계의 상단부는 순이익을 결정하는 주요 요인들이 포함된 구조이다. 즉, 매출액에서 총비용을 차감해서 순이익을 산출하고, 순이익을 매출액으로 나누어 수익성 지표인 매출액순이익률을 산출하는 체계를 보여준다.

[그림 3-1] ROI 차트

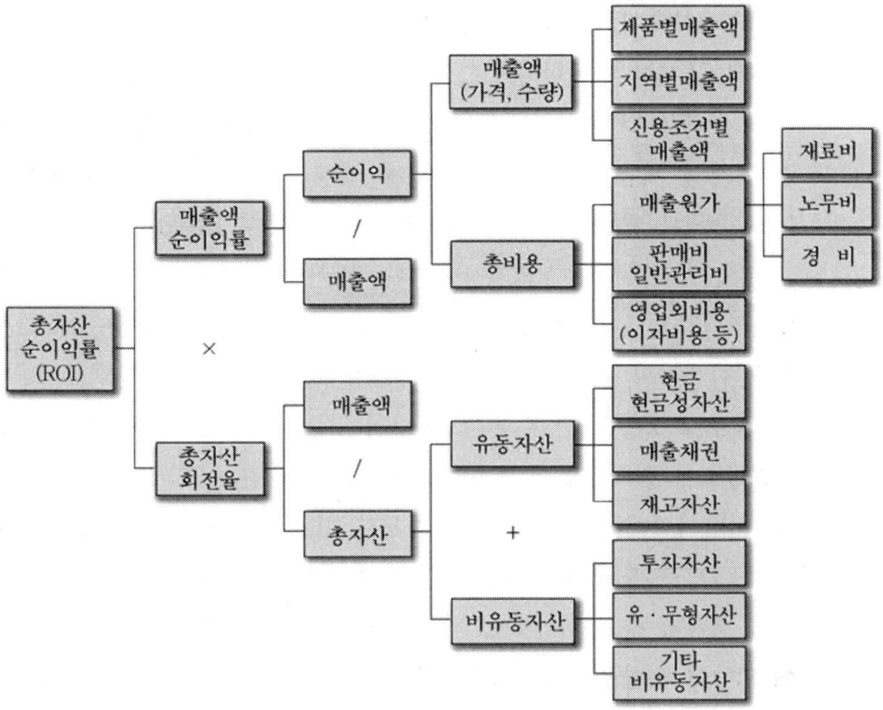


하단부는 총자산회전율을 결정하는 요인들이 포함된다. 요컨대, 유동자산과 비유동자산이 더한 것이 총자산이고, 매출액을 총자산으로 나누면 총자산회전율이 된다. 이러한 구조를 체계적으로 보여주는 것을 [그림 3-1]과 같이 ROI 차트라고 한다. ROI기법이란 투자수익률의 증대를 목표로 하여 기업의 경영성과를 계획 · 통제하는 기법이다. 다시 말해,

ROI기법은 기업의 경영성과와 효율을 투자수익률과 관계된 재무요인을 중심으로 체계적으로 분석·통제하는 것이므로 재무비율들을 기업전체의 입장에서 유기적으로 파악하는 종합적인 비율분석이다.

### 3) ROI분석의 유용성과 한계점

앞서 ROI분석체계에서 살펴보았듯이 ROI기법은 활동성비율인 총자산회전율과 수익성비율인 매출액순이익이 결합한 것으로서 기업활동의 양 측면을 동시에 분석할 수 있는 장점이 있다. 즉, 총자산회전률과 매출액순이익률에 관련된 여러 재무요인들을 분석함으로써 기업의 경영성과와 문제점을 종합적으로 평가할 수 있다. 또한 기업의 총투자액에 대한 성과를 나타내는 비율이므로 기업의 경영자나 종업원의 업적평가 및 통제의 개념으로 보다 타당하며, 경영자가 기업전체 수준이나 사업부 수준에서 재무계획을 수립하거나 통제하는데 유용하다.

반면, 임의적 회계처리가 허용되는 과거의 재무자료를 이용하고 있으며, 경영자의 능력 외에도 많은 요인들에 영향을 받기 때문에 다음과 같은 한계점이 존재한다. 첫째, 기업의 ROI는 각 기업의 회계처리방법에 의하여 영향을 받게 된다. 따라서 같은 성과를 낸 기업이라도 회계처리방법이 달라지면 ROI가 달라지므로 상호간 비교가 어려워진다. 둘째, 기업의 ROI는 자산의 실질가치가 아닌 장부가치에 의하여 영향을 받게 되므로 오래된 설비를 많이 보유하고 있는 기업의 ROI가 오히려 크게 평가될 수 있다. 셋째, 기업의 ROI는 그 기업이 속한 산업의 상황에 의하여 영향을 받게 된다. 이 경우 경쟁이 심하지 않은 산업군에 속한 기업의 ROI는 높게 나타나고, 반대로 경쟁이 심한 산업군에 속한 기업의 ROI는 낮게 나타날 가능성이 크다. 넷째, 기업의 ROI는 기업의 장기적 목표와 전략에 의해서도 영향을 받는다. 한 예로 성장산업에 속한 기업이 시장점유율의 확대 및 경쟁위치의 강화를 위해 연구개발비비의 지출확대, 신제품개발, 공격적 마케팅 등으로 인한 투자지출이나 운전자본 지출이 늘 경우, 장기적으로는 기업의 위치가 강화되지만, 단기적으로는 ROI가 하락하는 원인이 된다.

## 2. 지수법

### 1) 지수법의 의의

지수법(index method)은 기업의 경영성과와 재무상태를 종합적으로 평가할 수 있는 분석기법으로 1919년에 월(A. Wall)에 의해 제안된 것이다. 지수법은 전통적인 비율분석이 기업경영 평가에 재무비율을 따로 따로 이용하고 있다는 데서 비롯되었다. 즉, 하나의 재무비율에 의해서는 기업의 경제적 실태를 종합적으로 평가하기가 곤란하며, 동일한 경제적 측면을 측정하는 재무비율이라도 서로 다른 정보를 제공할 경우 재무비율의 해석이 모호하게 될 우려가 있기 때문이다. 예를 들어 A라는 기업의 유동성이나 지급능력은 산업평균보다 높은데 수익성은 산업평균보다 낮을 경우 이 기업의 경영상태에 대한 종합적 판단이 어렵게 된다. 또 같은 수익성비율이지만 매출액순이익률은 산업평균이상이지만 총자산순이익률은 산업평균 이하라면 A기업의 수익성을 어떻게 평가할 것인가? 따라서 기업에 대한 객관적 기준을 마련하는 것이 필요하다. 이러한 이유로 제시된 것이 지수법이다.

지수법은 개별재무비율에 가중치를 부여하여 지수를 산출하기 때문에 가중비율종합법(weighted ratio method)이라고도 한다. 학자에 따라 중요한 재무비율을 선정하거나 가중치를 부여하는 과정에서 차이가 있지만 일반적으로 지수법을 적용하는 절차는 다음과 같다.

① 재무비율 중 분석목적에 적합하다고 생각하는 몇 개의 중요비율 분석을 선정한다. ② 선정된 재무비율의 중요도에 따라 가중치를 부여한다. ③ 선정된 중요재무비율에 대한 각 기업의 실제비율과 표준비율을 구하고 실제비율을 표준비율로 나누어 관계비율을 계산한다. ④ 관계비율에 가중치를 곱하여 비율별 평점을 계산한 후 이들을 합산하여 종합지수를 구한다. ⑤ 마지막으로 종합지수가 100 이상이면 기업의 재

무상태 및 경영성과가 양호한 것으로, 100 이하면 불량한 것으로 평가한다.

### 2) 월과 트랜트의 지수법

지수법의 최초 제안자인 월(A. wall)과 트랜트의 중요재무비율과 가중치에 대한 예를 살펴보자. 월은 기업의 신용능력을 평가하기 위하여 3개의 정태비율과 4개의 동태비율을 선정하였다. 즉, 유동비율, 고정비율, 부채비율과, 매출채권회전율, 재고자산회전율, 자기자본회전율 등 7개의 재무비율을 선정하였으며, 이 중 정태비율인 유동비율과 부채비율 등에 높은 가중치를 부여하였다.[4] 반면에, 트랜트(J. B. Trant)는 월이 선정한 비율 중 자기자본회전율을 제외하고 이 대신 매입채무회전율을 사용하고 월과 다른 가중치비중을 사용하였다.[5] 즉. 월이 동태적 비율에 비중을 둔 것과 다르게 트랜트는 동태비율에 더 큰 비중을 두고 있다. 이에 대한 내용은 〈표 3-2〉에 나타내었다.

〈표 3-2〉 월과 트랜트의 중요 재무비율과 가중치

| 중요 재무비율 | 가 중 치 | |
|---|---|---|
| | 월 | 트랜트 |
| 유 동 비 율 | 25 | 15 |
| 고 정 비 율 | 25 | 10 |
| 부 채 비 율 | 15 | 10 |
| 매출채권회전율 | 10 | 10 |
| 재고자산회전율 | 10 | 20 |
| 고정자산회전율 | 10 | 20 |
| 자기자본회전율 | 5 | - |
| 매입채무회전율 | - | 15 |
| 합 계 | 100 | 100 |

4) A. Wall, Study of Credit Barometers, *federal Reserve Bulletin*, 5(March 1919), pp. 229~243.

5) J. B. Trant, Bank Administration(1931), p. 180.

### 2) 지수법의 유용성과 한계

기업의 경영성과와 재무상태를 종합적으로 평가할 수 있고, 지수의 작성과 해석이 용이하여 실무에서 많이 활용되고 있는 지수법도 다음과 같은 한계점을 가지고 있다. 첫째, 지수작성에 이용되는 재무비율과 가중치의 선택이 임의로 결정된다는 결함이 있다. 즉 비율과 가중치가 대체로 체계적 이론이나 실증적인 증거의 뒷받침없이 분석자의 경험이나 지식에 지나치게 의존하여 선정된다는 것이다. 둘째, 관계비율을 계산할 때 이용하는 표준비율에 대한 명확한 기준을 세우기 곤란하다. 대개는 산업평균비율을 이용하지만 오히려 경쟁기업의 재무비율이나 산업 내에서 가장성공적인 기업의 재무비율을 표준으로 이용하는 것도 의미가 있다.

## 중요개념 및 용어

| | | |
|---|---|---|
| 재무비율 | 부가가치율 | 산업평균비율 |
| 표준비율 | 생산성비율 | 표준비율 |
| 관계비율 | 자본의 생산성 | 재무비율분석 |
| 구성비율 | 노동의 생산성 | 재무분석 |
| 유동성비율 | 순운전자본 | 재무상태 |
| 유동비율 | 토빈q비율 | 정태비율 |
| 당좌비율 | 주가수익비율 | 주가순자산비율 |
| 레버리지비율 | 시장가치비율 | 투자수익률 |
| 부채비율 | ROI | 지수법 |
| 이자보상비율 | 총자산 | 매출액 |
| 안정성비율 | 매입채무회전율 | 매출채권회전율 |
| 비유동비율 | 성장성비율 | 총자산증가율 |
| 비유동장기적합률 | 매출액증가율 | 자본시장비율 |
| 수익성비율 | 총자산순이익률 | 총자본순이익률 |
| 매출액순이익률 | 총자산회전율 | 매출채권회전기간 |

## 연 습 문 제

1. 재무비율분석의 의의에 대해서 설명하시오.

2. 재무비율을 분석방법에 따라 분류하고 설명하시오.

3. 표준비율이란 무엇이며, 표준비율의 기준으로 활용되는 비율을 2가지만 설명하시오.

4. 다음의 용어들을 설명하시오.
   1) 유동성
   2) 투자수익률(ROI)
   3) PER
   4) q비율
   5) 시장가치비율
   6) 활동성비율
   7) 수익성비율
   8) 성장성비율
   9) 생산성비율

5. 비율분석의 유용성과 문제점을 설명하여라.

6. 기업의 지급능력을 동태적으로 파악해야 하는 필요성은 무엇이며, 이를 파악할 수 있는 재무비율을 설명하라.

7. ROI의 체계를 설명하시오.

8. ROI분석의 유용성 및 한계점에 대해서 설명하시오.

9. 지수법의 유용성과 한계를 설명하시오.

제 4 장

# 기업의 손익분석

기업이 고정자산의 보유나 타인자본을 사용할 경우, 기업의 영업활동수준과 관계없는 감가상각비나 이자비용과 같은 고정비용이 발생하게 되어 레버리지(leverage)문제의 중요성이 대두된다. 기업이 레버리지를 잘 이용하면 기업소유주에게 이익이 되는 반면, 위험부담과 자본비용에 영향을 미치게 된다.

본 장에서는 기업의 이익계획의 기초가 되는 분석기법으로서 기업의 원가와 매출액 그리고 이익의 상호관계를 중심으로 분석하는 CVP(cost-volume-profit analysis), 손익분기점(break-even point)에 대하여 알아본다. 그리고 기업의 고정비 부담이 손익의 변동과 기업위험도 등에 어떠한 영향을 미치는지에 대한 레버리지분석에 대해서도 살펴본다.

## 제 1 절 손익분기분석

### 1. 손익분기분석의 의의

기업의 매출과 이익 등의 경영실적은 경기변동에 영향을 받는다. 그러나 경기변동에 의한 영향의 정도가 기업마다 다르고, 매출액변동에 따른 영업이익이나 세후 순이익의 변동도 기업의 비용구조나 재무구조에 따라 달라진다. 따라서 기업은 이러한 움직임을 분석하여 재무계획에 반영할 필요가 있다.

매출액의 변동에 대하여 영업이익이 얼마나 변동할 것인가를 분석하기 위해서는 우선 매출액, 비용, 영업이익들이 서로 어떤 관계에 있는가를 밝히는 손익분기점분석(break-even analysis)을 이해해야 한다. 손익분기점분석은 원가, 매출량, 이익의 상호관계를 분석하는 기법으로 CVP분석(cost-volume[1]-profit relationship analysis)이라고도 한다. 손익분기점(Break-even point: $BEP$)은 매출액과 영업비용(제조원가 및 판매관리비)이 같아지는 점, 즉 영업이익이 0이 되는 매출량이나 매출액으로 정의된다. 다시 말해 손익분기점분석은 총영업비용(total operating cost: $TC$)과 매출액관계를 분석하는 것이므로 매출액이 어느 정도 되어야 총영업비용을 보상하고 영업이익이 발생하기 시작하는 가를 찾는 것이 이 분석의 핵심이다.

손익분석을 위한 수익의 크기, 즉 매출액(total revenue from sales: $TR$)은 매출량($Q$)에 단위당 판매가격($P$)을 곱하여 얻어지므로 비교

1) 조업도(Volume)는 생산량이나 판매량을 의미하는데, 실무에서 설비조업률 또는 가동률을 의미할 때 조업도라는 용어를 쓰므로 가급적 조업도라는 용어보다 생산량 또는 판매량(매출량)이라는 용어를 직접 쓴다.

적 쉽게 산정된다. 그러나 매출량의 변화에 따른 총비용의 산출부분은 쉽지 않다. 이것을 규명하기 위해서는 총비용을 고정영업비(fixed operating cost : *FC*)와 변동영업비(variable operating cost : *VC*)로 구분해서 검토해야 한다.

### 1) 고정영업비와 변동영업비

영업비용 중에서 변동영업비에 비하여 고정영업비가 클수록 손익분기점이 높아지게 되며, 손익분기점이 높을수록 매출변동이 영업이익에 미치는 영향도 크게 나타난다. 손익계산서에서 분류되는 영업고정비와 영업변동비의 기본 형태는 아래와 같다.

**■ 고정비와 변동비의 구분**

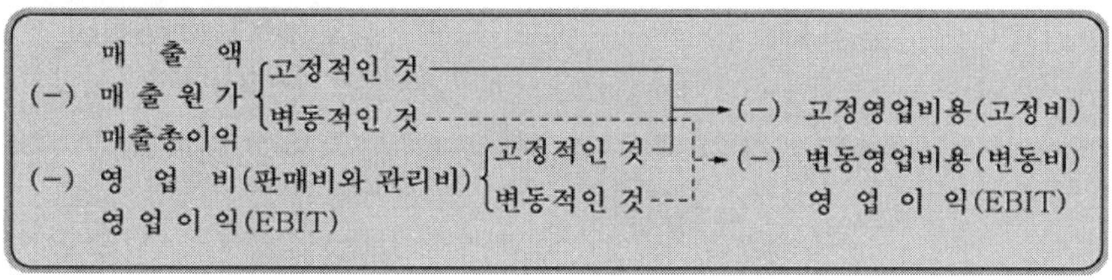


고정영업비는 관련범위 내에서 기업의 매출량이나 생산량에 관계없이 일정하게 발생하는 비용으로 제조원가의 일부, 감가상각비, 지급이자 등이 포함된다. 관련범위 내에서란 최대생산능력의 의미로 최대생산능력을 초과하면 고정비의 크기도 달라진다. 한 예로, 최대생산능력을 증가시키기 위하여 공장규모를 늘리면 이에 따라 감가상각비도 증가하게 된다. 변동영업비는 매출량이나 생산량에 비례하여 발생하는 일체의 비용으로 직접재료비, 직접노무비, 소모품비, 판매수당 등이 포함된다.

손익분기분석에서는 변동비총액에 관심을 갖기보다는 1단위의 매출량 증가에 따른 변동비 증가분에 더 큰 관심을 갖는데, 이는 단위당 변동비나 변동비율로 측정된다. 단위당 변동비는 제품 1단위에서 차지하는 변동비의 크기(변동비 총액/매출량)를 말하며, 변동비율(변동비 총액

/매출액)은 매출액 1원에 포함되어 있는 변동비의 크기를 말한다.

### 2) 손익분기도

손익분기도는 매출량, 총영업비용(변동영업비, 고정영업비), 총수익, 이익 등의 관계를 도표로 나타낸 것으로 기본 형태는 [그림 4-1]과 같다. 손익분기도표의 종축은 수익 또는 비용이 표시되고 횡축은 매출량이 표시된다.

[그림 4-1] 손익분기도

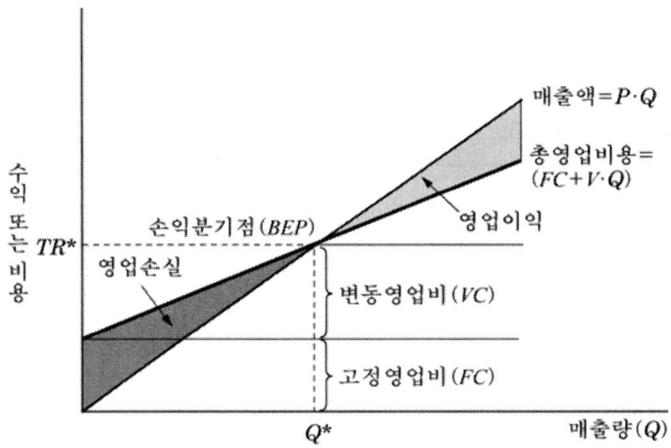


총수익($TR$)은 매출량의 증가에 따라 선형적 함수관계를 갖는다. 이처럼 총수익이 선형적 증가함수를 갖는다는 것은 제품의 단위당 가격이 판매량에 관계없이 일정하다는 것을 의미한다. 일반적으로 총수익은 매출량에 단위당 가격을 곱한 것과 같고, 단위당 가격이 매출량 변동에 관련 없이 일정하다면 총수익선의 기울기는 단위당 가격과 같기 때문이다.

고정영업비($FC$)와 변동영업비($VC$)로 구분되는 총영업비용($TC$)도 매출량의 증가에 따라 선형적인 증가함수 관계를 갖는다. 변동영업비가 매출량의 증가에 따라 일정한 비율로 증가하는 한 총영업비용을 나타내는 총영업비용선은 손익분기도표에서 직선으로 그려진다.

이익의 크기는 총수익에서 총영업비용을 차감한 부분으로서 [그림 4-1]에서 빗금친 부분의 높이이다. 총비용곡선과 총수익곡선이 교차하는 점은 비용과 수익이 일치하여 이익이 0(*zero*)이 되는 점 즉, 손익분기점(break-even point: *BEP*)이다. 따라서 이 점을 초과하는 판매량 수준은 이익영역이고 하회하는 판매량 수준은 손실영역이다.

## 2. 손익분기점과 이익계획

### 1) 손익분기점계산

[그림 4-1]에서 보았던 바와 같이 고정영업비는 매출량과 관계없이 일정하며, 변동영업비는 매출량에 정비례한다. 그러므로 제품단위당 소요되는 변동영업비를 $V$라고 하면, 변동영업비 $VC$는 단위당 변동비($V$)에 매출량($Q$)을 곱하면 된다.

$$VC = V \cdot Q$$

총 영업비용($TC$)는 변동영업비($VC$)와 고정영업비($FC$)를 합한 것이다.

$$TC = FC + VC = FC + V \cdot Q$$

반면에 매출액($TR$)은 단위당 판매가격($P$)과 매출량($Q$)를 곱한 것으로 다음과 같이 표시할 수 있다.

$$TR = P \cdot Q$$

손익분기점은 매출액과 영업비용이 일치하여 영업이익이 0이 되는 점이다. 매출액과 총 영업비용이 일치할 때의 매출량은 앞서 사용한 기호를 써서 나타내면 다음과 같다.

$$P \cdot Q = FC + V \cdot Q$$

이 식에서 $Q$를 구하면, 이것이 바로 매출량($Q^*$)으로 계산한 손익분기점이다. 이 때 $(p-v)$를 제품한단위당 공헌이익(unit contribution margin)이라고 하는데, 이것은 판매단가에서 변동영업비를 뺀 것으로 이 부분이 기업의 고정영업비를 보상하거나 기업의 이익에 공헌하기 때문에 이러한 명칭으로 부른다.

$$P \cdot Q - V \cdot Q = FC$$

$$Q^* = \frac{FC}{p-v}$$

$Q^*$ = 손익분기점 매출량
$FC$ = 고정비
$v$ = 단위당 변동비
$p$ = 제품의 단위당 판매비

기업에서 공표하는 손익계산서에서는 손익분기점 매출량을 구할 수 없는 경우 앞서보았던 매출량 손익분기점공식 $TR = FC + VC$을 전개하여 해답을 얻을 수 있다. 즉, $VC = V \cdot Q$, $TR = P.Q$이므로 궁극적으로 다음과 같은 식을 도출할 수 있다

$$\therefore\ TR^* = \frac{FC}{1-\frac{v}{p}}$$

$TR^*$ = 손익분기점 매출액
$1-\frac{v}{p}$= 공헌이익률

$(1-\frac{v}{p})$는 공헌이익률(contribution margin ratio)라고 하는데, 제품 1 단위당 가격에 대한 공헌이익의 비율을 나타낸다. 공헌이익률은 단위당 공헌이익을 단위당판매가로 나누어 구할 수 있다.

**〈예제 5-1〉 손익분기점과 공헌이익**

어린이 수영용품을 판매하는 수영상사는 소아용 튜브를 600원에 사서 1,000원에 판매한다. 점포 임차료 한 달에 6만원 기타 감가상각비로 4만원이 들어서 총고정비는 10만원이다. 재고가 전혀 없다고 가정했을 때, 한 달에 몇 개를 팔아 영업손실을 면할 수 있겠는가? 그리고 공헌 이익은 얼마인가?

$$P \cdot Q - V \cdot Q = FC$$

$$Q^* = FC/(p-v) \ = 100,000/(1,000 - 600) = 250\text{개}$$

손익분기점 매출량은 250개 이다, 따라서 250개를 팔면 영업손실도 없고 영업이익도 없다. 손익분기점 매출량이 정해지면 이를 이용해서 손익분기점 매출액 250($Q$)×1,000($P$)=250,000원을 도출할 수 있다.

공헌이익$(p-v)$은 단위당 판매가액인 1,000원의 추가적인 매출과 단위당변동영업비 600원이 추가적으로 발생하므로, 그 차이인 400원이 된다. 단위당 공헌이익률은 $1-\frac{600}{1,000}=40\%$ 이다. 이는 매출의 40%가 공헌이익이고 나머지 60%가 변동원가임을 의미한다.

### 2) 이익계획

기본적으로 이윤의 창출이 목적인 기업은 손익분기점 그리고 그 이상의 기대치 즉, 목표이익에 도달할 수 있는 매출량이나 매출액에 관심을 보인다. 이때, 기업이 원하는 수준의 목표이익을 설정하고 이를 달성하기 위해서 어느 정도의 매출량과 예상수익 및 허용비용을 달성해야 하는가를 예측하는 것이 이익계획(profit planning)이다.

이러한 경우 손익분기점 분석을 이용할 수 있다. 목표이익(target profit)을 달성하기 위한 매출량 및 매출액을 구하는 공식은 다음과 같다.

$$Q^T = \frac{FC + TP}{p - v}$$

$$TR^T = \frac{FC + TP}{1 - \frac{v}{p}}$$

$Q^T$ = 목표이익 달성매출량
$TP$ = 목표이익
$(p - v)$ = 공헌이익
$TR^T$ = 목표이익 달성매출액

〈예제 5-2〉 손익분기점과 목표이익

수영상사가 튜브 250개를 판매하면 손익분기가 되는 것을 알았다. 그리고 수영상사가 5만원의 영업이익을 목표로 하고 있다면, 이를 달성하기 위한 매출량과 매출액은 각각 얼마나 되어야 하나?

$Q^T$ = [100,000 + 50,000]/(1,000 - 600) =375개
$TR^T$ = [100,000 + 50,000]/0.4=375,000원

수영상사의 목표이익은 튜브 375개를 팔았을 때, 또는 매출액이 375,000원일 때 달성된다.

# 제 2 절 레버리지분석

## 1. 레버리지의 의미

레버리지는 지레장치 또는 지렛대 작용을 의미하는 개념으로 이용되고 있다. 지렛대는 적은 힘으로 무거운 물건을 힘들이지 않고 끌어올리는데 이용되는 도구를 말하는데 기업경영에서도 이러한 지렛대 원리가 적용된다는 것이다. 즉, 기업에서 고정적으로 발생하는 고정비부담의 증감은 경기변동에 따라 매출액의 증감에 영향을 미치며, 이러한 고정비 존재 때문에 매출액 1%의 증감은 기업손익에 있어서 1% 이상의 손익확대효과를 가져올 수 있는 현상을 레버리지효과(leverage effect)라고 한다. 그리고 이와 같은 기업의 고정비 부담이 기업의 영업이익과 순이익에 미치는 영향을 분석하는 것을 레버리지분석(leverage analysis)이라 한다.

레버리지는 고정영업비의 존재로 인하여 손익이 확대되는 영업레버리지(operating leverage)와 고정재무비용의 존재로 인하여 손익이 확대되는 재무레버리지(financial leverage), 이들을 결합한 결합레버리지로 나뉜다.

Ⅰ. 영업레버리지
- 매출액
  - · 매출원가
- 매출총이익
  - · 영업비용(판매비와 관리비)
- 영업이익(*EBIT*)

Ⅱ. 재무레버리지
- 영업이익(*EBIT*)
  - · 이자
- 세전이익(*EBT*)
  - · 법인세
- 세후순이익(*EAT*)

Ⅲ. 결합레버리지 (매출액 ~ 세후순이익(*EAT*))

## 2. 영업레버리지

일반적으로 기업이 자산을 어떻게 구성하는가에 따라 고정영업비의 크기가 달라진다. 자본집약적인 생산기술을 택하여 그에 필요한 자산을 구성할 경우가 노동집약적인 생산기술을 택하여 그에 필요한 자산을 구성하는 경우에 비해서 고정영업비의 비중이 커지는 것이 보통이다. 영업레버리지는 이와 같은 고정영업비의 존재로 인한 영업이익의 확대효과로 정의된다.

그러면 이러한 레버리지효과는 어떻게 나타나는 것일까? 즉 고정영업비가 증가될 경우 영업이익이 왜 확대되어 나타나는가?

이를 위해 A, B 두 기업의 예를 들어 보자. A기업은 고정비만 발생하는 기업이고, B기업은 변동비만 발생하는 기업이다. 두 기업 모두 100원짜리 제품을 10개씩 팔고 있는데. A기업은 비용으로 고정영업비가 500원 발생하고, B기업은 제품 단위당 50원의 변동영업비만이 발생한다고 하자. 두기업의 영업이익은 다음과 같이 500원으로 동일하다.

| 항 목 | A기업 | B기업 |
|---|---|---|
| 매출액 | 100×10개=1,000 | 100×10개=1,000 |
| (-)고정영업비 | 500 | - |
| (-)변동영업비 | - | 50×10개=500 |
| 영업이익 | 500원 | 500원 |

만일 A, B기업의 매출수요가 5개로 하락하거나 15개로 상승한다면 영업이익은 어떻게 될 것인가?

| 항 목 | A기업 | | | B기업 | | |
|---|---|---|---|---|---|---|
| 매출수량 | 5개 | 10개 | 15개 | 5개 | 10개 | 15개 |
| 매출액 | 5×100=500 | 1,000 | 1,500 | 500 | 1,000 | 1,500 |
| (-)고정비 | 500 | 500 | 500 | - | - | - |
| (-)변동비 | - | - | - | 50×5=250 | 500 | 750 |
| 영업이익 | 0 | 500 | 1,000 | 250 | 500 | 750 |

위의 표를 보면 고정영업비만 존재하는 A기업의 경우 영업이익의 변화폭은 500이지만 변동영업비만 존재하는 B기업의 경우 영업이익의 변화폭은 250인 것을 알 수 있다. 이는 고정영업비가 존재함으로써 매출액의 변화율보다 영업이익의 변화율이 더 높게 나타나는 현상 즉, 영업레버리지 효과를 나타낸 것이다.

그렇다면 레버리지 효과는 어떻게 측정할 수 있을까? 이는 영업레버리지 효과의 정도(크기)를 나타내는 지표인 영업레버리지도(*DOL*: degree of operating leverage)로 측정할 수 있다. *DOL*은 매출액의 변화에 따른 영업이익의 변화를 측정하는 척도로서 매출액의 변화율에 대한 영업이익의 변화율의 비율로 정의된다.

$$DOL = \frac{\text{영업이익 변화율}}{\text{매출액 변화율}} = \frac{\Delta EBIT / EBIT}{\Delta S / S} \qquad (4\text{-}1)$$

여기서, $S$: 매출액, $EBIT$: 영업이익

즉, 영업이익은 매출액에서 변동비와 고정비를 차감한 것이며, 이를 다음과 같이 나타낼 수 있다.

$$
\begin{aligned}
EBIT &= S - VC - FC \\
&= P \cdot Q - V \cdot Q - FC \\
&= Q(P - V) - FC
\end{aligned}
$$

여기서, $P$: 단위당 판매가격, $Q$: 생산 및 판매량(매출량), $VC$: 변동영업비, $FC$: 고정영업비

또한 영업이익의 변동분은 매출량의 변동분에 단위당 공헌이익을 곱한 것으로 다음과 같이 표현할 수 있다.

$$\Delta EBIT = \Delta Q(P - V)$$

그리고 매출액의 변화는 가격변화가 없다고 가정할 경우 매출량의 변화에 가격을 곱한 것과 같다.

$$\Delta S = P.\Delta Q$$

이 관계식을 정리하여 (4-1)의 $DOL$식에 대입하면 영업레버리지도는 다음과 같은 식을 얻을 수 있다.

$$
\begin{aligned}
DOL &= \frac{\Delta EBIT / EBIT}{\Delta S / S} = \frac{\Delta Q(P - V) / Q(P - V) - FC}{\Delta Q.P / QP} \\
&= \frac{Q(P - V)}{Q(P - V) - FC} = \frac{S - VC}{S - VC - FC}
\end{aligned}
$$

또한 $P - V$는 단위당 공헌이익(contribution margin)을 나타내므로 이를 $M$이라 하면 $DOL$를 다음과 같이 나타낼 수 있다.

$$DOL = \frac{Q \cdot M}{Q \cdot M - FC} = \frac{Q \cdot M}{EBIT}$$

위 식을 보면 고정영업비($FC$)가 증가하면 영업레버리지도($DOL$)가 증가하는 것을 알 수 있다. 이는 고정영업비가 클 경우 매출액 변화에 따라 영업이익의 변화폭이 확대됨을 의미한다.

예를 들어 현재 매출량 10,000개를 기준으로 연간매출액 수준이 500만원인 A기업이 있다. 이 기업의 연간 고정비는 290만원이고 제품의 단위당 판매가격이 500원, 단위당 변동비는 200원이라고 하자. 향후 1년간 이 기업의 매출액은 현 수준에서 10%상승하거나 하락할 수 있다. 이 때 영업이익의 변화를 살펴보자.

각 경우에 매출액, 변동영업비, 고정영업비를 계산하여 정리하면 다음과 같다(단위: 만원). 이 때 변동영업비는 매출액의 40%임을 알 수 있다

$$\text{변동영업비/ 매출액} = V \cdot Q / P \cdot Q = V/P = 200/500 = 0.4$$

| 항 목 | 10% 감소 | 현 재 | 10% 증가 |
|---|---|---|---|
| 매출액 | 450 | 500 | 550 |
| (-)고 정 비 | 290 | 290 | 290 |
| (-)변 동 비 | 180 | 200 | 220 |
| 영업이익 | -20 | 10 | 40 |
| | 300% 감소 | | 300% 증가 |

위의 결과를 보면 매출액이 10% 증가할 경우, 영업이익은 300% 증가, 매출액이 10% 감소할 경우, 영업이익은 300% 감소하는 것을 확인할 수 있다. 이와 같이 매출액의 변화폭에 비해 영업이익의 변화폭이 커지는 것은 고정영업비 290만원이 존재하기 때문이다. 이는 동일한 조건하에서 고정영업비를 제외하고 계산한 아래의 경우에서 확인할 수 있다. 매출액 10% 감소하면 영업이익도 10% 감소하고, 매출액이 10%

증가하면 영업이익도 10% 증가하고 있음을 알 수 있다. 즉, 기업의 고정영업비가 클수록 매출액의 변화에 따른 $EBIT$의 변화폭이 크게 확대됨을 알 수 있다.

| 항 목 | 10% 감소 | 현 재 | 10% 증가 |
|---|---|---|---|
| 매 출 액 | 450 | 500 | 550 |
| (-)고정비 | - | - | - |
| (-)변동비 | 180 | 200 | 220 |
| 영업이익 | 270 | 300 | 330 |

다음은 영업레버리지도를 계산해 보자.

$$DOL = \frac{\Delta EBIT / EBIT}{\Delta S / S} = \frac{300\%}{10\%}$$

$$= \frac{Q(P-V)}{Q(P-V)-FC} = \frac{(500-200)10,000}{(500-200)10,000-2,900,000} = 30$$

여기서 $DOL$이 30이라는 의미는 매출액이 1% 변화하면 $EBIT$는 30배로 확대되어 변화한다는 것이므로, 이를 알고 있을 경우 매출액의 변화에 따른 $EBIT$의 변화를 쉽게 예측할 수 있다.

$DOL$은 고정영업비가 증가할수록 증가되므로 영업레버리지 효과도 크게 나타난다. 고정영업비가 0일 때는 $DOL$이 1이 되므로 영업레버리지효과는 발생하지 않는다. $DOL$은 손익분기점매출액에서는 무한대가 되고, 매출액이 손익분기점매출액을 초과하는 경우에는 매출량이 증가함에 따라 $DOL$은 감소하여 1에 가까워진다.

여기서 주의할 점은 영업레버리지가 크다는 것은 매출액이 크거나, 영업이익이 많다는 것을 의미하는 것이 아니라, 매출액이 변할 때 영업이익의 변동폭이 크다는 것, 즉 경영위험이 높다는 것을 나타낸다. 대체로 자본집약적인 산업은 영업레버리지가 높은데, 그 이유는 자본을 고정자산에 투하하면 고정영업비가 증가하고 생산단위당 변동비가 줄어들기 때문이다.[2)]

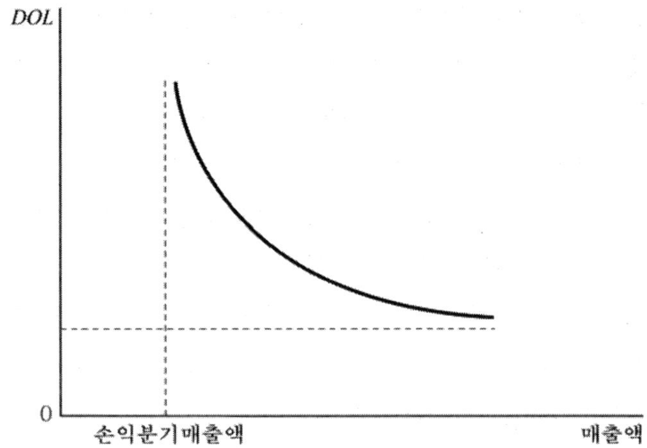


이상과 같은 영업레버리지도를 고려하여 기업에서는 미래 판매예측에 따른 적정 설비투자규모를 결정할 수 있다. 즉, 미래 경기가 불투명하고 판매부진이 예측될 때에는 가능한 설비투자 규모를 축소하여, 고정영업비 지출을 줄이고 대신 노동집약적 생산형태를 취함으로써 경기변동에 따른 유연한 대응능력을 높이는 전략이 필요하다. 반대로 미래 경기가 호황이 예상되고 판매증가가 예측될 때에는 설비투자규모를 증가시켜 자본집약적 생산형태를 취함으로써 매출량 증가에 따른 영업레버리지 효과를 높이는 것이 영업이익을 극대화시키는 방안이 될 수 있다.

## 3. 재무레버리지

재무레버리지(financial leverage)는 기업이 자산을 취득하기 위하여 조달한 자금 가운데 타인자본이 차지하는 비율을 의미하며, 기업의 총자산에 대한 총부채의 비율로 정의될 수 있다.

기업에 타인자본, 즉 부채가 존재하는 경우 영업이익의 증가나 감소

---

2) D. L. Raun, "The Limitation of Profit Graphs, Break-even Analysis and Budgets," *Accounting Review* (October 1964), pp. 927~945.

에 관계없이 고정재무비용이 발생한다. 따라서 영업이익에서 이자가 지불되고 법인세를 지급하고 난 후의 세후 순이익이 주주의 몫이 된다. 이 경우 고정재무비용의 지급으로 말미암아 주주에게 돌아가는 세후순이익의 변동률이 영업이익 변동률보다 크게 나타나는데, 이를 재무레버리지효과(financial leverage effect)라고 한다. 즉, 타인자본 때문에 발생하는 이자가 지렛대의 역할을 하여 영업이익의 변화에 대한 주당이익의 변화폭이 더욱 커지는 현상을 일컫는다.

이러한 재무레버리지 효과는 어떻게 나타나는가? A기업의 예를 들어 살펴보자. A기업의 영업이익(*EBIT*)이 1억원, 매달 지불하여야 하는 이자가 2천만원, 법인세율을 50%라고 가정하면, 세후순이익은 4천만원이 된다. 이 때 영업이익이 40% 증가(감소)하는 경우 지급이자가 세후순이익에 미치는 영향은 어떻게 될까?

아래 표에서 보이는 바와 같이 영업이익이 40% 증가하여 14,000만원이 될 때, 주주에게 돌아가는 세후순이익은 50% 증가한 6,000만원이 되고, 영업이익이 40% 감소하여 6,000만원이 되면, 세후 순이익은 50% 감소한 2,000만원이 된다.

| 항 목 | 40% 감소 | 현 재 | 40% 증가 |
|---|---|---|---|
| 영업이익 | 60 | 100 | 140 |
| 이 자 | 20 | 20 | 20 |
| 세전이익(*EBT*) | 40 | 80 | 120 |
| 법 인 세 | 20 | 40 | 60 |
| 세후순이익 | 20 | 40 | 60 |
| | 50% 감소 | | 50% 증가 |

위 표에서 영업이익의 변동률에 비해 세후순이익의 변동률이 크게 나타나는 것은 고정적인 재무비용인 이자비용 때문이다. 이러한 재무레버리지 효과는 동일 영업이익수준에서는 타인자본비율이 큰 기업일수록, 동일 자본구조아래에서는 총자본영업이익률, 총자본이자비용률이 근접한 영업이익 수준에서 더욱 커지게 된다.

A기업의 자금조달 방법을 통해 재무레버리지 효과를 좀더 상세히 살펴보자. A기업은 자금조달 방법으로 두 가지 대안을 고려하고 있다. 첫째, 10,000원씩 만주의 보통주를 발행하여 전액 자기자본만으로 조달하는 방법, 둘째, 5,000만원을 타인자본으로 조달하고, 나머지 5,000만원(10,000원씩 보통주 5천주 발행)은 자기자본으로 조달하는 방법이다. 부채에 대한 이자율은 10%, 법인세율은 40%로 가정하였다.

자본조달을 자기자본에만 의존하는 제1안은 영업이익이 증가함에 따라 주당이익이 300원에서 900원까지 변동하며, 50%의 부채를 사용하는 제2안은 0원에서 1,200원까지 변동하고 있다. 이는 주주에게 돌아가는 순이익의 의미로 타인자본의존도가 커서 이자비용의 지출이 많은 제2안이 영업이익의 변동에 따른 주당이익[3]의 폭이 큰 것을 확인할 수 있다.

(단위: 만원)

| | 제1안 (자기자본 10,000, 타인자본 0) | | | 제2안 (자기자본 5,000, 타인자본 5,000) | | |
|---|---|---|---|---|---|---|
| 영 업 이 익 | 500 | 1,000 | 1,500 | 500 | 1,000 | 1,500 |
| (-) 이 자 | - | - | - | 500 | 500 | 500 |
| 세 전 이 익 | 500 | 1,000 | 1,500 | 0 | 500 | 1,000 |
| 법 인 세 | 200 | 400 | 600 | 0 | 200 | 400 |
| 세후 순이익 | 300 | 600 | 900 | 0 | 300 | 600 |
| 주당이익(원) | 300 | 600 | 900 | 0 | 600 | 1,200 |

그렇다면 재무레버리지 효과의 정도는 어떻게 측정될 수 있는가? 이는 재무레버리지 효과의 정도(크기)를 나타내는 지표인 재무레버리지도($DFL$: degree of financial leverage)로 측정할 수 있다. $DFL$은 영업이익($EBIT$)의 변화율에 대한 주당순이익($EPS$)의 변화율로 정의된다.

3) 주당이익(earnings per share : $EPS$)은 기업의 당기이익을 유통보통주식수로 나누어 얻은 금액으로, 회계기간의 경영성과에 대한 보통주 1주당 지분의 측정치를 나타낸다.

$$DFL = \frac{\text{주당순이익 변화율}}{\text{영업이익 변화율}} = \frac{\Delta EPS/EPS}{\Delta EBIT/EBIT}$$

여기서, $EPS = (EBIT - I)(1-t)/n$
$I$: 고정재무비
$t$ : 법인세율
$n$ : 보통주 수

또한

$$\Delta EBIT = \Delta Q(P - V)$$

즉, 영업이익의 변화량은 단위당 공헌이익$(P - V)$에 매출량$(Q)$를 곱한 것이다.

$$\Delta EPS = \Delta EBIT(1-t)/n$$

주당순이익의 변화량은 $\Delta EBIT$에서 세금지불을 고려한 후, 주식수 $n$으로 나눈 것과 같다. 이 관계식을 $DFL$식에 대입하면 다음과 같다.

$$\begin{aligned} DFL &= \frac{\Delta EPS/EPS}{\Delta EBIT/EBIT} \\ &= \frac{[\Delta EBIT(1-t)/n/[EBIT - I)(1-t)/n]}{\Delta Q(P - V)/[Q(P - V) - FC]} \\ &= \frac{[\Delta Q(P - V)(1-t)/[Q(P - V) - FC - I](1-t)}{\Delta Q(P - V)/[Q(P - V) - FC]} \\ &= \frac{Q(P - V) - FC}{Q(P - V) - FC - I} \\ &= \frac{EBIT}{EBIT - I} \end{aligned}$$

다음은 A기업의 각 자본조달계획에 대한 재무레버리지도를 계산해 보자.

$$제1안\ \ DFL = \frac{EBIT(1,000)}{EBIT(1,000) - I(0)} = 1.0$$

$$제2안\ \ DFL = \frac{EBIT(1,000)}{EBIT(1,000) - I(500)} = 2.0$$

위에서 계산한 재무레버리지도는 영업이익의 변동률보다 주당이익의 변동률이 확대되어 나타나는 정도를 의미한다. 예를 들어 영업이익이 10% 증가(감소)하면 제1안은 주당이익이 영업이익과 동일하게 10% 증가(감소)하지만, 제2안은 영업이익이 10% 증가(감소)하면 주당이익이 20% 증가(감소)한다는 의미이다. 고정재무비가 0일 때, $DFL$은 1이 되므로 재무레버리지 효과는 발생하지 않으며, 고정재무비가 증가할수록 $DFL$은 증가하므로 재무레버리지 효과가 크게 나타난다. $DFL$은 재무손익분기점(financial break even point)영업이익에서 무한대가 되고, 영업이익이 재무손익분기점 영업이익을 초과하는 경우에는 영업이익이 증가함에 따라 $DFL$은 감소하여 1에 가까워진다.

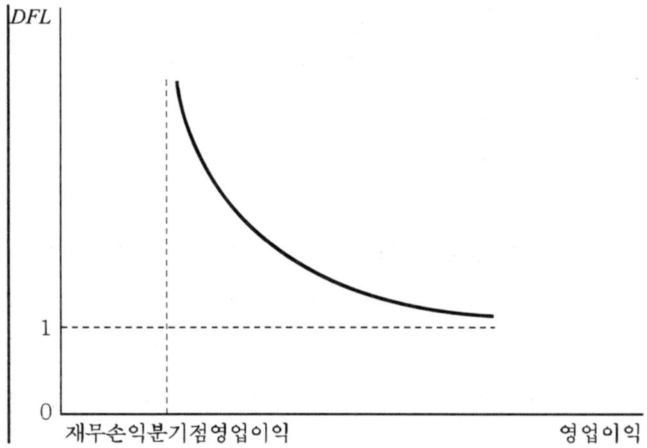

## 4. 결합레버리지

결합레버리지(combined leverage)는 매출액 변동이 주당순이익에 미치는 영향을 살펴보는 것으로서, 이는 매출액과 영업이익간의 변동에 영향을 미치는 영업레버리지와 영업이익과 주당순익간의 변동에 영향을 미치는 재무레버리지를 동시에 고려한 것이다. 결합레버리지 효과란 영업레버리지와 재무레버리지가 존재함으로써 매출액의 변화율보다 주당순이익의 변화율이 더 높게 나타나는 현상을 말하는 것으로, 결합레버리지 효과의 정도(크기)를 나타내는 지표가 결합레버리지도($DCL$: degree of combined leverage)라고 한다.

이제 매출액 변화에 따른 $EPS$변화를 알아보기 위하여 영업레버리지와 재무레버리지를 결합하는 식을 유도해 보자.

$$DCL = \frac{\text{주당순이익 변화율}}{\text{매출액 변화율}}$$

$$= \frac{\Delta EPS/EPS}{\Delta S/S} = \frac{\Delta EBIT/EBIT}{\Delta S/S} \times \frac{\Delta EPS/EPS}{\Delta EBIT/EBIT} = DOL \times DFL$$

$$= \frac{Q(P-V)}{Q(P-V)-FC} \times \frac{Q(P-V)-FC}{Q(P-V)-FC-I}$$

$$= \frac{Q(P-V)}{Q(P-V)-FC-I}$$

위 식을 보면 결합레버리지도는 총공헌이익 $Q(P-V)$을 매출액에서 변동비, 고정비($FC$), 이자비용($I$)을 뺀 부분으로 나눈 것이다. 다음의 예를 들어 결합레버리지효과를 좀더 상세히 살펴보자. B기업은 현재 매출액이 4억이고, 변동비는 매출액의 50%이며, 고정비는 1억원, 이자비용 4천만원, 법인세율 40%이다. 이 때 발행주식수가 100,000주라고

하면, 주당이익은 360원이 계산된다. 만일 B기업의 매출액이 20%증가하면 주당이익은 어떻게 변동하겠는가?

| | | |
|---|---|---|
| 매 출 액 | 400 | 480 |
| 변 동 영 업 비(50%) | 200 | 240 |
| 고 정 영 업 비 | 100 | 100 |
| 영 업 이 익 | 100 | 140 |
| (-) 이 자 | 40 | 40 |
| 세 전 이 익 | 60 | 100 |
| 법 인 세(40%) | 24 | 40 |
| 세 후 순 이 익 | 36 | 60 |
| 발 행 주 식 수 | 100,000주 | 100,000주 |
| 주 당 이 익(원) | 360 | 600 |

위 표에서 매출액이 4억에서 4억 8천으로 20% 증가함에 따라 주당이익은 360원에서 600원으로 대략 66.7%의 증가를 보이고 있다 이는 결합레버리지의 결과로서, 결합레버리지도를 계산하면 다음과 같다.

$$DOL = \frac{Q(P-V)}{Q(P-V)-FC} = \frac{400-200}{400-200-100} = 2$$

$$DFL = \frac{EBIT}{EBIT-I} = \frac{100}{100-40} = \frac{10}{6}$$

$$DCL = \frac{Q(P-V)}{Q(P-V)-FC-I} = \frac{400-200}{400-200-100-40} = 3.33$$

위의 결과는 매출액이 1% 증가할 때 주당이익은 3.33% 증가함을 의미하는 것이다. 따라서 고정영업비와 고정재무비가 0일 때, $DCL$은 1이 되므로 결합레버리지 효과는 발생하지 않고, 고정영업비와 고정재무비가 증가할수록 $DCL$은 증가하므로 결합레버리지 효과는 크게 나타난다.

## 중요개념 및 용어

| | | |
|---|---|---|
| CVP분석 | 레버리지 | 레버리지분석 |
| 결합레버리지 | 레버리지분석 | 레버리지효과 |
| 재무레버리지 | 재무레버리지 | 감가상각비 |
| 고정비 | 변동비 | 변동비율 |
| 손익분기점 | 손익분기점분석 | 이익계획 |
| 고정영업비용 | 고정재무비용 | 재무위험 |
| 목표원가 | 공헌이익 | 공헌이익률 |
| 영업위험 | 영업이익 | 단위당변동비 |
| 영업레버리지도 | 재무레버리지도 | 결합레버리지도 |

## 연 습 문 제

1. 다음 용어를 설명하여라.
   1) 고정영업비
   2) 영업레버리지
   3) 재무레버리지
   4) 결합레버리지

2. 손익분기점에 대해서 간단히 설명하시오.

3. 손익분기점의 모든 가정을 열거하고 그 가정의 타당성을 논하라.

4. 어떤 회사가 생산하는 제품의 단가는 1,000원이고 단위당 변동비는 400원이다. 이 회사는 연간 9,000만원의 고정비를 부담하고 있다.
   1) 이 회사의 단위당 공헌이익과 공헌이익률을 구하시오.
   2) 이 회사의 손익분기점을 구하시오.
   3) 이 회사가 1,000만원의 목표이익을 달성하기 위해서는 어느 정도의 매출액을 달성하여야 하는가?

5. 영업레버리지와 재무레버리지는 한 가지 중요한 측면에서 유사한 성격이 있다. 이 유사한 성격이 무엇이며, 왜 이것이 중요한 의미를 갖는지 설명하여라.

6. 경기산업은 1억원의 기존시설을 갖고 있는데 5억원 상당의 시설확장을 계획하고 있다. 현재 이 회사의 연간 *EBIT*는 1억 4천만원이며, 확장 후에 예상되는 *EBIT*는 2억원이다.

이 기업에 대한 세율은 50%이며, 보통주 20,000주가 이미 발행되었다.

1) 시설확장에 필요한 5억원을 보통주로 조달할 경우와 부채로 조달할 경우(이자율 10%)의 *EPS*를 구하라.
2) 부채로 5억원을 조달할 경우 이 기업의 재무레버리지도는 얼마인가?

# 제 5 장

# 화폐의 시간가치

화폐의 시간가치(time value of money)개념은 재무의사결정과정에서 무엇보다도 중요한 개념이다. 왜냐하면 현대재무관리에서 중요한 변수로 작용하는 것은 시간(time)과 미래의 불확실성(uncertainty) 때문이다. 화폐는 동일한 금액이라 하더라도 발생 시기에 따라서 그 가치가 달라진다. 즉 오늘의 만원과 내일의 만원의 가치는 발생하는 시점에 따라 다르다.

이와 같이 서로 다른 시점에서 발생하는 현금흐름을 비교하기 위해서는 반드시 어느 한 시점에서 바라보는 통일된 현금흐름의 가치계산이 우선되어야 한다. 따라서 이를 위해서는 화폐의 시간가치의 개념을 알아야 한다.

본 장에서는 화폐의 시간가치개념과 각 시점에서 발생하는 현금흐름의 현재가치 또는 미래가치로 전환하는 계산방법 등에 대해서 알아보고자 한다.

## 제 1 절 화폐의 시간적 가치와 이자율

일반적으로 사람들은 동일한 금액인 경우 미래의 현금흐름보다는 현재의 현금흐름을 더 선호한다. 그 이유로는 미래소비보다 현재의 소비를 더 선호하는 소비의 시차선호(time preference)의 경향, 현재의 현금을 가지고 주어진 생산기회를 이용하여 미래에 그 이상의 가치를 창출할 수 있는 자본의 생산성(productivity of capital)이라는 기술적 특성, 그리고 미래의 현금흐름에 내재된 불확실성(uncertainty) 등을 들 수 있다.[1)]

동일한 금액일 경우 현재의 현금흐름을 미래의 현금흐름보다 더 선호하게 된다. 따라서 보다 선호되는 현재의 현금흐름을 포기하게 하기 위해서는 미래의 현금흐름을 더 많이 제공해야 한다. 이와 같이 추가적으로 지불하는 금액(이자)을 현재의 현금흐름에 대한 일정한 비율로 나타낸 것이 이자율(interest rate)이다. 이러한 이자율은 화폐의 가격으로서 화폐의 시간적 가치를 반영하는 척도라고 할 수 있다.

### 1. 이자율

우리는 은행의 정기예금 이자율이 10%라든가 특정 기업이 발행한 채권의 이자율이 12%라든가 하는 말을 자주 듣는다. 여기서 10% 또는 12%는 무엇을 의미하는 것일까? 왜 시장에서 거래되는 금융자산마다

1) 불확실성(위험)에는 인플레이션 위험을 포함시킬 수 있다. 인플레이션이 존재하는 경우 명목상 동일한 금액이라 할지라도 화폐의 실질가치에는 차이가 있다. 해를 거듭할수록 인플레이션이 커지는 현실을 감안하면 동일한 금액이라 하더라도 실질가치가 큰 현재의 현금흐름을 미래의 현금흐름보다 더 선호하게 된다.

똑같은 이자율을 갖지 않고 서로 다른 이자율을 갖는 것일까?

금융시장에서는 시장참가자간에 자금을 빌리고 빌려주는 활동이 계속 발생한다. 자금을 빌리는 행위를 차입(borrowing)이라 하고, 자금을 빌려주는 행위를 대출(lending)이라 한다. 이러한 차입과 대출이 어떻게 이루어지며 이자율과 어떠한 관계가 있는지를 간단한 예를 들어 살펴보자.

짠돌이와 헤픈이 두 사람이 각기 100,000원씩의 현금을 갖고 시장에 참가하고 있다고 하자. 짠돌이는 구두쇠로 소문난 사람으로 현재의 소비를 줄이려 하는 반면에, 헤픈이는 씀씀이가 헤픈 사람으로 현재의 소비를 늘리려 한다고 하자. 짠돌이가 원하는 현재의 소비는 50,000원이며 헤픈이가 원하는 현재의 소비는 150,000원이라면 이제 짠돌이와 헤픈이 사이에 어떤 거래가 이루어질 수 있다. 예를 들어 헤픈이가 짠돌이에게 오늘 50,000원을 빌려주면 1년 후에 55,000원을 갚겠다는 제의를 했다 하자. 짠돌이가 이 제의를 받아들인다면 그는 오늘 50,000원을 빌려주고 그 대신 1년 뒤에 원금 50,000원과 5,000원(원금의 10%)의 '자금을 빌려준 대가'를 받는 것이다. 이 거래의 현금흐름이 [그림 5-1]에 표시되어 있다.

[그림 5-1]에서 둘 사이의 거래계약에 따라 짠돌이는 오늘 즉, 시점 0에 50,000원을 빌려주고 1년 후 즉, 시점 1에 55,000원을 받으며, 헤픈이는 오늘 50,000원을 빌리고 1년 후에 55,000원을 갚는다. 이때 1년 후에 짠돌이가 받는 55,000원은 오늘 빌려준 원금 50,000원에 1년 동안 50,000원을 빌려준 대가인 5,000원을 합한 것이다. 반대로 헤픈이 입장에서는 1년 후에 갚는 55,000원은 오늘 빌린 원금 50,000원에 1년 동안 50,000원을 사용한 대가인 5,000원을 합한 것이다. 짠돌이가 50,000원을 빌려준 대가로 받는 5,000원이나 헤픈이가 50,000원을 빌린 대가로 지급하는 5,000원을 원금에 대한 비율로 표시하면 10%이며, 이를 1년간의 이자율(annual interest rate)이라 부른다. 즉, 이자율이란 차입과 대출의 과정에서 발생한 자금을 빌려준 대가(또는 자금의 사용대가 : the cost of money)인 것이다.

[그림 5-1] 짠돌이와 헤픈이의 현금흐름

A. 짠돌이의 현금흐름

| | | |
|---|---|---|
| 시 간 | 0 | 1 |
| 현금흐름 | −50,000원 | +55,000원 |

B. 헤픈이의 현금흐름

| | | |
|---|---|---|
| 시 간 | 0 | 1 |
| 현금흐름 | +50,000원 | −55,000원 |

## 2. 이자율의 결정요인

그러면 이자율의 크기는 구체적으로 어떻게 결정될까? 결론부터 말하면 이자율의 크기는 생산기회, 소비의 시간선호, 인플레이션, 위험 등의 네 가지 요소에 의해 결정된다. 이를 살펴보기 위해 앞의 이야기를 계속해 보자.

헤픈이가 짠돌이에게 빌린 50,000원을 모두 소비하는 대신에 붕어빵 만드는 기계를 사서 붕어빵 장사를 할 수 있고, 이 경우 1년 후에 60,000원을 벌 수 있다고 하자. 이때 헤픈이가 추가적으로 얻게 되는 10,000원(원금의 20%)은 붕어빵 장사라는 생산기회(production opportunity)에서 얻은 것이다. 헤픈이는 생산기회에서 추가적으로 얻는 수익이 짠돌이에게서 돈을 빌리는 대가로 줘야 할 5,000원보다 더 크므로 기꺼이 돈을 빌리려 할 것이다. 즉, 짠돌이가 20% 이상의 이자를 요구하지 않는 한 헤픈이는 50,000원을 빌려 붕어빵 장사에 투자할 것이다. 또 붕어빵 장사에서 얻는 수익이 커질수록 헤픈이가 짠돌이에게 지불할 수 있는 이자율의 수준도 커지게 된다.

이제 짠돌이와 헤픈이의 소비성향에 대해서 살펴보자. 앞의 예에서 짠돌이는 현재시점에 50,000원을 소비하기를 원하며 따라서 50,000원을 헤픈이에게 빌려줄 수 있다고 했다. 반면에 헤픈이는 현재시점에서 150,000원의 소비를 원한다고 했다. 이와 같이 소비성향은 사람마다 다르다. 어떤 사람은 현재소비를 많이 하려 하고 또 다른 사람은 미래소비를 많이 하려 한다. 이를 소비의 시간선호(time preferences for consumption)라 한다. 소비의 시간선호는 이자율에 직접적인 영향을 미친다. 예를 들어 짠돌이가 현재소비를 50,000원 줄이는 대가로 1년 후에 60,000원의 소비를 해야 한다고 생각한다 하자. 이 경우 짠돌이가 헤픈이에게 50,000원을 빌려주는 대가로 1년 후에 60,000원(이때 이자율은 20%가 된다) 이상을 받지 못한다면, 짠돌이는 헤픈이에게 돈을 빌려주지 않을 것이다. 짠돌이가 현재소비를 50,000원 줄이는 대가로 1년 후에 70,000원의 소비를 해야 한다면 어떻게 될까? 이 경우 짠돌이는 헤픈이에게 50,000원을 빌려주는 대가로 1년 후에 70,000원(이때 이자율은 40%가 된다) 이상을 받지 못한다면 돈을 빌려주지 않을 것이다. 이와 같이 현재소비를 포기하는 대가가 커질수록 이자율은 오르게 된다.

미래 인플레이션과 위험도 이자율의 크기에 영향을 미치는 요소이다. 인플레이션(inflation)이란 물가가 상승하고 화폐가치가 하락하는 현상을 말한다. 미래 인플레이션이 높은 경우 같은 만족을 얻기 위해서 미래에 더 많은 금액을 소비해야 한다. 따라서 인플레이션이 심할수록 이자율은 커지게 된다. 위험(risk) 역시 이자율에 중요한 영향을 미친다. 위험이란 기본적으로 생산기회에서 얻게 되는 미래수익의 불확실성을 의미한다. 앞의 예에서 헤픈이가 짠돌이에게 50,000원을 빌려 투자한 붕어빵 장사에서 얻는 미래수익의 불확실성이 커질수록 짠돌이는 빌려준 원금과 이자를 못 받을 가능성이 커지게 된다. 따라서 짠돌이는 이러한 불확실성을 보전하기 위해서 헤픈이에게 돈을 빌려주는 대가로 더 높은 이자율을 요구하게 된다.

지금까지 살펴본 것을 정리하면 이자율은 생산기회, 소비의 시간선호, 인플레이션, 그리고 위험의 크기에 의해 결정된다. 이를 식으로 나타내면 다음과 같다.

$$R = r_f + i^e + \pi$$

$R$ : 명목이자율
$r_f$ : 실질무위험이자율
$i^e$ : 기대인플레이션율
$\pi$ : 위험프리미엄

식(1)에서 $R$은 앞서 살펴본 요소들이 모두 반영된 이자율로 이를 명목이자율(nominal interest rate)이라 부른다. $r_f$는 인플레이션과 위험이 없을 경우 즉, 미래수익이 확실한 생산기회와 소비의 시간선호만이 반영된 이자율로 이를 실질무위험이자율(real risk-free interest rate)이라 부른다. $i^e$는 기대인플레이션율(expected inflation rate)이며 $\pi$는 미래수익의 불확실성에 따른 위험프리미엄(risk premium)이다.

실질무위험이자율에 기대인플레이션율을 더한 것을 명목무위험이자율(nominal risk-free interest rate)이라 한다. 명목무위험이자율을 $R_f$로 표시하면 금융자산의 이자율(수익률)은 명목무위험이자율에 그 금융자산의 미래수익의 불확실성에 따른 위험프리미엄이 더해져서 결정된다.

$$\text{금융자산의 이자율} = \text{명목무위험이자율} + \text{위험프리미엄}$$

$$R = R_f + \pi$$

명목무위험이자율은 금융시장의 전체적인 상황을 반영해서 결정되므로 이 크기는 개별자산들의 특성에는 영향을 받지 않는다. 따라서 시장에서 거래되는 금융자산들의 이자율이 서로 다른 것은 그 자산들이 갖는 미래수익의 불확실성에 따른 위험프리미엄이 서로 다르기 때문이라고 할 수 있다. 즉, 은행의 정기예금과 같은 상품은 미래수익의 불확실성이 없으므로 이자율이 명목무위험이자율과 같으나, 개인회사가 발행한 주식은 미래수익이 불확실하므로 그 수익률은 명목무위험이자율에 위험프리미엄을 더해서 결정된다.

## 3. 시장균형과 균형이자율

시장에는 많은 사람들이 다양한 금융자산을 거래하고 있다. 자금에 대한 수요가 공급보다 많은 경우 시장의 이자율은 올라가며, 반대로 공급이 수요보다 많은 경우 이자율은 떨어진다. 어떤 특정한 이자율 수준에서, 예를 들어 15%, 자금에 대한 수요가 공급보다 많다면 자금을 빌리려는 사람들은 더 높은 이자율을 지불하고 필요자금을 조달하려 한다. 이에 따라 시장의 이자율은 오르게 되고, 이제 자금을 빌리는 사람들은 더 많은 대가를 치러야 하며 반대로 자금을 빌려주는 사람들은 더 많은 대가를 얻는다. 결과적으로 높은 이자율 수준에서 자금에 대한 수요는 줄고 공급은 늘게 되어 시장의 수요와 공급이 균형을 이루는 수준에서 이자율은 안정된다. 한편 15% 이자율 수준에서 자금의 공급이 수요보다 많다면 이와는 반대의 현상이 일어난다.

이러한 과정을 거쳐 시장에서는 시장상황(생산기회, 인플레이션 등)과 거래되는 금융자산의 특성(미래의 수익, 위험 등)을 반영하여 각 금융자산별로 수요와 공급이 균형을 이루는 점에서 균형이자율(equilibrium rate of interest)이 결정된다.

# 제 2 절 미래가치와 현재가치

## 1. 미래가치와 복리계산

미래가치란 현재의 일정금액을 미래의 일정시점의 화폐가치로 환산한 것을 말하며, 미래가치를 구하는 과정을 복리계산과정(compounding process)이라 한다.[2)]

어떤 사람이 현재 100원을 연리 10%로 매년 복리계산되는 정기예금에 예금한다면, 그는 1년도 말에 원금 100원과 이자 10원(100×0.1)을 합한 원리합계 110원을 받을 수 있다. 다시 말하면 현재가치 100원을 1년도 말의 미래가치로 환산하면 110원이 된다는 것이다.

$$FV_1 = PV + PV \times r = PV(1+r)$$
$$= 100 + 100 \times 0.1 = 100(1+0.1) = 110\text{원}$$

여기서 $PV$ : 원금, 즉 현재가치
$FV_1$ : 1년도 말의 원리합계, 즉 미래가치
$r$ : 연리

1년도 말에 110원을 회수하지 않고 1년 더 예금한다면, 2년도 말에 받을 수 있는 원리합계, 즉 미래가치 $FV_2$는 다음과 같다.

---

2) 이자의 계산방법에는 단리(simple interest)와 복리(compound interest)의 두 가지가 있다. 단리에 의해서 이자를 계산하면 원금에 대한 이자만 계산되나, 복리의 경우에는 원금뿐만 아니라 이자에 대한 이자도 계산된다.

$$FV_2 = FV_1 + FV_1 \times r = FV_1(1+r) = PV(1+r)^2$$
$$= 110 + 110 \times 0.1 = 110(1+0.1) = 100(1+0.1)^2$$
$$= 121\text{원}$$

동일한 이자율이 주어졌을 경우 기간이 증가함에 따라 미래가치가 증가하는 것을 알 수 있다. 마찬가지로 미래가치는 주어진 기간에 대해 이자율이 증가할수록 그 값이 커지게 된다. 즉, 미래가치는 기간과 이자율이 증가함에 따라 커지는 경향이 있다.

이와 같은 방법으로 $n$년도 말의 미래가치 $FV_n$을 구하면 다음과 같다.

$$FV_n = PV(1+r)^n = PV \times CVIF_{r,n} \tag{5-1}$$

식(5-1)에서 $(1+r)^n$은 현재 1원에 대한 $n$년도 말에서의 미래가치를 나타내며, 이를 복리이자요소(compound value interest factor: $CVIF$)라 한다.

〈예제 5-1〉 미래가치

현금 100만원을 연리 7%로 매년 복리계산되는 정기예금에 예금하는 경우 3년도 말의 미래가치는 얼마인가?

☞ 식(5-1)을 이용하여 3년도 말의 미래가치 $FV_3$을 구해 보면 다음과 같다.

$FV_3 = 100(1+0.07)^3 = 122.5$만원

또한 본서 뒤에 있는 〈부표 1〉의 복리표를 이용하여도 동일한 결과를 얻을 수 있다.

| 기 간 | 이 자 율 | | |
|---|---|---|---|
| | 6% | 7% | 8% |
| 1 | 1.0600 | 1.0700 | 1.0800 |
| 2 | 1.1236 | 1.1449 | 1.1664 |
| 3 | 1.1910 | 1.2250 | 1.2597 |
| 4 | 1.2625 | 1.3108 | 1.3605 |

〈부표 1〉의 복리표 중 일부를 나타낸 위의 표에 의하면 연리 7%, 기간 3년인 복리이자요소 $CVIF_{.07,3}$은 1.2250(표에서 직사각형으로 표시된 값)이다.[3] 그러므로

$$FV_3 = 100 \times CVIF_{.07,3} = 100 \times 1.2250 = 122.5\text{만원}$$

**〈예제 5-2〉** 현재 600만원을 가지고 있는 사람이 3년 후에 자동차를 구입하려고 한다. 그리고 3년 후의 자동차 구입가격은 777만원으로 예상된다. 이 사람이 현재 가지고 있는 돈을 3년간 정기예금하여 자동차를 구입할 수 있으려면, 정기예금의 연리는 얼마가 되어야 하는가?

☞ $600(1+r)^3 = 777$

$$(1+r)^3 = CVIF_{r,3} = \frac{777}{600} = 1.2950$$

그러므로 연리 $r$을 구하면 $r = \sqrt[3]{1.2950} - 1 = 0.09$ 가 된다.

〈부표 1〉의 복리표에 의해서도 $r=$ 0.09 또는 9%의 동일한 연리를 확인할 수 있다.

**〈예제 5-3〉 투자기간의 계산: 72규칙**

현금 100만원을 연리 10%로 매년 복리계산되는 정기예금에 예금하

3) 김영규 · 감형규, 『재무관리』, 신영사 참조.

는 경우 몇 년 후에 원금의 2배인 200만원이 되겠는가?

☞ 원금의 2배가 되는 기간은 다음과 같이 구할 수 있으며, 이를 72의 규칙(rule of 72)이라 한다.[4)]

$$\text{원금의 2배가 되는 기간} = \frac{72}{\text{이자율\%}} = \frac{72}{10} = 7.2\text{년}$$

## 2. 현재가치와 할인계산

현재가치란 미래에 발생할 일정금액을 현재시점의 화폐가치로 환산한 것을 말하며, 현재가치를 구하는 과정을 할인계산과정(discounting process)이라 한다.

연리 10%로 매년 복리계산되는 정기예금에 현재 얼마를 예금하여야 2년도 말에 100원이 되겠는가?

$$PV(1+0.1)^2 = 100\text{원}$$

그러므로

$$PV = \frac{100}{(1+0.1)^2} = 82.64\text{원}$$

즉, 오늘 82.64원을 연리 10%로 매년 복리계산되는 정기예금에 예금하면 2년도 말에는 100원이 된다. 그러므로 현재의 82.46원과 2년도 말의 100원의 가치는 동일하다고 할 수 있다.

---

4) 원금의 2배가 되는 기간을 보다 정확하게 구하려면, $100(1+0.1)^n = 200$, 즉 $(1+0.1)^n = 2$ 또는 로그함수를 이용하여 계산할 수 있다.
$n \times \log 1.1 = \log 2$ 이므로 $\frac{\log 2}{\log 1.1} n = 7.27$년

$n$년도 말의 미래가치 $FV_n$을 현재가치 $PV$로 환산하는 공식은 앞의 식 (5-1)을 변형하여 다음과 같이 나타낼 수 있다.

$$PV = \frac{FV_n}{(1+r)^n} = FV_n(1+r)^{-n} = FV_n \times PVIF_{r,n} \qquad (5\text{-}2)$$

식(5-2)에서 $(1+r)^{-n}$은 $n$기간 말 1원의 현재가치를 나타내며, 이를 현가이자요소(present value interest factor : $PVIF$)라 한다.

이상에서 살펴본 바와 같이 미래가치를 구하는 복리계산과정과 현재가치를 구하는 할인계산과정은 서로 상반되는 개념이며, 현가이자요소는 복리이자요소의 역수이다.[5)]

$$PVIF_{r,n} = \frac{1}{CVIF_{r,n}} \qquad (5\text{-}3)$$

**〈예제 5-4〉** J씨는 지금으로부터 3년 후에 100만원을 받을 수 있다. 그리고 그는 투자로부터 매년 8%씩 벌 수 있다. 이 경우 J씨가 받을 미래 현금흐름의 현재가치는 얼마인가?

☞ 식(5-2)를 이용하여 현재가치 $PV$을 구하면 다음과 같다.

$$PV = 100 \times (1+0.08)^{-3} = 79.38$$

또한 본서의 뒤에 있는 〈부표 3〉을 이용하여도 동일한 결과를 얻을 수 있다.

---

5) 현재가치($P$)와 기간($n$) 및 할인율($r$) 사이의 관계는 미래가치의 경우와는 반대가 된다. 즉, 현재가치는 기간과 할인율이 증가함에 따라 감소한다.

| 기 간 | 이 자 율 | | |
|---|---|---|---|
| | 7% | 8% | 9% |
| 1 | 0.9346 | 0.9259 | 0.9174 |
| 2 | 0.8734 | 0.8573 | 0.8417 |
| 3 | 0.8163 | 0.7938 | 0.7722 |
| 4 | 0.7629 | 0.7350 | 0.7084 |

〈부표 3〉의 현가표 중 일부를 나타낸 위의 표에 의하면 이자율 8%, 기간 3년인 현가이자요소 $PVIF_{.08,3}$은 0.7938(위의 표에서 직사각형으로 표시된 값)이다. 그러므로

$$PV = 100 \times PVIF_{.08,3} = 100 \times 0.7938 = 79.38\text{원}$$

## 3. 복리계산기간

지금까지는 이자가 매년, 즉 1년에 한번 복리계산된다고 가정하였으나, 많은 경우에 1년에 두 번 이상 복리계산될 수 있다.[6] 그러므로 복리계산기간에서는 1년에 두 번 이상 복리계산되는 경우에 미래가치와 현재가치를 계산하는 방법에 대해서 설명한다.

### 1) 미래가치와 복리기간

현재 100원을 연리 10%로 6개월마다, 즉 1년에 두 번 복리계산되는 정기예금에 예금한다면, 현재의 100원은 6개월 후 100(1+0.05)=105원이 되며, 1년도 말에는 105(1+0.05)=110.25원 또는 $100(1+0.05)^2$ = 110.25원이 될 것이다.[7] 1년도 말의 미래가치 $FV_1$을 계산하면 다음과 같다.

$$FV_1 = 100(1+\frac{0.1}{2})^2 = 100(1+0.05)^2 = 110.25\text{원}$$

6) 우리나라 대부분의 금융기관들은 3월마다 이자를 지급하고 있다. 이와 같은 경우 3개월마다 한번 즉, 1년에 4번 복리계산된다.

7) 연리가 10%이므로 6개월의 이자율은 5%가 된다.

그리고 연리 10%로 6개월마다 복리계산된다는 것은 결과적으로 연리 10.25%[(1+0.05)$^2$-1]로 매년 복리계산된다는 것과 동일하다.

$$FV_1 = 100(1+0.1025)^2 = 110.25\text{원}$$

여기서 복리계산기간(compounding periods)을 고려하지 않은 연리 10%를 연간 표면이자율(stated annual interest rate)이라 하며, 복리계산기간을 고려하여 환산된 실질적인 연리 10.25를 연간 실효이자율(effective annual interest rate)이라 한다.

연리 $r$로 연간 $m$번 복리계산되는 경우 $n$년도 말의 미래가치는 다음과 같다.

$$FV_n = PV(1+\frac{r}{m})^{mn} = PV \times CVIF_{r/m,\, mn} \qquad (5\text{-}4a)$$

또는

$$FV_n = PV(1+r_e)^n = PV \times CVIF_{re,\, n} \qquad (5\text{-}4b)$$

여기서 $r_e$는 연간 실효이자율로서 다음과 같이 계산된다.

$$r_e = (1+\frac{r}{m})^m - 1 \qquad (5\text{-}5)$$

이상에서 살펴본 바와 같이 1년에 두 번 이상 복리계산되는 경우에는 복리계산기간을 고려하여 기간 또는 이자율을 조정하여야 한다는 사실을 명심하여야 한다.[8)]

8) 이 때 사용되는 이자율은 항상 기간당 실효이자율이다.

위의 식(5-4a)에서 연간 복리계산횟수 m을 점점 늘려 m이 무한대에 가깝도록 하면, 즉 연복리계산(continuous compounding)하면, $FV_n$을 다음과 같이 나타낼 수 있다.[9]

$$FV_n = PV.e^{rn} \tag{5-6a}$$

여기서 $e$ =2.71818...

또는

$$FV_n = PV(1+r_e)^n = PV \times CVIF_{re, n} \tag{5-6b}$$

여기서 연간표면이자율 $r$을 연속복리이자율(continuously compounded rate)이라고 하며, 이 경우 연간 실효이자율 $r_e$는 다음과 같다.

$$r_e = e^{r-1} \tag{5-7}$$

**〈예제 5-5〉 복리계산기간과 미래가치**

연리 12%로 1) 매년 2) 매 6개월 3) 매분기 4) 매월 5) 연속적으로 복리계산될 때, 각각의 경우에 따라 현재 100만원의 2년도 말 미래가치와 연간 실효이자율을 구하라.

---

9) $FV_n = \lim_{m\to\infty} PV(1+\frac{r}{m})^{mn} = PV\text{Lim}_{m\to\infty}(1=\frac{r}{m})^{mn} = PV\text{Lim}_{m\to\infty}(1+\frac{1}{m/r})^{(m/r)rn}$
여기서 $m/r = x$로 치환하고, 자연지수 $e$의 정의,
즉
$e = \text{Lim}_{x\to\infty}(1+\frac{1}{x})^x$를 이용하여 정리하면, $FV_n$은 다음과 같이 나타낼 수 있다.
$FV_n = PV[\lim_{x\to\infty}(1+\frac{1}{x})^x]^{rn} = PV.e^{rn}$

**1) 매년 복리계산되는 경우(m=1)**

$$FV_2 = 100(1+0.12)^2 = 100 \times CVIF_{.12,2} = 125.44\text{만원}$$

$$r_e = 0.12 \ \text{또는} \ 12\%$$

**2) 6개월마다 복리계산되는 경우(m=2)**

$$FV_2 = 100(1+\frac{0.12}{2})^{2\times 2} = 100 \times CVIF_{.06,4} = 126.25\text{만원}$$

$$r_e = (1+\frac{0.12}{2})^2 - 1 = 0.1236 \ \text{또는} \ 12.36\%$$

**3) 매분기, 즉 3개월마다 복리계산되는 경우(m=4)**

$$FV_2 = 100(1+\frac{0.12}{4})^{4\times 2} = 100 \times CVIF_{.03,8} = 126.68\text{만원}$$

$$r_e = (1+\frac{0.12}{4})^4 - 1 = 0.1255 \ \text{또는} \ 12.55\%$$

**4) 매월 복리계산되는 경우(m=12)**

$$FV_2 = 100(1+\frac{0.12}{12})^{12\times 2} = 100 \times CVIF_{.01,24} = 126.97\text{만원}$$

$$r_e = (1+\frac{0.12}{12})^{12} - 1 = 0.1268 \ \text{또는} \ 12.68\%$$

**5) 연속복리계산되는 경우($m \rightarrow \infty$)[10]**

$$FV_2 = 100(e^{0.12\times 2}) = 100 \times 1.2712 = 127.12\text{만원}$$

---

10) 지수함수표 또는 재무계산기 등을 이용하면 $e^{0.24}$와 $e^{0.12}$의 값을 계산할 수 있다.

$r_e = e^{0.12} - 1 = 1.127.5$ 또는 12.75%

## 4. 현재가치와 할인계산기간

여기서는 1년에 두 번 이상 할인되는 경우에 일정시점의 미래가치를 할인하여 현재가치로 환산하는 방법을 살펴보기로 하자. 연리 $\gamma$로 연간 $m$번 할인계산되는 경우 $n$년도 말의 미래가치 $FV_n$을 현재가치 $PV$로 환산하는 공식은 앞의 식(5-4a) 또는 (5-4b)을 변형하여 다음과 같이 나타낼 수 있다.

$$PV_n = FV_n(1 + \frac{r}{m})^{-mn} = FV_n \times PVIF_{r/m, mn} \quad (5\text{-}8a)$$

또는

$$PV_n = FV(1 + r_e)^{-n} = FV_n \times PVIF_{re, n} \quad (5\text{-}8b)$$

여기서 $r^e = (1 + \frac{r}{m})^m - 1$

그리고 연속할인계산(continuous discounting)된다면 (즉 $m \to \infty$ 이라면), 앞의 식(5-6a) 또는 식(5-6b)을 변형하여 $PV$를 다음과 같이 나타낼 수 있다.

$$PV = FV_n \cdot e^{-rn} \quad (5\text{-}9a)$$

또는

$$PV = FV_n(1+r_e)^{-n} = FV_n \times PVIF_{re, n} \quad (5\text{-}9b)$$

여기서 $r_e = e^{r-1}$

〈예제 5-6〉 할인계산기간과 현재가치

연리 12%로 1) 매년 2) 매 6개월 3) 매분기 4) 매월 5) 연속적으로 할인계산될 때, 각각의 경우에 따라 2년도 말의 100만원의 현재가치를 구하라.

**1) 매년 할인계산되는 경우(m=1)**

$$PV = 100(1+0.12)^{-2} = 100 \times PVIF_{.12,2} = 79.72\text{만원}$$

**2) 6개월마다 할인계산되는 경우(m=2)**

$$PV = 100(1+\frac{0.12}{2})^{-2\times 2} = 100 \times PVIF_{.06,4} = 79.21\text{만원}$$

**3) 매분기, 즉 3개월마다 할인계산되는 경우(m=4)**

$$PV = 100(1+\frac{0.12}{4})^{-4\times 2} = 100 \times PVIF_{.03,8} = 78.94\text{만원}$$

**4) 매월 할인계산되는 경우(m=12)**

$$PV = 100(1+\frac{0.12}{12})^{-12\times 2} = 100 \times PVIF_{.01,24} = 78.76\text{만원}$$

**5) 연속할인계산되는 경우($m \rightarrow \infty$)**

$$PV = 100(e^{-0.12\times 2}) = 100 \times 0.7866 = 78.66\text{만원}$$

# 제 3 절 영구연금과 연금

지금까지는 일정시점에서 한 번 발생하는 일정금액의 현금에 대한 현재가치 또는 미래가치를 계산하는 방법에 관해서 설명하였다. 그러나 일반적으로 현금은 여러 기간에 걸쳐서 일련의 흐름으로 발생되는 것이 보통이다. 이때 현금흐름의 총 미래가치를 구하려면 각 시점별 현금흐름을 앞에서 설명한 과정에 따라 일정시점의 미래가치로 환산한 다음 이를 모두 합하면 된다. 마찬가지로 현금흐름의 총 현재가치를 구하려면 각 시점별 현금흐름을 현재가치로 환산한 다음 이를 모두 합하면 된다.

## 1. 영구연금

영구연금(perpetuity)은 매기간 말에 일정금액이 무한히 생성되는 일련의 현금흐름을 의미한다. 이와 같은 영구연금의 대표적인 형태로서 영국정부에 의해서 발행되어 온 영구채권(consols)이 있다. 영구채권을 구입한 투자자는 영국정부로부터 영구적으로 매년 말에 일정금액의 이자를 받을 수 있는 권리를 부여받는다.

매기간 말 일정금액 C가 무한히 발생하는 영구연금의 현금흐름유형은 [그림 5-2]와 같다.

[그림 5-2] 영구연금의 현금흐름유형

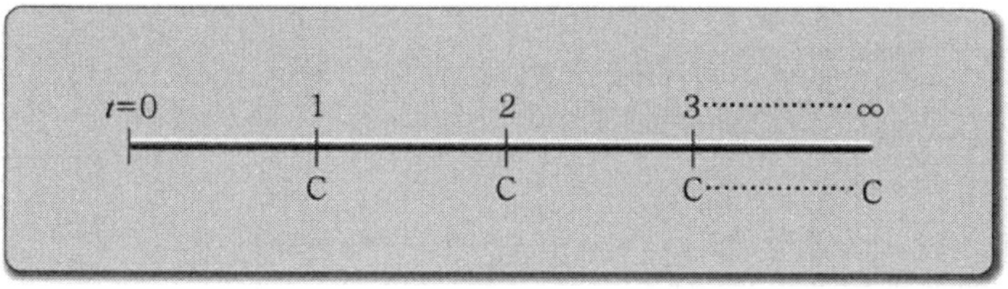

이와 같이 영구연금의 현재가치는 다음과 같이 구할 수 있다.[11]

$$PV(\text{영구연금}) = \frac{C}{(1+r)} + \frac{C}{(1+r)^2} + \frac{C}{(1+r)^3} + .... = \frac{C}{r} \qquad (5\text{-}10)$$

위의 식(5-10)은 항상 1기간 말, 즉 1시점부터 현금이 발생하는 영구연금의 현재가치를 구하는 공식임을 유의해야 한다.

**〈예제 5-7〉 영구연금의 현재가치**

매년 말에 10만원을 영구적으로 지급하는 영구채권의 현재가치를 구하라(단, 연간 이자율은 10%이다.).

$$PV(\text{영구채권}) = \frac{10}{0.1} = 100\text{만원}$$

## 2. 연금

연금(annuity)이란 일정기간 동안 일정금액의 현금흐름이 계속적으로 생성되는 일련의 현금흐름을 의미한다.

매기간 말 일정금액 $C$가 $n$기간 동안 발생하는 연금의 현금흐름 유형은 [그림 5-3]과 같다.

[그림 5-3]과 같은 연금의 현재가치를 구하는 공식을 도출하기 위하여 다음 3가지 유형의 현금흐름을 생각해 보자.

11) 영구연금의 현재가치는 무한등비수열의 합을 구하는 공식을 이용하여 다음과 같이 구할 수 있다.

$$PV(\text{영구연금}) = \frac{\text{초항}}{1-\text{공비}} = \frac{(\frac{c}{1+r})}{1-(\frac{1}{1+r})} = \frac{c}{r}$$

[그림 5-3] 연금의 현금흐름유형

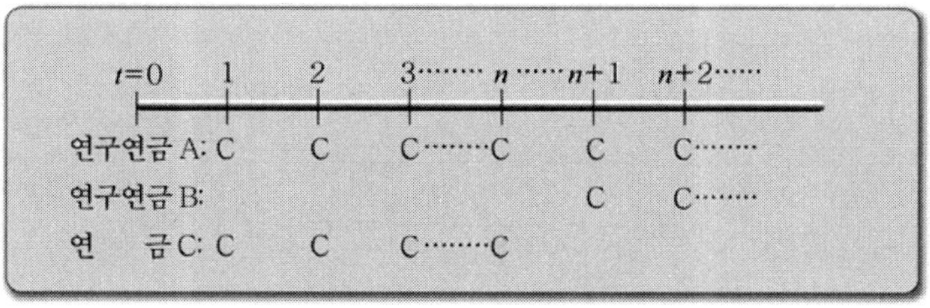


여기서 볼 수 있는 바와 같이 연금은 영구연금 A에서 영구연금 B를 차감한 금액이라 할 수 있다. 이를 다음과 같이 나타낼 수 있다.

$$PV(\text{연금}) = \frac{C}{(1+r)} + \frac{C}{(1+r)^2} + \frac{C}{(1+r)^3} + .... + \frac{C}{(1+r)^n}$$
$$= PV(\text{영구연금}A) - PV(\text{영구연금}B)$$
$$= \frac{C}{r} - (\frac{C}{r})\frac{1}{(1+r)^n}$$
$$= C[\frac{1}{r} - \frac{1}{r(1+r)^n}] = C \times PVIFA_{r,n} \tag{5-11}$$

식(5-11)에서 $[\frac{1}{r} - \frac{1}{r(1+r)^n}]$은 1기간 말부터 시작하여 $n$기간 동안 매기간 말에 1원씩 발생하는 연금의 현재가치를 나타내며, 이를 연금의 현가이자요소(present value interest factor for an annuity: $PVIFA$)라 한다. 본서의 부록에 제시된 연금의 현가이자요소〈부표 4 참조〉를 이용하면 이자율 $r$과 기간 $n$에 상응하는 연금의 현가이자요소 $PVIFA_{r,n}$을 간편하게 구할 수 있다.

그리고 연금의 미래가치, 즉 $n$시점에서 연금의 총가치는 (5-11)의 복리이자요소인 $(1+r)^n$을 곱하여 구할 수 있다.

$$PV_n(\text{연금}) = C(1+r)^{n-1} + C(1+r)^{n-2} + C(1+r)^{n-3} + .... + C$$
$$= PV(\text{연금})(1+r)^n = C[\frac{1}{r} - \frac{1}{r(1+r)^n}](1+r)^n$$
$$= C\frac{(1+r)^n}{r} - \frac{1}{r} = C \times CVIFA_{r,n}$$
$$= C[\frac{1}{r} - \frac{1}{r(1+r)^n}] = C \times PVIFA_{r,n}$$

(5-12)

식(5-12)에서 $[\frac{(1+r)^n}{r} - \frac{1}{r}]$은 1기간 말부터 시작하여 $n$기간 동안에 매기간 말에 1원씩 발생하는 연금의 $n$시점에서 총가치를 나타내며, 이를 연금의 복리이자요소(compound value interest factor for an annuity: $CVIFA$)라 한다.

본서의 부록에 제시된 연금의 복리표〈부표 2 참조〉를 이용하면 이자율 $r$과 기간 $n$에 상응하는 연금의 복리이자요소 $CVIFA_{r,n}$ $CVIFA$을 간편하게 구할 수 있다.

〈예제 5-8〉 연금의 현재가치

1년도 말부터 5년 동안 매년 100만원씩을 지급받을 수 있는 연금의 현재가치는 얼마인가?(단 연간 이자율은 10%이다)

$$PV(\text{연금}) = \frac{100}{(1+0.1)} + \frac{100}{(1+0.1)^2} + \frac{100}{(1+0.1)^3} + \frac{100}{(1+0.1)^4} + \frac{100}{(1+0.1)^5}$$
$$= 100[\frac{1}{0.1} - \frac{1}{0.1(1+0.1)^5}] = 100 \times 3.7908 = 379.08\text{만원}$$

또는

$$PV(\text{연금}) = 100 \times PVIFA_{.1,5} = 100 \times 3.7908 = 379.08\text{만원}$$

**〈예제 5-9〉 연금의 미래가치**

1년도 말부터 5년 동안 매년 100만원씩 연금을 지급받아서 연리 10%로 매년 복리계산되는 정기예금에 예금한다면, 연금지급이 끝나는 5년도 말에 그 총액은 얼마인가?

$$\begin{aligned} FV_5(\text{연금}) &= 100(1+0.1)^4+100(1+0.1)^3+100(1+0.1)^2+100(1+0.1)+100 \\ &= 100[\frac{(1+0.1)^5}{0.1}-\frac{1}{0.1}] = 100\times 6.1051 = 610.51\text{만원} \end{aligned}$$

또는

$$FV_{5(\text{연금})} = 100\times CVIFA_{.1,5} = 100\times 6.1051 = 610.51\text{만원}$$

## 중요개념 및 용어

| | | |
|---|---|---|
| 미래가치 | 미래가치계수 | 복리 |
| 단리 | 복리계산기간 | 복리이자요소 |
| 수익률 | 시장이자율 | 연간실효이자율 |
| 연간표면이자율 | 연금 | 연속복리 |
| 연속복리계산 | 연속할인계산 | 영구연금 |
| 요구수익률 | 유동성선호 | 이자율 |
| 할인율 | 현가 | 현가이자요소 |
| 현재가치 | 현재가치계수 | 화폐의 시장가치 |
| 시차선호 | 이자율 | |

## 연 습 문 제

※ 다음 표를 이용하여 물음에 답하시오.(1-3)

| | 복리표 | 현가표 | 연금복리표 | 연금현가표 |
|---|---|---|---|---|
| 기간/이자율 | 6% | 6% | 6% | 6% |
| 3년 | 1.191 | 0.840 | 3.184 | 2.673 |
| 5년 | 1.338 | 0.747 | 5.637 | 4.212 |

1. 시장이자율이 6%인 상황에서, 3년 뒤 10,000원을 받기로 한 계약의 현재가치는 얼마인가?

   ① 7,470원　② 8,400원
   ③ 11,910원　④ 13,380원

2. 향후 5년간 시장이자율이 6%를 유지한다고 가정할 때, 매년 10,000원씩 5년간 적금을 들었을 경우 5년 뒤 받게 되는 원금과 이자의 합은 얼마인가?

   ① 42,120원　② 11,910원
   ③ 31,840원　④ 56,370원

3. 김말수씨는 매년 10,000원씩 5년간 연금을 받게 되었다. 그러나 김씨는 연금 대신 일시불로 받고 싶어한다. 향후 5년간 시장이자율이 6%를 유지한다고 가정할 때, 얼마를 받게 되는가?

   ① 26,730원　② 31,840원
   ③ 42,120원　④ 56,370원

제 6 장

# 자산의 가치평가

일반적으로 투자안을 실행하는 경우 그 투자로부터 실현되는 미래현금흐름을 정확하게 예측하는 것은 거의 불가능하다. 이러한 경우 투자로 인한 미래의 성과는 하나의 확정된 값으로 나타나지 않고 확률분포의 형태로 주어진다. 이와 같이 투자에는 불확실성이 존재하는데, 이러한 불확실성을 위험이라고도 하다.

본 장에서는 불확실성하에서 말하는 위험(risk)이란 무엇이며 위험에서의 수익률은 어떻게 측정되는가를 살펴본 후, 위험자산 선택의 기본개념인 평균분산이론을 소개하고 여러 자산으로 구성된 포트폴리오의 위험과 수익은 어떻게 측정되며 위험분산효과는 어떻게 나타나는지를 알아본다. 그리고 금융시장을 통해서 기업이 투자에 필요한 자금을 조달하기 위해서 발행되는 대표적인 금융자산인 주식, 채권 등의 가치는 어떻게 평가되는지에 대해 살펴본다.

# 제 1 절 위험과 기대수익률

## 1. 투자위험의 의의

기업 재무관리의 목적은 기업가치를 극대화하는데 있음을 이미 설명한 바 있다. 이러한 기업의 목적을 달성하기 위하여는 투자의 핵심적인 요소인 위험과 수익률을 평가할 수 있어야 한다. 재무결정에 있어서 어떤 형태이든 위험과 수익률을 포함하고 있으며 이들이야말로 기업가치에 직접적으로 영향을 미치는 두 가지의 가장 중요한 요소라 할 수 있다.

그러면 먼저 위험이란 무엇인지 그 정의를 알아보기로 한다. 일반적으로 위험이란 여러 가지 상황 하에서 어떤 자산으로부터 얻게 될 현금흐름 또는 수익률의 변동성으로 정의되고 있다. 위험이란 실제 결과가 기대수익에 미치지 못할 가능성을 의미한다.

미래의 상황은 예상되는 상황이 발생할 확실성 정도에 따라 다음과 같이 분류하기도 한다. 첫째로 확실성인데 미래에 발생할 상황이 명확하게 알려진 상태를 말한다. 이러한 상황 하에서는 의사결정시 위험요인이 배제되므로 의사를 결정하는데 비교적 간단하다. 기대수익률과 위험의 두 요인에 의하여 투자대상을 선택하고자 할 때 미래상황을 확실하게 알 수 있는 경우라면 위험요인을 제외하고 기대수익률만 평가한다면 투자의사를 결정할 수 있기 때문이다. 둘째로 위험인데 미래에 얻게 될 결과에 대해 부분적 정보만을 갖고 있기 때문에 확실한 예측은 할 수 없으나 발생 가능한 여러 상황에 대한 객관적인 확률분포(objective probability distribution)로 예상할 수 있는 상황을 말한다. 가령 동전 던지기에서 앞면이 나올 확률과 같은 것이다. 마지막으로 불확실성이다. 불확실성은 미래에 얻게 될 결과에 대해 전혀 무지한 상태에서 주관적인 추정만이 있을 수 있는 상황을 말하는데 내년도 경제가 호황일 확률과 같은 경우를 말한다. 이 경우에는 주관적 확률분포(subjective probability distribution)를 추정하여 투자의사결정에 이용하여야 하나, 분석자의 개인적인 경험이나 직관에 의한 확률분포로서 객관적인 검증이 불가능한 경우를 말한다.

위에서 본 바와 같이 미래에 예상되는 상황이 객관적인 확률분포를 이용할 수 있느냐의 여부에 따라 위험과 불확실성을 구분할 수 있으나, 재무관리에서는 위험과 불확실성을 구분하지 않고 위험으로 간주하고 있다. 왜냐하면, 객관적 확률분포이든 주관적 확률분포이든 투자의사결정에 있어서 분석방법이 동일하므로 위험과 불확실성을 구분할 필요가 없기 때문이다.

위험은 기대수익률의 변동성이라고 하였는데 그러면 위험과 기대수익률은 어떤 관계를 갖는 것일까? 투자자들은 높은 기대수익률과 낮은 위험의 투자대상을 선택하고자 한다. 투자자는 안정적인 자산에 높은 수익률을 요구하는 것은 당연한 투자심리라 할 수 있다. 그러나 현실적으로는 기대수익률이 높을수록 위험은 높으며, 위험이 높을수록 기대수익률은 낮은 것이 원칙이다. 이 원칙은 현실적이기도 하지만 재무관리에서도 통용되는 일반적인 원칙이다. 이러한 위험과 기대수익률의 관계를 위험과 기대수익률의 상충관계 또는 보상관계(trade-off between risk and expected return)라 한다.

위험과 기대수익률은 투자의사결정의 기준을 제공하는 개념이다. 미래의 불확실성 때문에 위험이라는 개념이 등장하는 것이고, 또한 기대수익률의 개념도 마찬가지이다. 과거의 수익률은 위험이 없으며 확정적인 것이므로 의사결정과는 관계가 없다. 따라서 위험과 기대수익률의 개념은 사전적 개념이다. 위험과 상충관계에 있다는 것은 기대수익률이지 결과적인 수익률은 아니다. 효율적인 시장에서 큰 위험을 선택하면 평균적으로 높은 수익률을 얻는다면 타당한 것이지만 이것도 역시 사전적인 기대값을 의미하는 것이지 항상 실현된다는 의미는 아니다. 따라서 위험에 상반되는 개념은 기대수익률이지 결과적인 수익률은 아니다.

## 2. 위험에 관한 태도

일반적으로 합리적인 투자자는 투자안의 불확실성, 즉 위험에 대하여 어떠한 반응을 하는지 알아보기로 한다. 투자자의 효용은 기대수익이 높을수록 그리고 위험이 낮을수록 커진다. 기대수익이 높더라도 위험이 커지게 되면 투자자에 따라서는 효용은 감소할 수도 있다. 위험감수에 대한 투자수익의 증감, 즉 위험보상(risk premium)[1]의 정도에 대하여 투자자의 느끼는 만족도는 투자자에 따라 다르다. 이와 같은 투자자의 위험에 대한 태도를 보통 위험회피형(risk averter), 위험중립형(risk neutral), 위험선호형(risk taker)의 세 가지 유형으로 나눈다.

위험회피형 투자자는 위험에 대한 보상이 없는 경우에 투자를 하지 아니하는 투자유형을 말한다. 즉 안전한 투자를 선호하는 이상적인 투자자 유형으로서 위험이 존재하는 경우에 반드시 이에 상응하는 수익률의 증가를 기대할 수 있을 때만 투자하는 투자유형을 말한다. 즉 위험에 대한 보상이 존재하는 경우에만 투자를 하는 유형을 말한다. 위험회피형 투자자를 공정게임(fare game)[2]을 갖고 설명하여 보기로 한다.

동전을 갖고 던지기하는 게임으로서 1,500원의 비용을 지불하고 동전의 앞면이 나오면 2,000원을 받게 되고 동전의 뒷면이 나오면 1,000원인 경우를 예로 들어 설명하기로 한다. 이 게임에서 동전의 앞면과 뒷면이 나올 확률은 각각 1/2이므로 게임의 기대수익은 1,500원(= 2,000원 × 1/2 + 1/2 × 1,000원)이다. 이 게임에서 게임을 시작하기 위하여 투자한 금액과 게임의 기대수익이 동일하다. 그런데 게임을 위하여 지

1) 위험보상은 위험투자안의 불확실성을 제거하기 위하여 기꺼이 포기하고자 하는 부의 최대액을 말한다. 즉 위험있는 투자가 위험없는 투자에 비하여 기대수익률이 높을 경우 그 기대수익률의 차이를 말한다.
2) 공정게임은 위험보상이 0일 것으로 전망(기대초과수익이 0)되는 투자안을 말한다.

불한 1,500원과 게임의 결과 발생하는 1,500원은 성격이 다르다. 게임을 위하여 지불한 1,500원은 확률분포를 갖지 않은 확실한 현금유출인데 반하여 게임의 결과로 발생하는 기대수익 1,500원은 불확실성을 수반한 즉 확률적 기대값으로서의 1,500원이다. 따라서 확실한 현금유출과 불확실한 기대수익이 동일하므로 위험에 대한 보상은 이루어지지 않고 있다. 그러므로 위험회피형 투자자는 이러한 투자에는 참가하지 아니할 것이다.

위험중립형 투자자는 위험에 대하여는 상관없이 기대수익률만 약간 높아도 투자에 참여하는 투자유형을 말한다. 위의 예에서 동전 던지기 게임에 대하여 무관한 태도를 보이는 투자형태이다.

위험선호형 투자자는 위험있는 투자를 선호하는 투자유형을 말한다. 기대수익률이 동일하더라도 위험이 큰 투자에 보다 높은 효용을 부여하는 투자자를 말한다. 위험선호형 투자자는 참가비와 기대수익이 동일하더라도 기대수익이 존재하므로 위험을 감수하고 위의 동전게임에 기꺼이 참가할 것이다. 결국 위험선호형 투자자는 2,000원의 기대수익을 보고 투자하게 된다.

다음으로 가로축에 기대수익을 세로축에 효용을 표시한 효용함수를 표시한 [그림 6-1]에서 보는 바와 같이 기대수익과 효용의 기준에서 투자자의 세 가지 유형을 평가할 수 있다.

위험회피형 투자자의 경우는 기대수익의 효용함수는 위로 볼록한 곡선의 형태를 취한다. 기대수익이 증가하면 효용이 증가하지만 위험에 대한 부담으로 효용의 증가가 위험 중립형의 투자자와는 달리 체감하는 형태를 가진다. 기대수익이 증가함에 따라 추가적으로 효용이 증가하는 효용의 크기를 한계효용(marginal utility)이라 하는데 위험회피형 투자자의 경우는 기대수익의 한계효용이 체감하는 특성을 갖는다.

위험중립형 투자자의 경우는 기대수익이 증가할수록 효용은 증가한다. 기대수익의 증가는 위험의 증가를 동반하는 것이지만 위험중립형 투자자는 위험에 대하여 무관심하며 오로지 기대수익만을 가지고 의사결정을 하므로 기대수익의 증가는 효용의 증가와 일치한다. 따라서 효용함수도 직선으로 우상향하는 형태로 나타난다.

[그림 6-1] 기대수익의 효용함수

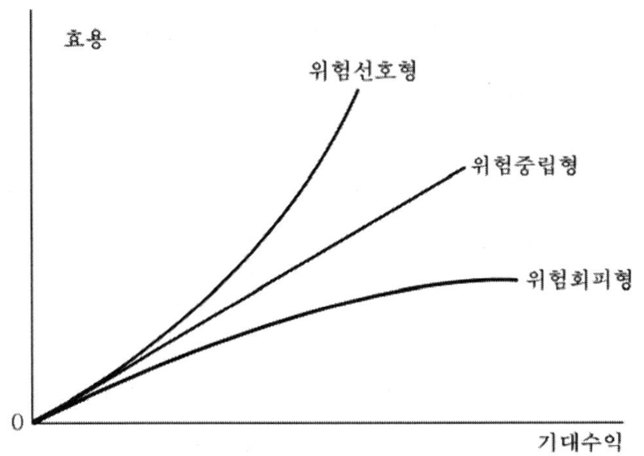


위험선호형 투자자의 경우는 기대수익이 증가에 따라 위험이 증가하고 효용도 역시 체증하게 된다. 그림에서 보는 바와 같이 효용함수는 우상향으로 아래로 볼록한 형태를 위한다. 즉 위험선호형 투자자의 효용함수는 기대수익이 증가함에 따라 한계효용이 체증하는 특성을 지닌다.

## 3. 위험과 기대수익률의 측정

투자자들은 불확실한 미래를 대상으로 투자를 결정할 때 반드시 고려하여야 할 요인은 기대수익과 위험이다. 예상되는 기대수익이 클수록 투자가치는 크지만 기대수익이 실현되지 않을 가능성, 즉 위험이 크면 투자가치는 작다. 투자안의 기대수익과 위험을 계량적으로 측정할 수 있다면 우리는 효율적인 투자안을 쉽게 선택할 수 있을 것이다. 이와 같은 투자안을 계량화시키는 방법으로서 투자안에 대하여 예상되는 기대수익의 정도에 대하여는 정규확률분포에 있어서의 평균기대수익률 ($E(R)$)로 측정하고, 위험의 정도는 그 분산($\sigma^2$) 또는 표준편차($\sigma$)로 측정하는데 이를 평균-분산 기준이라 한다.

기대수익률(expected return)은 미래에 얻기를 희망하는 수익률이 아니고 미래에 실현가능성이 있는 여러 가지의 수익률을 평균적으로 계산한 값이다. 기대수익률은 미래의 불확실성을 전제로 한 것이다. 기대수익률이 높다는 것은 확률적으로 높은 수익률이 실현될 가능성이 많다는 사전적인 의미를 갖는 것이다. 기대수익률은 미래에 발생할 가능성이 있는 여러 가지 경우를 확률적으로 감안하여 산출할 수 있다. 정규분포를 기준으로 보면 기대수익률은 분포의 중심이고, 실현될 가능성이 가장 높은 수익률이고, 여러 가능성을 확률로 가중한 평균적 수익률이다. 이를 일반식으로 표시하면 다음과 같다.

$$E(R_i) = \sum R_i \cdot P(r)$$

단, $E(R_i)$ : 기대치
$R_i$ : 수익률의 확률 변수
$P(r)$ : 확률

앞에서 위험은 불확실성으로부터 발생하며 기대수익률의 변동성이라 하였다. 변동성을 측정하는데 있어서는 정규확률분포를 기준으로 할 때 분산 또는 표준편차로 측정할 수 있다. 분산 혹은 표준편차는 중심으로부터 거리를 측정하는 것이므로 거리가 중심으로부터 멀리 있으면 변동성이 크고, 가까이 있으면 변동성이 작다는 것을 의미한다. 분산($\sigma^2$) 및 표준편차($\sigma$)를 일반식으로 나타내면 다음과 같다.

표준편차 $$Var(R_i) = \sum [R_i - E(R_i)]^2 \cdot P(r) = \sigma^2(R_i)$$

$$\sigma(R_i) = \sqrt{\sum [R_i - E(R_i)]^2 \cdot P(r)} = \sqrt{Var(R_i)}$$

단, $E(R_i)$ : 기대치
$R_i$ : 수익률의 확률변수
$P(r)$ : 확률

# 제 2 절 포트폴리오이론과 증권시장선

## 1. 포트폴리오의 의의

포트폴리오(portfolio)란 주식, 채권, 부동산 등 다수의 자산을 결합하여 분산투자하는 것을 말한다. 우리는 우리의 재산을 가지고 일반적으로 주거하는 아파트, 은행예금, 증권관련펀드 등에 분산 투자하고 있다. 이것도 훌륭한 포트폴리오의 구성이라 할 수 있다. 그러나 현대포트폴리오이론에서는 포트폴리오 개념을 증권에만 적용되고 있고, 포트폴리오 구성안이란 투자위험을 줄이기 위한 분산투자안의 의미로 사용하고 있다. 따라서 포트폴리오라는 용어는 자본시장에서 금융자산운용회사 등이 운용하는 금융자산의 집합체를 포트폴리오라 하고 있다.[3)]

그렇다면 포트폴리오의 형태로 투자하는 이유는 어디에 있을까. 위험회피형의 투자자인 경우 가능한 한 투자위험을 낮춤으로써 기대효용을 극대화하기 위함이다. 즉 투자자금을 하나의 종목에 전액 투자할 경우 당해 종목의 수익률이 떨어진다면, 모든 손실을 감내하여야 하므로 이러한 위험을 회피하기 위하여는 여러 종목에 분산하여 투자하라는 것을 의미한다. 즉 분산투자함으로써 기대수익률을 높이면서 위험을 경감시킬 수 있게 된다.

그런데 포트폴리오이론에서는 이론전개를 용이하기 위하여 일반적으

3) 현대 포트폴리오의 이론가로 대표되는 마르코비츠로(H. Markwitz)는 「증권에서의 장래의 투자수익이 불확실할 때 각 투자자가 증권에 원금을 어떤 비율로 분산투자하며 자기의 효용(만족)을 최대한으로 할 수 있는지를 검토하는 이론이다」 라고 설명하고 있다. 牧浦健二, 재무관리개론, 세무경리협회(2007), 317쪽.

로 행동양식을 통일하여, 다음과 같은 네 가지의 기본가정이 설정되어 있다.

(1) 투자수익은 이자 및 배당금 등의 형태로 획득할 수 있는 소득증가(income gain)와 증권의 평가가격(자산가치)의 증가로 나타내는 자본이득(capital gain)의 합계로 이루어지나, 투자자는 양자를 동등하게 평가한다.

(2) 투자자는 각 증권과 그 조합인 포트폴리오를, 투자수익을 투하자본액으로 나눈, 자본이익률로 평가하나, 그 때 그 자본이익률은 일반적으로 확률변수로 간주한다. 이 때문에 자본이익률의 성과면의 성격(return)을 기대치, 위험면(risk)의 그것을 분산 또는 표준편차로 나타낸다.

(3) 특수한 경우를 제외하고, 포트폴리오를 구성하는 각종 증권의 비율을 변경한다면 자본이익률의 기대치를 유지하면서 분산 또는 표준편차를 감소시키기 위하여 투자자는 분산투자에 의한 경감효과를 추구한다. 이 때문에 각 증권의 자본이익률의 변화의 양상(상관계수)이 중시된다.

(4) 투자자는 기대치가 일정하다면 표준편차 또는 분산이 최소로 된다. 반대로 표준편차 또는 분산이 일정하다면 기대치가 최대로 된다. 유효한 포트폴리오 내에서 자기 효용을 최대화하는 최적 포트폴리오를 선택한다.

결국 포트폴리오 이론은 불확실성하에서 어떻게 각종 증권을 조합하여 소유한다면 투자자의 효용이 극대화되는지를 설명하는 이론이다.

그러나 이 포트폴리오의 이론에는 다음과 같은 문제점이 있다고 지적되고 있다.

(1) 포트폴리오 이론은 기업외에서의 금융자산(주식, 사채 등의 증권투자)만을 취급하고 있고, 기업내에서의 실물자산은 취급되지 않고 있다. 이것은 실물자산에 비하여 금융자산의 분할가능성이 크고, 포트폴리오의 구성을 변경하기 쉽기 때문이나, 재무관리론이 실물자산을 주된

연구대상으로 하여 왔기 때문에 이 분야에의 연구가 필요하다.

(2) 포트폴리오는 1기간의 모델이다. 즉 자본이익률을 중심으로 하여 현재의 투하자본량과 장래의 한 시점에서 예상되는 투자수익을 비교하고 있다. 이와 같은 투자시점과 투자기간의 제한은 실제로 적용하는데 큰 결점이라 하겠다.

(3) 포트폴리오의 이론에서는 필요한 데이터가 대단히 많다. 예컨대 $n$종류의 증권을 취급하기 위하여는 각 증권의 자본이익률의 기대치와 표준편자라는 하나의 데이터와 증권간의 상관계수가 필요하므로 필요한 데이터수는 $2 \times n + n \times (n-1) \div 2$개가 된다. 이들 데이터를 획득하는 데는 특히 상관계수의 확정이 어렵다.

## 2. 포트폴리오의 기대수익과 위험의 측정

앞에서 본 바와 같이 포트폴리오이론에서 투자결정의 기준은 평균과 분산이다. 이에 따라 개별자산의 기대수익률과 분산을 측정하여 비교하면 효율적 자산을 찾을 수 있었다. 그러나 개별자산이 아니고 포트폴리오의 경우는 차이가 있다. 포트폴리오를 구성하는 개별자산간의 수익률의 변동으로 포트폴리오의 수익률이 영향을 받기 때문이다. 따라서 개별자산이 아니고 포트폴리오인 경우는 포트폴리오의 기대수익률과 분산을 측정하여 투자결정하게 된다. 포트폴리오의 확률분표는 이를 구성하는 개별자산의 단순한 합으로 나타나지 않고 전혀 다른 양상으로 나타나게 된다.

### 1) 개별자산의 기대수익과 위험

포트폴리오를 구성하는 수익률의 확률분포를 측정하기에 앞서 먼저 개별자산의 기대수익과 위험을 평가하여 보기로 한다. 투자자산으로서 주식을 예로 들어 설명하기로 한다.

세 개 주식(주식 A, 주식 B, 주식 C)이 있고 이들 주식은 세 가지 경제상황에서 주식 각각의 수익률은 아래 표와 같이 예상된다고 하자.

〈표 6-1〉 경제상황과 예상수익률

| 경제상황 | 확률 | 주식A | 주식B | 주식C |
|---|---|---|---|---|
| 불황 | 0.2 | -0.05 | -0.10 | -0.20 |
| 정상 | 0.5 | 0.10 | 0.12 | 0.10 |
| 호황 | 0.3 | 0.15 | 0.15 | 0.30 |

미래의 수익률은 미래의 상황별 수익률과 각 상황이 발생할 가능성을 동시에 고려한 기대값, 즉 기대수익률(expected returns)의 일반적 계산식은 다음과 같다.

$$E(R) = \sum_{i=1}^{n} P_i \cdot R_i \qquad (6\text{-}1)$$

다만, $E(R)$ : 개별자산의 기대수익률
$n$ : 미래에 발생가능한 상황의 수
$P_i$ : $i$상황에서 발생가능한 확률
$R_i$ : $i$상황에서 발생가능한 수익률

위의 일반 계산식에 따라 상기 세 개 주식의 기대수익률은 각 상황에서의 예상수익률에 일어날 확률을 곱하여 합하면 다음과 같이 추정할 수 있다.

$$E(R_A) = (-0.05)(0.2) + (0.10)(0.5) + (0.15)(0.3) = 0.085$$
$$E(R_B) = (-0.10)(0.2) + (0.12)(0.5) + (0.15)(0.3) = 0.085$$
$$E(R_C) = (-0.20)(0.2) + (0.10)(0.5) + (0.30)(0.3) = 0.10$$

한편, 세 개 주식의 각각의 개별자산으로서의 위험은 미래상황별 수익률과 각 상황이 발생할 확률을 동시에 고려하는 분산(variance: $\sigma^2$) 또는 표준편차(standard deviation: $\sigma$)를 이용하여 측정한다. 분산은 각

각 다음의 식(6-2)와 같이 계산하는데 그 분산값이 클수록 자산의 위험은 더 커진다.

$$\text{Var}(R_i) = \sum_{i=1}^{n}[R_i - E(R)]^2 \cdot P_i = \sigma^2 \qquad (6\text{-}2)$$

다만, $n$ : 미래에 발생가능한 상황의 수
$P_i$ : $i$상황에서의 발생할 확률
$R_i$ : $i$상황에서 발생가능한 수익률

위 식에 따라 상기의 예에서 분산을 구하면 다음과 같다.

$$Var(R_A) = (-0.05-0.085)^2(0.2) + (0.10-0.085)^2(0.5) + (0.15-0.085)^2(0.3)$$
$$= 0.5025$$

마찬가지 방식으로 계산하면,

$\text{Var}(R_B) = 0.8725$, $\text{Var}(R_C) = 3.00$이다.

이상의 계산에서 세 개의 주식 중 주식 A와 주식 B는 기대수익률은 8.5%로 동일하나, 분산은 주식 A가 낮게 나타나므로 주식 A가 주식 B보다 안전한 투자가 될 것이다. 또한 주식 C는 기대수익률은 높으나 위험(분산)이 너무 크게 나타나고 있다. 따라서 주식 A와 주식 C 중 어느 주식을 선택할 것인지는 투자자의 위험회피성향에 따라 결정되어야 할 것이다.

### 2) 포트폴리오의 기대수익률

다수 자산으로 포트폴리오를 구성할 때도 개별자산의 기대수익률을 추정하는 식(6-1)과 같이 $i$상황에서의 포트폴리오의 예상수익률($R_i$)에 $i$상황이 발생할 확률을 곱하여 모두 합하면 기대수익률이 추정된다. 여기서 예상수익률은 각 자산의 기대수익률($R_i$)은 각 자산의 예상수익률에 투자비율을 곱하여 합한 것이다.

$$E(R_p) = \sum_{i=1}^{n} P_i \cdot R_{ip} \qquad (6\text{-}3)$$

다만, $E(R_p)$ : 포트폴리오의 기대수익률
$n$ : 미래에 발생가능한 상황의 수
$P_i$ : $i$상황에서 발생가능한 확률
$R_{ip}$ : $i$상황에서 발생가능한 수익률

포트폴리오 기대수익률을 더 간단하게 개별자산의 수익률에 그 자산에 대한 투자비율을 곱한 다음 이들을 모두 합하여 추정하더라도 동일한 결과를 얻을 수 있다. 그 일반식은 다음과 같다.

$$E(R_p) = \sum_{i=1}^{n} [\omega_i \times E(R_i)] \qquad (6\text{-}4)$$

여기에서 $\omega_i$는 포트폴리오를 구성하는 자산 $i$가 포트폴리오에서 차지하는 투자비중을 말한다.

상기의 예에서 주식 A와 주식 C에 50%씩 투자하였다고 하면, 계산식에 따라 계산하면 다음과 같은 결론을 얻을 수 있다.

$$\begin{aligned} E(R_p) &= \omega_A \cdot E(R_A) + \omega_C \cdot E(R_C) \\ &= 0.5 \times 0.085 + 0.5 \times 0.10 = 9.25\% \end{aligned}$$

### 3) 포트폴리오의 분산

앞에서 본 바와 같이 포트폴리오의 기대수익률은 개별자산의 수익률에 각각의 투자비율을 곱하여 합계한 가중평균수익률을 말한다. 그러나 포트폴리오의 위험(분산)은 기대수익률과 개별자산의 분산을 투자비율에 따라 가중평균한 것이 아니고, 다소 복잡하게 계산되는데 포트폴리오의 위험은 다음과 같은 계산식에 의하여 측정된다.

$$\mathrm{Var}(R_p) = \sum_{i=1}^{n}\sum_{j=1}^{n}[\omega_i \times \omega_j \times COV(R_i, R_j)] \tag{6-5}$$

여기에서 $\omega_i$는 포트폴리오를 구성하는 개별주식 $i$가 포트폴리오 $P$에서 차지하는 투자비중을 의미한다. $COV(R_i, R_j)$는 공분산(covariance)으로 각 개별자산의 수익률의 표준편차($\sigma_i, \sigma_j$)와 상관계수(corelation coefficiant : $\rho_{ij}$)를 곱한 값이다.

$$COV(R_i, R_j) = \sigma_i \times \sigma_j \times \rho_{ij} \tag{6-6}$$

다만, $\omega_i$ : 자산$i$에 대한 투자비율
$\omega_j$ : 자산$j$에 대한 투자비율
$\sigma_i$ : 자산$i$에 대한 표준편차
$\sigma_j$ : 자산$j$에 대한 표준편차
$\rho_{ij}$ : 자산$i$와 자산$j$의 수익률 간의 공분산

상관계수 $\rho_{ij}$는 -1 이상 1 이하의 값을 갖는다. 가령 두 개의 자산으로 포트폴리오를 구성한 경우를 예를 들면 두 자산의 수익률이 같은 방향으로 움직이면 상관계수는 양(+)의 값을 갖고 서로 반대의 방향으로 움직이면 음(-)의 값을 갖는다. 상관계수가 +1이면 완전 정(正)의 상관관계로서 두 변수의 움직임이 직각좌표 상에서 우상향의 직선으로 나타난다. 한편 상관계수가 -1이면 완전 부(負)의 상관관계로 두 변수의 움직임이 우하향의 직선으로 나타나는 경우이다. 또한 상관계수가 0이면 완전 무 상관관계로 두 변수 간 움직임이 전혀 관계가 없는 것을 의미한다. 그러나 -1이나 1은 예외적인 특수한 경우이고, 일반적으로 증권시장에서 거래되는 주식들은 대개 0과 1 사이의 값을 갖는다. 따라

서 포트폴리오에 의한 위험분산효과를 거둘 수 있다.

[그림 6-2] 주식A와 주식B의 수익률 간의 상관관계

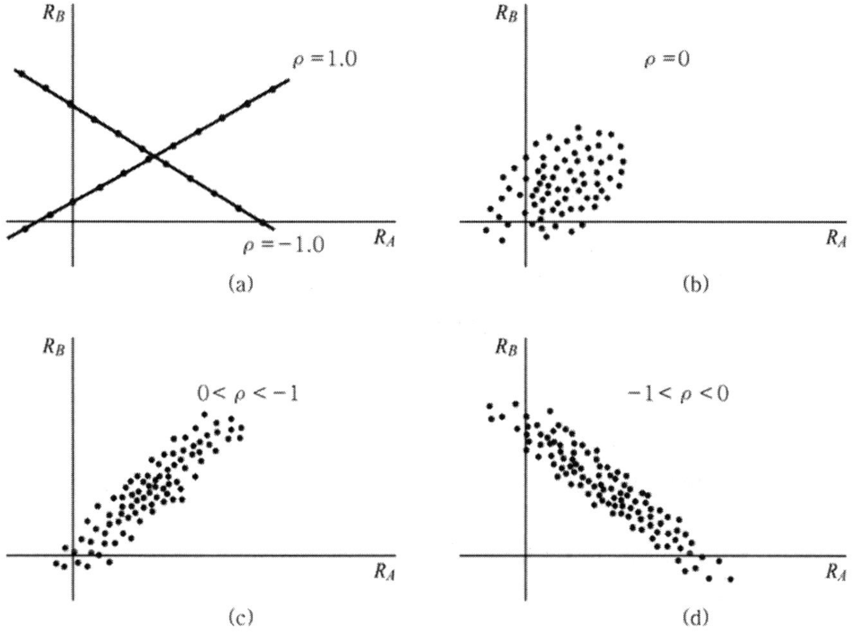


## 3. 위험분산효과와 체계적 위험

### 1) 위험감소효과

포트폴리오를 구성하는 목적은 앞에서 설명한 바와 같이 투자위험을 낮춤으로써 기대수익을 높이기 위함이다. 이와 같이 포트폴리오를 구성하여 투자위험을 경감하는 효과를 위험분산효과 또는 위험감소효과(diversification effects)라 한다. 자산의 수가 증가할수록 개별자산의 위험이 포트폴리오에 미치는 영향은 감소하고 포트폴리오의 위험은 각 자산들 간의 공분산의 평균에 접근해 간다. 이러한 위험감소효과를 확인하여 보자.

$n$개의 자산으로 포트폴리오를 구성하고 각 자산에 균등한 금액을 투자한다고 가정한다. 즉, $\omega_i = \omega_2 = \cdots = 1/n$이라고 가정하면 포트폴리오의 분산 $\sigma_p^2$은 다음과 같이 표시되다.

$$\begin{aligned}
&\sigma_p^2 \\
&= \sum_{\substack{i=1 \\ i=j}}^{n} \omega_i^2 \sigma_i^2 + \sum_{\substack{i=1 \\ i \neq j}}^{n} \sum_{j=1}^{n} \omega_i \omega_j \sigma_{ij} \\
&= \sum_{i=1}^{n} (\frac{1}{n})^2 \sigma^{2_i} + \sum_{i=1}^{n} \sum_{j=1}^{n} (\frac{1}{n})(\frac{1}{n}) \sigma_{ij} \\
&= \frac{1}{n} \sum_{n=1}^{n} \frac{\sigma_i^2}{n} + \frac{(n-1)}{n} \times \sum_{i=1}^{n} \sum_{j=1}^{n} \frac{\sigma_{ij}}{n(n-1)} (\text{단}, i \neq j) \qquad (6-7)
\end{aligned}$$

여기에서 분산의 평균을 $\overline{\sigma^2}$, 공분산의 평균을 $\overline{\sigma_{ij}}$로 표시하면

$\sum_{i=1}^{n} \frac{\sigma_i^2}{n} = \overline{\sigma^2}$, $\sum_{i=1}^{n} \sum_{j=1}^{n} \frac{\sigma_{ij}}{n(n-1)} = \overline{\sigma_{ij}}$이므로 다음과 같이 표시한다.

$$\sigma_p^2 = \frac{1}{n} \overline{\sigma^2} + \frac{(n-1)}{n} \overline{\sigma_{ij}} \qquad (6-8)$$

위의 식에서 $n$이 증가함에 따라

$$\lim_{n \to 0} [\frac{1}{n} \overline{\sigma^2} + 1 - \frac{1}{n} \overline{\sigma_{ij}}] \cong \sigma_{ij}\text{, 따라서 } \sigma_p^2 = \sigma_{ij} \text{ 가 된다.}$$

위의 식에서 알 수 있듯이 $n$가 커질수록 개별자산의 평균 $\overline{\sigma^2}$은 감소하기 때문에 포트폴리오의 분산은 자산들 간의 평균공분산 $\overline{\sigma_{ij}^2}$에 접근하면서 전체적으로 감소하게 된다.

포트폴리오의 위험분산효과를 실제로 확인하기 위하여 다음과 같은 실험을 하였다고 한다. 주식형 펀드를 운용하는데 있어서 포트폴리오를

구성하는 종목의 수와 펀드 수익률 간에는 어떤 관계가 있는 것인지 알아본다. [그림 6-3]은 뉴욕증권거래소에 상장되어 있는 주식들을 이용하여 포트폴리오를 구성할 경우 구성종목수와 포트폴리오 수익률의 표준편차 간의 관계를 보여준다. 여기에서 알 수 있는 사실은 다음과 같다.

첫째, 포트폴리오를 구성하는 종목의 수가 증가할수록 위험분산효과는 커진다.

둘째, 종목수가 증가함에 따라 위험분산은 체감한다. 종목수가 10개 정도면, 위험분산이 상당 정도 제거되나 새로운 종목을 추가하여 종목수가 50개 이상이 되면 새로운 종목을 추가함으로써 얻는 위험분산효과는 적어진다.

셋째, 종목수가 아무리 많아져도 더 이상 위험이 줄지 않는 한계가 존재한다. 즉, 종목수가 1,000개를 넘어도 표준편차는 19.2% 이하로 하락하지 않는다.[4]

[그림 6-3] 포트폴리오의 위험분산효과

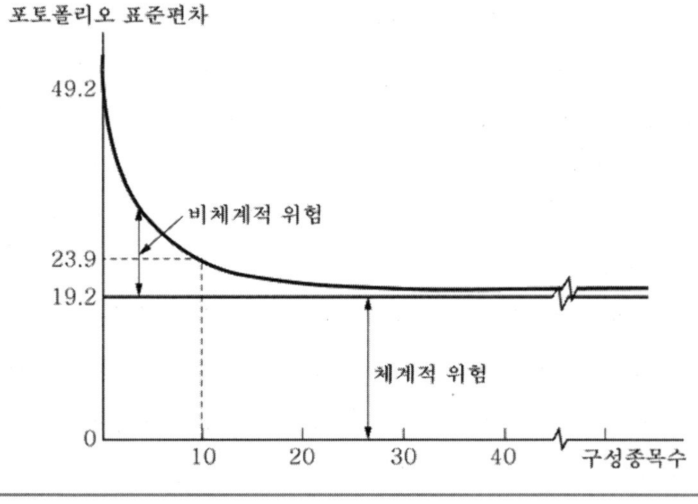


4) 강효석, 『재무관리』, 2004, 형설출판사, 257쪽

### 2) 체계적 위험과 비체계적 위험

앞에서 포트폴리오를 구성하면 위험은 감소하고, 증권 종목의 수를 계속 증가시킬 경우 [그림 6-3]에서 보는 바와 같이 포트폴리오의 총 위험은 감소한다. 그러나 여기에서 증권 종목의 수를 계속 증가시키더라도 어느 범위를 넘어서면 포트폴리오의 총위험은 감소하지 아니한다. 이와 같이 분산투자에 의한 총위험의 감소에는 한계가 있다. 이 때 분산투자에 의하여 감소하는 위험을 비체계적 위험(unsystematic risk), 비시장위험(nonmarket risk), 분산가능위험(diversiable risk)이라 하고, 분산투자에 의하여도 감소하지 않은 위험을 체계적 위험(systematic risk), 시장위험(market risk), 분산불가능위험(nondiversiable risk)이라 한다.

그러면 주식의 경우 주가변동에 따른 수익률의 변동을 총위험이라 할 경우, 주가변동 요인을 파악함으로써 비체계적 위험과 체계적 위험을 이해할 수 있다. 증권시장에서 거래되는 개별주식의 주가는 당해 기업의 신사업 진출, 신상품개발 등으로 인한 장래의 수익전망, 노사문제, 경영자 변동 등 미시적 사건(micro events)으로서 개별기업의 고유한 주가변동요인과 전쟁, 고금리, 석유가 상승 등 거시적 사건(macro events)으로서 산업 및 경제 전반에 영향을 주는 주가변동요인 등으로 나누어 볼 수 있다. 증권시장의 각 투자자는 이러한 두 가지의 요인을 감안하여 그 주식에 대한 투자를 결정하게 되므로 주가는 시시각각으로 변동하게 된다.

비체계적 위험 또는 비시장위험이란 개별 기업에서만 발생하는 그 기업의 고유한 주가변동요인에 의한 위험을 말한다. 따라서 위험이 다른 다양한 주식으로 포트폴리오를 구성하여 분산투자하게 되면 어느 주식의 가격하락 요인은 다른 주식의 가격상승요인에 의하여 서로 상쇄됨으로써 가격이 안정되게 됨으로 전체적으로 포트폴리오의 위험은 감소하게 된다. 한편 체계적 위험 또는 시장위험은 증권시장에 거래되는 모든 주식에 대하여 영향을 주는 위험을 말한다. 이러한 주가변동 요인들은 모든 주식의 주가를 같은 방향으로 변동시키므로 다양한 주식에 분산투자하더라도 가격변동에 영향을 주지 못한다.

분산투자의 효과를 최대로 향유하기 위하여는 단지 종목 수만 늘리는 것이 아니고 성격이 서로 다른 종목들로 포트폴리오를 구성해야 하는 것이다. 가령 IT업종 내에서 종목 간에 분산 투자하기보다는 다양한 산업 간 종목에 투자하여야 위험분산효과는 크게 나타나게 된다. 마찬가지로 주식에만 집중 투자하기보다는 부동산, 귀금속, 채권, 예금 등 다양한 자산에 투자하는 것이 위험분산에 효과가 크게 나타날 것이며, 또한 위험이 다른 국가의 자산에 투자하는 것도 위험분산효과를 크게 향유할 수 있는 방법이 될 것이다.

상기한 바와 같이 증권시장의 많은 투자자들은 다양한 종목으로 구성된 포트폴리오의 구성으로 위험을 효율적으로 회피할 수 있기 때문에 비체계적 위험은 사라지고 체계적 위험만 남게 된다. 따라서 자본시장론에서는 투자위험은 총위험 중 비체계적 위험이 제거된 체계적 위험만이 존재하는 것으로 간주되고 있다. 즉, 분산투자로 인하여 제거할 수 있는 비체계적 위험은 포트폴리오를 구성함으로써 완전히 사라지고 분산투자에 의하여도 제거할 수 없는 체계적 위험만이 기대수익률의 보상을 받을 수 있는 위험이 된다. 개별주식의 위험 중에서도 자본시장에서 의미가 있는 위험은 체계적 위험뿐이다. 많은 주식에 이미 분산투자를 하고 있는 투자자가 추가로 특정 증권에 투자한다고 할 경우 특정 증권이 그 포트폴리오의 구성에 편입되는 시점에서 비체계적 위험은 사라지고 체계적 위험만 남게 된다. 따라서 개별증권의 위험 중에서 포트폴리오의 위험에 영향을 미치는 부분은 체계적 위험뿐이다.

## 4. 증권특성선과 체계적 위험

앞에서 설명한 바와 같이 포트폴리오위험 중에서 의미 있는 위험은 시장위험 즉 체계적 위험이다. 시장위험은 분산투자 증권의 수가 증가하더라도 제거되지 않은 분산불능위험이다. 그럼 개별증권이나 포트폴리오가 얼마만큼의 위험을 지니는지를 측정할 필요가 있다.

개별증권의 가격변동은 시장전체에 연관된 가격변동과 개별기업 고유요인에 의한 가격변동으로 나눌 수 있다. 증권수익률의 변동을 이처럼 두 가지로 구분할 수 있다는 개념을 직선적으로 표시하면 식(6-9)와 같이 증권$i$의 수익률이 하나의 공통용인인 시장수익률과 선형적인 관계를 갖는 것으로 표시할 수 있는데 이를 시장모형(market model)이라 한다.

$$R_{it} = \alpha_i + \beta_i R_{mt} + \epsilon_{it} \qquad (6\text{-}9)$$

단, $R_{it}$ : $t$시점에서의 증권$i$의 수익률
$R_{mt}$ : $t$시점에서의 시장지표의 수익률(확률변수)
$\alpha_i$ : 회귀계수 절편
$\beta_i$ : 회귀계수 기울기, $\epsilon_{it}$ : 잔차항(확률변수)

식(6-9)를 그림으로 나타내기 위하여 수직축에 개별증권 $i$의 수익률 $R_i$를 종속변수로, 수평축에 시장전체수익률 $R_m$을 독립변수로 하여 대응시킨 것이다.[5] 그림에서 보는 바와 같이 종합주가지수를 대용물로 하여 계산된 시장포트폴리오 수익률의 변동에 따라 개별증권의 수익률의 변동을 수직으로 나타낼 수 있는데 이를 증권특성선(characteristic line)이라 부른다.

5) 시장포트폴리오는 이론전개를 위한 개념적인 포트폴리오이므로, 수많은 증권이 거래되고 있는 자본시장에서는 현실적으로 그 구성이 불가능하기 때문에 그 수익률과 위험을 측정할 때 일반적으로 시장지표인 종합주가지수를 그 대용물로 사용한다.

[그림 6-4] 증권특성선

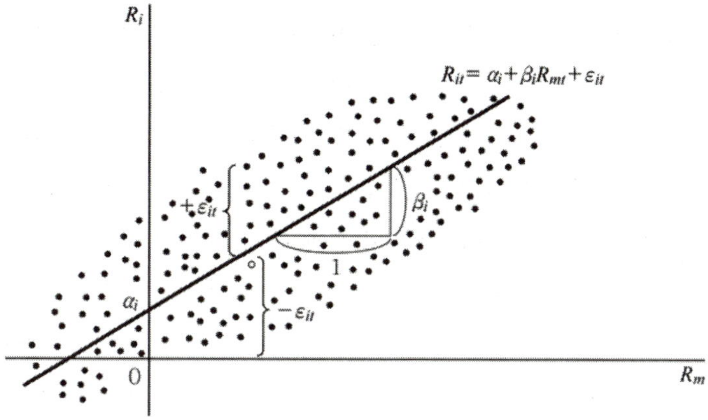


위의 식(6-9)에서 $\alpha_i$ 는 직선상의 수직절편을 나타내고, $\beta_i$ 는 직선상의 기울기를 나타내며, 독립변수와 종속변수가 비례적으로 변동하지 않은 부분으로 [그림 6-4]에서 보면 직선 윗부분의 점들은 (+)의 잔차로 나타나고, 아랫부분의 점들은 (-)의 잔차로 나타난다.

상기의 시장모형에서 직선의 기울기 $\beta_i$ 가 $i$증권의 체계적 위험을 나타내며 이를 증권의 체계적 위험을 측정하는 척도로서 $\beta$계수라고 한다. 결국 $\beta$는 개별증권이나 포트폴리오가 평균 위험증권에 비하여 얼마만큼의 체계적 위험을 지니는가를 측정하는 척도이다. 다시 말하여 시장 전반의 수익률 변화를 반영하는 시장포트폴리오의 수익률 변화에 대한 개별증권의 수익률 변화의 민감도를 의미한다. 따라서 포트폴리오의 $\beta$는 시장 전반의 수익률 변동성에 대한 민감도를 나타내므로 $\beta$는 1.0이 된다.

개별 증권의 $\beta$는 증권특성선에서 기울기이며 $\beta$=1이면 시장포트폴리오의 수익률과 같다는 것을 의미한다. $\beta$ 〉1이면 시장평균보다 더 위험하다는 것을 의미하며, 가령 $\beta$ = 1.6이라면 시장포트폴리오가 1% 변동할 때 개별주식의 수익률은 1.6% 변동함을 의미한다. 한편 $\beta$ = 0.8이라면 시장포트폴리오가 1% 변동할 때 개별주식의 변동률은 0.8%

변동함을 의미한다. 따라서 시장상황을 낙관하고 있는 경우에는 투자자는 베타계수가 큰 주식에 투자함으로써 높은 수익률을 얻을 수 있을 것이다. 투자자 성향에 따라서 베타계수가 다를 수 있는데 베타계수가 1보다 큰 주식에 투자하는 투자자는 시장평균보다 높은 수익률을 얻을 수도 있고 또는 시장평균이 낮은 경우에는 더 낮은 수익률을 얻을 수도 있는데 이러한 투자를 공격적 투자(aggressive investment)라고 한다. 또한 베타계수가 1보다 작은 주식에 투자하는 투자자는 시장평균보다 낮은 수익률을 얻거나 시장평균이 하락할 경우에는 보다 높은 수익률을 얻을 수 있으며 이러한 투자를 방어적 투자(defensive investment)라 한다.

그러면 구체적으로 어떤 성격의 기업주식이 베타계수가 크고 작은지를 알아보기로 한다. 가장 중요한 기준은 기업실적이 경제여건의 변화에 따라 어떻게 변동하는지가 그 근거가 될 수 있다. 즉 경기변동에 영향을 적게 받는 산업에 속하는 기업의 주식은 베타계수가 작고, 그 영향을 크게 받는 기업의 주식은 베타계수가 크게 나타난다. 한 국가의 공공산업에 속하는 기업, 예컨대 전력, 철도, 전화와 같은 국가기간산업인 경우에는 베타계수가 작은 것이 일반적이라 할 수 있다. 예를 들면 2008년은 세계금융위기로 주식시장의 변동성이 극심하였기 때문에 그 이전의 해인 2007년의 사례를 보면, 2007년 12월 현재의 베타계수는 한국전력은 0.53, KT&G는 0.53, SK텔레콤은 0.43으로 시장평균보다 훨씬 낮게 측정되고 있고, 경제동향에 영향을 많이 받는 조선, 반도체 등의 주식의 베타계수는 삼성중공업은 1.58, 주성엔지어링은 1.79, 서울반도체는 1.58로 시장평균보다 훨씬 높게 측정되고 있다.[6] 전자와 같이 경기변동에 민감하게 반응하지 않은 주식을 경기방어주라 하며, 후자와 같이 경기변동에 민감하게 반응하는 주식을 경기민감주라 한다.

포트폴리오 투자에서는 총위험보다 체계적 위험이 중요하고, 체계적 위험은 베타로 측정할 수 있음을 알 수 있었다. 그러면 다음으로 이하에서는 포트폴리오의 베타는 어떻게 측정하는지를 알아보기로 한다. 앞

6) 한국신용평가정보 제공

에서 포트폴리오의 분산이 개별자산의 분산의 가중평균과는 다르다는 것을 알았다. 그런데 포트폴리오의 베타는 개별자산의 베타의 가중평균과 같다. 따라서 포트폴리오의 베타의 일반식은 식(6-10)과 같다.

$$\beta_p = \sum_{i=1}^{n} \omega_i \times \beta_i \qquad (6\text{-}10)$$

다만, $n$ : 종목수
　　$w_i$ : $i$번째 투자한 종목에 대한 투자비율

위의 식에 따라 구체적으로 계산하여 보면, 총투자액 1억 원을 삼성전자에 30%(3천만원), 신한지주에 40%(4천만 원), SK케미컬에 30%(3천만 원)씩 투자했다고 한다. 2008년 12월 말에 투자하였다고 하면 각 종목의 베타는 0.87, 1.03, 1.65이므로 포트폴리오의 베타는 약 1.17이 된다.[7)]

$$\beta_p = 0.87 \times 0.3 + 1.03 \times 0.4 + 1.65 \times 0.3 = 1.168$$

시장포트폴리오란 시장에 있는 모든 위험자산, 즉 주식 모든 종목들의 집합이고 각 편입 종목의 베타는 1.0을 기준으로 분포되어 있기 때문에 식(6-9)에 의하면 시장포트폴리오의 베타는 1.0이 됨을 알 수 있다.[8)]

---

7) 베타에 관한 자료는 한국신용평가정보 제공

8) 시장포트톨리오의 베타가 1.0인 것은 시장포트폴리오의 분산에 관한 식으로 다음과 같이 증명할 수 있다.

$$\sigma_m^2 = \omega_1 \sum_{i=1}^{n} \omega_i \sigma_{1i} + \cdots + \omega_n \sum_{i=1}^{n} \omega_i \sigma_{nj}$$
$$= \omega_1 \sigma_{1m} + \omega_2 \sigma_{2m} + \cdots + \omega_n \sigma_{nm}$$

위 식의 양변을 $\sigma_m^2$으로 나누면, $\beta_m = \omega_1 \beta_1 + \omega_2 \beta 2 + \cdots + \omega_n \beta_n$

## 5. 증권시장선

체계적 위험의 정도를 나타내는 베타계수와 기대수익률과의 관계는 시장포트폴리오가 완전히 효율적이라면 완전한 선형관계가 성립한다. 왜냐하면 균형된 자본시장에서는 체계적 위험이 높으면 기대수익률도 높고 체계적 위험이 낮으면 기대수익률도 낮다. 따라서 이러한 선형관계가 성립하지 않으면 차익거래가 발생하여 추가적인 위험부담 없이 초과수익을 누릴 수 있기 때문이다.

다음 식과 같이 베타계수와 기대수익률 사이에는 선형관계가 성립하는데 이를 증권시장선(security market line: SML)이라 한다. 그런데 이러한 증권시장선의 이론을 전개하기 위하여는 다음과 같은 가정이 전제가 되고 있다.[9)]

(1) 모든 투자자는 위험회피적이다.

(2) 모든 투자자는 개별증권, 포트폴리오의 자본이익률의 기대치로 수익률을 측정하고, 표준편차 또는 분산으로 위험을 측정하여 자기의 효용을 최대로 하려고 한다.

(3) 무위험자산이 존재한다. 모든 투자자는 무위험이자율로 아무런 제한 없이 차입 대출할 수 있다.

(4) 증권시장은 완전자본시장이다. 모든 투자자는 필요하면 모든 정보를 이용할 수 있고, 누구도 모든 증권거래가격에 대하여 영향을 미치지 못하여 가격순응자(price taker)이며, 시장기구 등에 의하여 거래행위를 제약하지 않고 시장가격으로 자유롭게 거래할 수 있다.

(5) 증권거래에 대하여 비용 및 세금은 없다.

---

9) 이 이론을 자본자산가격결정모형(capital assets and pricing model : CAPM) 이론이라 한다.

이상의 가정 하에 증권시장선을 도출하면 다음 식과 같다.

$$R_i = R_f + [E(R_m) - R_f]\beta_i \qquad (6\text{-}11)$$

단, $R_i$ : 증권 $i$의 기대수익률
$R_f$ : 무위험자산의 수익률
$E(R_m)$ : 시장포트폴리오의 기대수익률
$\beta_i$ : 증권$i$의 체계적 위험($\beta$계수)

위의 식을 그림으로 나타내면 [그림 6-5]와 같다.

[그림 6-5] 증권시장선

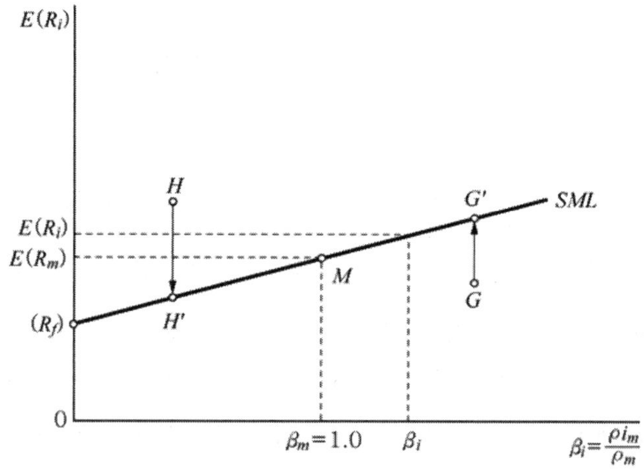


자본자산가격결정모델에 의하면 증권의 기대수익률은 무위험자산의 수익률에 그 증권이 갖고 있는 위험에 대한 적정한 위험보상률(risk premium)을 더한 값으로 결정된다. 따라서 증권$i$의 기대수익률은 절편 $R_f$와 기울기 $[E(R_m) - R_f]$를 갖고 $\beta_i$의 값에 의하여 결정되는 것으로 볼 수 있다. 위의 식에서 증권의 기대수익률을 결정하는 위험요인은 총위험이 아니고 체계적 위험이다. 이는 적절한 분산 포트폴리오를 구성함으로써 제거할 수 있는 비체계적 위험에 대하여는 보상하여 주지 않기 때문이다.

균형상태에서는 증권A나 증권B나 시장포트폴리오 M이나 다음 관계에서 보는 바와 같이 체계적 위험 한 단위 부담하는 것에 대한 초과수익의 비율이 동일하여야 한다. 그렇지 아니하면 투자자들은 시장에서 위험보상비율이 높은 증권을 사고 동시에 위험보상비율이 낮은 증권을 파는 방법으로 차익을 얻으려 할 것이다. 따라서 위의 증권들과 시장포트폴리오의 균형상태 위험보상비율은 동일하다. 그 식을 표시하면 아래와 같다.

$$\frac{E(R_A) - R_f}{\beta_A} = \frac{E(R_B) - R_f}{\beta_B} = \frac{E(R_M)}{\beta_M}(\beta_M = 1.0) \qquad (6\text{-}12)$$

식 (6-11)에서 다음과 같이 초과수익 형태를 표시할 수 있다

$$R_i - R_f = [E(R_m) - R_f]\beta_i \qquad (6\text{-}13)$$

이 식에서 위험보상률은 두 가지로 부분으로 구성된다. 먼저 $[E(R_m) - R_f]$는 시장전체에 대한 위험보상률이고 또 한 가지는 특정 개별증권의 체계적 위험을 나타내는 베타계수($\beta_i$)이다. 따라서 특정 증권의 체계적 위험보상률은 평균적인 시장위험보상률에 개별증권의 체계적 위험지수를 곱하여 구해진다. 베타계수가 높을수록 위험보상률은 높아야 함을 의미한다. 수익률이 아닌 가격으로 설명하면 베타계수가 높을수록 균형가격은 낮아야 함을 의미한다.

위의 식에 따라 다음의 예를 갖고 체계적 위험과 기대수익률을 구하여 보기로 한다.

시장위험프리미엄이 6%이고 무위험이자율이 5%일 때, 주식A, 주식B, 주식C로 구성한 포트폴리오를 구성하기로 한다.

〈표 6-2〉 체계적 위험과 기대수익률

| 종 목 | 투 자 액 | 투 자 비 중 | 베타 |
|---|---|---|---|
| 주식A | 600만 원 | 50% | 0.8 |
| 주식B | 400만 원 | 33.3% | 1.2 |
| 주식C | 200만 원 | 16.7% | 1.5 |
| 포트폴리오 | 1,200만 원 | 100% | 1.05 |

(포트폴리오의 베타는 각 종목의 투자비중에 각 종목의 베타의 곱의 값의 합계이다)

위와 같이 포트폴리를 구성할 때 위험과 기대수익률은 다음의 〈표 6-3〉과 같다.

〈표 6-3〉 위험과 기대수익률

| 종 목 | 투 자 액 | ① 투자비중 | 베 타 | ② 기대수익률 | ①×② |
|---|---|---|---|---|---|
| 주식A | 600만 원 | 50% | 0.8 | 5+6×0.8=9.8% | 4.9% |
| 주식B | 400만 원 | 33.3% | 1.2 | 5+6×1.2=12.2% | 4.07% |
| 주식C | 200만 원 | 16.7% | 1.5 | 5+6×1.5=14.0% | 2.33% |
| 포트폴리오 | 1,200만 원 | 100% | 1.05 | 5+6×1.05=11.3% | 11.3% |

## 제 3 절 금융자산의 가치평가

### 1. 가치평가의 기본원리

유가증권을 비롯한 금융자산이든 실물자산이든 어떤 자산의 가치를 평가하는 데에는 이를 보유할 때 기대되는 미래 현금흐름의 현재가치(present value)로 나타낼 수 있다. 예를 들어, 연 5%의 이자를 매년 말에 지급하는 2년 만기 정기예금에 100만 원을 예치한 후 1년이 경과하였다고 한다. 처음 1년에 대한 이자를 받은 직후 이 예금통장의 가치는 얼마로 평가될까? 평가시점에서도 2년 만기 예금이자율이 연 5%라면, 이 예금통장의 가치는 다음과 같이 측정된다.

$$\text{예금통장의 가치} = \frac{\text{예금이자} + \text{이자}}{(1 + \text{시장이자율})}$$

$$= \frac{100 + 5}{(1 + 0.05)}$$

$$= 100(\text{만 원})$$

위 식에서 보는 바와 같이 예금통장의 가치는 100만 원이다. 그리고 이 예금통장을 타인에게 양도한다면 100만 원을 받을 수 있을 것이므로 100만 원은 이 예금통장의 시장가치(market value)를 나타내고 있다.

위의 예를 보고 가치평가의 기본원리를 제시할 수 있다.

첫째, 자산의 가치는 그 자산으로부터 창출될 것으로 기대되는 미래 현금흐름에 의하여 결정된다.

둘째, 미래 현금흐름의 현재가치는 당해 자산의 위험(risk)을 반영하는 할인율에 의하여 측정된다.

실물자산의 경우에도 가치평가의 원리는 위의 예와 같다. 예를 들어 기업이 보유하고 있는 설비자산의 가치는 그로부터 창출될 것으로 기대되는 미래 현금흐름의 현재가치이며, 이 때 현재가치 측정에 사용될 할인율은 그러한 미래 현금흐름의 위험 정도에 대응하여 결정된다. 또한 기업이 새로운 설비투자를 평가할 때에도 투자에서 발생할 것으로 예상되는 미래 현금흐름을 투자안의 자본비용으로 할인하여 투자안의 가치를 측정하게 된다. 이렇게 측정된 투자안의 가치는 투자지출 예상액과 비교하여 최종적으로 투자안의 채택 여부가 결정된다. 투자안의 가치가 투자지출 예상액보다 크면, 즉 투자안의 순현가(net present value)가 양의 값을 가지면 투자안을 채택하고 반대의 경우는 투자안을 기각하게 된다.

이상의 논의를 요약하면, 어떠한 자산이든 자산의 가치는 그로부터 창출될 것으로 기대되는 미래 현금흐름의 현재가치이며, 이 때 할인율은 현금흐름의 위험에 대응하여 투자자가 기대하는 최저필수수익률인 자본비용이다. 이러한 기본원리는 기업 전체의 가치와 주주지분가치를 평가하는 데에도 적용할 수 있으며, 또한 부채의 가치를 평가하는 데에도 적용할 수 있다. 부채의 가치평가는 채권자에게 귀속될 미래 현금흐름의 위험을 반영한 할인율, 즉 타인자본비용으로 할인한 현재가치이다. 기업에 투자된 타인자본의 총가치는 각 부채항목의 가치를 평가한 후 이들의 합계로 측정하게 된다. 여기에서는 금융자산의 대표적 형태인 채권과 주식에 관한 가치를 측정하여 보기로 한다.

## 2. 채권의 가치평가

### 1) 채권의 의의

채권이란 정부, 공공기관, 기업 등이 비교적 장기로 불특정 다수자로부터 거액의 자금을 조달하기 위하여 미리 약속한 일정한 이자를 지급하고 만기 시에 원금의 상환을 약속하는 유가증권이다. 만기가 되기 전에 보유채권을 매각할 경우 주식과 같이 가격변동에 따라 자본이득(capital gain) 또는 자본손실(capital loss)이 발생하고 채권발행자가 채무불이행을 하는 경우에는 채권의 원리금을 회수할 수 없는 경우도 발생할 수 있으므로 투자시점에서 투자수익이 확정되는 것은 아니다.

채권 발행자의 입장에서는 발행시장(primary market)을 통하여 필요한 자금을 원활히 조달할 수 있고, 채권투자자의 입장에서는 발행시장에서 인수하거나 유통시장(secondary market)에 매입하여 이자소득 및 자본이득 등을 기대할 수 있을 뿐만 아니라 필요한 경우 시장에서 채권을 매각하여 현금을 확보할 수 있으므로 자산 포트폴리오를 구성하는 중요한 투자대상이 된다.

채권은 그 형태가 어떠하든 액면금액(face value), 액면이자율(coupon rate), 만기(maturity date) 등의 세 가지 조건이 표시되어 있다. 액면금액은 발행되는 채권의 1단위당 표시금액을 말하며 이자계산의 기준이 된다. 액면이자율은 채권 1단위 액면금액에 대해 지급되는 표시이자율이며 금액으로는 지급이자액이 된다. 만기는 발행자가 발행한 채권의 액면금액을 상환하여야 하는 약속일을 말한다.

채권의 종류는 그 내용이나 형식이 다양하나 일반적으로 발행주체, 보증유무, 이자지급방법 및 옵션의 유무 등의 방법으로 구분한다. 채권은 발행주체에 따라 정부가 발행하는 정부채, 지방자치단체가 발행하는 지방채, 상법상의 주식회사가 발행하는 회사채, 은행, 증권회사, 신용카드사 등의 금융기관이 발행하는 금융채, 특별법에 의하여 설립된 법인이 발행하는 특수채로 구분할 수 있다.

채권은 원리금에 대한 제3자의 지급보증 여부에 따라 보증채와 무보증채로 나누어 볼 수 있다. 보증채는 정부, 또는 금융기관 등이 원리금 지급을 보증하는 채권이고, 무보증채는 발행자의 자기신용에 의하여 발행되는 채권을 말한다. 또한 발행자의 담보제공 여부에 따라 담보부채권과 무담보부채권으로 나누어 볼 수 있다. 담보부채권은 발행자가 채권을 발행할 때 신용을 보강하기 위하여 담보를 제공하는 일반담보부채권과 유동화전문회사(SPC: special purpose company)가 매입한 회사채, 은행대출채권, 카드매출채권 등의 자산을 기초로 발행하는 자산유동화증권(ABS: asset-backed securities) 등이 있다.

또한 이자지급방법에 따라 할인채(discount bond, zero-coupon bond), 이표채(coupon bond), 복리채(compound bond) 등으로 구분되며, 지급이자 변동 여부에 따라 고정금리부채권과 변동금리부채권(FRN: floating rate note)으로 구분된다.

이외에 회사채의 경우 발행회사의 주식으로 전환할 수 있는 권리가 부여된 전환사채(CB: convertible bond), 사채권자에게 발행회사의 신주를 일정한 조건으로 매수할 수 있는 권리를 부여한 신주인수권부사채(BW: bond with warrant), 발행회사가 보유한 제3의 기업의 주식과 교환할 수 있는 교환사채(EB: exchangeable bond) 등 주식관련 회사채가 있다.

### 2) 채권의 가치평가

채권의 가치는 미래 현금흐름의 현재가치의 합이다. 채권에서 발생하는 미래 현금흐름은 이자지급 기간마다 발생하는 이자와 만기 시에 상환되는 원금이다. 채권 중에서 정기적으로 이자를 지급하고 만기일이 되면 원금을 상환받는 이표채의 경우 채권의 가치 $B_0$는 식(6-14)와 같이 계산된다.

$$B_0 = \frac{I_1}{(1+i)} + \frac{I_2}{(1+i)^2} + \cdots + \frac{I_n}{(1+i)^n} + \frac{F}{(1+i)^n}$$
$$= \sum_{t=1}^{n} \frac{I_n}{(1+i)^n} + \frac{F}{(1+i)^n} \tag{6-14}$$

단, $I$ : 이자지급액(interest payments) = 액면금액 × 액면이자율(c)
$F$ : 액면금액(face value)
$n$ : 만기(maturity date)
$i$ : 채권투자자의 요구수익률

한편 만기까지 이자지급이 없이 만기 시에 원금으로 상환받는 할인채의 경우는 만기시 상환받는 액면금액을 만기기간만큼 채권수익률로 할인한 현재가치가 된다. 이 경우의 투자가치 계산식은 식(6-15)와 같다.

$$B_0 = \frac{F}{(1+i)^n} \tag{6-15}$$

예를 들어 액면이자율이 12%, 액면금액 10,000원, 만기가 5년인 채권이 있다. 이자는 분기마다 기말에 지급되고 채권에 대한 요구수익률이

8%라면 이 채권의 현재가치를 계산하여 보기로 한다. 분기별 이자는 300원(12% × 1/4)이고, 만기가 5년이므로 기간 이자지급회수는 20회이며, 분기별 할인율은 2%(8% × 1/4)이므로 계산식은 다음과 같다

$$B_0 = \frac{300}{(1.02)} + \frac{300}{(1.02)^2} + \cdots + \frac{300}{(1.02)^{20}} + \frac{10,000}{(1.02)^{20}}$$

$$= 300(2\%, 20\text{년 현가계수}) + 10,000(2\%, 20\text{년 현가계수}) = 11,653\text{원}$$

다음으로 만기가 4년이고 액면가는 100,000원이면서 중간에 이자지급이 없는 할인채권이 있다. 이 채권의 만기수익률은 12%라고 하면 이 채권의 그 가치는 다음과 같이 계산된다.

$$B_0 = \frac{100,000}{(1.12)^4} = 100,000 \times (12\%, 4\text{년 현가계수})$$

$$= 100,000(0.6355) = 63,550\text{원}$$

### 3) 채권가격과 채권수익률의 관계

앞의 식(6-14)에서 보는 바와 같이 채권의 가치에 영향을 미치는 요소는 액면금액, 액면이자율, 만기 및 할인율이다. 그런데 이 중 액면금액, 액면이자율, 만기는 채권발행시에 이미 결정되어 있으므로 기간의 경과에 따라 변하지 않지만, 할인율은 주로 시장이자율에 의하여 결정되며 당시의 경제여건에 따라 변동된다.

그러면 다음의 예로 시장이자율이 변동됨에 따라 채권의 가치는 어떻게 변동하는지를 알아보기로 한다. 액면금액 10,000원, 액면이자율(표면이자율) 연 8%이고 이자는 연 1회 후급, 만기 3년인 채권이 있다. 할인율인 시장이자율이 8%인 경우와 시장상황이 좋아져 5%로 하락한 경우 및 시장상황이 악화되어 11%로 상승한 경우의 채권가치를 평가하면 다음과 같다.

① 시장이자율이 8%인 경우

$$B_0 = \frac{800}{(1.08)} + \frac{800}{(1.08)^2} + \frac{800}{(1.08)^3} + \frac{10,000}{(1.08)^3} = 10,000\text{원}$$

② 시장이자율이 5%로 하락한 경우

$$B_0 = \frac{800}{(1.05)} + \frac{800}{(1.05)^2} + \frac{800}{(1.05)^3} + \frac{10,000}{(1.05)^3} = 10,817\text{원}$$

③ 시장이자율이 11%로 상승한 경우

$$B_0 = \frac{800}{(1.11)} + \frac{800}{(1.11)^2} + \frac{800}{(1.11)^3} + \frac{10,000}{(1.11)^3} = 9,267$$

위의 계산에서 알 수 있듯이 채권수익률(시장이자율)이 액면이자율과 같으면 채권가격은 액면가격과 같다. 그러나 채권수익률이 액면이자율보다 낮으면 채권가격은 액면가격보다 높고, 채권수익률이 액면이자율보다 높으면 채권가격은 액면가격보다 낮게 된다는 것을 알 수 있다. 즉 채권가격과 채권수익률의 사이에는 반비례의 관계가 성립한다.

채권의 가치는 채권수익률에 따라 반대로 움직이며 또 한편 채권의 가격은 만기에 따라 변동폭이 다르게 나타난다. 채권의 만기가 길어질수록 채권가격과 채권수익률의 반대방향으로 변동하는 정도는 더 커진다. 앞의 예에서 발행조건은 동일하고 만기가 5년인 경우를 식(6-14)에 따라 계산하여 만기 3년인 경우와 비교하여 보면 〈표 6-4〉와 같다.

〈표 6-4〉 채권의 만기와 채권수익률의 변동에 따른 채권가격의 변동

| 채권수익률 | 만기 5년인 채권의 가격 | 만기 3년인 채권의 가격 |
|---|---|---|
| 8%인 경우 | 10,000원 | 10,000원 |
| 5%인 경우 | 11,229 | 10,827 |
| 11%인 경우 | 8,893 | 9,267 |

#### 4) 채권의 수익률

채권수익률의 계산은 다양하나 여기서는 일반적으로 쓰이는 단순수

익률 및 만기수익률의 개념만을 설명하기로 한다.

단순수익률은 확정이자부채권의 경우 현재 받는 일정기간 동안의 이자금액을 채권가격으로 나누어 계산한다. 예컨대 연간 8만 원의 이자를 받는 채권의 경우 그 채권의 가격이 80만 원이라 한다면, 단순수익률은 $\frac{8만원}{80만원} = 0.1$, 즉 10%가 된다. 또 2년 후에 100만 원을 지급하는 할인채권의 경우 현재가격이 89만 원에 거래되고 있다면 연간 단순수익률은 $(\frac{100만원}{89만원} - 1) \div 2 = 0.062$, 즉 6.2%가 된다.

단순수익률은 이해하기 쉽고 간단하여 대략의 계산에는 이용될 수 있으나 복리개념이 아니기 때문에 정확한 수익률이라고는 할 수 없다

만기수익률(YTM : yield to maturity)은 투자자들이 채권을 구입하여 만기까지 보유하는 하는 경우에 얻게 되는 수익률이며 채권가격을 결정할 때 유용한 요구수익률이다. 투자자들이 이 수익률을 이용하여 채권의 평가와 매매에 있어서 통상 수익률의 기준으로 사용하고 있다. 채권을 현재가격으로 매입하여 만기일 이전에 매각할 수도 있지만 만기일까지 계속 보유하고 또 지급불능 상황이 되지 않는다고 가정하면, 만기일까지 현금흐름은 정기적으로 수령하는 이자수입과 만기시에 상환받는 원금으로 구성되는데 만기수익률은 이들 현금흐름에 대하여 화폐의 시간가치를 고려하여 계산되는 기대수익률을 말한다. 따라서 만기수익률은 다음 식(6-16)으로 표시되는 바와 같이 채권투자자로부터 발생하는 현금흐름의 현재가치와 현재의 채권시장가격을 일치시키는 할인율이다. 이를 내부수익률(IRR : internal rate of return)이라 한다.

$$P_0 = \frac{i}{(1+r)} + \frac{i}{(1+r)^2} + \dots + \frac{i}{(1+r)^n} + \frac{F}{(1+r)^n} \tag{6-16}$$

단, $P_0$ : 채권의 현재 시장가격
$i$ : 수령이자
$r$ : 채권수익률($IRR$) = 만기수익률($YTM$)

$n$ : 만기

채권시장에서 일반적으로 사용되는 채권수익률은 위와 같이 계산되는 내부수익률인 만기수익률을 말한다. 결국 만기수익률은 채권의 만기까지의 이자수입뿐만 아니라 매매손익 및 투자기간까지 함께 고려한 예상수익률이다.

## 3. 주식의 가치평가

### 1) 주식의 개념

주식회사의 자본은 주식으로 분할되므로 주식은 자본을 구성하는 분자(分子)이며, 사원(주주)의 출자단위가 된다. 이와 같이 자본을 주식으로 분할하는 이유는 자본의 조달을 용이하게 함이다. 즉 자본을 소액의 단위로 분할함으로써 영세한 자금을 가진 자도 출자에 참여할 수 있게 하는 것이다. 주식제도는 대중자본을 집중시키기 위한 수단으로 창안된 것이다. 나아가서 주식은 주권으로 증권화되어 자유롭게 양도되고 유통시장에서 거래되는데, 주주는 투하자본을 용이하게 회수할 수 있고 결과적으로 주주의 모집을 쉽게 한다. 주식투자자로서 주주가 되면 주주총회에서 의결권, 이익배당청구권 및 회사청산시 잔여재산분배청구권 등의 주주권을 갖게 된다. 한편 주주는 회사에 대하여 소유지분 범위 내에서 회사채무를 비롯한 위험을 부담하는 유한책임만을 부담한다.

주식은 배당 및 잔여재산분배 청구의 순위에 따라 보통주, 우선주, 후배주로 구분할 수 있다. 보통주는 배당이나 잔여재산분배에 있어서 어떠한 제한이나 우선권도 주어지지 아니한 주식이다. 보통주에 대한 배당금액은 재무제표를 승인하는 주주총회의 결의에 의하여 결정되며, 반드시 배당을 해야 하는 것은 아니다. 그러나 보통주는 회사에 이익이 있는 한 무제한의 배당 가능성이 주어지는 개방적 지분이다. 일반적으로 거래되고 있는 주식은 보통주이다. 우선주는 이익을 배당할 때 또는 잔여재산을 배당할 때 다른 주주에 우선하여 소정의 배당 또는 잔여재산을 분배받을 수 있는 주식이다. 그 후 잔여가 있으면 보통주가 배당 또는 분배를 받을 수 있다. 실제는 배당금에 관한 우선주가 주로 발행된다. 우선적 배당은 액면가에 대한 비율로 또는 1주당의 금액으로 표시된다. 이익배당에 관한 우선주는 의결권을 부여하지 않을 수 있다. 후배주는 이익배당이나 잔여재산분배에 있어서 보통주보다 불리하게 차등을 둔 주식을 말한다. 그러나 실제 발행된 사례는 없다.

주식을 회사채와 비교하면 주식은 만기가 없으며 출자증권으로서 기업의 자기자본을 형성하여 기업이 존속하는 한 영구적으로 사용되는 자본이나, 회사채는 기업의 대외채무로서 타인자본을 형성하며 만기가 되면 상환되어야 하는 한시적 자본이다.

### 2) 주식의 가치평가

주식은 높은 수익이 기대되지만 채권과는 달리 위험이 높을 수밖에 없으므로 주식의 가치를 평가하는 방법도 다양하나 다음과 같이 분류할 수 있다. 먼저 배당평가모형, 이익평가모형 등 수익가치에 근거한 평가방법(현금흐름할인법)이다. 다음으로 자산가치에 근거한 보통주 평가방법이 있으며, 다음으로 주가배수를 활용한 상대가치 평가방법 등이 있다.

그러나 일반적으로 주식의 가치는 앞에서 설명한 가치평가의 기본원리를 바로 적용하여 평가할 수 있다. 즉 주식의 가치는 현재 발행된 주식에서 기대되는 미래 현금흐름을 현재가치로 측정된다. 투자자가 주식을 보유하여 받게 되는 미래 현금흐름은 기업으로부터의 배당이므로 결국 주식의 가치는 기대되는 미래배당(expected future dividends)의 현재가치가 된다. 이 때 할인율은 주식의 위험에 대응하여 투자자가 기대하는 최저필수수익률(required rate of return)인 자기자본비용(cost of equity)이다. 이러한 관계를 가치평가모형으로 나타내면 다음과 같이 표시할 수 있다.

$$S_0 = \frac{D_1}{(1 + r)} + \frac{D_2}{(1 + r)^2} + \cdots + \frac{D_\infty}{(1 + r)^\infty} \qquad (6\text{-}17)$$
$$= \sum_{n=1}^{\infty} \frac{D_n}{(1+r)^n}$$

단, $S_0$ : 주식의 현재가치
$D_n$ : $n$기에서의 배당수입
$r$ : 주식투자자의 요구수익률(자기자본비용)

위의 가치평가모형을 주식을 평가함에 있어서 일반적으로 사용되고 있는 배당할인모형(dividend discount model)이라 한다. 식(6-17)에 의하여 주식가치가 평가되면 이를 현재의 유통주식수로 나누면 주식 1주의 가치가 측정되게 된다. 위에서 할인율인 자기자본비용 $r$은 매 기간 동일한 것으로 가정되어 있다. 주식의 경우 회사채와는 달리 만기가 없으므로 위에서 미래 배당이 발생하는 기간이 무한기간으로 표현되어 있다. 만일 계속기업(going concern)이 아니고 기업청산이 예정된 경우라면 마지막 배당은 청산배당(terminating dividend)이 된다.

실제의 상황에서 투자자들이 배당과 자본이득(capital gains)을 기대하여 주식을 매입한다. 위의 식에서 미래 배당을 무한대의 기간으로 표현하는 것은 이상하게 보일 수 있으나 배당평가모형은 자본이득을 반영하고 있다. 가령 주식에 1년간 투자하는 경우를 보기로 한다. 1년 후의 기대 주당배당을 $d_1$, 그리고 1년 후의 예상 주식가격을 $P_1$이라 하면, 현재의 주식가치 $P_0$ 다음과 같이 나타낼 수 있다.

$$P_0 = \frac{d_1 + P_1}{1 + r} \qquad (6\text{-}18)$$

위의 식에서 1년 후의 예상 주식가격에는 자본이득의 기대치가 포함되어 있다.10) 그런데 1년 후의 예상 주식가격 $P_1$은 2년차의 기대 주당배당 $d_2$와 2년 후의 예상 주식가격 $P_2$의 현재가치로 나타낼 수 있다.

$$P_1 = \frac{d_2 + P_2}{1 + r} \tag{6-19}$$

식(6-18)을 식(6-19)에 대입하면 식(6-19)는 다음과 같이 된다.

$$P_0 = \frac{d_1}{(1 + r)} + \frac{d_2}{(1 + r)^2} \tag{16-20}$$

따라서 $P_2$는 3년차의 기대 주당배당 $d_3$와 3년 후의 예상 주식가격 $P_3$로 표현할 수 있고, 또한 3년 후의 예상 주식가격 $P_3$는 4년차의 기대 주당배당 $d_4$와 4년 후의 예상 주식가격 $P_4$의 현재가치로 나타낼 수 있다. 결국 이러한 과정을 반복하면 결국 현재의 주식가치 $P_0$는 식(6-17)과 같이 미래의 모든 기대 배당의 현재가치로 나타낼 수 있다.

$$\begin{aligned} P_0 &= \frac{d_1}{(1 + r)} + \frac{d_2}{(1 + r)^2} + \frac{d_3}{(1 + r)^3} \cdots \\ &= \sum_{n=1}^{\infty} \frac{d_n}{(1 + r)^n} \end{aligned} \tag{6-21}$$

위와 같이 배당할인모형은 자본이득을 반영하고 있으며 배당할인모형은 주주의 가치로 이해할 수 있다. 식(6-17)은 기업의 총주식가치 형태로 표시되어 있고 식(16-21)은 1주의 가치로 표시되어 있다. 식

10) 식(6-18)은 시장균형(market equilibrium)의 조건이 된다. 만일 주식이 고평가 또는 저평가되어 주식가격이 식(6-18)과 괴리되어 있다면 주식의 매각 또는 매입이 발생하여 주식가격이 변동하게 되고 결국 주식가격은 식(16-18)에 수렴하게 되어 시장이 균형상태에 이르게 된다.

(6-17)을 사용한 경우에는 총주식가치를 발행주식수로 나누면 1주의 가치를 평가할 수 있게 된다.

그런데 주식가치를 평가하기 위하여는 미래의 모든 기간에 대한 배당이 예측되어야 할 것이나 그러한 예측이 어렵기 때문에 배당평가모형에서는 미래의 기대 주당이익을 매기 동일하다고 가정하고 있다. 그러나 대부분의 기업에서는 시간이 경과함에 따라 기업은 성장하고 기업규모가 증대되며 이익과 배당도 증가할 것이다. 따라서 이러한 사정을 반영하여 미래에 기업의 성장을 전제로 배당평가모형을 전개하고 있다.

대부분의 기업들은 발생한 이익을 전부 배당하지 않고 이익의 일부를 내부 유보하여 영업활동에 재투자하고 있다. 이러한 재투자는 미래의 이익을 증가시키고 그에 따라 미래의 주당배당도 증가할 가능성이 있을 것이다. 미래 배당의 증가 가능성을 반영하는 한 방법으로서 미래의 주당배당이 매년 $g$의 비율로 성장한다고 가정할 수 있다. 단, 배당성장률 $g$는 할인율 $r$보다 작아야 한다. 이러한 가정을 도입하면 미래의 각 기간별 주당배당은 다음과 같이 나타낼 수 있다. 아래에서 $d_0$가 현재의 주당배당이다.

$$
\begin{aligned}
d_1 &= d_0(1+g) \\
d_2 &= d_1(1+g) = d_0(1+g)^2 \\
d_3 &= d_2(1+g) = d_0(1+g)^3 \\
\vdots \quad & \quad \vdots \qquad\qquad\qquad \vdots \\
d_n &= d_{n-1}(1+g) = d_0(1+g)^n
\end{aligned}
$$

따라서 위의 가정하에는 주식가치 $P_0$는 다음과 같이 표시할 수 있다.

$$P_0 = \frac{d_0(1+g)}{(1+r)} + \frac{d_0(1+g)^2}{(1+r)^2} + \frac{d_0(1+g)^3}{(1+r)^3} + \cdots \qquad (6\text{-}22)$$

$$= \frac{d_0(1+g)}{r_e - g} \qquad (r_e > g)^{11)}$$

상기의 모형을 지속성장모형(constant-growth model) 또는 '고든(Gorden) 성장모형'이라 한다. 이 모형을 이용하여 주식가치를 평가하여 보기로 한다.

올해의 주당배당이 1,000원이며 앞으로 매년 배당성장률이 8%로 예상된다고 하자. 이 주식에 대한 자기자본비용(할인율)이 12%라면 고든 성장모형에 의한 주식가치는 다음과 같다.

$$P_0 = \frac{1,000 \times (1 + 0.08)}{0.12 - 0.08} = 27,000(\text{원})$$

고든 성장모형은 사용하기 간편한 이점을 갖고 있지만 이 모형은 개략적 추정방법에 불과하다는 것을 유의하여야 한다. 미래의 주당배당이 일정한 비율로 무한정 성장한다는 가정은 매우 제약적이며 배당성장률 자체를 추정함에 있어서도 추정오차가 상당할 것이다. 예를 들어 최근 수년 동안 높은 성장을 지속하여 왔을 경우 이로부터 $g$를 추정할 경우 상당한 상향 편의가 포함될 가능성이 있다. 현재의 높은 배당성장률은 무한정 지속될 수 없기 때문이다. 특히 고든 성장모형은 배당성장률 추정치에 매우 민감하다. 예를 들어 위의 예에서 배당성장률을 1% 포인트를 상향 조정하였을 경우의 주식가치를 보면 이를 알 수 있다.

---

11) 식(6-22)는 초항이 $d_0(1 + g)/(1 + r)$ 이고 공비가 $(1 + g)/(1 + r)$ 인 무한등비급수의 '합이다.

$$P_0 = \frac{d_0(1+g)/(1+r_e)}{1-(1+g)/(1+r_e)}$$
$$= \frac{d_o(1+g)}{(1+r_e)-(1+g)} = \frac{d_0(1+g)}{r_e - g}$$

$$P_0 = \frac{1,000 \times (1 + 0.09)}{0.12 - 0.09} = 36,333(\text{원})$$

배당성장률의 차이가 1% 포인트인 데도 주가 차이는 9,333원으로 34.5% 이상 주가는 높게 나타나고 있다. 만일 배당성장률이 할인율과 거의 같다면 주가추정치는 엄청난 차이를 보일 것이다. 이와 같이 고든 성장모형은 배당성장률 추정치의 영향을 크게 받으며 배당성장률 추정치에 내포된 오차 때문에 주식가치 추정의 신뢰도가 낮은 편이다.

고든 성장모형의 이러한 한계가 있기 때문에 이러한 한계를 극복하기 위하여 기간에 따라 배당성장률을 달리 적용하는 고려할 수 있다. 예컨대 미래의 T기간까지 연도별로 주당배당을 추정하고 그 후에 대하여는 T기간 말의 잔여가치(terminal value)형태로 추정하는 방법을 생각할 수 있다. 여기에서 T기간말의 잔여가치란 T기간 말 시점에서의 주식가치를 말하며 이는 T기간 말 시점에서 그 후의 모든 주당배당의 현재가치를 말한다. 이와 같이 직접적인 예측기간(forecast horizen)을 T라 하면 식(16-21)의 배당할인모형은 다음과 같이 나타낼 수 있다.

$$P_0 = \frac{d_1}{(1 + r)} + \frac{d_2}{(1 + r)^2} + \cdots\cdots + \frac{d_T}{(1 + r)^T} + \frac{P_T}{(1 + r)^T}$$

$P_T$ : 잔여가치(미래 $T$기간 말 시점에서의 주식가치)

잔여가치 $P_T$에 대하여는 배당성장률의 가정을 적용하여 추정하게 된다. 예를 들면 T기간 후에는 T기간의 주당배당 $d_T$가 매년 $h$의 비율로 성장한다고 가정하면 잔여가치 $P_T$는 다음과 같이 나타낼 수 있다.

$$P_T = \frac{d_T(1 + h)}{(1 + r)} + \frac{d_T(1 + h)^2}{(1 + r)^2} + \frac{d_T}{(1 + r)^3} + \cdots\cdots$$
$$= \frac{d_T(1 + h)}{r - h}$$

위의 $P_T$에서 앞에서의 고든 성장모형을 T기간 말 시점에서 적용한 것이다.

만일 위에서 예측기간 내의 배당에 대해서도 일정한 배당성장률의 가정을 적용하면 식(6-22)는 2단계 성장모형으로 표현할 수 있게 된다. 즉 미래의 T기간까지는 매년 $g$의 성장률을 적용하고 그 후에는 $h$의 성장률을 적용하게 되는 것이다. 따라서 2단계 성장모형은 다음과 같이 나타낼 수 있다.

$$P_0 = \frac{d_0(1+g)}{(1+r)} + \frac{d_0(1+g)^2}{(1+r)^2} + \cdots + \frac{d_0(1+g)^r}{(1+r)^r} + \frac{d_T(1+h)}{(1+r)^T(r-h)}$$

여기서 1단계 성장률이 적용되는 T기간까지의 미래 주당배당의 현재가치는 다음과 같이 산출된다.12)

$$1\text{단계 기간의 현재가치 } PV = \frac{d_0(1+g)}{r - g}\left[1 - \frac{(1+g)^T}{(1+r)^T}\right]$$

2단계 기간에 대한 잔여가치 측정식에서 분자에 있는 $d_T$는 $d_0(1+g)^T$와 같다. 따라서 2단계 성장모형은 최종적으로 다음과 같이 나타낼 수 있다.

$$P_0 = \frac{d_0(1+g)}{r - g}\left[1 - \frac{(1+g)^T}{(1+r)^T}\right] + \frac{d_0(1+g)^T(1+h)}{(1+r)(r-h)}$$

12) 이는 초항이 $d_0(1+g)/(1+r)$이고, 공비가 $(1+g)/(1+r)$인 유한등비급수이다.

위의 2단계 성장모형은 미래의 어느 기간까지는 배당성장률이 특별히 높거나 낮은 반면 그 후에는 배당성장률이 안정적 크기로 유지될 것으로 예상될 때에 적용할 수 있을 것이다. 다음에 예를 들어 보기로 한다. 올해의 주당배당이 1,000원이고 향후 3년간은 높은 수익성이 예상되어 매년 12%의 배당성장이 기대되고 그 후에는 매년 7%의 배당성장이 유지될 것으로 예상된다고 한다. 이 주식에 대한 자기자본비용은 15%라면 주가가치는 다음과 같이 계산할 수 있다.

$$P_0 = \frac{1{,}000 \times (1+0.12)}{0.15-0.12}\left[1-\frac{(1+0.12)^3}{(1+0.15)^3}\right]+\frac{1{,}000 \times (1+0.12)^3(1+0.07)}{(1+0.15)^3(0.15-0.07)}$$

$$= 1{,}845 + 12{,}355 = 15{,}200(\text{원})$$

위와 같이 2단계 성장모형은 앞에서의 고든 모형을 어느 정도 개선하여 줄 것이다. 만일 분석자가 성장률을 3단계 구분하여 분석하고 싶은 경우에는 3단계 성장모형을 만들어 볼 수 있을 것이다. 그러나 이에도 다음과 같은 한계점이 존재한다. 첫째로 실제상황에서 배당성장률을 다르게 적용할 기간 구분을 적정하게 할 수 있겠냐는 것이다. 둘째로 T기간 말의 잔여가치는 고든 모형을 이용하여 추정되므로 잔여가치는 가정된 배당성장률에 크게 영향을 받으므로 주식가치에 주는 비중이 너무 크게 나타난다.

### 3) 주식의 기타 가치평가법

앞에서 배당할인모델에 의한 주식의 가치평가법을 알아보았으나 이론적인 장점에도 불구하고 자본비용과 모든 미래의 현금흐름을 추정하는 데에는 대단히 어려운 일이다. 이에 대한 실무적 대안으로서 간단하게 평가하는 몇 가지 방법으로서 장부가치법과 주가수익률 평가법을 들 수 있다. 간단히 설명하면 다음과 같다.

먼저 장부가치법은 기업의 모든 자산을 회계적 가치로서 처분한 후 부채를 공제하고 남는 부분을 주식 소유자에게 반환한다고 할 때 받게 되는 주당금액이다. 즉 재무상태표상의 자기자본을 주식수로 나눈 값이다. 장부가치 평가법은 단순한 방법으로서 역사적 기록방법을 사용한 재무상태표에 의존한다는 비판을 받는다. 주가는 회사의 과거실적도 반영되지만 미래의 수익창출력에 따라 크게 변동하기 때문이다. 따라서 장부가치평가법은 기업의 수익에 대한 잠재력을 무시할 뿐만 아니라 시장에서 결정되는 기업가치를 설명할 수 없기 때문에 현실적인 신뢰도는 낮은 편이나 여러 가지 평가방법 중 참고적인 자료로서 의미를 갖는다 할 것이다. 이 방법에 의한 평가 예를 보면 다음과 같다.

수원기업은 현재자산이 10억원이고 부채가 6억원이라 한다. 현재 발행주식 수는 10,000주라 하면 장부가치는 다음과 같이 계산된다.

$$\frac{1,000,000,000-600,000,000}{10,000}= 40,000(\text{원})$$

다음으로 주가수익률 평가법을 알아보기로 한다. 주가수익률($PER$ : price earning ratio)은 현재의 주식가격을 보통주 1주당 순이익으로 나눈 값이다.[13] 그러므로 주가수익률은 현 주가가 현 주당순이익이 1원에 대한 시장에서의 평가를 반영한다.

주식가격에는 기업의 미래 수익성과 위험에 대한 평가가 반영되어 있으므로 시장에서 당해 기업의 미래 이익이 증가할 것으로 전망하면 $PER$이 높게 형성된다. 이와 같이 $PER$은 기업의 미래이익에 대한 시장의 기대를 반영하고 있지만 경우에 따라서는 미래 수익성이 높지 않더라도 $PER$이 높을 수 있다. 현재 이익실적이 매우 저조하여 분모가 너무 작아 $PER$이 높게 나올 수도 있다.

13) 우선주에 대해 $PER$을 측정하지 않은 것은 모든 기업이 우선주를 발행하는 것은 아닐 뿐더러, 우선주를 발행했다 하더라도 대부분 비참가적 우선주이기 때문이다. 비참가적 우선주는 약정배당률에 따른 배당만을 받으므로 부채적 성격을 갖는다. 그러나 우리나라의 경우는 참가적 우선주가 많고, 참가적 우선주는 의결권에 제한이 있을 뿐 추가배당에 참가하는 권리에 있어 보통주와 차이가 없다.

$PER$은 분석가들이 주식가치를 평가할 때 흔히 사용하고 있으며, 또한 주식의 저평가 여부를 판단하는 기준으로 사용되기도 한다. 예를 들면 어느 한 기업 또는 여러 기업의 $PER$이 다른 기업의 주식가치를 평가하는데 이용되며, 시장 전체 측면에서 저평가 여부 뿐만 아니라 기업 상호간 상대적 가치면에서 저평가 여부를 판단하는 기준이 되고 있다. 예를 들면 현대중공업과 삼성중공업의 경우를 예로 들어 설명하여 보기로 한다. 현대중공업과 삼성중공업의 2008년 12월 31일 현재 재무제표에서 주당순이익은 각각 37,340원과 2,899원이다. 그리고 주가는 2009년 4월 30일 현재 종가 기준으로 각각 230,000원과 30,400원이다. 그러면 각각의 $PER$은 약 6.16과 10.5가 된다. 위의 사례에서 보면 현대중공업이 삼성중공업에 비하여 $PER$이 낮으므로 현대중공업의 주가가 낮다는 것을 알 수 있다. 그러나 투자자는 $PER$을 비교하는데 있어서 앞에서 지적한 바와 같이 과거의 자료에만 의존하지 않을 것이며, 미래의 당해 기업의 성장가능성 또는 수익가능성 등을 판단하고 투자에 임할 것이므로 과거 자료를 기초로 한 $PER$로 단순 비교하여 투자하지는 않을 것이다. 즉 미래의 $PER$을 산정하면서 투자할 것이므로 각 투자자의 판단은 상이하며 따라서 주가는 변동하게 되는 것이다.

## 중요개념 및 용어

| | | |
|---|---|---|
| 거래비용 | 불확실성 | 정보수집비용 |
| 고유위험 | 비체계적위험 | 증권시장선 |
| 균형 | 수익성 | 지배원리 |
| 균형가격 | 시장모형 | 차입포트폴리오 |
| 금융자산 | 시장위험 | 체계적위험 |
| 기대값 | 시장포트폴리오 | 최적포트폴리오 |
| 기대수익률 | 예상수익률 | 투자기회조합 |
| 기대치 | 완전경쟁시장 | 평균분산기준 |
| 기말가치 | 위험 | 평균분산모형 |
| 기업의 특수위험 | 위험선호형 | 평균분산이론 |
| 기초투자액 | 위험시장가격 | 포트폴리오 |
| 대출포트폴리오 | 위험자산 | 표준편차 |
| 동질적 예상 | 위험중립형 | 확률 |
| 무위험이자율 | 위험프리미엄 | 확실성 |
| 변동성 | 위험회피형 | 효용 |
| 분리정리 | 자본시장선 | 효율적투자선 |
| 분산 | 자본자산가격결정모형 | 효율적 포트폴리오집합 |
| 분산가능위험 | 정규분포 | 확률분포 |
| 확실성 | 위험보상 | 공정가액 |

## 연 습 문 제

1. 다음의 용어에 대하여 간략히 설명하라.

| | |
|---|---|
| 1) 위험 | 2) 투자위험의 측정 |
| 3) 기대수익률과 분산 | 4) 효용이론 |
| 5) 기대수익 극대화의 기준 | 6) 위험에 대한 태도 |
| 7) 효용함수 | 8) 기대효용극대화이론 |
| 9) 위험보상률 | 10) 포트폴리오이론 |
| 11) 평균 · 분산기준 | 12) 효율적 포트폴리오 |
| 13) 개별자산위험 | 14) 포트폴리오위험 |
| 15) 공분산 · 상관계수 | 16) 체계적 위험 |
| 17) 분산불능위험 | 18) 비체계적위험 |
| 19) 무위험자산 | 20) 증권특성선 |
| 21) 증권시장선 | 22) 담보부채권 |
| 23) 무담보부채권 | 24) 이자부채권 |
| 25) 할인채권 | 26) 전환사채 |
| 27) 신주인수권부사채 | 28) 만기수익률 |
| 29) 우선주 | 30) 후배주 |

2. 포트폴리오의 위험분산효과를 설명하라.

3. 세 가지 주식에 대한 수익률분포가 아래의 표와 같을 경우 다음 물음에 답하라.

① 세 개의 주식에 같은 비율로 투자할 경우 기대수익률을 구하라.

② 주식A와 주식B에 각각 15%씩, 그리고 주식C에 70%를 투자할 경우에 분산을 구하라.

| 경제상황 | 확률 | 주식A | 주식B | 주식C |
|---|---|---|---|---|
| 호황 | 0.35 | 0.14 | 0.15 | 0.33 |
| 불황 | 0.65 | 0.12 | 0.03 | -0.06 |

4. 세 개의 주식의 수익률 분포가 아래의 표와 같을 경우 다음 물음에 답하라.
   ① 주식A와 주식B에 각각 40%씩, 주식C에 20%를 투자하여 포트폴리오를 구성한다면, 이 포트폴리오의 기대수익률과 표준편차를 구하라.
   ② 무위험자산의 수익률이 4.5%일 때 이 포트폴리오의 위험프리미엄을 구하라.

| 경제상황 | 확률 | 주식A | 주식B | 주식C |
|---|---|---|---|---|
| 호황 | 0.3 | 0.40 | 0.35 | 0.60 |
| 정상 | 0.5 | 0.15 | 0.15 | 0.05 |
| 불황 | 0.2 | 0.00 | -0.25 | -0.75 |

5. 주식A와 주식B의 체계적 위험과 기대수익률이 아래와 같을 때 다음 물음에 답하라.
   ① 어떤 투자자가 주식A에 20%, 주식B에 80%를 투자할 경우, 포트폴리오의 체계적 위험을 구하라.
   ② 주식A, 주식B를 결합하여 시장포트폴리오와 위험이 동일한 포트폴리오를 구성하고자 할 경우, 이들 주식에 대한 투자비율을 계산하라.
   ③ 주식A, 주식B의 기대수익률과 체계적 위험이 균형상태에 있을 경우 증권시장선(SML)을 구하라.

| | $\beta$주식 | 기대수익률 |
|---|---|---|
| 주식A | 1.2 | 10% |
| 주식B | 0.6 | 8% |

6. 채권의 가치와 시장이자율 및 채권의 만기의 상관관계를 설명하라.

7. 수원기업은 오늘 액면가 10,000원, 표면금리 7%, 만기 5년인 채권을 발행하였다. 채권이자는 앞으로 3개월마다 후급으로 지급하기로 한 경우, 다음 물음에 답하라.
   ① 채권투자자들이 수원기업에 투자할 때 요구하는 수익률이 12%일 때, 채권의 시장가격은 얼마인가?
   ② 오늘 정부가 기준금리를 인상한다고 발표하여 채권자의 요구수익률이 15%가 될 경우, 수원기업의 채권가치는 얼마나 변하는지 계산하라.

8. 액면가 10,000원, 만기 3년, 표면금리 8%, 채권자의 요구수익률이 6%인 채권이 있다. 다음 물음에 답하라.
   ① 채권의 현재가치를 구하라.
   ② 지금부터 1년 후의 채권가치를 구하라. 이를 근거로 1년간의 이자수익률과 자본이득률을 구하라.
   ③ 위 채권의 현재 시장가격이 9,500원일 때 채권의 만기수익률을 측정하라.

9. 기업성장이 있는 경우와 기업성장이 없는 경우를 구분하여 주식의 배당평가모형을 설명하라.

10. 서울기업의 1년 후 예상배당액이 주당 1,500원이고, 미래 기업성장률이 연평균 9%씩 달성된다고 예상되고, 이 기업에 적용되는 할인율(자기자본비용)이 연간 12%로 측정된다면 지속성장모형에 의한 보통주의 현재가치를 구하라.

# 제 7 장

# 자 본 예 산

어떤 투자안에 얼마를 투자하느냐에 따라 기업의 성장과 가치가 결정되기 때문에 기업의 가장 큰 관심대상은 자본예산(capital budgeting)이다.

본 장에서는 미래현금흐름(future cash flow)의 확실성(certainty)을 가정하고 화폐의 시간가치개념을 도입함으로써 기업의 장기적인 투자안의 분석 및 선택에 관하여 알아본다.

투자안의 분석방법으로는 회수기간법, 회계적이익률법, 내부수익률법, 순현가법 등이 있는데, 먼저 자본예산의 의의와 중요성 및 투자안평가에 필요한 현금흐름을 측정하는 방법을 살펴본 후, 각 투자안의 분석방법별로 그 의미와 타당성 등에 대하여 알아본다.

# 제 1 절 자본예산의 개요

## 1. 자본예산의 의의와 중요성

자본예산(capital budgeting)이란 1년 이상 장기간에 걸쳐 그 효과가 지속되는 자본적 지출에 대한 총괄적인 계획을 수립하는 활동을 말한다. 기업경영을 위한 자금지출은 경상적 지출과 자본적 지출로 나눌 수 있다. 경상적 지출은 원자재 구입비, 인건비 지급처럼 경상적인 영업활동을 위해 반복되는 자금 지출로서 그 지출의 효과가 단기간에 걸쳐서 나타나는 지출을 말한다. 한편 자본적 지출은 기업이 새로운 사업을 시작하거나 기존의 사업을 확장하기 위하여 토지, 건물, 생산설비 등 설비투자뿐만 아니라, 연구개발, 신제품개발, 제품광고 및 기업홍보투자 등과 같이 그 지출규모가 대규모 단위이고 지출의 효과가 장기간에 걸쳐서 나타나는 지출을 말한다. 따라서 자본예산은 기업의 성장과 이익창출에 중대한 영향을 미치게 되며, 또한 결정이 되면 이를 번복하는 것이 용이하지 않으므로 그 결정과정에 있어서는 신중한 결정을 위하여 기획부문의 실무적 판단과 함께 임원회의 및 이사회의 의결을 거쳐서 결정되게 된다. 이와 같이 자본적 지출에 대한 의사결정은 다음과 같은 이유에서 기업 내에서 가장 중요한 의사결정이 되고 있다.

첫째로 자본예산의 성과에 따라 기업의 장기적인 수익성과 위험에 중대한 영향을 미친다. 기업의 미래가치는 당해 기업의 기대현금흐름과 위험수준에 의하여 결정되며 결국 자본예산의 성과에 따라 그 결과가 달라질 것이기 때문이다.

둘째로 자본적 지출은 대규모의 현금유출을 수반하므로 기업의 자금조달능력, 유동성에 큰 영향을 미친다. 자본예산이 확정되고 투자가 이루어지면 투자의 대규모화로 중도에 중단하여 회수하기에는 사실상 불가능하고, 회수한다 해도 막대한 손실을 입게 된다. 따라서 투자가 이루어지기 전에 충분한 검토가 필요하다.

셋째로 자본적 지출은 기업의 생존을 위한 대외 경쟁력을 높이고 나아가 기업의 성장 발전을 위하여 반드시 필요하다.

## 2. 투자안의 분류와 자본예산의 수립과정

### 1) 투자안의 분류

장기 투자안들은 투자의 목적이나 투자 상호간의 관계에 따라 여러 가지로 분류할 수 있다. 먼저 투자의 목적에 따라 분류하면 다음과 같다.

첫째로 대체투자안(replacement projects)이다. 대체투자는 비용절감이나 시설대체를 위한 투자로서 추가적인 확장을 의미하는 것은 아니다. 대부분의 대체투자의 목적은 시설의 노후화로 낡은 시설을 철거하고 같은 종류의 새로운 시설로 대체하는 데에 있다. 또한 어떤 경우에는 기술적인 후진성으로 인하여 낡은 시설을 철거하고 신기술의 생산시설로 교체하는 경우도 있다. 대체투자는 기존의 장비를 새로운 장비로 대체하여 경영의 효율성을 제고하는 것을 목적으로 한다.

둘째로 확장투자안(expansion projects)이다. 확장투자는 기존의 생산규모를 확장하는 투자로서 기존의 운영을 확장하거나 새로운 품목의 생산에 참여하는 것을 말한다. 전체적으로 확장투자는 추가적인 수입을 증가시킬 목적으로 시행하는 기업의 투자활동이다.

한편 투자안은 상호관계를 고려하여 다음과 같이 네 가지 유형으로 나눌 수 있다.

첫째로 독립적 투자안(independent projects)이다. 독립적 투자안은 투자안 간에 상호 직접적인 연관관계가 없어서 채택 여부에 따라 서로 영향을 미치지 아니하는 투자안을 말한다. 이러한 투자안의 경우에는 경영자는 서로 다른 업무를 수행하는 여러 투자안들의 선택을 독립적으로 결정할 수 있다.

둘째로 배타적 투자안(mutually exclusive projects)이다. 투자안의 기능이 서로 중복되어 어느 투자안이 채택되면 다른 투자안은 기각되는 투자안으로서 상호간 경쟁적인 관계에 있는 투자안을 말한다. 결국 대체적 투자안을 모두 시행할 경우 투자자금의 낭비만을 초래하게 된다. 예를 들어 어떤 공장에서 물자운반시스템을 설치하려고 할 때 이 작업은 자동운송벨트장치나 지게차 중에서 어느 하나에 의하여 수행될 수 있다. 한 방법이 선택되면 다른 방법은 배제되는 경우이다.

셋째로 보완적 투자안(complementary projects)이다. 하나의 투자안에 대하여 다른 추가적인 투자안이 이를 보완하는 투자안(예 : 정화시설과 정수시설)을 말한다. 이는 한 투자안 또는 관련된 투자안 모두의 현금흐름을 증가시키거나 투자비용을 절약함으로써 정(+)의 시너지 효과가 발생하는 투자안이다.

넷째로 종속적 투자안(dependent projects)이다. 하나의 투자안이 채택되면 이와 관련된 다른 투자안이 반드시 채택되어야 하는 경우의 투자안이다. 예를 들면 공장자동화를 위하여는 공장전산화를 위한 투자와 컴퓨터시스템 설치의 투자가 동시에 이루어져야 한다.

### 2) 자본예산의 절차

기업이 한정된 자원을 어떻게 투자할지를 결정하는 자본예산에는 어떤 물건에 대한 구매결정보다 훨씬 복잡하고 어려운 과정을 거쳐 결정된다. 기업의 투자결정이 장기간에 걸쳐 이루어지는 사업의 성격을 결정하게 되며, 결정된 투자는 철회하기가 어려울 뿐만 아니라 번복하는 경우에는 막대한 비용을 수반하기 때문이다. 자본예산은 보통 다음과 같은 과정을 거쳐 결정된다.

첫째로 투자목적을 달성할 수 있는 적절한 투자대상을 물색하는 것이다. 기업의 실적은 경영자의 가장 중요한 과제이며, 경영자는 이를 위하여 조직구성원 개개인의 투자대상을 찾도록 진력을 다하게 된다.

예컨대 기획부문, 업무개발부분, 영업 및 생산부문, 판매부분에 이르기까지 모든 부문의 직원의 아이디어를 이끌어 내기 위한 각종 업무제안을 실시하고 제시된 업무제안에 대하여 시장성(수요측면)을 검토하고 기술적 타당성을 평가하여 다음 단계의 재무측면의 경제성을 분석하여 투자대안을 구체화시킨다.

둘째로 각 투자대안 별로 관련된 현금흐름을 측정한다. 현금흐름에는 현금유출과 현금유입을 검토하여야 한다. 현금유출을 추정하기 위하여는 우선 투자규모가 결정되어야 하고 투자안에 따라 기술적 타당성, 설계, 견적 및 경상적인 운영비의 추정 등의 절차가 필요하다. 또한 현금유입을 추정하기 위하여는 투자효과가 얼마나 지속될 수 있을지에 관한 투자수명과 시장조사를 통한 매출액의 신장 가능성 등을 추정하여야 한다.

셋째로 추정된 현금흐름을 기초로 투자안의 경제성을 평가한다. 경제성 평가는 각 투자안의 투자가치를 판단하는 단계로서 각 투자안의 기대현금흐름의 크기, 시간성, 위험도를 측정하여 그 투자안이 기업가치 증대에 얼마나 공헌하는지를 평가한다. 투자안의 평가하는 방법으로는 순현가법, 내부수익률법 등 각종 투자분석기법이 이용된다.

넷째로 최적투자안의 결정과 소요자금을 조달하는 단계이다. 기업가치를 극대화할 수 있는 투자안과 투자규모를 결정한다. 이어서 선정된 투자사업을 추진하는데 필요한 소요자금을 조달하기 위하여 투자안의 성격, 기업의 자본구조, 금융시장 및 자본시장의 상황 등을 고려하고, 각 조달자금의 비용을 추정하여 금융차입, 회사채발행, 주식발행 등 적절한 자본조달방법을 결정하여야 한다.

다섯째로 채택된 투자안을 집행한 후 정기적으로 투자타당성에 대한 사후검토를 하고 조정한다. 자본예산은 1년 이상 장기간에 걸쳐 그 효과가 지속되는 자본적 지출이므로 경영자는 경제·산업의 환경변화를 면밀히 검토하여 동 사업이 계속 시행할 것인지 또는 축소하거나 철회할 것인지 등 투자결정을 항상 수정 보완하여야 한다.

이상에서 기술한 과정을 거쳐 자본예산이 실행된다. 그러나 재무적 관점에서 다루어야 할 단계는 둘째의 현금흐름추정과 셋째의 투자안의 경제성 분석 및 넷째의 소요자금의 조달문제이다. 나머지는 기업의 사정에 따라 또는 시장의 사정에 따라 달라질 수 있기 때문이다. 그런데 소요자금의 조달 문제는 다른 장에서 설명하고 있기 때문에 여기서는 현금흐름과 투자안의 경제성 분석을 설명하기로 한다.

## 제 2 절 현금흐름의 측정

기업의 투자안에 대한 적절한 현금흐름을 측정하려면 투자안의 채택 여하에 따른 현금흐름의 변동분만을 추려내어야 할 것이다. 자본예산에서 현금흐름을 추정하기 위하여는 다음의 여러 원칙이 준수되어야 한다.

첫째, 회계적 이익 개념이 아닌 현금흐름(cash flow)을 기준으로 측정하여야 한다.

현금흐름과 회계적 이익은 서로 다른 개념이다. 즉 현금흐름은 실제 현금유입과 현금유출이 발생된 시점을 기준으로 계산되는데 반하여 회계적 이익은 기업회계기준상 발생주의 원칙에 의하여 현금흐름을 수반하지 않은 경우에도 수익과 비용이 발생된 시점을 기준으로 손익을 계산한다. 가령 올해의 투자결과 매출이 올해 연말에 발생하고 판매대금은 내년도에 회수된다면 매출액은 손익계산서상 인식되는 올해가 아니라 실제로 현금이 회수되는 내년도의 현금유입으로 처리해야 한다. 또한 장부상 법인세 비용이 금년도에 발생했다 하더라도 실제 세금납부가 이루어지는 내년도의 현금유출로 보아야 한다. 그리고 감가상각비는 손익계산서에서 비용으로 처리되지만 실제로 현금유출이 이루지지 않는다. 이와 같이 손익계산서에서 수익·비용항목이라 해도 현금흐름을 수반하지 않은 항목은 현금흐름을 계산하는 과정에서 제외되어야 한다.

왜냐하면 회계적 이익은 그 금액이 아무리 크다 하여도 현금으로 전환되지 않으면 재무의사결정의 기준이 될 수 없다. 따라서 투자안의 경제성을 분석하기 위하여는 회계적 이익이 아닌 현금흐름을 기준으로 하여야 하며 적절한 현금흐름은 현금유입에서 현금유출을 뺀 순현금흐름이다.

둘째, 모든 현금흐름은 증분현금흐름(incremental cash flows)으로 측정한다. 증분현금흐름은 현재 고려하고 있는 투자안이 채택되어 실행될 경우 달라지는 현금흐름이다. 그 투자안을 추진할 경우의 현금흐름에서 추진하지 않을 경우의 현금흐름을 차감한 현금흐름의 차이로 측정한다.

셋째, 매몰비용(sunk costs)은 현금유출에 포함시키지 않고 기회비용(opportunity costs)은 현금유출에 포함시켜야 한다. 매몰비용은 과거에 발생한 비용으로써 투자안 채택 여부에 영향을 줄 수 없는 비용이므로 현금흐름 측정시 제외시켜야 한다. 예컨대 매몰비용은 시장조사비나 연구개발비와 같이 현재의 투자안이 검토되기 이전에 다른 투자와 관련하여 이미 발생한 현금유출액이다.

한편 기회비용은 투자안을 채택함으로써 특정자산이 다른 용도로 사용하지 못함으로써 발생하는 손실을 말하는데 이러한 기회비용은 투자안의 증분현금흐름을 측정할 때 현금유출로 보아야 한다. 예컨대 기업이 현재 보유하고 있는 임대가 가능한 사무실을 새로운 투자사업에 사용하려고 하는 경우 이로 인하여 포기해야 하는 임대수입은 기회비용으로 현금유출에 포함시켜야 한다.

넷째, 이자비용 및 배당 등의 금융비용은 현금유출에 포함되어서는 안된다. 투자에 소요되는 자금을 부채와 자기자본으로 조달한다면 기업은 투자안으로부터 창출되는 현금흐름의 일부를 이자와 배당금으로 지급하게 된다. 그런데 투자안을 평가할 때는 투자안의 현금흐름을 자본비용으로 할인하여 투자가치를 측정하게 된다. 결과적으로 금융비용은 분모인 할인율에 이미 반영되어 있다. 따라서 이자비용이나 배당 등의 현금유출로 포함하게 되면 금융비용이 이중으로 계산하게 되는 결과가 된다. 투자안의 현금흐름은 당해 투자를 실행하기 위한 자본조달방법과는 관계없이 투자안 자체만을 기준으로 측정하여야 하며 자본조달방법에 따라 달라지는 이자비용 및 지급 배당금과 같은 자본비용은 순현금흐름의 현재가치를 계산하기 위한 할인율에만 반영되어야 한다.

다섯째, 세후 현금흐름으로 측정한다. 투자안 평가에 적절한 현금흐름은 현금유입에서 현금유출을 뺀 순현금흐름이다. 동일시점에서 현금유입과 현금유출이 동시에 발생할 경우 그 차액을 기준으로 하며 납세효과를 고려한 실질 현금흐름을 계산한다. 따라서 투자안의 현금흐름은 납세후 기준으로 측정하여야 한다. 다만 법인세 납부로 인한 현금유출액은 결산시점에서 추정되는 법인세 납부예정액이 아니라 실제로 납부한 금액이어야 하며 현금유출의 시점도 실제 법인세가 납부된 시점에서 계산되어야 한다.

여섯째, 감가상각비(depreciation expense)를 현금유출에 포함하여서는 안된다. 감가상각비는 유형자산의 취득원가를 사용기간에 걸쳐 매기 배분되는 비용으로, 회계기준에 따르면 비용이지만 실제로 현금유출이 발생한 것은 아니다.

일곱째, 순운전자본액(net working capital)을 현금흐름에 포함시키고 자산의 잔존가치(salvage value)는 현금유입으로 고려하여야 한다. 순운전자본은 유동자산에서 유동부채를 차감한 금액으로 손익계산서에 나타나는 비용계정은 아니더라도 투자안을 실행하기 위하여 발생하는 것이므로 현금흐름에 포함되어야 한다. 매 영업기간 중 유동자산 증가가 유동부채 증가보다 많으면 순운전자본은 증가하며 반대로 유동자산 증가가 유동부채 증가보다 작으면 순운전자본은 감소한다. 따라서 해당 영업기간 중 순운전자본이 증가하면 그 만큼 현금유출이 발생한 것이며 순운전자본이 감소하면 투자된 순운전자본이 회수된 것으로 볼 수 있기 때문에 현금유입이 발생한 것이 된다.

한편 고정자산의 경우 내용연수가 경과하여 감가상각이 완료된 후에도 일반적으로 잔존가치가 남게 된다. 이 잔존가치는 투자의 수명이 완료된 후에도 존재하는 것이므로 투자가 완료되는 시점에 현금유입으로 측정되어야 한다.

## 제 3 절 투자안의 가치평가

앞에서는 기업의 투자안에 대한 현금흐름을 측정하였다. 물론 미래의 현금흐름을 측정하는 것은 기업환경 및 사업전망의 변화 등으로 현금흐름에 영향을 미치는 수많은 요소들이 계속 변화하므로 현금흐름의 측정은 대단히 어렵다. 그러나 여기에서는 현금흐름이 적정하게 측정되었다는 전제하에 투자안의 평가기법을 배우기로 한다. 이와 같은 투자안의 평가를 확실성하의 투자안의 평가라 한다.

투자안의 평가는 측정된 투자안으로부터 예상되는 미래의 현금흐름이 기업가치의 증가에 어느 정도 공헌하였는지 그 경제성을 평가하는 것이다. 투자안의 평가방법에는 전통적 분석방법과 현금할인법으로 구분된다. 전자는 화폐의 시간가치를 고려하지 않는 방법으로 회수기간법과 회계적 이익률법이 있다. 후자에는 화폐의 시간가치를 고려하는 방법으로 순현가법과 내부수익률법이 있다.

### 1. 순현가법

순현가 또는 순현재가치($NPV$ : net present value)란 투자로부터 기대되는 미래의 현금유입(cash inflow)을 자본비용으로 할인한 현재가치에서 투자액 즉 현금유출(cash outflow)의 현재가치를 차감한 금액을 말한다. 이를 일반식으로 표시하면 식(7-1)과 같다.

$$\text{NPV} = \text{현금유입액이 현가} - \text{현금유출액의 현가} \qquad (7\text{-}1)$$

$$= \sum_{t=1}^{n} \frac{CI_t}{(1+k)^t} - \sum_{t=1}^{n} \frac{CO_t}{(1+k)^t}$$

단, $CI_t$ : $t$시점에서 예상되는 현금유입액
$CO_t$ : $t$시점에서 예상되는 현금유출액
$k$ : 최저요구수익률(자본비용)

여기에서 할인율이란 투자안에 대하여 자본제공자들의 요구하는 최저요구수익률($RRR$ : required rate of return)로 소요자금을 조달하면서 자본제공자에게 자본사용의 대가로 지급하는 자본비용을 말한다.

순현가법은 순현가를 위의 식으로 계산하여 순현가가 0보다 크면($NPV > 0$) 경제성이 있는 것으로 판단하여 투자안을 채택하고, 순현가가 0보다 작으면($NPV < 0$) 경제성이 없는 것으로 판단하여 투자안을 기각한다. 만일 순현가가 0이라면 그러한 투자는 기업가치에 아무런 영향을 미치지 아니한다.

$NPV > 0$이면, 채택
$NPV < 0$이면, 기각
$NPV = 0$이면, 무영향

순현가법은 순현가가 0보다 크면 경제성이 있는 것으로 판정하는 방법으로 여러 개 투자안의 경제성을 상호비교하는 경우에는 순현가가 클수록 경제성이 높은 투자안으로 평가되며, 여러 투자안 중 하나를 선택하는 상호배타적 투자안의 경우에는 순현가가 가장 큰 투자안을 선택함으로써 기업가치의 증대를 도모할 수 있다.

또한 순현가법에서 경제성 여부는 최저요구수익률인 자본비용($k$)의 크기에 따라 좌우된다. 10억원의 투자안에서 〈표 7-1〉의 예와 같이 자본비용이 10%인 경우와 15%인 경우를 비교하면 바로 알 수 있다.

〈표 7-1〉 투자안의 현금유입 현가계산

(단위 : 백만원)

| 연　도 | 현금흐름 | 할인율 10% | | 할인율 15% | |
|---|---|---|---|---|---|
| | | 현가요소 | 현가 | 현가요소 | 현가 |
| 0 | -1,000 | 1.0000 | | 1.0000 | |
| 1 | 200 | .9091 | 181.8 | .8696 | 173.9 |
| 2 | 300 | .8264 | 247.9 | .7561 | 226.8 |
| 3 | 400 | .7513 | 300.5 | .6575 | 263.0 |
| 4 | 300 | .6830 | 204.9 | .5717 | 171.5 |
| 5 | 200 | .6209 | 124.2 | .4972 | 99.4 |
| 현금유입현가합계 | | 1,059.3 | | 934.6 | |

$$NPA_{10\%} = \frac{200}{(1+0.1)^1} + \frac{300}{(1+0.1)^2} + \frac{400}{(1+0.1)^3} + \frac{300}{(1+0.1)^4} + \frac{200}{(1+0.1)^5} - 1,000 = 59.3(\text{백만원}) \tag{7-2}$$

$$NPA_{15\%} = \frac{200}{(1+0.15)^1} + \frac{300}{(1+0.15)^2} + \frac{400}{(1+0.15)^3} + \frac{300}{(1+0.15)^4} + \frac{200}{(1+0.15)^5} - 1,000 = -65.4(\text{백만원}) \tag{7-3}$$

식(7-2)와 (7-3)을 비교하여 보면 자본비용이 10%인 경우에는 순현가가 0보다 크지만, 자본비용이 15%인 경우에는 0보다 작게 되어 후자의 투자안은 채택될 수 없게 된다.

순현가법은 화폐의 시간가치가 고려된 방법이고, 오직 현금흐름의 기대치와 자본비용만이 고려될 뿐 회계수치와는 관계가 없다. 또 투자안의 순현가는 기업가치 중 그 투자안이 기여하는 부분을 의미한다는 점이다. 채택된 모든 투자안의 순현가의 합은 곧 기업가치가 된다. 결국 기업가치 극대화라는 재무관리 목표에서 볼 때 순현가법은 이에 가장 잘 부응하는 평가기법이라 할 수 있다.

## 2. 내부수익률법

내부수익률($IRR$ : internal rate of return)이란 투자안으로부터 미래 기대되는 현금유입의 현재가치의 합계와 기대 현금유출액(투자액)의 현재가치의 합계를 일치시켜 주는 할인율을 말한다. 내부수익률은 현금유입의 현재가치가 현금유출의 현재가치인 초기투자를 동일하게 만드는 수익률로 정의할 수 있다. 결국 화폐의 시간가치가 감안된 예상수익률로서 식(7-4)와 같이 나타낼 수 있다.

$$\sum_{t=1}^{n} \frac{CI_t}{(1+r)^t} = \sum_{t=1}^{n} \frac{CO_t}{(1+r)^t} \tag{7-4}$$

단, $CI_t$ : $t$시점에서 예상되는 현금유입액
$CO_t$ : $t$시점에서 예상되는 현금유출액
$r$ : 내부수익률($IRR$)

위의 식(7-4)를 다시 쓰면, $\sum_{t=1}^{n} \frac{CO_t}{(1+r)^t} - \sum_{t=1}^{n} \frac{CI_t}{(1+r)^t} = 0$ 가 된다. 간단한 예를 들면 초기투자액이 10억원이 소요되는 1년 단위의 투자가 1년 후에 12억원의 현금흐름을 가져온다면 이 투자의 내부수익률은 다음과 같이 계산된다.

$$\frac{12\text{억원}}{(1+r)} - 10\text{억원} = 0$$

$$r = 20\%$$

투자안의 채택여부는 그 투자로부터 얻어져야할 최소의 요구수익률인 자본비용과 비교하여 결정된다. 내부수익률법에 의한 위의 식(7-4)

에 의하여 계산된 투자안의 내부수익률이 자본비용($k$)보다 높을 경우 투자안을 채택하고, 내부수익률이 자본비용($k$)보다 낮을 경우 투자안을 기각한다. 즉, 여러 투자안을 서로 비교할 때는 내부수익률이 높은 투자안을 채택한다.

독립투자의 경우 : $IRR > k$이면, 채택
$IRR < k$이면, 기각
$IRR = k$이면, 무영향

상호배타적 투자인 경우 : $IRR$이 클수록 유리

내부수익률은 재무용 계산기나 엑셀프로그램을 이용하면 쉽게 계산할 수 있으나, 그렇지 않을 경우 수식으로 풀기가 대단히 어렵다. 이 경우에 내부수익률을 계산하는 방법으로서 시행착오의 방법과 보간법이 있다.

시행착오법(trial and error method)은 현금유입의 현가를 현금유출의 현가에 접근하도록 여러 개의 할인율을 순차적으로 적용해 봄으로써 최종적으로 만족할만한 수준의 내부수익률을 구하고자 하는 방법이다. 그리고 보간법(linear interpolation method)은 시행착오법에 의한 계산횟수를 줄이기 위한 보완방법으로서 현금유입의 현가의 합계가 현금유출의 현가보다 약간 높게 계산되는 할인율과 약간 낮게 계산되는 할인율을 구한 후 현금유입과 현금유출의 현가를 일치시키는 보다 정확한 할인율을 이들 두 개의 할인율 사이에서 현가와 할인율간의 선형적 비례관계를 이용하여 구하고자 하는 방법이다.

내부수익률법은 몇 가지 특징을 갖는다. 먼저 내부수익률법은 투자수입액과 투자금액의 시간성이 고려된 평균투자수익률을 의미한다. 즉 순현가와 같이 절대금액이 아니라 화폐의 시간가치가 고려된 투자수익률로 투자안을 평가한다는 점이다. 다음으로 내부수익률법은 투자안의 한계수익률이 되고 자본비용은 한계비용이 되기 때문에 자본조달상의 제약이 없다면 내부수익률과 자본비용이 일치될 때까지 투자하면 기업가치를 극대화할 수 있다.

## 3. 회수기간법

자본적 지출이란 기업의 입장에서는 상당한 규모의 자본을 장기간에 걸쳐서 투자하는 것을 의미한다. 그러므로 경영자의 입장에서는 투자한 자본을 얼마의 기간에 회수할 수 있는지는 대단히 중요한 경영사항이다. 회수기간법을 이러한 문제를 해결해 주는 방법이다.

회수기간(payback period)이란 투자원금을 그 투자안으로부터 지출된 모든 비용을 현금유입액으로 회수하는데 걸리는 기간을 말한다. 즉 투자가 이루어진 후에 발생하는 현금유입액을 누적한 금액이 투자를 위하여 지출한 현금유출액과 일치할 때까지의 기간을 말한다. 독립적인 투자안에서는 회수기간이 목표기간보다 짧으면 그 투자안을 채택한다. 한편 상호배타적인 투자안에서는 회수기간이 목표회수기간보다 짧은 투자안 중에서 회수기간이 가장 짧은 투자안을 채택한다. A기업이 10억원을 투자하여 3년 이내에 자금을 회수하고자 한다면 다음의 〈표 7-2〉와 같은 현금흐름이라면 이 투자안은 채택될 수 있는지 알아보기로 한다.

〈표 7-2〉 투자안의 현금흐름

(백만원)

| 연도 | 0 | 1 | 2 | 3 | 4 |
|---|---|---|---|---|---|
| 현금흐름 | -1,000 | 400 | 400 | 300 | 300 |

앞의 〈표 7-2〉에서 초기투자자금 10억원을 회수하기 위하여는 2년 후에 8억원이 회수되고 그리고 3년째의 2/3년이 소요된다. 따라서 이 투자안은 목표회수기간을 3년으로 하였으므로 이 투자안은 채택될 수 있다.

회수기간법의 장점은 다음과 같다.

첫째, 계산이 간단하고 이해하기 쉽다.

둘째, 위험지표로서의 정보를 제공한다. 즉 회수기간이 짧을수록 안전한 투자라 할 수 있다. 회수기간이 길어질수록 자금흐름의 불안전성은 커지므로 자금흐름의 빠른 투자안을 채택하여 미래의 불확실성을 제거할 수 있다.

셋째, 회수기간이 짧을수록 빠른 자금회수를 의미하므로 유동성이 증가한다.

넷째, 시설재의 내용수명 적정성을 평가하는 판단기준이 된다. 특히 수요변화나 기술진부화 등의 위험이 클 경우에 유용한 방법이다. 단기성과에 관심이 높은 경영자에게는 성과측정에 대한 정보를 제공해 준다.

한편 회수기간법에는 다음과 같은 단점이 있다.

첫째, 화폐의 시간가치를 고려하지 않는다는 점이다.

둘째, 목표회수기간의 설정이 주관적이다.

셋째, 회수기간 이후의 현금흐름을 고려하지 않고 있다. 회수기간이 경과하더라도 현금흐름을 고려하면 더 우수한 투자안이 될 수 있음에도 불구하고 회수기간에 중점을 둠으로써 우수한 투자안을 기각할 우려가 있고 이는 기업가치의 극대화에도 역행하는 결정이 될 수 있다.

다음의 예를 통하여 이러한 문제점을 확인하여 보기로 한다. 10억원을 투자하는 A투자안과 B투자안 중에서 회수기간법에 의하면 A투자안을 채택할 것이나 B투자안을 보면 회수기간은 1년 이후이지만 현금유입에서는 4년차 5년차가 훨씬 크게 나타나고 있다. 이러한 문제점은 회수기간법이 현금흐름 전체를 특히 회수기간 이후에 나타나는 현금흐름을 고려하지 아니하기 때문에 발생하는 것이다.

〈표 7-3〉 투자안별 회수기간

(단위 : 백만원)

| 연도 | A투자안 | B투자안 |
|---|---|---|
| 0 | -1,000 | -1,000 |
| 1 | 500 | 300 |
| 2 | 500 | 400 |
| 3 | 0 | 300 |
| 4 | 0 | 500 |
| 5 | 0 | 500 |
| 회수기간 | 2년 | 3년 |

이와 같은 문제점이 있기 때문에 회수기간법은 투자결정에 대한 최종적인 평가기준으로 사용하는 데는 문제가 있으나 누구나 쉽게 이해할 수 있고, 유동성을 강조하는 측면에서 장점이 뚜렷하므로 투자결정에 대한 보조적인 평가수단으로 활용되고 있다.

## 4. 회계적 이익률법

회계적 이익률법(accounting rate of return method)이란 장부가치기준으로 연평균투자액에 대한 연평균 회계적 순이익의 비율을 구하여 투자결정하는 방법이다. 장부가치 기준의 평균이익률이라는 점에서 장부가치 수익률법 또는 평균이익률법이라고도 한다.

$$\text{회계적 이익률} = \frac{\text{연평균 순이익}}{\text{연평균 투자액}} \text{ 또는 } \frac{\text{연평균 순이익}}{\text{총투자액}/2} \qquad (7\text{-}5)$$

식(7-5)에서 연평균 순이익은 투자안의 내용년수 동안 매 기간별로 회계적 순이익의 총액을 내용연수로 나누어 구한다. 연평균 투자액은 초기투자비용으로서 설비투자원가와 잔존가치의 합을 2로 나눈 것이다. 회계적 이익률이 구해지면 목표 회계적 이익률과 비교하여 다음과 같이 투자 결정한다. 독립적 투자안의 경우는 투자안의 회계적 이익률이 기업의 목표 회계적 이익률보다 높다면 이 투자안을 채택한다. 또한 상호 배타적인 투자안의 경우는 투자안의 회계적 이익률이 기업의 목표 이익률보다 높은 투자안 중에서 이익률이 가장 높은 투자안을 채택한다. 기업의 목표 이익률은 보통 기업의 기존 회계이익률이나 동종산업의 이익률을 기준으로 채택하는 경우가 많다.

회계적 이익률법은 다음과 같은 장점을 지니고 있다.

첫째, 계산이 간단하고 이해하기 쉽다는 점이다.

둘째, 획득가능하고 이용가능한 회계적 자료를 이용한다는 점이다. 회계자료는 일정한 회계원칙에 따라 작성되고 정기적으로 발표되며 객관성을 갖는다는 장점이 있다.

반면에 다음과 같은 단점을 갖고 있다.

첫째, 투자안의 현금흐름을 분석 대상으로 하지 않고 회계적 이익을 분석 대상으로 한다는 점이다. 투자안의 경제성 분석은 회계적 이익이 아닌 현금흐름을 기준으로 하여야 재무의사 결정의 기초가 되며 기업가치를 결정하는 실질적 기준이 될 것이기 때문이다.

둘째, 화폐의 시간적 가치를 무시하고 있다. 각 연도의 이익을 단순히 평균한다는 것은 시간가치의 개념을 도외시한 것이다.

셋째, 목표 회계적 이익률을 정하는 기준에 관한 문제이다. 회계적 이익률법에 의한 결정기준은 대부분의 경우에 기존사업의 수익성을 기준으로 하는데 이러한 평가기준은 상대적인 기준이기 때문에 문제가 있다. 즉 상당히 높은 수익률을 제공하는 투자안이라 해도 기존의 수익률이 매우 높은 상태라면 기각될 위험이 있고, 매우 낮은 수익률을 제공하는 투자안이라 하더라도 기존의 수익률이 그 보다 낮은 수준에 있다면 채택될 수 있는 오류의 가능성을 내포하고 있다.

이상과 같이 회계적 이익률법은 장점도 있지만 상기와 같은 단점이 있기 때문에 투자안에 대한 결정적인 평가자료로 활용하는 데에는 문제가 있으므로 투자결정을 위한 참고자료로 활용하는 것이 적절할 것이다.

## 5. 수익성지수법

수익성지수법(profitability index; $PI$)은 투자안으로부터 발생하는 현금유입의 현가를 동일한 자본비용으로 할인한 현금유출의 현가로 나눈 비율로서 투자 단위당 투자이익의 현재가치의 크기를 상대적으로 비교하여 투자를 결정하는 방법이다. 따라서 총투자액 규모를 감안하여 투자효율성을 비율로 비교할 수 있는 지표라는 특징이 있다. 수익성지수법은 상이한 투자규모가 고려된 현금유입(benefit)의 현가와 현금유출(cost)의 현가를 대응시킨 비율이라는 측면에서 B/C비율이라고도 한다. 자본조달 재원의 제약이 있을 때 많이 검토된다. 이를 식으로 표시하면 다음과 같다.

$$PI = \sum_{t=1}^{n} \frac{CI_t}{(1+k)^t} \Big/ \sum_{t=1}^{n} \frac{CO_t}{(1+k)^t} \tag{7-6}$$

단, $CI_t$ : $t$ 시점에서 예상되는 현금유입액
$CO_t$ : $t$ 시점에서 예상되는 현금유출액
$r$ : 내부수익률($IRR$)

수익성지수법에 의한 경제성 판단은 수익성지수가 1보다 크면 경제성이 있다고 판단하고 1보다 작으면 경제성이 없다고 판단한다. 그러나 상호배타적인 투자안의 경우에는 수익성지수가 1보다 큰 투자안 중에서 수익성지수가 가장 큰 투자안을 경제성이 있다고 판단한다.

현금유입의 현가와 현금유출의 현가에 대하여 순현가법은 양자의 절대차이를 측정한 것이고, 수익성지수법은 양자를 비율로 표시한 것이므로 수익성지수법에서 지수가 1보다 크다는 것은 순현가법에서의 순현가가 양(+)이라는 것을 의미한다. 따라서 독립적 투자안의 경우와 투

자규모가 동일한 상호배타적인 투자안을 결정하는 경우에는 수익성지수가 큰 투자안을 채택하면 순현가법과 일치하게 된다. 그러나 투자규모가 서로 다르면서 상호배타적인 경우에는 잘못된 투자결정을 할 수도 있다. 아래의 〈표 7-4〉에서 보면 수익성지수는 C투자안이 D투자안보다 크게 나타나지만, 순현가로는 D투자안이 C투자안보다 크게 나타난다. 이 두 개의 안이 상호 배치되는 현상이 발생하는 것은 처음 500만원을 투자할 때까지는 C투자안의 수익성이 더 높지만 그 다음 1,000만 원의 투자에서는 수익성은 수익성지수가 1.0인 경우(즉, 순현가는 0)로 보아야 하나, D투자안에서는 수익성지수가 1.86으로 여전히 높은 수익성을 확보하고 있기 때문이다.

〈표 7-4〉 순현가법와 수익성지수법의 상충되는 예

(단위 : 만원)

| 연도 | C투자안 | D투자안 |
|---|---|---|
| 0 | -500 | -1,500 |
| 1 | 600 | 100 |
| 2 | 300 | 300 |
| 3 | 100 | 600 |
| 4 | 200 | 200 |
| 5 | 300 | 3,000 |
| 순현가($k = 10\%$) | 691 | 1,289 |
| 수익성지수 | 2.38 | 1.86 |

이와 같은 단점이 있기 때문에 수익성지수법은 순현가법에 의한 투자의사결정을 보완하기 위한 수단으로 사용된다. 한편 순현가법은 순현가가 비율이 아닌 금액으로 계산되기 때문에 투자규모에 따른 상대적인 순현가의 크기를 나타낼 수 없다. 이와 같이 수익성지수법은 투자규모를 고려하여 투자단위당 순현가의 상대적 크기를 고려할 수 있다는 장점이 있다. 그러나 기업에서 투자소요액을 조달하는데 문제가 없다면 순현가법의 경제성 판단기준에 따라 여러 투자안 중 순현가의 현금흐름의 크기가 큰 투자안을 선택함으로써 기업가치를 극대화할 수 있다.

# 제 4 절 순현가법과 내부수익률법의 비교

제3절에서 투자가치 평가기법으로서 순현가법, 내부수익률법, 회수기간법, 회계적 이익률법 및 수익성지수법에 관하여 알아보았다. 이들 중 회수기간법과 회계적 이익률법은 화폐의 사간적 가치를 고려하지 않는다는 점에서 단점을 갖고 있고, 또한 회수기간법은 회수기간 이후의 현금흐름을 고려하지 않고 있고, 회계적 이익률법은 현금흐름이 아닌 회계적 이익을 기준으로 평가한다는 점에서 합리적인 평가방법이라 할 수 없다. 수익성지수법은 순현가법과 마찬가지로 화폐의 시간적 가치를 고려하고 있으나, 앞에서 설명한 바와 같이 순현가의 비율로 표시되므로 평가방법으로서 순현가방식에 비하여 비합리적이라는 것을 설명하였다. 그런데 순현가법과 내부수익률법은 회폐의 시간적 가치를 고려한 합리적인 경제적 평가방법이나 상호배타적 투자자안들을 평가할 때 두 방법은 상충되는 결론을 제시할 수 있다. 여기에서는 이 두 가지 평가방법에 관하여 상호관계를 파악하고 상충되는 경우 그 해결방법에 관하여 알아보기로 한다.

## 1. 순현가법과 내부수익률법의 관계

### 1) 독립투자안의 경우

순현가($NPV$)법은 투자안으로부터 예상되는 미래의 모든 현금유입의 현재가치에서 투자안과 관련하여 지출되는 모든 현금유출의 현재가치를 차감한 값으로서, 이 값이 0보다 크면 이 투자안은 경제성이 있다고 인정하고 0보다 작으면 경제성이 없다고 판정한다. 한편 내부수익률

($IRR$)법은 투자안이 미래 현금흐름의 현재가치를 현금유출의 현재가치와 같게 되는 할인율(내부수익률: $r$)을 구하여 이 할인율이 자본비용($k$)보다 크면 경제성이 있다고 판단하고 자본비용보다 작으면 경제성이 없다고 판단한다. 순현가법은 아래식과 같이 $t$기에서의 현금흐름을 자본비용 $k$로 할인하여 구할 수 있다.

$$NPV = \sum_{t=1}^{n} \frac{CI_t}{(1+k)^t} - \sum_{t=1}^{n} \frac{CO_t}{(1+k)^t}$$

단, $CI_t$ : $t$시점에서 예상되는 현금유입액
$CO_t$ : $t$시점에서 예상되는 현금유출액
$k$ : 최저요구수익률(자본비용)

그런데 위의 식에서 $NPV = 0$가 되는 경우, 즉 $\sum_{t=1}^{n} \frac{CI_t}{(1+k)^t} = \sum_{t=1}^{n} \frac{CO_t}{(1+k)^t}$ 인 경우는 현금유입의 현가와 현금유출의 현가가 같게 되는 할인율이 $IRR$이므로, $NPV$가 0이 되는 할인율 $k$가 곧 $IRR$이 된다. 이 관계를 그림으로 표시하면 [그림 7-1]과 같다. 할인율이 증가할수록 $NPV$가 감소하는데 $NPV = 0$이 되는 할인율이 $IRR$이다.

[그림 7-1] $NPV$와 $IRR$의 관계

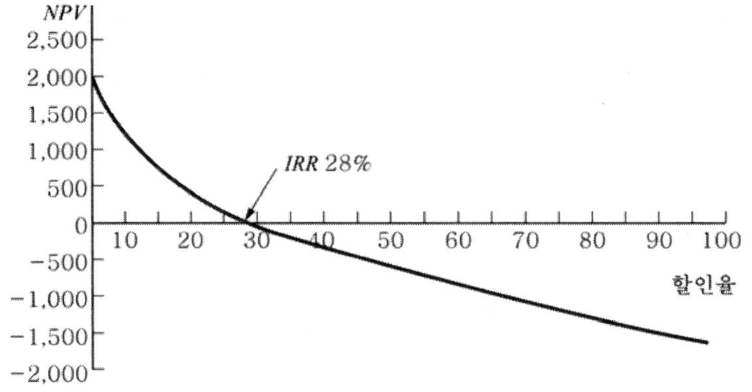


기업에서 일반적으로 보는 현금흐름은 최초의 투자액에 해당되는 음의 현금유출이 있고, 그 후 투자수익만큼의 양의 현금흐름이 계속되는 형태이다. 이러한 현금흐름의 독립된 투자사업에 대하여 순현가법과 내부수익률법을 적용하면 아래와 같은 결정을 내리게 되므로 두 가지의 평가방법에 의한 독립투자안의 결정은 동일하다.

$IRR > k$일 때, $NPV > 0$ : 투자안 채택
$IRR = k$일 때, $NPV = 0$ :
$IRR < k$일 때, $NPV < 0$ : 투자안 기각

### 2) 상호배타적 투자안의 경우

상호배타적인 투자안의 경우에는 특정 투자안의 선택은 다른 투자안의 선택을 배제하게 된다. 이들 투자안을 채택하는데 있어서는 순현가법과 내부수익률법에 의한 판단결과가 서로 다르게 나타날 수 있다. 예를 들면 [그림 7-2]에서 보는 바와 같이 기업의 자본비용이 만나는 점의 수익률[1]보다도 낮을 때 A투자안과 B투자안의 $NPV$와 $IRR$은 다

1) 피셔수익률이라 한다. A투자안과 B투자안의 피셔수익률은 다음 식을 만족시

음과 같은 결론을 제시하는 경우가 있다.

$$NPV_A < NPV_B \ , \quad IRR_A > IRR_B$$

이와 같이 비교대상이 되는 투자안에 대하여 순현가법과 내부수익률법이 상이하게 판정되는 사유로는 투자규모가 서로 크게 다른 경우, 투자수명이 서로 크게 다른 경우 및 현금흐름이 초기에 집중되거나 후기에 집중되는 경우처럼 현금흐름이 시간적 양상이 서로 크게 다른 경우이다.

예를 들어 설명하여 보기로 한다. 상호배타적인 다음의 두 가지 투자안을 생각해 보기로 한다.

〈표 7-5〉에서 보는 바와 같이 A투자안과 B투자안은 상호 배타적인 성격을 갖는 투자안이므로 하나의 투자안만을 선택하여야 한다. *IRR*을 직관적으로 보면 A투자안의 수익률이 24%이고 B투자안의 수익률이 21%이므로 A투자안이 보다 우수한 투자안으로 보인다.

---

키는 $r$이다.

$$\sum_{t=1}^{n} \frac{NCI_{at}}{(1+r)^t} - NCO_{ao} = \sum_{t=1}^{n} \frac{NCI_{bt}}{(1+r)^t} - NCO_{bo}$$

$NCI_{at}$ : $t$시점의 $a$투자안의 순현금유입
$NCI_{bt}$ : $t$시점의 $b$투자안의 순현금유입
$NCO_{a0}$ : 0시점의 $a$투자안의 순현금유출
$NCO_{bo}$ : 0시점의 $b$투자안의 순현금유출

〈표 7-5〉 A투자안과 B투자안의 내부수익률

(단위 : 억원)

| 연도 | A투자안 | B투자안 |
|---|---|---|
| 0 | -100 | -100 |
| 1 | 50 | 20 |
| 2 | 40 | 40 |
| 3 | 40 | 50 |
| 4 | 30 | 60 |
| IRR | 24% | 21% |

그러나 각각의 할인율에 대하여 투자안들의 $NPV$를 계산하여 보면 결과는 달리 평가할 수 있다는 것을 알 수 있는 데, 〈표 7-6〉을 보고 판단하여 보자.

〈표 7-6〉 할인율 별 투자안의 순현가

(단위 : 억원, %)

| 할인율 | A투자안의 순현가 | B투자안의 순현가 |
|---|---|---|
| 0 | 60 | 70 |
| 5 | 43.13 | 47.88 |
| 10 | 29.06 | 29.79 |
| 15 | 17.18 | 14.82 |
| 20 | 7.06 | 2.31 |
| 25 | -1.63 | -8.22 |

[그림 7-2]는 할인율의 변화에 따른 투자안 별 순현가의 변화를 그림으로 나타내고 있다. 여기서 관찰하여 보면 $IRR_A$가 $IRR_B$보다 높기는 하지만 할인율 수준에 따라서는 A투자안보다 B투자안이 채택되는 것을 알 수 있다. 즉 할인율이 11.1% 수준 이하에서는 투자안 중 B투자안이 우수하며, 할인율이 11.1% 수준 이상에서는 A투자안이 우수하다는 것을 알 수 있다. 따라서 투자안 중 A투자안이 $IRR$이 높기는 하지만 투자안에 대한 요구수익률인 할인율이 11.1% 이하인 경우에는 B투자안을 선택하여야 하고, 반면 할인율이 11.1% 이상인 경우에는 순현

가법을 사용하든 내부수익률법을 사용하든 A투자안이 선택된다. 결국 자본비용이 피셔의 수익률보다 낮을 때에는 순현가법과 내부수익률법에 의한 우열의 판단이 투자안 A, B의 경우 서로 상반되게 나타난다.

앞에서 살펴본 바와 같이 상호배타적인 투자안 중 하나를 선택하는 경우 순현가법과 내부수익률법의 판정 결과가 서로 다르게 나타날 수 있다. 이와 같이 판정결과가 다르게 나타나는 것은 현금유입에 대한 재투자수익률이 상이하기 때문이다. 즉, 두 평가방법 모두 투자초기에 발생하는 현금유입이 나머지 투자기간 동안 매 기간마다 재투자가 이루어지는 것으로 가정하여 평가가 이루어지고 있다. 이 경우 순현가법은 투자수명기간 중 현금흐름을 자본비용 수준으로 재투자한다고 가정하고 있으며, 내부수익률법은 투자기간 중 현금흐름을 내부수익률 수준으로 재투자한다고 가정하고 있다.

[그림 7-2] 상호배타적인 투자안의 순현가

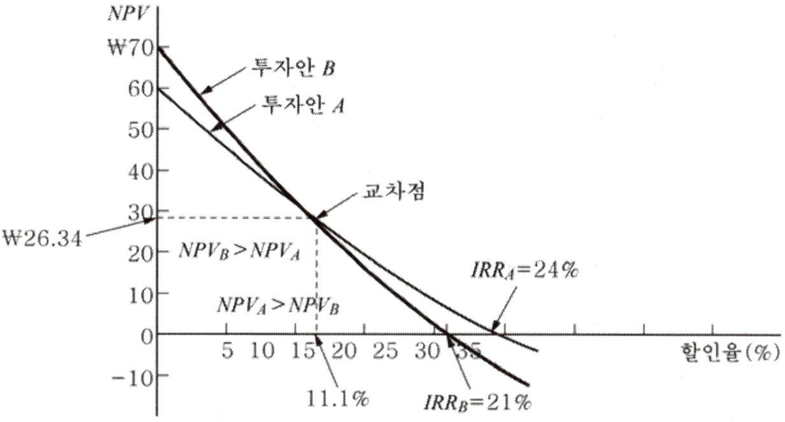


## 2. 순현가법의 우위성

앞에서 살펴본 바와 같이 순현가법과 내부수익률법의 판단결과가 상이할 때 투자자는 어떤 방법에 의한 판단 결과를 채택하는 것이 기업이익 극대화에 기여할 것인가? 순현가법과 내부수익률법은 서로 장단점이 있기 때문에 이론적 측면과 실질적 측면에서 나누어서 설명할 수 있다. 먼저 이론적 측면에서는 내부수익률법보다는 순현가법이 보다 합리적인 평가방법이므로 순현가법의 판단결과에 따라야 한다. 순현가법이 합리적인 평가방법인 이유는 다음과 같다.

첫째, 재투자수익률의 가정에서 순현가법이 내부수익률법에 비하여 보다 합리적이다. 순현가법은 앞에서 이미 설명한 바와 같이 투자기간 내 현금흐름을 투자규모의 차이 및 투자수명의 차이에 관계없이 자본비용으로 재투자한다고 가정하고 있다. 자본비용은 기업가치를 하락시키지 않기 위하여 새로운 투자로부터 얻어야 할 최저한의 수익률을 말한다. 자본비용은 특정 투자안의 현금흐름의 추세에 따라 달라지는 것이 아니라 해당 투자안을 수행하기 위하여 조달하는 자본비용, 해당투자안의 위험정도, 자본의 기회비용 등을 고려하여 결정된다. 따라서 기존의 투자에서 발생된 현금유입 여부를 판단할 필요 없이 기업에서는 이미 유입된 현금을 자본비용보다 높은 수익을 창출해 주는 투자안에 투자함으로써 기업가치를 더 높일 수 있다. 또한 이와 같이 투자원칙을 지킴으로써 투자가치 평가의 개관성과 일관성을 유지할 있다.

한편 내부수익률법은 투자기간 동안 발생하는 현금유입을 투자기간 동안 내부수익률로 재투자가 이루어진다고 가정한다. 투자안으로부터 발생하는 현금흐름을 각각의 내부수익률로 해당 투자안에 재투자한다는 가정이 된다. 결국 각 투자안은 각각 고유의 내부수익률을 갖게 되며 동일기업에서 여러 투자가 동시에 실행될 경우 하나의 기업에서 동일시점에서의 재투자수익률이 각각 상이할 수 있다는 것이 되므로 현실적으로 모순이 된다. 또한 내부수익률이 높은 투자안의 경우 투자기간 동안 높은 수익률로 재투자가 이루어진다는 가정은 대단히 비현실적이다.

둘째, 내부수익률법에는 내부수익률이 2개 이상이 존재하는 경우도 있다. 즉 서로 다른 2개 이상의 할인율에서 순현가가 '0'이 되는 경우가 있다. 또는 내부수익률이 전혀 없는 경우가 있는 등 계산상의 문제점이 있다. 다음의 예를 보기로 한다.

〈표 7-7〉 투자안의 내부수익률의 예

(단위 : 억원, %)

| 기간 | 0 | 1 | 2 | 내부수익률 |
|---|---|---|---|---|
| A투자안 | -1,600 | 10,000 | -10,000 | 25, 400 |
| B투자안 | -1,000 | 3,000 | -2,500 | $\frac{3 \pm \sqrt{-1}}{2}$ |

〈표 7-7〉에서 보는 바와 같이 A투자안의 경우에는 25%와 400%로 두 개의 내부수익률이 존재하고, B투자안의 경우에는 내부수익률을 계산할 수 없음을 보여주고 있다. 이와 같이 내부수익률법은 대개는 옳지만 가끔 그릇된 의사결정을 유도할 수 있으므로 사용에 주의하여야 한다. 그러나 순현가법에서는 어떤 경우라도 순현가가 양(+)이면 채택하고 음(-)이면 기각하면 그만이므로 일관성 있는 의사결정이 가능하다.

셋째, 투자결정의 목표는 기업가치의 극대화이다. 순현가법으로 측정되는 순현가는 투자로 인한 절대부의 증감액을 의미하므로 투자결정의 목표에 부합하는 평가방법이다.

한편 내부수익률법에서는 내부수익률이 높다고 하여 반드시 좋은 투자안은 아니다. 〈표 7-8〉에서 A투자안의 수익률이 B투자안의 그것보다 높은 것은 단지 투자규모를 감안한 수익성이 좋다는 것을 의미할 뿐이다. 의사결정의 기준은 투자규모 대비 상대적 수익성이 아니라 가치변동액 그 자체이다. 내부수익률은 부의 상대적 증가율을 나타낼 뿐이다. 내부수익률은 상호배타적 투자안 평가시 투자규모의 차이가 클 경우 잘못된 의사결정에 이르게 된다.

〈표 7-8〉 투자안의 내부수익률 별 순현가

(단위 : 억원, %)

| 기간 | 0 | 1 | 내부수익률 | 순현가($k$=10) |
|---|---|---|---|---|
| A투자안 | -10,000 | +20,000 | 100 | 8,185 |
| B투자안 | -20,000 | +35,000 | 75 | 11,818 |

넷째, 순현가법은 가치합산원리(value additivity principle)에 만족시킨다. 가치합산원리란 여러 개의 개별투자가 결합된 결합투자의 순현가는 개별투자 각각의 순현가를 단순 합계한 것과 같다는 것을 의미한다. 순현가법은 가치합산원리가 적용되기 때문에 여러 투자안을 독립적으로 평가하든 총합적으로 평가하든 관계없이 결론은 동일하게 된다. 이 원리를 식으로 표시하면 다음 식(7-6)과 같다.

$$NPV(A+B) = NPV(A) + NPV(B) \qquad (7\text{-}6)$$

가치합산원리는 여러 개의 투자안 중에서 2개 이상의 투자안에 동시에 투자할 때 가장 유리한 투자조합을 쉽게 선택할 수 있는 편리한 수단을 제공한다. 가치합산원리가 성립하지 않는다면 투자하고자 하는 투자안 2개 이상의 투자안을 결합하여 결합투자의 순현가를 하나 하나 계산하여 보아야 한다. 따라서 가치합산원리가 적용될 경우 결합투자의 우선순위는 개별투자안의 순현가를 단순 합계하여 봄으로써 쉽게 파악할 수 있다.

그러나 내부수익률법은 가치합산원리가 만족시키지 못한다. 결합투자안의 내부수익률은 식(7-7)과 같이 독립적인 개별투자안 A, B의 내부수익률을 합계한 것과 같지 않다.

$$IRR(A+B) \neq IRR(A) + IRR(B) \qquad (7\text{-}7)$$

따라서 내부수익률이 높은 투자안과 결합한 결합투자안의 내부수익률은 내부수익률이 낮은 투자안과 결합한 결합투자안의 내부수익률보다 항상 높게 나타나는 것은 아니다.

순현가법이 이론적으로 우수한 것은 분명한 데도 실질적으로 많은 재무담당자들은 내부수익률을 선호하는 경향이 있다. 이러한 현상은 금융 및 재무관련 업무에 종사하는 사람들이 특정 금액으로 표시하는 것보다 이자율, 수익률, 연간 수익률 등과 같은 개념을 흔히 사용하기 때문에 수익률로 표시된 내부수익률을 선호하는 경향으로 생각된다. 순현가법은 투자금액에 따른 상대적인 평가가 어렵다는 이유로 순현가법을 사용하는 것을 주저하는 경향이 있다.

### 3. 순현가법의 단점

순현가법은 할인율로 쓰이는 자본비용이 정확히 추정되어야 유용성이 높다. 그러나 자본비용을 추정하는 데에는 많은 어려움이 있다. 내부수익률법은 투자규모를 감안한 상대적 수익성인 투자수익률로 측정된다. 실무적으로 투자규모가 상이한 다수의 투자사업을 추진하는 여러 가지 상황에서 수익성을 평가할 때 예상투자수익률 기준으로 검토하는 경향이 있어 실용성이 높다.

## 제 5 절 현실적 상황을 고려한 자본예산기법

지금까지 설명한 자본예산기법은 미래 경제상황을 확실히 예측할 수 있다는 가정하에 이루어진 이론이다. 그러나 현실적 투자결정은 미래 경제상황을 확실하게 예측할 수 없는 불확실성하에서 이루어진다. 검토하게 될 투자안들의 미래 현금흐름은 변동성이 많고 기대수익이 실현되지 않을 위험이 있다. 순현가를 결정하는 변수들에 대한 보다 정확한 예측이 무엇보다도 중요하지만 동시에 이러한 변수들의 불확실성 등을 고려하여 현실적인 투자안의 경제성 평가 문제를 해결할 필요가 있다. 따라서 현실적 상황을 고려한 보다 구체적인 자본예산기법 등을 검토할 필요가 있다. 위험하에서 투자결정을 하는 방법에는 여러 가지 방법이 있으나 여기에서는 민감도분석, 시나리오분석 및 시뮬레이션 기법에 관하여 설명하기로 한다.

## 1. 민감도 분석

민감도 분석(sensitivity analysis)은 다른 모든 요소들이 일정하다고 가정하고 특정 요소의 변화가 미치는 민감도를 분석하는 것이다. 투자안의 경제성은 투자수익률 또는 순현가의 크기에 의하여 결정된다. 그리고 투자수익률, 또는 순현가는 미래 예상되는 매출액, 매출원가, 영업비용, 감가상각비, 내용년수, 할인율 등의 변수들이 처음 예상과 달라지면 이에 따라 순현가도 달라진다. 이와 같이 민감도 분석은 경제성에 영향을 미치는 여러 변수들을 일정한 상태로 고정시켜 놓고 그 중 한 변수만 차례대로 변동시킬 경우 투자안의 경제성에 어떤 영향을 미치는지를 분석하는 방법이다.

예를 들어 판매량이 변화가 미치는 민감도에 관하여 살펴보기로 한다(〈표 7-9〉 참조). 판매량이 비관적, 평균적 혹은 낙관적 상황으로 변화함에 따라 민감도 분석에서는 투자안이 순이익과 현금흐름이 어떤 결과로 나타날 것인지를 분석해 보는 것이다. 판매량을 제외한 다른 요소들은 모두 일정하다고 가정한다.

〈표 7-9〉의 각 시나리오에 대하여 순현가($NPV$)와 내부수익률($IRR$)을 구하면 〈표 7-10〉과 같다

〈표 7-9〉 판매량의 변화가 미치는 민감도 분석

(단위 : 천원)

| 구 분 | 비 관 적 | 평 균 적 | 낙 관 적 |
|---|---|---|---|
| 판 매 액 | 440,000 | 480,000 | 520,000 |
| 변 동 비 | 330,000 | 360,000 | 390,000 |
| 고 정 비 | 50,000 | 50,000 | 50,000 |
| 감가상각비 | 40,000 | 40,000 | 40,000 |
| 영업이익 | 20,000 | 30,000 | 40,000 |
| 세금(34%) | 6,800 | 10,200 | 13,600 |
| 순이익 | 13,200 | 19,800 | 26,400 |
| 감가상각비 | 40,000 | 40,000 | 40,000 |
| 현금흐름 | 53,000 | 59,800 | 66,400 |

〈표 7-10〉 판매량과 순현가 및 내부수익률

(단위 : 개, 천원, %)

| 시나리오 | 판매량 | 현금흐름 | *NPV* | *IRR* |
|---|---|---|---|---|
| 비관적 | 5,500 | 53,200 | -8,226 | 10.3 |
| 평균적 | 6,000 | 59,800 | 15,567 | 15.1 |
| 낙관적 | 6,500 | 66,400 | 39,357 | 19.7 |

상기의 경우는 판매량이 변화함에 따라 투자안의 순이익, 현금흐름, 순현가 및 내부수익률을 계산해 보았다. 판매량의 변화는 기업의 본원적 수입인 매출액의 변화를 가져오므로 기업의 성과에 상당한 영향을 미친다.

다음에는 판매량이 기업에 미치는 영향에 대하여 상대적인 비교를 위하여 고정비용만이 변화하고 나머지 요소들은 일정하다고 가정하고 분석하여 보기로 한다.

〈표 7-11〉에서 보는 바와 같이 판매량의 변화가 고정비의 변화보다 순현가에 민감하게 영향을 미치는 것을 알 수 있다. 또 고정비가 예상외로 많이 소요되는 비관적 경우라도 순현가는 양(+)의 값을 갖는다는 사실도 알 수 있다.

이와 같이 민감도 분석에서는 투자안의 경제성에 미치는 여러 변수

중 상대적으로 중요한 영향을 미치는 변수를 찾아낼 수 있으며 이들 중요한 변수들에 대하여 보다 정확한 추정을 하게 하거나 더욱 집중적인 통제를 하게 할 수 있다. 또한 민감도 분석을 통하여 경제성에 영향을 미치는 여러 변수들의 실현가능한 상황(낙관적 상황, 평균적 상황, 비관적 상황)을 개별적으로 면밀히 검토함으로써 보다 현실성 있는 경제성 분석이 가능해진다.

〈표 7-11〉 고정비와 순현가 및 내부수익률

(단위 : 천원, %)

| 시나리오 | 고정비 | 현금흐름 | *NPV* | *IRR* |
|---|---|---|---|---|
| 비관적 | 55,000 | 56,500 | 3,670 | 12.7 |
| 평균적 | 50,000 | 59,800 | 15,567 | 15.1 |
| 낙관적 | 45,000 | 63,100 | 27,461 | 17.4 |

그러나 민감도 분석은 다른 모든 변수들을 고정시켜 놓고 한 변수만을 대상으로 경제성에 미치는 영향을 분석하는 기법이므로 변수간의 상호작용을 고려하지 않게 되는 단점을 갖고 있다. 따라서 예측이 잘못되는 경우에 어떤 영향을 미칠 것인지를 지적하는 데는 매우 유용한 분석기법이지만 결정적인 결론이나 문제점의 해결을 위한 방법을 제시하는 기법은 아니다.

## 2. 시나리오분석

시나리오 분석(scenario analysis)은 미래 발생 가능한 여러 시나리오를 생각하고 각각의 시나리오가 전개될 때 투자안의 경제성이 어떻게 나타날 것인지를 분석하는 기법을 말한다. 만약 매출수량이 예상했던 6,000단위에서 5,500단위로 하락한다면 의사결정에 어떤 영향을 미칠 것인지를 분석하는 것이 시나리오 분석이다. 이 경우에 여러 가지의 시나리오를 살펴보고 대부분의 경우에 양(+)의 순현금흐름을 갖는다면 투자안에 선택에 대하여 자신감을 갖게 된다. 그러나 여러 가지 시나리오 중에서 상당한 경우에 손실의 가능성이 파악된다면 투자안의 선택에 대하여 재검토되어야 할 것이다.

투자안의 분석을 위한 시나리오는 여러 가지가 있을 수 있다. 시나리오 분석을 할 경우 먼저 고려할 사항은 최악의 경우를 상정하는 것이다. 최악의 경우를 가정하면 그에 상응하는 최저의 순현가를 얻을 수 있을 것이고, 이 경우 양(+)의 순현가를 얻는다면 이 투자안은 바람직한 것으로 평가될 것이다. 물론 최선의 경우도 검토되어야 한다.

예를 들어 살펴보기로 한다. 투자대안이 200,000,000원의 투자비용이 필요하고, 5년 동안 시행되면 잔존가치는 없다고 가정한다. 감가상각은 정액법으로 5년 동안 발생한다고 하고, 세율은 34%라고 가정하자. 다음의 표와 같은 자료를 가지고 분석하기로 한다.

(단위 : 1,000원)

| | 비관적 | 평균적 | 낙관적 |
|---|---|---|---|
| 판매량 | 5,500 | 6,000 | 6.500 |
| 가격 | 75 | 80 | 85 |
| 단위당 변동비 | 62 | 60 | 58 |
| 고정비 | 55,000 | 50,000 | 45,000 |

비관적인 시나리오는 각 요소들에 대하여 비관적으로 예상한 것이다. 현금흐름의 입장에서는 가장 낮은 현금유입을, 그리고 가장 높은 현금유출을 가상한 시나리오다. 이와 반대로 낙관적인 시나리오는 각각의 요인들을 낙관적으로 예측하는 결과로서 최선의 경우를 가상한 시나리오이다.

먼저 평균적인 시나리오에 대하여 살펴보기로 한다. 연간 현금흐름은 다음과 같다.

| | |
|---|---:|
| 매출액 | 480,000천원 |
| 변동비 | 360,000 |
| 고정비 | 50,000 |
| 감가상각비 | 30,000 |
| 영업이익 | 30,000 |
| 세금(34%) | 10,200 |
| 순이익 | 19,800 |

연간 현금흐름은 19,800천원 + 40,000천원 = 59,800천원이 된다. 자본비용이 12%라고 하면 평균적인 경우의 순현가는 15,567천원이 된다. 상기의 투자안은 평균적으로 채택될 것으로 평가된다.

그러면 비관적인 경우와 낙관적인 경우에 대하여 각각 평가해 보기로 하자. 다음 〈표 7-12〉는 각 시나리오에 대한 순현가($NPV$)와 내부수익률($IRR$)을 계산한 것이다.

〈표 7-12〉 시나리오별 순현가와 내부수익률

(단위 : 천원, %)

| | 순이익 | 현금흐름 | $NPV$ | $IRR$ |
|---|---|---|---|---|
| 평균적 | 19,800 | 59,800 | 15,567 | 15.1 |
| 비관적 | -15,510 | 24,490 | -111,719 | -14.4 |
| 낙관적 | 59,730 | 99,730 | 159,504 | 40.9 |

비관적인 상황을 가정하더라도 현금흐름은 양(+)의 값 24,490천원을 보여 주기 때문에 긍정적인 측면이 있다. 그러나 비관적인 경우에는 내부수익률이 -14.4%이고, 순현가는 -111,719천원으로 기각 영역의 범위에 있다. 최악의 경우에는 투자액 200,000천원의 반을 넘는 손실을 볼 수 있으며 낙관적인 경우에는 40%의 매력적인 투자가 된다.

시나리오 분석에서는 무수한 시나리오들을 가정할 수 있다. 실제적으로 투자안의 결정에 있어서 상기의 투자안 평가를 검토하여 보면, 비관적인 시나리오의 경우는 투자안의 기각을 권고하고 있으며 평균적, 낙관적인 시나리오의 경우는 채택을 권고하고 있다. 이러한 경우에는 비관적 시나리오와 낙관적 시나리오의 사이에 다소 비관적 시나리오와 다소 낙관적 시나리오를 추가로 분석할 필요가 있다. 그러면 보다 더 정밀한 분석이 되어 3가지 시나리오만을 갖고 평가할 때보다 5가지 시나리오를 갖고 평가하는 경우가 보다 의미있는 평가가 나올 것이다.

위와 같은 방식으로 시나리오 분석을 계속하여 나간다면 어느 지점에서 시나리오 분석을 멈추어야 하는지에 대한 문제가 제기될 수 있다. 더 많은 시나리오를 분석하기 시작하면 분석의 마비(paralysis of analysis)에 빠질 위험이 있는 것이다. 시나리오 분석에 있어서 많은 시나리오를 분석한다 하더라도 시나리오에 따라 어떤 결과가 발생할 수 있는지 분석하고 최악의 경우에 대비하도록 경고하는 의미는 있지만 투자안의 채택과 결정적인 해답을 제공하는 것은 아니다.[2)]

## 3. 시뮬레이션 분석

민감도 분석은 다른 변수는 모두 일정하다고 가정하고 특정 변수만 변하는 경우에 대하여 분석하는 기법이므로 여러 변수 간의 상호작용을 고려하지 못하는 한계가 존재한다. 또한 시나리오 분석은 여러 변수가 동시에 변하는 상황을 고려하고 있지만 경영자가 생각할 수 있는 시나리오의 종류는 한정되므로 전혀 예상하지 못한 경우가 발생할 가능성에 대한 대비가 미흡하다. 시뮬레이션 분석(simulation analysis)은 순현가의 주요 결정변수 각각에 대하여 설정한 확률분포로부터 무수한 경우의 수를 추출하여 순현가의 가능한 확률분포를 추정하는 방법이다. 그래서 순현가가 0보다 작을 가능성이 낮을수록 투자안의 위험은 낮다고 할 수 있다. 따라서 시뮬레이션 분석은 여러 변수들이 동시에 변하는 상황을 많은 경우를 통하여 분석하는 기법이므로 시나리오 분석과 민감도 분석을 합친 분석기법이라 할 수 있다.

2) 민성기, 『재무관리원론』, 2008, 창민사, 284~286쪽.

많은 변수들이 동시에 변하는 다양한 시나리오 분석을 위하여는 컴퓨터의 도움이 없이는 거의 불가능한 일이다. 시뮬레이션을 이용한 투자안의 경제성의 평가절차는 다음과 같다.

첫째, 투자안의 순현가에 영향을 미치는 변수들을 파악하고 이들 변수들과 순현가의 관계를 모형으로 설정한다. 예를 들면 투자안의 현금흐름을 결정하는 모형은 다음과 같이 설정할 수 있다.

현금흐름 = [매출량 × (판매가 - 단위당 변동비) - 고정비 - 감가상각비] × (1-법인세율) + 감가상각비

둘째, 각 변수들의 미래 발생할 수 있는 가능한 모든 상황에 대한 확률분포를 추정한다.

셋째, 추정된 확률분포에 따라 난수(random number)를 부여하고 부여된 난수를 근거로 여러 차례 반복하여 난수발생실험을 실시한다.

넷째, 여러 변수에 대한 난수발생실험을 반복 실시하고 각각의 경우 투자안의 순현가를 계산하여 순현가의 확률분포를 작성한다.

다섯째, 순현가의 확률분포를 근거로 0(또는 일정 수준) 이상의 순현가가 나타날 확률을 분석하여 투자의 경제성을 판단한다.

시뮬레이션을 이용한 투자의 경제성 분석은 불확실한 여러 변수들을 동시에 변화시키면서 순현가를 구할 수 있으며 이렇게 구한 순현가의 분포는 실제로 실현될 순현가에 매우 근접한 값을 추정해 낼 수 있다는 장점이 있다. 또한 순현가의 확률분포에서 순현가의 기대치와 표준편차를 계산할 수 있기 때문에 경제성 판단에 유용한 정보를 얻을 수 있다.

그러나 시뮬레이션 분석은 기본적으로 시나리오 분석을 다양한 경우로 확장한 것으로 볼 수 있기 때문에 시나리오 분석과 유사한 몇 가지의 문제점을 갖고 있다. 즉 시뮬레이션을 통하여 얻은 결과가 직접적인 의사결정기준을 제공하는 것은 아니다. 또한 시뮬레이션은 각 변수의

확률분포를 사전적으로 정하는 문제와 변수들 간의 상관관계를 제대로 반영하기 어렵다는 한계점이 있다.

## 중요개념 및 용어

가산성의 원칙
경제적효익
국가정책변화
기회비용
내부수익률법
매몰비용
배당금
보간법
비현금비용
사업다각화
수요예측
수익성지수법
순현금흐름
순현재가치법
시장분석
시행착오법
연구개발
영업현금흐름
요구수익률
위험도
위험보상률
위험수정할인률법
위험프리미엄
자본비용
자본예산
자본예산기법
자본적 지출
자본회수기간법
잠식비용
전통적분석방법
증분현금흐름
투자효과
현금유출액
현금흐름
현금흐름할인방법
현재가치지수법
확실성등가법
회계적이익
회계적 이익률법
회수기간법

# 연 습 문 제

1. 다음의 용어에 대하여 간략히 설명하라.
   1) 자본예산
   2) 경상적 지출
   3) 자본적 지출
   4) 대체투자
   5) 독립적 투자
   6) 보안적 투자
   7) 증분현금흐름
   8) 매몰비용
   9) 기회비용
   10) 잔존가치
   11) 투자안의 경제적 평가방법
   12) 순현가법
   13) 내부수익률법
   14) 회수기간법
   15) 회계적 이익률법
   16) 수익성지수법
   17) 피셔의 수익률
   18) 가치합산원리
   19) 민감도 분석
   20) 시나리오 분석
   21) 시뮬레이션 분석

2. 투자안 관련 현금흐름을 측정할 때 고려하여야 할 일반원칙에 대하여 설명하라.

3. 자본예산기법 중 회수기간법의 장점과 단점에 대하여 설명하라.

4. 자본예산기법 중 회계적 이익률법을 설명하라.

5. 순현가법과 내부수익률법에 의한 투자의 우선순위가 다르게 나타나는 경우는 어떤 경우이며 상이하게 나타나는 이유를 설명하고 그 해결법을 제시하라.

6. 민감도 분석을 설명하고 그 단점을 언급하라.

7. 시나리오 분석과 시뮬레이션 분석의 차이점을 설명하라.

8. 수원기업이 새로운 투자안에 2억원을 투자할 경우 연간 매출액이 1억원, 영업비용은 3,000만원, 감가상각비가 500만원으로 예상된다. 법인세율이 32%라 할 때 영업현금흐름을 계산하라.

9. 서울전자는 40억원을 투자하여 자판기를 생산하고자 한다. 자판기 판매를 통하여 향후 2년간 20억원, 40억원의 현금유입이 있을 것으로 예상한다. 투자자의 요구수익률은 15%이다.
   ① 자판기 판매의 순현가를 계산하라. 투자안의 경제성 판단에 대하여 설명하라.
   ② 자판기 판매의 내수수익률을 계산하라. 투자안의 경제성 판단에 대하여 설명하라.

10. 다음과 같은 투자안 A, B, C의 투자 우선순위를 회수기간법으로 판단하라. 단, 현금흐름은 연중 균등하게 발생한다.

(단위 : 억원)

| 연 도 | 투자안 A | 투자안 B | 투자안 C |
|---|---|---|---|
| 0 | -200 | -500 | -400 |
| 1 | 30 | 100 | 80 |
| 2 | 40 | 120 | 100 |
| 3 | 50 | 160 | 120 |
| 4 | 60 | 160 | 100 |
| 5 | 60 | 100 | 100 |

11. 투자안 A, B의 투자액과 순이익이 아래 표와 같을 때 각 투자안의 회계적 이익률을 계산하라. 단, 투자액은 잔존가치가 없고 정액법으로 감가상각한다.

(단위 : 억원)

| 연도 | 구분 | 투자안 A | 투자안 B |
|---|---|---|---|
| 0 | 투자액 | 800 | 500 |
| 1 | 순이익 | 60 | 30 |
| 2 | 순이익 | 80 | 50 |
| 3 | 순이익 | 100 | 40 |
| | 연평균 순이익 | 80 | 40 |

12. 다음과 같은 현금흐름이 예상되는 투자안 A, B에 대한 경제성 여부를 내부수익률법과 순현가법으로 판단하라.

(단위 : 억원)

| 연도 | 투자안 A | 투자안 B |
|---|---|---|
| 0 | -280 | -100 |
| 1 | 90 | 40 |
| 2 | 100 | 50 |
| 3 | 120 | 60 |
| 4 | 50 | - |

13. 다음과 같은 현금흐름이 예상되는 투자안 A, B, C에 대하여 순현가와 수익성지수를 계산하고 어떠한 우선순위로 투자가 이루어져야 할 것인지를 평가하라. 단, 각 투자안의 최저필수수익률은 12%이다.

(단위 : 억원)

| 연도 | A 투자안 | B 투자안 | C 투자안 |
|---|---|---|---|
| 0 | -1,000 | -500 | -800 |
| 1 | 300 | 150 | 20 |
| 2 | 500 | 200 | 40 |
| 3 | 500 | 300 | 40 |
| 4 | - | 170 | 30 |

14. 수원전자는 다음과 같은 투자안을 고려중이다. 초기투자비용은 7.5억 원, 투자수명은 5년, 5년 동안 정액법으로 감가상각비를 전액 상각 처리하고, 5년 후에 투자안을 5억 원에 처분할 수 있을 것으로 예상한다. 투자가 이루어지면 향후 5년간 제품을 매년 3만 개씩 판매하는데 단위당 판매가격은 21만 원, 변동비는 18만 원, 연간 고정비는 1.5억원이다. 또한 투자수명 동안 순운전자본에 4.5억 원을 추가로 투자한다. 단, 투자수익률은 12%, 법인세율은 34%로 가정한다.

① 이 프로젝트의 영업현금흐름과 순현가를 구하고 투자여부를 판단하라.

② 위의 투자안에서 초기투자비용과 5년 후의 잔존가치는 ±15%, 제품가격은 ±10%, 순운전자본의 증분은 ±5% 정도의 오차가 발생할 수 있다고 한다. 최상의 시나리오에서의 영업현금흐름과 순현가를 계산하라.

# 제 8 장

# 자 본 비 용

재무관리에서 자본비용(cost of capital)의 개념은 자본예산이나 자본구조이론 등을 이해하는데 대단히 중요하다. 그 이유는 기업이 투자를 할 때 필요로 하는 자금을 어떻게 조달하는가에 따라 자본비용의 크기가 달라지며, 미래의 투자안을 분석할 때 정확한 자본비용의 측정은 기업가치평가와 손익에 중요한 영향을 미치기 때문이다.

본 장에서는 기업의 전반적인 재무의사결정에 중대한 역할을 하는 자본비용의 의의와 기능에 대해 알아보고, 자본조달원천별 자본비용의 평가방법이 투자안에 어떻게 활용되는가? 등에 대해서 알아본다.

# 제 1 절 자본비용의 의의와 기능

## 1. 자본비용의 의의

자본예산에서 현금흐름의 현재가치를 구할 때 주어진 할인율(discount rate)을 사용하는데, 이와 같은 할인율이 자본비용과 같은 것이다. 즉 자본비용은 기업이 자본을 사용하는 대가로 자본제공자들에게 지급하는 비용을 의미한다. 예를 들면 자금을 차입할 때 차입금에 대한 이자가 부채의 자본비용이 된다.

한편 자본비용은 기업이 외부 투자자나 채권자 등 자본제공자에게 지급하는 비용 이외에 자본을 다른 용도로 보다 유리하게 운용할 경우에 기대되는 이익, 즉 기회비용(opportunity cost)으로 측정되기도 한다. 투자에 대한 의사결정을 할 때 투하된 자본에 대한 대가로 최소한의 자본비용만큼은 회수되어야 하므로 자본비용은 최저필수수익률(minimum required of return), 또는 기대되는 수익률이라는 의미로 기대수익률(expected return)이라고도 한다. 이 경우 자본비용이 투자안의 선택여부를 결정하는 의사결정의 연결고리역할을 한다고 하여 투자거부율(cut-off rate)이라고도 한다.

일반적으로 기업의 자본비용은 기업이 모든 자본예산 투자안에 대한 투자자들의 요구수익률로서 그 기업의 가중평균자본비용을 의미한다. 가중평균자본비용은 자금의 출처별 개별 자본비용을 구한 다음 이들을 자본구조의 가중치에 따라 가중평균함으로써 산출된다.

## 2. 자본비용의 기능

자본비용은 기업재무의 주요기능인 투자결정 및 자본조달결정에 있어서 기준이 되는 기본개념으로, 다음과 같이 재무관리에 있어서 주요한 기능을 수행한다.

첫째, 자본비용은 투자를 결정함에 있어서 최소한의 수익률이므로 투자가치평가의 명백한 기준이 된다. 만약 어떤 투자안의 선택여부를 결정할 때에 자본비용만을 고려한다면 최소한 당해 투자에 소요되는 자본비용이상으로 수익이 기대되어야 당해 투자안을 선택하게 된다. 예를 들어 내부수익률법(*IRR* method)을 사용한다면 산출된 투자안의 내부수익률(*IRR*)이 자본비용보다 크면 그 투자안은 투자할 가치가 있는 것으로 평가된다. 또한 순현가법(*NPV* method)을 사용한다면 자본비용을 할인율로 사용하여 투자안의 모든 현금흐름을 할인한 순현가(*NPV*)가 0보다 크면 그 투자안은 투자할 가치가 있는 것으로 평가된다. 이와 같이 자본비용은 투자결정을 위한 명백한 기준이 된다.

둘째, 자본비용은 자본조달의 방법을 결정하여 준다. 자본조달의 방법은 자본의 크기, 사용기간 등에 따라 다르게 선택되나, 가장 낮은 비용으로 충분한 크기와 상환에 문제가 되지 않는 기간 동안에 자본을 사용하는 것이 기본원칙이다. 그런데 자본비용은 속성상 자본의 양 내지는 사용기간에 의해 결정되고 또한 각 원천별로 자본비용이 다르므로 자연히 자본비용에 따라 자본조달방법이 결정된다. 예를 들어 보통주나 우선주를 발행하여 조달할 것인가 아니면 국제자본시장에서 회사채를 발행하여 조달할 것인가의 문제는 자본비용에 따라 결정된다.

셋째, 자본비용은 최적자본구조를 결정하는 기준이 된다. 투자에 소요되는 자금의 조달결과는 자본구조로 집약되므로 합리적인 자금조달은 최적자본구조를 이루는 기반이 되는데, 최적자본구조는 조달된 자금의 평균자본비용이 가장 작은 상태에서만 실현될 수 있다. 그런데 재무관리이론에서는 기업가치의 평가를 자본구조 상태로 평가하기도 하는데, 이러한 관점에서는 최적자본구조를 이루었을 때 기업가치가 가장 높다고 평가한다. 이와 같이 최적자본구조에 의한 기업가치평가는 평균자본비용이 가장 낮을 때 가장 높게 평가하므로 자본비용이 최적자본구조를 이루는 기준이 된다.

넷째, 자본비용은 제반 재무의사결정에 중요한 영향을 미친다. 즉 자본비용은 적정배당결정, 리스금융의 이용여부, 운전자본정책 등에 있어서 중요한 고려요인이 된다.

## 제 2 절 자본비용의 계산

### 1. 원천별 자본비용

#### 1) 부채의 자본비용

부채의 자본비용, 즉 부채비용(cost of debt)은 타인자본비용이라고도 하는데, 이는 기업이 부채 즉 타인자본을 사용한 대가로 지불하는 비용으로 새로 부채를 조달하고자 할 때 채권자들이 요구하는 수익률과 같은 의미를 지닌다. 부채의 자본비용은 조달한 부채에 대한 이자율이라고 할 수 있으므로 기업의 자기비용과는 달리 직접적으로 관찰이 가능하다.

일반적으로 이자는 부채(타인자본)조달 시 특별한 조건을 제시하지 않은 이상은 만기까지 일정한 금액을 지급하는 것이 상례이다. 따라서 부채의 자본비용은 부채총액(타인자본 조달액)에 대해 매년 지급하는 이지지급액의 비율로 계산할 수 있다. 즉 부채의 자본비용은 타인자본 사용액에 대한 이자율로서, 법인세를 고려하지 않은 경우의 차입금의 자본비용은 식(8-1)과 같다.

그런데 영업활동으로부터 얻는 수익에서 비용을 차감한 세전이익은 법인세과세대상이 되고 채권자에게 지급되는 이자지급액은 비용에 속하므로 과세대상에서 제외된다. 따라서 부채비용 산출 시 영업이익에서 이자비용을 차감하여 감세효과(tax shield effect)를 고려하여야 하는데, 이와 같이 법인세를 고려한 경우의 차입금의 자본비용은 식(8-2)과 같다.

$$k_d = i = \frac{I}{B} \tag{8-1}$$

$$k_d = i(1-t_c) = \frac{I}{B}(1-t_c) \tag{8-2}$$

$k_d$ : 부채의 자본비용
$i$ : 이자율
$I$ : 이자지급액
$B$ : 부채(회사채 : Bond)조달액
$t_c$ : 법인세율

〈예제 8-1〉 SS사는 A은행으로부터 10억원을 차입하여 사용함으로써 매년 1억원의 이자를 지급하고 있다. 법인세율이 40%라고 하면 이 기업의 차입금의 자본비용은 얼마인가?

$$kd = I/B(1-t_c) = 1/10(1-0.4) = 6(\%)$$

기업이 발행한 회사채의 경우 회사채의 만기수익률이 부채비용이 된다. 왜냐하면 부채비용은 자본을 조달하는 기업의 입장에서는 부담인데 반해 만기수익률은 채권자 입장에서는 대가이기 때문이다. 그러나 채권자들의 요구수익률인 만기수익률과 기업의 입장에서 본 자본비용에는 차이가 있다. 왜냐하면 기업의 경우 회사채에 대한 이자는 비용으로 처리되어 세금공제가 되기 때문이다. 따라서 회사채를 통한 부채비용은 이자비용이 감세대상임을 고려하여 식(8-3)과 같이 나타낼 수 있다.

$$P_0 = \sum_{t=1}^{n} \frac{C}{(1+k_b)^t} + \frac{F}{(1+k_b)^n}$$

$P_0$ : 채권의 현재가격
$C$ : 표면이자
$F$ : 액면가
$k_b$ : 만기수익률

기업의 세후 부채비용 $= k_b(1-t_c)$ (8-3)

$t_c$ : 법인세율

〈예제 8-2〉 SS사는 액면 100억원, 표면이율 5%인 3년 만기 회사채를 발행하였다. SS사의 영업이익이 40억원이고 법인세율이 40%라고 하면, SS사의 세후 부채비용은 얼마인가?

| 구 분 | 금 액 |
|---|---|
| 영 업 이 익 | 40.0억원 |
| 지 급 이 자 | 5.0억원 |
| 세 전 순 이 익 | 35.5억원 |
| 법 인 세 | 14.2억원 |
| 순 이 익 | 21.3억원 |

기업의 세후부채비용 $= k_b(1-t_c) = 5(1-0.40) = 3.0\%$

SS사는 부채의 이자에 대한 손비처리로 2.0억원(5.0억원×0.4)의 절세효과를 얻을 수가 있었다. 만약 이자비용이 손비처리가 되지 않았다면 SS사는 아래와 같이 영업이익에 대해 바로 40%의 세금을 납부하여야 하므로 순이익은 19.5억원이 될 것이다. 이와 같이 기업의 세후 타인자본비용은 세전자본비용에 $(1-t_c)$를 곱해서 산출해야 한다.

| 구 분 | 금 액 |
|---|---|
| 영 업 이 익 | 40.0억원 |
| 지 급 이 자 | 5.0억원 |
| 세 전 순 이 익 | 35.5억원 |
| 법 인 세 | 16.0억원 |
| 순 이 익 | 19.5억원 |

### 2) 자기자본비용

자기자본비용(cost of equity)은 보통주를 발행하여 자본조달을 한 대가로 지급하는 자본비용으로 보통주의 자본비용이라고도 한다. 부채에 대한 이자율이 명시되어 있는 타인자본과 달리 자기자본비용은 자기자본에 대한 자본비용이 명시되어 있지 않기 때문에 측정하는데 애로가 있다. 따라서 일반적으로 자기자본비용은 자본자산가격결정모형(CAPM)이나 배당성장형모형을 이용하여 측정한다.

#### (1) CAPM을 이용한 자기자본비용의 측정

자기자본비용($Ke$)은 주주들이 투자한 주식에 대해 요구하는 기대수익률이므로 이는 자본자산가격결정모형($CAPM$)을 이용하여 측정할 수 있다.

$CAPM$에 의하면 보통주에 대해 투자자들이 요구하는 수익률 $Ke$는 다음과 같은 식으로 나타낼 수 있다.

$$K_e = R_f + [E(R_m) - R_f]\beta_i \tag{8-4}$$

$R_f$ : 무위험이자율
$E(R_m) - R_f$ : 시장위험프리이엄
$\beta_i$ : 베타계수

식(8-4)에서 보는 바와 같이 주식의 기대수익률은 무위험이자율 $R_f$, 시장위험프리이엄 $E(R_m) - R_f$, 그리고 베타계수라고 하는 $I$주식의 체계적위험 $\beta_i$에 의해 결정된다.

〈예제 8-3〉 SS사의 보통주는 한국거래소의 유가증권시장에서 30,000원에 거래되고 있으며, 베타추정치는 1.5이다. 그리고 현재 무위험이자율은 6%이고, KOSPI기대수익률은 8%이다. SS사의 자기자본비용은 얼마인가?

$$K_e = 6 + (8\text{-}6)1.5 = 9(\%)$$

이와 같이 $CAPM$을 이용한 자기자본비용의 측정방법은 위험을 명시적으로 고려함과 더불어 모든 공개기업에 적용될 수 있다는 장점이 있는 반면에, 시장위험프리미엄과 베타계수를 추정함에 있어서 그 추정이 불완전할 수 있음에 따라 발생할 수 있는 자본비용의 부정확성의 문제점을 지니고 있다.

**(2) 배당성장모형을 이용한 측정**

자기자본비용은 배당성장모형(dividend growth model)을 이용하여 구할 수 있다. 성장에 필요로 되는 재원은 내부자금으로만 조달되고 배당 $d$가 $g$%의 비율로 성장한다고 하면, 주식가격 $P_0$은 다음과 같은 식으로 나타낼 수 있다.

$$P_0 = \frac{d_1}{K_e - g} \tag{8-5}$$

식(8-5)를 $k_e$에 관해 정리하면 다음과 같다.

$$k_e = \frac{d_1}{P_0} + g \tag{8-6}$$

$d_1$ : 기말의 기대배당금, $P_0$ : 보통주의 시장가치
$k_e$ : 보통주의 자본비용 $g$ : 성장률

식(8-6)에서 보는 것처럼 자기자본비용은 배당수익률($d_1/P_0$)과 성장률의 합으로 구성됨을 알 수 있다. 이와 같이 배당성장모형을 이용하기 위해서는 성장률 $g$를 추정해야 하는데, 이의 추정방법으로는 과거성장률을 사용하는 방법과 미래성장률에 대해 예측하는 방법 등이 있다.

**〈예제 8-4〉** SS사의 기말 주당배당금은 1,500원, 현재 유가증권시장에서 형성되는 주가는 30,000원이다. SS사는 매년 5%씩 배당을 일정하게 증가시켜 지급할 예정이고 주당 발행비용은 3%로 예상된다. 이와 같은 경우 SS사의 보통주의 자기자본비용은 얼마인가?

$$k_e = \frac{1,500}{30,000} + 0.05 = 10\%$$

배당성장모형을 이용한 자기자본비용의 측정은 이해하기 쉽고 현실적이어서 이용하기 편리한 장점이 있는 반면, 배당이 지속적으로 동일하게 증가한다는 비현실적인 가정을 전제로 한다는 점에서 한계가 있다.

### 3) 유보이익의 자본비용

유보이익은 순이익 중에서 배당으로 지급되고 남는 부분으로, 기업운영자금이나 투자자금으로 사용된다. 이와 같이 유보이익을 통한 자본조달은 기업내부에서 이루어지는 것이므로 비용이 들지 않는다고 생각하기 쉬우나, 실질적으로 유보이익을 사용하는 데에는 기회비용이 존재한다. 즉 유보이익은 주주에게 배당으로 지급할 것을 기업이 재투자를 위하여 유보한 것이므로, 주주는 유보된 이익을 동일한 위험을 가진 다른 기업에 투자하여 얻을 수 있는 수익률만큼을 그 유보된 이익에 대하여 요구하게 될 것이다.

만약 유보이익에 대한 재투자수익률이 보통주의 자본비용보다 낮다면 기업은 기업가치의 하락을 방지하기 위하여 이익을 유보하지 않고 모두 배당으로 지급할 것이며, 이 때 주주는 배당으로 수령한 자금을 동일한 위험을 가진 다른 기업에 투자하여 최소한 보통주의 자본비용만큼의 수익률을 얻고자 할 것이다. 따라서 보통주의 자본비용이 유보이익에 대한 최소한의 수익률이 된다. 이와 같이 유보이익의 자본비용은 보통주의 자본비용과 동일하므로, 유보이익의 자본비용을 구하는 방법도 자기자본비용을 구하는 방법과 같다.

#### 4) 우선주의 자본비용

우선주의 자본비용은 우선주로 조달한 자본의 사용대가로 주당배당금을 순발행가격으로 나누어 구한다. 우선주의 배당은 통상 보통주의 배당보다 좀더 높고 우선하여 지급하는 확정배당의 특성을 가지고 있기 때문에, 우선주는 만기가 없는 영구사채와 같은 성격을 지니고 있다.

기업이 영구히 존속하여 일정한 우선주의 배당액이 영원히 지급된다고 가정하면, 아래와 같이 우선주의 자본비용을 구하는 식을 구할 수 있다.

$$P_p = \frac{D_p}{(1+k_P)^1} + \frac{D_p}{(1+k_p)^2} + \ldots + \frac{D_p}{(1+k_p)^{\infty}} \qquad (8\text{-}7)$$

$k_p$ : 우선주의 자본비용
$D_p$ : 우선주의 주당배당금
$P_p$ : 우선주의 주당가격

식(8-7)의 양변에 $(1+k_p)$를 곱하면 다음과 같은 식이 성립한다.

$$P_p(1+\mathrm{k}_p) = D_p + \frac{D_p}{(1+k_p)} + \ldots + \frac{D_p}{(1+k_p)^{\infty-1}} \qquad (8\text{-}8)$$

식(8-8)에서 식(8-7)을 차감하면 다음과 같은 식이 성립한다.

$$P_p(1+k_p) - P_p = D_p - \frac{D_p}{(1+k_p)^{\infty}} \tag{8-9}$$

식(8-9)에서 $(1+k_p)^{\infty}$이 무한대로 접근하면 $D_p/(1+k_p)^{\infty}$는 0이 되므로 식(8-9)는 다음과 같이 정리할 수 있다.

$$P_p\, k_p = D_p \quad \text{따라서}$$

$$k_p = \frac{D_p}{P_p} \tag{8-10}$$

$$k_p = \frac{D_p}{P_p(1-f_p)} \tag{8-11}$$

$k_p$ : 우선주의 자본비용
$D_p$ : 우선주의 주당배당금
$P_p$ : 우선주의 주당가격
$f_p$ : 우선주의 발행비용

우선주의 자본비용을 구하는 기본식은 식(8-10)이고, 발행비용이 고려된 경우에는 식(8-11)이 된다.

**〈예제 8-5〉** SS사는 주당배당금 1,500원을 지급하는 우선주를 15,000원에 발행하려고 한다. 주당 발행비용이 10%라고 하면 우선주의 발행비용은 얼마인가?

$$k_p = \frac{1,500}{15,000(1-0.10)} = 11.0(\%)$$

## 2. 가중평균자본비용

기업이 여러 가지의 원천으로부터 구한 자본비용을 각 자본의 구성비율에 따라 가중한 기업전체의 자본비용을 가중평균자본비용(WACC: weighed average cost of capital)이라고 한다.

가중평균자본비용은 투자안의 현금흐름을 현재가치로 환산하는데 사용되는 할인율이며 또한 투자안의 경제적 가치를 평가하는데 사용되는 필수수익률로서 자금원천별 자본비용을 자본구성비율에 따라서 가중평균한 값이다. 이와 같이 가중평균자본비용은 투자결정이나 기업가치산출을 결정할 때 단일의 자본비용으로 간주해서 사용하므로 총자본비용의 의미를 지니고 있다. 가중평균비용 또는 총자본비용은 다음과 같이 산출된다.

$$WACC = W_d\,k_d + W_p\,k_p + W_c\,k_c + W_e\,k_e \tag{8-12}$$

$WACC$ : 가중평균자본비용
$W_d$ : 부채의 구성비율
$W_p$ : 우선주의 구성비율
$W_c$ : 보통주의 구성비율
$W_e$ : 유보이익의 구성비율

가중평균자본비용은 산출에 사용되는 가중치(weight)의 산출기준을 어디에 두느냐에 따라 장부가치에 의한 가중치, 시장가치에 의한 가중치 및 목표가중치로 나누어 산출한다.

### 1) 장부가치기준

장부가치(book value)에 의한 가중치는 원천별 자본의 장부가치를 총자본의 장부가치로 나누어 산출한다.

〈예제 8-6〉 SS사의 장부가치에 의한 자본구조가 다음과 같은 경우 가중평균자본비용($WACC$)는 얼마인가?

| 자본원천 | 장부가치 | 자본비용 |
|---|---|---|
| 부 채 | 30,000,000 | 5.16 |
| 우선주(5,000원 ×1,000주) | 5,000,000 | 12.40 |
| 보통주(5,000원 ×4,000주) | 20,000,000 | 18.20 |
| 유보이익 | 5,000,000 | 14.00 |
| 합 계 | 60,000,000 | |

$$WACC = (30/60)(5.16) + (5/60)(12.4) + (20/60)(18.2) + (5/60)(14.0)$$
$$= 10.76(\%)$$

### 2) 시장가치기준

시장가치(market value)에 의한 가중치는 원천별 시장가치를 원천별 시장가치의 합계액으로 나누어 산출한다.

이와 같은 시장가치기준에 의한 가중평균비용 산출은 시장가치가 장부가치보다 실질가치를 잘 반영하고 증권시장에서 객관적으로 평가되어 시가에 반영되기 때문에, 앞에서 언급한 장부가치기준에 의한 가중평균비용 산출보다 타당한 방법으로 평가받고 있다.

〈예제 8-7〉 앞의 〈예제 8-6〉에서 제시한 우선주의 시장가치는 주당 9,000원이고 보통주는 10,000원이다. 이 경우 시장가치기준에 의한 가중평균자본비용은 얼마인가?

| 자본원천 | 시장가치 |
|---|---|
| 부 채 | 30,000,000 |
| 우선주(9,000원 ×1,000주) | 9,000,000 |
| 보통주(10,000원 ×4,000주) | 40,000,000 |

그런데, 이 경우 시장가치 40,000,000에는 유보이익의 시장가치가 포함되어 있으므로 최초의 자본구조에서 보통주와 유보이익의 비율인 4 : 1(20,000,000 : 5,000,000)로 나누어야 한다. 이에 따라 가중평균자본

비용은 다음과 같다.

| 자본원천 | 시장가치 | 가중치 | 자본비용 | 가중비용 |
|---|---|---|---|---|
| 부 채 | 30,000,000 | 37.97 % | 5.16% | 1.95% |
| 우 선 주 | 9,000,000 | 11.39 | 12.40 | 1.41 |
| 보 통 주 | 32,000,000 | 40.51 | 18.20 | 7.37 |
| 유보이익 | 8,000,000 | 10.13 | 14.00 | 1.41 |
| | 79,000,000 | 100.00% | $WACC$ = 12.14% | |

#### 3) 목표가중치

기업의 시장가치를 극대화할 수 있는 별도의 최적자본구조가 별도로 존재할 경우에는 이 최적자본구조를 목표로 하여 신규자본을 조달할 수 있다. 따라서 기업이 목표자본구조를 결정한다면 이를 기준으로 가중평균자본비용을 산출하는 것이 바람직하다.

## 제 3 절 한계자본비용과 투자기회선

### 1. 한계자본비용

한계자본비용(MCC: marginal cost of capital)은 기업이 필요로 하는 소요자본 한 단위를 추가적으로 조달할 때 발생하는 자본비용을 의미하는데, 새로운 자본투자액에 대한 원천별 한계자본비용을 가중평균한 것을 가중한계자본비용(WMCC : weighted marginal cost of capital)이라고 한다. 따라서 새로운 투자안에 적용되는 가중평균자본비용은 가중한계자본비용을 의미한다.

기업이 추가로 자본을 조달할 경우 발생되는 한계자본비용은 기업이 이미 조달한 자본에 대한 평균자본비용(averaged cost of capital)과 항상 일치하는 것은 아니다. 일정기간 동안 새로이 추가로 조달되는 자본의 규모가 증가할수록 원천별 한계자본비용이 증가하고 이에 따라 가중한계자본비용도 증가한다. 가중한계자본비용은 다음과 같은 과정을 거쳐 산출된다.

첫째, 원천별로 조달할 자금비율을 결정한다.

둘째, 원천별로 자본비용의 증가가 발생하는 분기점(break-even point)을 계산한다.

셋째, 분기점 중심으로 각 구간별로 원천별 자본비용을 계산한다.

넷째, 각 구간별로 자본조달 규모의 증가에 따라 달라지는 가중평균 한계비용을 구한다.

일반적으로 분기점을 기준으로 원천별로 한계자본비용이 가장 낮은 순서의 자본을 먼저 조달한다. 즉 자본비용이 낮은 부채를 먼저 조달하고, 유보이익, 보통주 순서로 조달한다. 보통주발행에 의해 외부로부터 자본을 조달할 때에는 발행비용 때문에 유보이익에 비해 높은 자본비용이 발생한다. 따라서 자본비용이 낮은 유보이익으로부터 먼저 필요한 자본을 조달한다.

〈예제 8-8〉 SS사는 현재 기초의 재무상태표상 회사채와 보통주가 각각 5,000만원, 4,000만원이고, 금년도 내부유보액이 2,500만원이다. SS사는 자기자본과 부채의 구성비율이 50: 50인 자본구조를 목표자본구조로 생각하고 있다. 그리고 기대성장률은 8%이고 당기말 주당배당금은 200원으로 예상된다. 주가는 주당 5,000원이고 법인세율은 30%이다. SS사가 추가로 자본을 조달할 경우 회사채의 세전자본비용은 2,500만원까지는 6%이고, 추가로 2,500만원을 더 조달한 경우는 8%, 또 추가로 2,500만원을 조달하면 자본비용은 2%가 추가된다. 한편 보통주의 발행비는 10%이고 2,500만원을 초과할 때마다 2%씩 감소한다. 추가자본조달에 따른 가중한계비용은 얼마인가?

부채의 자본비용 : $k_d = i(1-t_c)$

2,500만원까지 6% : $k_d$ = 0.06(1-0.3) = 0.042

5,000만원까지 8% : $k_d$ = 0.08(1-0.3) = 0.056

7,500만원까지 10% : $k_d$ = 0.10(1-0.3) = 0.07

유보이익의 자본비용 : $k_e = \frac{d_1}{P_0} + g$

$$k_e = \frac{200}{5,000} + 0.08 = 0.120$$

보통주의 자본비용 : $k_e = \frac{d_1}{P_0(1-f_c)} + g$

2,500만원까지 : $k_e = \frac{200}{5,000(1-0.1)} + 0.08 = 0.124$

5,000만원까지 : $k_e = \frac{200}{5,000(1-0.08)} + 0.08 = 0.123$

7,500만원 초과 : $k_e = \frac{200}{5,000(1-0.06)} + 0.08 = 0.122$

| | 가중치 | 2,500만원까지 | 2,500만원~5,000만원 | 7,500만원초과 |
|---|---|---|---|---|
| 부 채<br>자기자본 | 0.5<br>0.5 | 0.5×0.042=0.021<br>0.5×0.120=0.060 | 0.5×0.056=0.028<br>0.5×0.123=0.062 | 0.5×0.07=0.035<br>0.5×0.122=0.061 |
| 가중한계<br>자본비용 | | 0.081 | 0.090 | 0.096 |

[그림 8-1] 가중한계비용

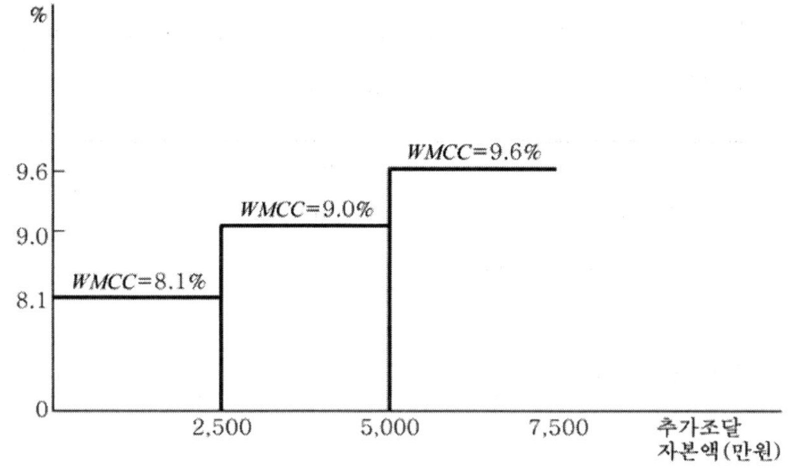


## 2. 한계자본비용선과 투자기회선

한계자본비용(marginal cost of capital)은 최적자본예산(optimal capital budgeting)에 활용된다. 여기서 한계자본비용선(MCC : marginal cost of capital schedule)은 신규자본의 규모가 증감함에 따른 가중한계자본비용의 변화를 나타내는 선으로, 신규자본조달규모가 증가함에 따라 변화한다.

한편, 투자기회선(IOS : investment opportunity schedule)은 고려중인 투자안으로부터 기대되는 투자수익률, 즉 내부수익률의 크기 순서에 따라 나타낸 선을 말하는 데, 이와 같은 투자기회선(IOS)은 수확체감의 원리에 따라 감소하는 모양을 나타내므로 투자안의 선택은 내부수익률이 큰 순서대로 행해진다.

최적자본예산은 기업가치를 극대화하는 투자안과 투자규모의 결정을 의미하는데, 이는 앞에서 언급한 증가하는 한계자본비용선(MCC)과 감소하는 투자기회선(IOS)이 만나는 수준에서 결정된다.

〈예제 8-9〉 SS사는 〈예제 8-8〉에서 얻은 한계자본비용을 고려하여 다음 표와 같은 투자안에 대해 투자를 고려하고 있다. 내부수익률과 투자액이 다음과 같을 때, 투자기회선과 한계자본비용선을 나타내고 최적 자본예산이 결정되는 관계를 설명하시오.

| 투자안 | A | B | C | D |
|---|---|---|---|---|
| 투자액(만원) | 1,600 | 1,200 | 1,000 | 2,200 |
| 내부수익률(%) | 10.5 | 9.8 | 9.0 | 8.5 |

[그림 8-2] 한계자본비용선과 투자기회선

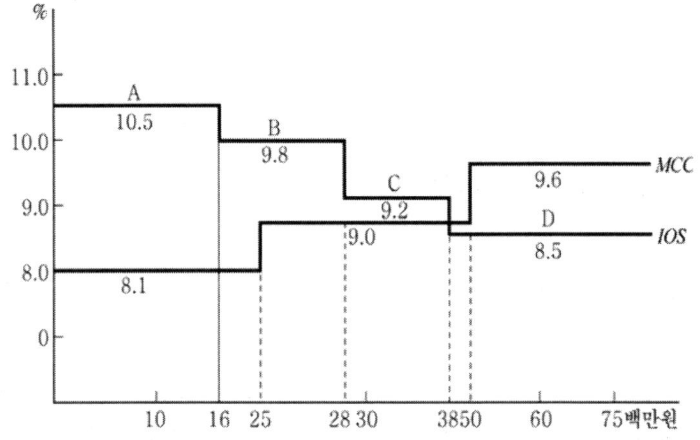


최적자본예산은 한계자본비용선과 투자기회선이 교차하는 점에서 결정된다. 따라서 네 개의 투자안 가운데 투자기회선이 한계자본비용선보다 큰(내부수익률이 가중한계자본비용을 초과하는) A, B, C투자안은 채택되고, 투자안 D는 기각된다. 최적투자규모는 3,800만원이고 기업의 자본비용은 8.7%이다.

## 중요개념 및 용어

| | | |
|---|---|---|
| 가중평균자본비용 | 자기자본비용 | 최저요구수익률 |
| 기대수익률 | 자본비용 | 타인자본비용 |
| 기회비용 | 자본환원율 | 할인율 |
| 요구수익률 | 최저필수수익률 | 유보이익의 자본비용 |
| 우선주의 자본비용 | 한계자본비용 | 한계자본비용선 |
| 투자기회선 | 최적자본예산 | |

## 연 습 문 제

1. 다음 용어에 대하여 설명하라.

| | | |
|---|---|---|
| 1) 자본비용 | 2) 자기자본비용 | 3) 유보이익 |
| 4) 가중평균자본비용 | 5) 한계자본비용 | 6) 가중한계자본비용 |
| 7) 한계자본비용선 | 8) 투자기회선 | 9) 최적자본예산 |

2. 재무관리에 있어서 자본비용의 기능에 대하여 서술하라.

3. 자기자본비용의 계산방법에 대하여 서술하라.

4. 자기자본비용의 계산 시 CAPM을 이용한 측정과 배당성장모형을 이용한 측정의 장·단점을 비교하여 서술하라.

5. SS사는 액면가 200억원 표면이율 4%인 3년만기 회사채를 발행하였다. SS사의 영업이익이 80억원이고 법인세율이 20%라고 하면, SS사의 세후 부채비용은 얼마인가?

6. SS사의 보통주는 거래소의 유가증권시장에서 40,000원에 거래되고 있으며, 베타추정치는 1.2이다. 현재 무위험이자율이 4%이고, KOSPI기대수익률이 6%라고 하면, CAPM을 이용한 SS사의 자기자본비용은 얼마인가?

7. SS사의 지난번 주당배당금은 2,000원이고 현재 거래소의 유가증권 시장에서 형성되고 있는 주가는 40,000원이다. SS사는 매년 4%씩 배당을 일정하게 증가시켜 지급할 예정이고 주당 발행비용이 2%로 예상된다면 배당성장모형을 이용한 SS사의 보통주의 자기자본비용은 얼마인가?

8. SS사는 20억원의 자금 중 10억원은 자기자본으로, 10억원은 표면이율 4%의 회사채를 발행하여 각각 조달하였다. 자기자본비용이 8%, 법인세율이 20%라고 하면 SS사의 가중평균자본비용은 얼마인가?

# 제 9 장

# 자 본 구 조

본 장에서는 기업이 필요한 자금을 어떤 자본으로 조달하는 것이 가장 유리한가를 밝히는 자본구조이론에 대하여 알아보고자 한다. 즉, 다양한 자본조달원천을 어떠한 비율로 결합하는 것이 기업의 목표에 부합되며 기업가치를 극대화시킬 수 있는지에 대해 알아본다.

먼저 자본구조의 의미와 자본구조이론의 쟁점을 알아본 후, 자본구조이론의 기본개념 및 1958년과 1963년에 발표한 본 이론의 선구자인 밀러와 모디글리아니(M. Miler and Modigliani: 이하 MM이론이라 약칭함)의 주장을 살펴보고 법인세를 고려한 경우의 수정이론과 대리인비용 등 현실적인 요인을 고려한 경우의 최적자본구조이론 등에 대해 살펴본다.

# 제 1 절 자본구조의 기본개념

## 1. 자본구조의 의의

기업활동에 필요한 소요자금을 적절한 시기에 합리적 비용으로 조달하는 것은 재무관리담당자가 해결해야 할 중요한 과제중의 하나인데, 기업의 소요자금을 어떤 원천으로부터 조달하느냐에 따라 기업의 자본구조는 달라진다.

자본구조(capital structure)는 광의로는 재무상태표의 대변항목 중에서 단기성부채(예를 들어 외상매입금, 지급어음, 단기차입금 등)를 제외한 장기부채와 자본금 및 잉여금의 구성상태, 즉 장기자본조달원천(보통주, 우선주, 장기부채, 유보이익 등)간의 구성상태 및 결합관계를 의미하고, 협의로는 자본조달원천을 자기자본과 타인자본으로 구분 시 이들간의 구성상태 및 결합관계를 말한다.[1] 따라서 자본구조의 문제는 자기자본과 타인자본을 어떤 비율로 결합해야 하는 것이 문제이다.

기업의 총가치는 타인자본의 시장가치와 자기자본의 시장가치의 합으로 정의되므로 자본구조문제는 기업가치와의 관계에서 취급된다. 기업가치는 기업활동으로부터 발생되는 현금흐름을 가중평균자본비용으로 할인한 값이므로, 기업가치를 극대화하는 자본구조는 가중평균비용을 최소화하는 자본구조를 의미한다.

이와 같이 자본구조를 변경함으로써 가중평균자본비용을 최소화시킬 수 있다면 자본구조는 기업가치의 극대화에 기여한다고 말할 수 있다.

1) 자본구조와 유사한 개념으로 재무구조(financial structure)가 있는데, 이는 재무상태표상에 나타나는 모든 자본조달 원천(보통주, 우선주, 회사채, 장기차입금, 단기차입금, 외상매입금, 유보이익 등)의 구성을 의미한다.

따라서 자본구조의 과제는 자본구조가 기업의 시장가치에 어떠한 영향을 미치는가에 있다. 바꿔 말하면 기업가치를 극대화하는 최적자본구조(optimal capital structure)를 어떻게 형성하는가의 문제이다. 이와 관련하여 이론적으로 접근하는 이론을 자본구조이론(capital structure theory)라고 한다.

## 2. 재무레버리지효과

레버리지(leverage)란 지렛대이나 경영학에서는 지렛대역할의 원리를 설명하는 용어로 사용된다. 즉 지렛대는 받침대의 위치가 어디 있느냐에 따라 지렛대의 움직임이 상대편 물체의 움직임의 크기를 다르게 하는 것처럼, 레버리지는 차입금, 사채 등의 고정재무비용과 기계, 설비 등의 고정영업비용이 기업경영에서 지렛대와 같은 중심적 작용을 하는 것을 의미한다.

앞에서 언급한 것처럼 자본구조이론의 핵심은 기업가치 극대화를 가져오는 타인자본의존도, 즉 레버리지를 찾는데 집중된다. 일반적으로 부채사용을 증가시킬수록 부채비용이 자기자본비용보다 저렴한 이점, 그리고 지급이자의 회계상 비용처리로 발생하는 감세효과의 이점을 얻을 수 있다. 그러나 부채가 증가함에 따라 지급이자라는 고정재무비용이 증가하게 된다. 그런데 고정재무비용은 영업이익(EBIT: earnings before interest and taxes)이 변동함에 따라 주당순이익(EPS : earnings per stock)을 더욱 확대시키는 손익의 확대효과를 가져오게 되는데, 이를 재무레버리지효과(financial leverage effect)라고 한다.

경영성과가 좋은 경우에는 레버리지가 높을수록 주당이익을 확대시키는 긍정적 효과를 가져온다. 그러나 다른 한편에서는 경영환경에 변화가 생길 경우 레버리지가 높을수록 주당이익의 변동성이 증대되어 주주이익의 불확실성이 증대된다. 즉 재무레버리지 효과가 커질수록 재무위험이 증가할 수도 있다. 이는 앞서 4장에서 살펴본 바 있지만 다시

한번 〈예제 9-1〉을 통해서 확인할 수 있다.

**〈예제 9-1〉** SS사는 10억원(10,000원×100,000주)을 모두 자기자본으로 조달하여 기업을 운영하여 왔다. 이번에 5억원의 회사채를 6%의 표면금리로 발행하고, 그 자금으로 자사주매입을 통해 목표 재무비율을 50 : 50으로 하기로 결정하였다. 향후 SS사의 영업이익($EBIT$)은 호황일 때에는 1억원, 정상일 때에는 6,000만원, 그리고 불황일 때에는 3,500만원이 예상되며, 이러한 경기상황이 발생할 확률은 각각 1/3이라고 한다. 법인세가 없다고 가정할 때, 자본구조변경 전과 변경 후의 경기상황에 따른 영업이익($EBIT$)과 주당순이익($EPS$)은 각각 얼마인가?

(단위: 만원)

| | 자본구조 변경전 | | | 자본구조 변경후 | | |
|---|---|---|---|---|---|---|
| | 호황 | 정상 | 불황 | 호황 | 정상 | 불황 |
| 영업이익 | 10,000 | 6,000 | 3,500 | 10,000 | 6,000 | 3,500 |
| 이 자 | 0 | 0 | 0 | 3,000 | 3,000 | 3,000 |
| 순 이 익 | 10,000 | 6,000 | 3,500 | 7,000 | 3,000 | 500 |
| $EPS$ | 1,000 | 600 | 350 | 1,400 | 600 | 100 |

〈예제 9-1〉에서 영업이익은 동일하지만 자기자본과 타인자본의 비율을 100 : 100에서 50 : 50으로 변경시킴으로써 주당순이익($EPS$)이 자본변경 후에 경기상황에 따라 더 크게 변동함을 알 수 있다. 이를 그림으로 나타내면 [그림 9-1]과 같다.

[그림 9-1]에서 보는 바와 같이 부채가 없는 경우보다 부채가 있는 경우가 기울기가 더 가파르다는 것을 알 수 있다. 이는 재무레버리지로 인해 영업이익의 변화에 따라 순이익이 보다 더 민감하게 반응하기 때문이다. 즉 영업이익이 6,000만원일 때에는 두 경우의 $EPS$가 동일하지만, 영업이익이 6,000만원 이상일 때에는 재무레버리지로 인해 부채사용이 더 유리하게 작용하며, 영업이익이 6,000만원 이하일 때에는 부채사용이 오히려 불리하게 작용하고 있다는 것이다.

[그림 9-1] 재무레버리지

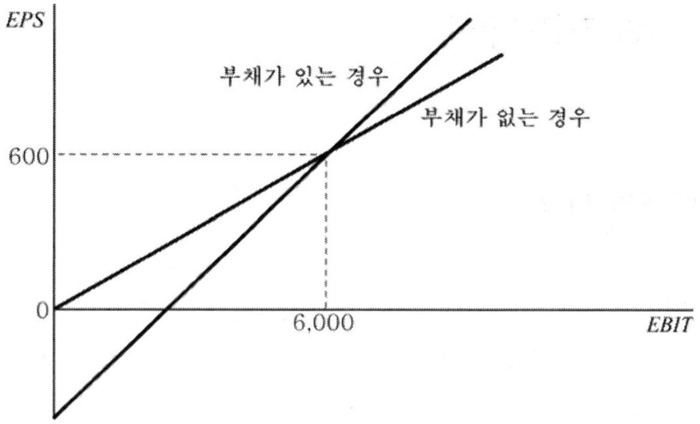


이와 같이 기업이 부채를 사용할 경우 주주이익에 레버리지효과를 야기시키기 때문에 자본구조이론은 자본비용과 레버리지, 기업가치와 레버리지의 관계를 규명하는 것이라고 할 수 있다. 즉 기업가치와 관련된 자본구조문제는 서로 다른 자본구조가 수반하는 재무레버리지의 차이가 기업의 가중평균자본비용( *WACC*)에 미치는 효과를 분석함으로써 가능해진다. 왜냐하면 동일한 기대수익을 가진 기업의 가치는 가중평균자본비용( *WACC*)의 크기에 반비례하며, 가중평균자본비용( *WACC*)을 최소화하는 점이 바로 기업가치를 최대화하는 자본구조이기 때문이다.

그러나 주당 순이익을 극대화시키는, 즉 기업의 가치를 극대화시키는 타인자본비율로 자본구조를 선택하는 것이 그리 쉬운 문제는 아니다. 타인자본사용비율에 따라 기업가치가 어떻게 변화하는가에 대한 관심이 재무관리 연구자들의 오랫동안의 주된 관심사였으나, 아직까지도 논란의 대상이 되고 있다. 얼마만큼의 타인자본비율 하에서 기업의 가치가 극대화된다는 일반화된 이론이 존재하고 있지 않기 때문이다.

## 제 2 절 초기의 자본구조이론

### 1. 자본구조이론의 의의

앞에서 언급한 것처럼 자본구조이론은 기업가치에 영향을 미치는 모든 영향이 일정한 경우에 기업의 타인자본비율, 즉 재무레버리지의 변화에 따라 기업의 가치와 기업의 자본조달비용이 어떻게 변할 것인가를 설명하는 이론이다.

자본구조에 대한 여러 이론들은 다음과 같은 가정을 전제로 하고 있다.

첫째, 기업의 법인세, 파산비용 투자자의 개인소득세는 존재하지 않는다.

둘째, 기업의 자본구조는 자기자본과 타인자본으로만 구성되며 자본구조를 즉각 변화시킬 수 있다. 즉 기업은 거래비용없이 회사채를 발행하여 보통주를 매입하거나, 보통주를 발행하여 회사채를 상환함으로써 총자본의 변화없이 필요한 경우 자본구조를 즉시 변경시킬 수 있다.

셋째, 기업의 순이익은 모두 배당으로 지급되므로 순영업이익은 이자와 배당으로 나누어진다.

넷째, 기업의 미래영업이익에 대한 모든 투자자들의 기대는 동일하다.

다섯째, 기업의 영업이익은 일정하다.

이와 같은 가정 하에서 타인자본비용($K_d$), 자기자본비용($K_s$) 및 총자본환원율(overall capitalization rate, $K_o$)은 다음과 같다.

$$K_d = \frac{I}{B} = \frac{\text{연간의 이자비용}}{\text{타인자본의 시장가치}} \tag{9-1}$$

$$K_s = \frac{E}{S} = \frac{\text{순이익}}{\text{주식의 시장가치}} \tag{9-2}$$

$$K_o = \frac{O}{V} = \frac{\text{순영업이익}}{\text{기업의 총시장가치}} \tag{9-3}$$

여기서 $V = B + S$이고, $O = I + E$이므로 가중평균자본비용($WACC$)은

$$WACC = K_o = K_d \cdot \frac{B}{(B+S)} + K_s \cdot \frac{S}{(B+S)} \tag{9-4}$$

식(9-4)에서 재무레버리지 B/S의 변화에 따라 $K_d$, $K_s$ 및 $K_o$가 어떻게 변하는지 그리고 그에 따라 기업가치가 어떻게 변화되는지를 살펴보는 것이 자본구조이론인데, 이에는 순이익 접근법, 순영업이익 접근법, 전통적 접근법 등이 있다.

## 2. 순이익접근법

순이익접근법(net income approach)은 부채의 이용과 관계없이 타인자본비용 $K_d$와 자기가본비용 $K_s$는 일정하기 때문에 상대적으로 저렴한 타인자본을 더 많이 사용하면 할수록 가중평균자본비용 $K_s$는 감소하고 기업가치 $V$는 증가한다는 견해이다.

[그림 9-2 ] 순이익 접근법

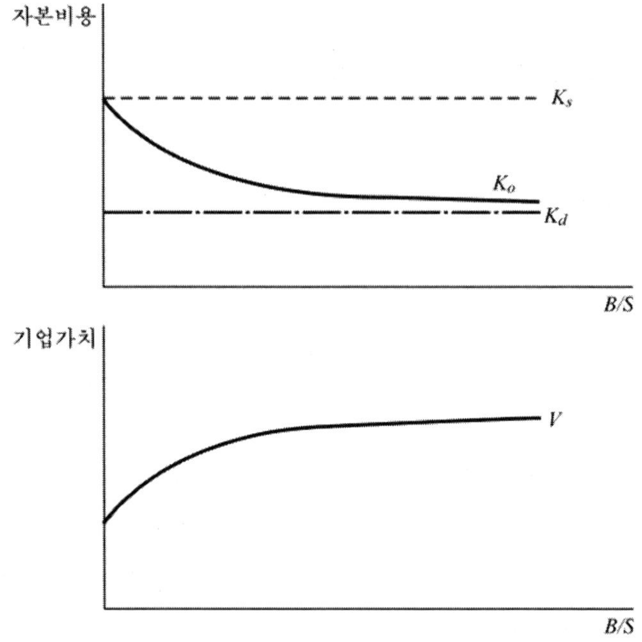


〈예제 9-2〉 SS사는 10억원을 모두 자기자본으로 조달하여 기업을 운영하여 왔다. SS사의 순영업이익은 8,000만원으로 기대되며, 자기자본비용은 12%라고 한다. 이제 5억원의 회사채를 6%의 표면이율로 발행하여 그 자금으로 자사주매입을 통해 목표재무비율을 50 : 50으로 하는 경우와 8억원의 회사채를 6%의 표면금리로 발행하여 그 자금으로 자사주매입을 통해 목표재무비율을 20 : 80으로 하는 경우에 이 기업의 가치가 어떻게 달라지는가?

(단, 법인세는 무시한다)

(단위 : 만원)

| 구 분 | 100% 자기자본 | 주식50 : 채권 50 | 주식20 : 채권80 |
|---|---|---|---|
| 순영업이익 | 8,000 | 8,000 | 8,000 |
| 이자 비용 | 0 | 3,000 | 4,800 |
| 순 이 익 | 8,000 | 5,000 | 3,200 |
| $K_d$ | 0.06 | 0.06 | 0.06 |
| $K_s$ | 0.12 | 0.12 | 0.12 |
| $K_o$ | 0.120 | 0.087 | 0.075 |
| 주식가치 S | 66,667 | 41,667 | 26,667 |
| 채권가치 B | 0 | 50,000 | 80,000 |
| 기업가치 V | 66,667 | 91,667 | 106,667 |

〈예제 9-2〉에서 부채조달이 증가할수록 기업가치가 계속 커지고 있음을 알 수 있다. 먼저 자본비율이 50 : 50이 되는 경우 가중평균자본비용은 12%에서 8.73%로 하락한다.

$$K_o = \frac{O}{V} = \frac{8,000}{91,667} = 8.73\% \text{ 또는}$$

$$K_o = K_d \cdot \frac{B}{(B+S)} + K_s \cdot \frac{S}{(B+S)}$$

$$= 0.06\frac{50,000}{(91,667)} + 0.12\frac{41,667}{(91,667)} = 8.73\%$$

한편 자본비율이 20 : 80이 되는 경우에는 가중평균자본비용은 8.73%에서 7.50%로 보다 더 하락한다.

$$K_o = \frac{O}{V} = \frac{8,000}{106,667} = 7.50\% \quad \text{또는}$$

$$K_o = 0.06\frac{80,000}{(106,667)} + 0.12\frac{26,667}{(106,667)} = 7.50\%$$

이와 같이 순이익 접근법에서는 타인자본비용 $K_d$와 $K_s$가 일정하다는 가정 하에서 보다 저렴한 자본조달수단인 부채의 사용이 증가함에 따라 가중평균자본비용 $K_o$는 하락하여 $K_d$에 근접하게 되어 기업가치를 증가시킬 수 있다는 것이다.

한편 순이익접근법은 기업이 타인자본을 사용하면 할수록 채무위험이 증가하여 타인자본비용($K_d$)과 자기가본비용($K_s$)이 증가하는 점을 무시하고 있다는 문제점이 있다. 즉 기업의 재무레버리지가 증가하여 재무위험이 커진 만큼 주주들은 더 큰 보상을 요구하게 되므로 기업의 자기자본비용은 증가하게 된다는 것이다.

## 3. 순영업이익 접근법

순영업이익 접근법(net operating income approach)은 기업이 타인자본을 증가시킴에 따라, 즉 재무레버리지(B/S)가 증가함에 따라 타인자본비용($K_d$)이 자기자본비용($K_s$)보다 낮다는 점에서 기업의 가중평균자본비용($WACC$)이 감소하는 효과와 재무레버리지(B/S)증가에 기인하여 재무위험이 커지기 때문에 자기자본비용($K_s$)이 증가하여 기업의 가중평균자본비용($WACC$)이 증가하는 효과가 동시에 나타난다는 것이다. 따라서 가중평균자본비용($WACC$)은 부채의 사용(재무레버리지)과 관계없이 항상 일정하며, 기업가치도 자본구조와 관계없이 일정하다는 것이다. 이와 같이 순영업이익 접근법에 의하면 최적자본구조는 존재하지 않는다.

**〈예제 9-3〉** SS사는 10억원을 모두 자기자본으로 조달하여 기업을 운영하여 왔다. SS사의 순영업이익은 8,000만원으로 기대되며, 자기자본비용은 12%라고 한다. 이제 4억원의 회사채를 6%의 표면이율로 발행하여 그 자금으로 자사주매입을 통해 목표재무비율을 60 : 40으로 하는 경우와 6억원의 회사채를 6%의 표면금리로 발행하여 그 자금으로 자사주매입을 통해 목표재무비율을 40 : 60으로 하는 경우에 이 기업의 가치가 어떻게 달라지는가?

(단, 법인세는 무시한다)

| 구 분 | 100% 자기자본 | 주식60 : 채권 40 | 주식40 : 채권60 |
|---|---|---|---|
| 순영업이익 | 8,000 | 8,000 | 8,000 |
| 이자 비용 | 0 | 2,400 | 3,600 |
| 순 이 익 | 8,000 | 5,600 | 4,400 |
| $K_o$ | 0.120 | 0.120 | 0.120 |
| 주식가치 $S$ | 66,667 | 26,667 | 6,667 |
| 채권가치 $B$ | 0 | 40,000 | 60,000 |
| 기업가치 $V$ | 66,667 | 66,667 | 66,667 |

〈예제 9-3〉에서 부채의 사용에 따라 채무위험이 증가하고 이에 따라 주가는 하락하며 주식의 시장가치는 감소한다. 자본비율이 60 : 40과 40 : 60이 되는 경우 자기자본비용(또는 자기자본환원율)은 21%와 66%로 각각 상승한다.

$$K_s = \frac{E}{S} = \frac{5,600}{26,667} = 21\%$$

$$K_s = \frac{E}{S} = \frac{4,400}{6,667} = 66\%$$

순영업이익 접근법에서는 [그림 9-3]에서 보는 바와 같이 자본구조와 관계없이 기업가치가 일정하다는 것을 알 수 있다.

[그림 9-3] 순영업이익 접근법

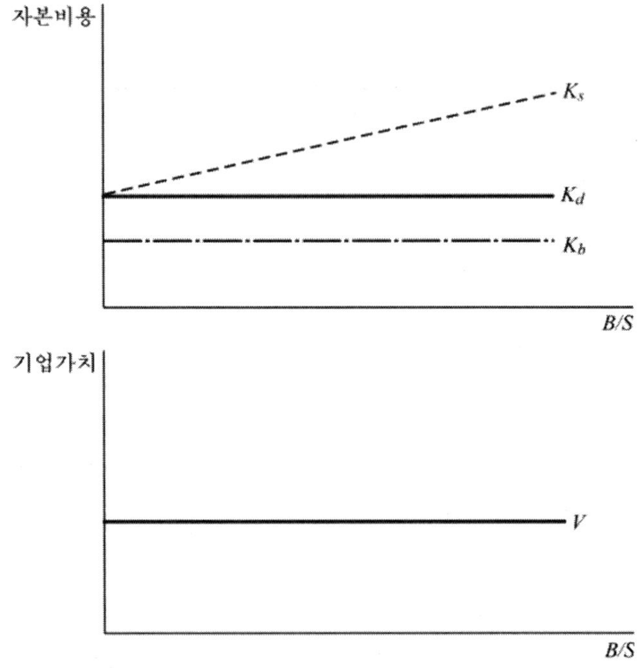


## 4. 전통적 접근법

전통적 접근법(traditional approach)은 기업이 부채를 사용하면 저렴한 자본비용의 효과와 재무레버리지(B/S)가 증가함에 따른 재무위험의 증가효과가 동시에 발생하게 되는데, 일정한 수준까지의 재무레버리지는 부채의 사용으로 인한 자본비용의 감소효과가 재무위험의 증대효과를 상쇄하고도 남기 때문에 가중평균자본비용( $WACC$)은 감소하고 기업가치는 증가한다는 것이다. 한편 부채를 과다하게 사용하여 재무레버리지가 일정수준을 초과하게 되면 부채의 사용으로 인한 자본비용의 감소효과가 재무위험의 증대효과보다 적게 되어 가중평균자본비용( $WACC$)은 증가하고 기업가치는 증가한다는 것이다. 이와 같이 전통적 접근법은 기업이 부채를 적절히 사용함으로써 최적자본구조를 유지할 수 있다고 주장한다.

[그림 9-4]에서 보는 것처럼 부채사용에 따른 자기자본비용($K_s$)의 상승은 저렴한 부채의 사용에 따른 이점을 완전히 상쇄할 정도로 크지 않기 때문에 $WACC$, $K_o$는 처음에는 재무레버리지증가에 따라 감소하나, 재무레버리지 비율이 어떤 점($X$) 이상으로 높아지면 자기자본비용($K_s$)의 증가는 저렴한 부채의 사용으로 인한 이점보다 더 커지고 $K_o$는 상승하기 시작한다. 부채의 사용이 더욱 증가하면 $K_o$의 상승은 더욱 커지게 된다. 따라서 $K_o$가 최저로 되는 점($X$)이 기업가치가 극대화되는 최적자본구조이다.

[그림 9-4] 전통적 접근법

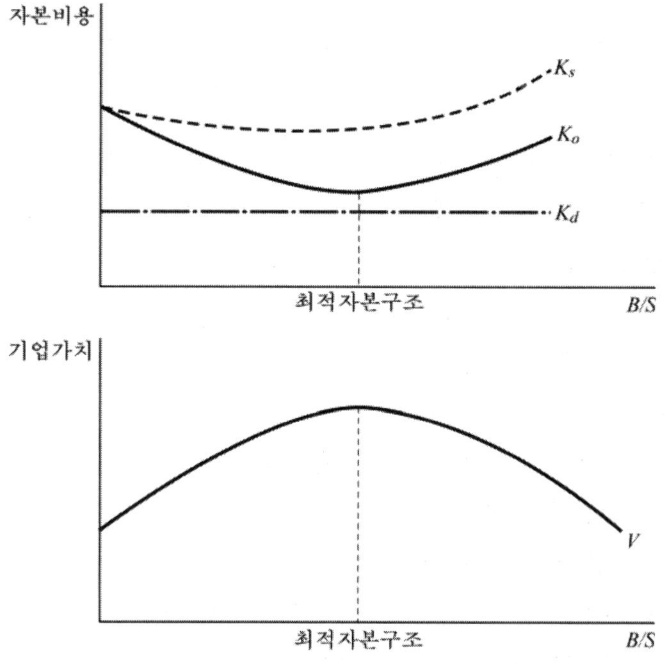

## 제 3 절 Modigliani와 Miller의 자본구조이론

모딜리아니와 밀러(Modigliani & Miller : MM)는 부채를 적절히 사용하면 가중 평균자본비용이 최소가 되고 기업가치가 극대화가 된다는 종래의 전통적 자본구조이론을 정면으로 반박하는 이론을 발표하였다.[2)]

MM은 기업가치는 영업이익을 총자본환원율(overall capitalization, $K_o$)로 환산함으로 결정된다고 주장하였다. 즉

$$K_o = \frac{O}{V} = \frac{\text{순영업이익}}{\text{기업의 총시장가치}}, \quad V = \frac{O}{K_o} \qquad (9\text{-}5)$$

MM은 총자본환원율이 기업의 자본구조에 따른 재무위험과 관련있는 것이 아니라 기업의 경영위험에 따라 결정되기 때문에, 자본구조는 기업가치에 아무런 영향을 주지 않고 기업가치는 기업의 영업이익에 의하여 결정된다는 것이다.

이와 관련 MM은 다음과 같은 가정 하에서 자본구조이론을 전개하였다.

① 기업의 법인세 및 파산비용, 투자자의 개인소득세는 없다.

② 기업의 자본구조는 자기자본과 타인자본으로만 구성되며 자본구조를 즉각 변화시킬 수 있다.

③ 기업의 순이익은 모두 배당으로 지급된다.

④ 기업의 미래영업이익에 대한 모든 투자자들의 기대는 동일하다.

---

2) F. Modigliani and M. H. Miller, "The Cost of Corporate Finance and Theory of Investment," *American Economic Review*, 48, no.3(June 1958) pp. 261-297.

⑤ 기업의 영업이익은 일정하다.

⑥ 자본시장은 완전자본시장이다.

⑦ 기업을 영업위험도에 따라 분류할 수 있다.

## 1. MM의 명제 I

[명제 I] 기업의 시장가치는 그 기업의 자본구조와 무관하다.

즉, 기업가치와 가중평균자본비용은 자본구조와 관계없이 결정되며, 기업가치는 기대영업순이익을 영업위험에 따른 적정할인율로 할인함으로써 결정된다는 것이다.

MM은 이와 같은 명제 I 을 설명하기 위하여 투자자들이 과대평가된 자산은 매각하고 과소평가된 자신은 매입하여 이익을 추구하는 차익거래(arbitrage transaction)를 제시하였는데, MM은 모든 다른 조건이 동일하고 자본구조만 다른 두 기업의 시장가치는 차익거래로 인하여 동일하게 된다고 주장하였다. 즉 타인자본비율증가로 인한 기업가치 증가분은 자본시장에서 투자자들의 차익거래로 상쇄되기 때문에 타인자본비율은 기업가치결정에 영향을 주지 않는다는 것이다.

〈예제 9-4〉 다음과 같이 X기업은 타인자본을 전혀 사용하지 않고 자기자본만을 사용하는 무부채기업이고, Y기업은 자기자본과 타인자본을 함께 사용하는 부채기업으로 8,000원의 타인자본을 사용하고 있으며 이자율을 5%라고 할 때 현금흐름은 어떻게 되는가?

이러한 상태에서는 Y기업의 시장가치(22,545원)가 X기업의 시장가치(20,000원)보다 증대되나, 투자자들의 차익거래로 두 기업의 시장가치는 동일하게 된다는 것이다. 즉 Y기업의 주주가 1,000원 상당의 자기주식을 처분한 후 현금화하고 Y기업의 차입이자율과 동일한 5%로 355원을 차입하여 1,355원 상당의 X기업의 주식을 매입한다고 가정하면 차익거래결과는 다음과 같이 X, Y기업의 주가가 동일해질 때까지 계속될 것이다.

| 구 분 | X 기업 | Y기업 |
|---|---|---|
| 순영업이익($O$) | 2,000 | 2,000 |
| 이자 비용($I$) | 0 | 400 |
| 순 이 익($E$) | 2,000 | 1,600 |
| 자기자본비용($K_s : E/S$) | 0.1 | 0.11 |
| 평균자본비용($K_o : O/V$) | 0.1 | 0.089 |
| 부채비율($B/V$) | 0 | 0.355 |
| 주식의 시장가치($S$) | 20,000 | 14,545 |
| 부채의 시장가치($B$) | 0 | 8,000 |
| 기업의 총가치($V$) | 20,000 | 22,545 |

〈차익거래 내역〉

- X기업으로부터의 수익(1,355원의 10%) = 135.50원
- Y기업으로부터의 수익(Y기업의 주식을 매각하지 않을 경우 1,000원의 11%) = - 110.0원

  25.5원
- 차입금 355원에 대한 이자(355원 × 0.05) - 17.75원
- 차익거래로부터의 순이익 7.75원

이와 같이 MM명제Ⅰ은 다른 조건은 동일하고 자본구조의 차이에만 의한 기업가치의 차이는 합리적 투자자들의 차익거래로 인하여 제거되기 때문에 기업의 가치는 자본구조와는 무관하게 동일하다는 것이다.

## 2. MM의 명제 II

[명제Ⅱ] 기업 재무레버리지가 증가함에 따라 자기자본비용은 상승한다.

식(9-4)에서 가중평균자본비용은 다음과 같이 정의하였다.

$$WACC = K_o = K_d \cdot \frac{B}{(B+S)} + K_s \cdot \frac{S}{(B+S)}$$

이를 $K_s$에 대해 다시 정리하면 다음과 같다.

$$K_s = K_o + (K_o - K_d)\frac{B}{S} \qquad (9\text{-}6)$$

식(9-6)에서 기업의 자기자본비용($K_s$)은 가중평균자본비용($K_o$), 타인자본비용($K_d$) 그리고 기업의 재무레버리지 B/S에 의해 결정되고 있음을 알 수 있다. 그런데 일반적으로 기업의 자기자본비용($K_s$)은 타인자본비용($K_d$)보다 높으며, 가중평균자본비용($K_o$) 또한 타인자본비용($K_d$)보다 높다. 따라서 식(9-6)에서 ($K_o - K_d$)가 0보다 크므로 자기자본비용($K_s$)은 재무레버리지가 증가함에 따라 상승하게 된다. 즉 기업의 주주들은 부채비율이 증가함에 따라 더 높은 수익률을 요구하게 되고, 이에 따라 저렴한 부채사용의 이점이 상쇄되어 가중평균자본이 일정하게 된다.

[그림 9-5] 재무레버리지와 자본비용(MM의 명제 Ⅰ, Ⅱ)

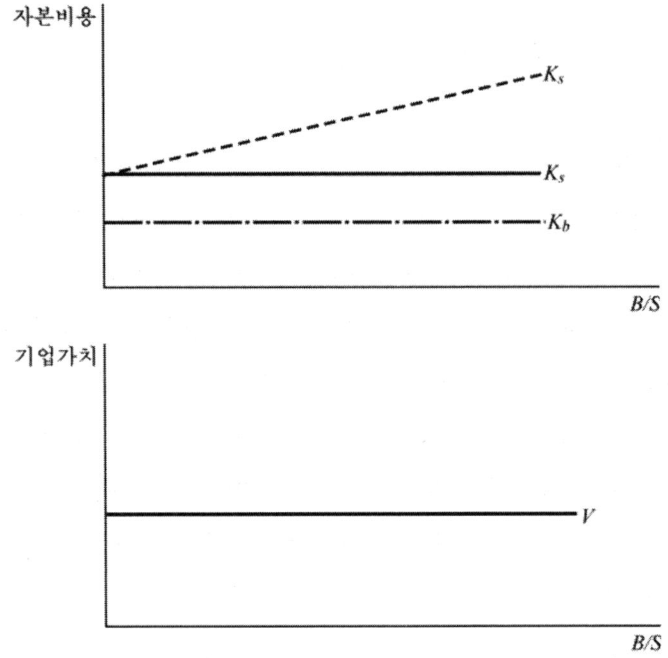


## 3. MM의 이론에 대한 비판

첫째, MM이 가정한 완전자본시장은 이상에 지나지 않고 현실적으로는 완전자본시장이 존재하지 않는다는 것이다. 정보가 누구에게나 모두 동일하게 전달되지 않을 뿐만 아니라 이성적인 투자자만 존재하지도 않으며 정부의 정책결정에 따라 최소한 간접적이라고 하더라도 자본시장은 영향을 받기 때문이다. 이와 더불어 실제비용과 법인세를 무시할 수도 없다는 것이다.

둘째, 많은 기업을 위험이 같은 동질적인 위험집단(homogeneous risk class)으로 어떻게 세분하여 분류할 수 있느냐의 문제가 야기되는데, 이것도 역시 현실적으로 불가능하다는 것이다.

셋째, 차익거래에 있어서 개인의 부채의존도와 기업의 부채의존도 영향을 같게 전제하였는데, 이와 같은 전제는 개인은 부채에 대하여 무한책임을 기업은 유한책임을 각각 지고 있기 때문에 성립되지 않는다는 것이다. 그리고 개인과 기업이 각각 같은 자본비용으로 차입할 수 있다고 하였는데, 일반적으로 기업에 비해 상대적으로 신용도가 낮은 개인의 차입비용이 높은 것이 현실이다.

## 제 4 절 불완전시장과 자본구조이론

이와 같이 MM의 이론은 비현실적인 완전자본시장의 가정 하에서 이루어지기 때문에 현실적으로 존재하는 세금, 파산비용, 대리비용과 같은 불완전요인을 고려하고 있지 않다. 이하에서는 법인세, 파산비용, 대리비용을 고려한 자본구조이론에 대하여 살펴보고자 한다.

### 1. 법인세를 고려한 MM의 수정이론

MM은 초기이론(1958)에서의 완전자본시장의 가정을 완화하여 현실적으로 존재하는 법인세를 고려하여 이자지급에 대한 법인세 감세효과로 부채비율이 증가할수록 가중평균자본비용이 감소하여 기업가치가 증대한다는 이론을 제시하였다.[3] 즉 MM은 타인자본 사용에 따른 이자비용이 자기자본비용보다 상대적으로 저렴하고 여기에 감세효과까지 감안하면 타인자본비용이 더욱 저렴해지기 때문에 기업의 가중평균자본비용이 감소하여 기업가치는 증가한다고 주장하였다.

3) F. Modigliani and M. H. Miller, "Corporate Income Taxes and the Cost of Capital : A Correction," *American Economic Review*, 53 (June 1963) pp. 433~443.

이자지급으로 인한 법인세 감세효과 금액은 이자액에 법인세를 곱한 것과 같다. 타인자본의 시장가치를 $B$, 법인세를 $t$라고 하면 법인세 감세액과 그 현가는 다음과 같다.

$$\text{법인세 감세액} = K_d \times t \times B \tag{9-7}$$

($K_d$ : 타인자본비용, $t$ : 법인세, $B$ : 타인자본의 시장가치)

이와 같은 이자지급으로 인한 법인세 감세액이 영구히 계속적으로 발생한다면 법인세 감세액의 현재가치는 다음과 같이 표시할 수 있다.

$$\frac{K_d \times t \times B}{K_d} = t \times B \tag{9-8}$$

따라서 일정한 금액의 타인자본을 사용한 기업의 가치($V_L$)는 타인자본을 사용하지 않은 기업의 가치($V_u$)에 타인자본 사용으로 인한 법인세 감세액의 현재가치($t \times B$)를 더한 것과 같다.

$$V_L = V_u + t \times B \tag{9-9}$$

이와 같이 기업의 시장가치는 그 기업의 자본구조와 무관하다는 수정전의 MM의 명제 I 과는 달리, 법인세를 고려한 MM의 수정이론은 법인세가 존재하는 현실에서는 타인자본을 사용하는 기업의 가치가 타인자본을 사용하지 않은 기업의 가치보다 클 수 있다는 것을 시사하고 있다.

[그림 9-6] 법인세가 존재하는 경우의 자본구조와 기업가치

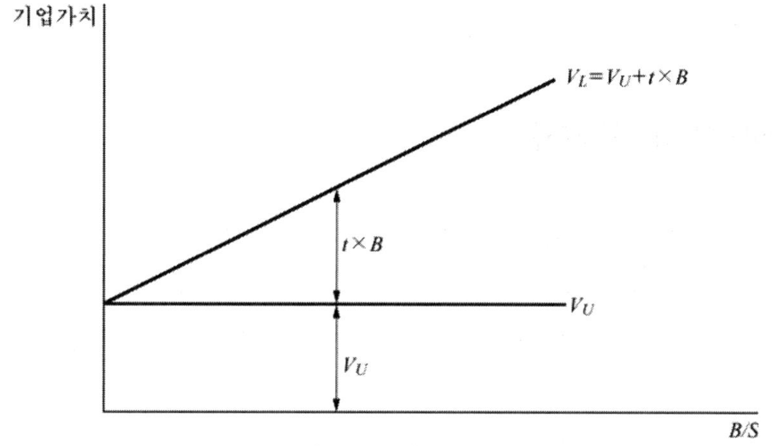


한편 법인세가 존재하는 경우 가중평균자본비용($K_o$)과 자기자본비용($K_s$)은 다음과 같이 각각 정의할 수 있다.

$$WACC = K_o = K_d(1-t) \cdot \frac{B}{(B+S)} + K_s \cdot \frac{S}{(B+S)} \qquad (9\text{-}10)$$

$$K_s = K_o + (K_o - K_d)(1-t)\frac{B}{S} \qquad (9\text{-}11)$$

법인세가 없는 경우에는 가중평균자본비용이 일정하였으나, 식(9-10)에서 보는 바와 같이 법인세가 존재하는 경우에는 재무레버리지가 증가함에 따라 가중평균비용이 점진적으로 하락한다.

자기자본비용은 재무레버리지가 증가함에 따라 상승한다는 수정전의 MM의 명제Ⅱ는 식(9-11)에서 보는 바와 같이 법인세가 존재하는 경우에도 성립됨을 알 수 있다. 그러나 법인세가 존재하는 경우에는 법인세가 없는 경우에 비하여 자기자본비용의 기울기가 $(1-t)$만큼 작아지기 때문에 수정전의 MM의 명제Ⅱ와 같이 자기자본비용의 증가가 타

인자본사용시의 이점을 완전히 상쇄하지 못한다.

이와 같이 법인세가 존재하는 경우에 기업은 저렴한 부채를 사용할수록 가중평균자본비용은 낮추고 기업가치를 높일 수 있다.

## 2. 파산비용과 자본구조이론

기업의 경영상황이 악화되어 채무불이행에 직면하여 원금상환과 이자지급을 이행하지 못하는 상태가 지속되면 파산에 이르게 되는데, 파산에 이르는 과정에 발생하는 여러 가지의 비용을 파산비용(bankruptcy cost)라고 한다.

파산비용은 직접파산비용과 간접파산비용으로 나눌 수 있다. 기업이 이자와 원금을 지급하지 못하는 상황이 되면 채권자들은 법원에 파산신청을 할 수 있는데, 이 경우에 발생하는 변호사비용, 공인회계사비용 등 법적 수속에 따른 제반 행정비용을 직접파산비용이라고 한다. 한편 기업이 파산하지 않더라도 파산할 가능성이 있을 정도로 경영악화에 직면하는 경우에는 자금조달이 힘들어지거나 보다 열악한 조건으로 자금을 조달할 수밖에 없다. 그리고 경영악화가 지속되면 직원들의 이직이 증가함과 더불어 부품 내지는 제품의 공급자가 이탈할 뿐만 아니라 소비자들이 구매를 회피하여 매출이 감소하는 등의 간접파산비용이 발생할 수 있다.

이와 같은 파산비용은 결과적으로 기업의 가치를 감소시키는 요인으로 작용한다. 또한 자본구조상 부채비율이 일정수준을 초과하게 되면 자기자본비용이 급격하게 상승하게 되는데, 이에 따라 불완전자본시장에서 발생될 수 있는 파산비용의 존재는 가중평균비용을 상승시키는 요인이 된다.

부채비율의 증가에 따른 감세효과와 파산비용을 동시에 고려할 경우의 기업가치는 감세효과만을 고려한 기업가치에서 기대되는 파산비용의 현재가치를 차감한 것으로 다음과 같이 표시할 수 있다.

[그림 9-7] 법인세와 파산비용을 고려한 자본구조

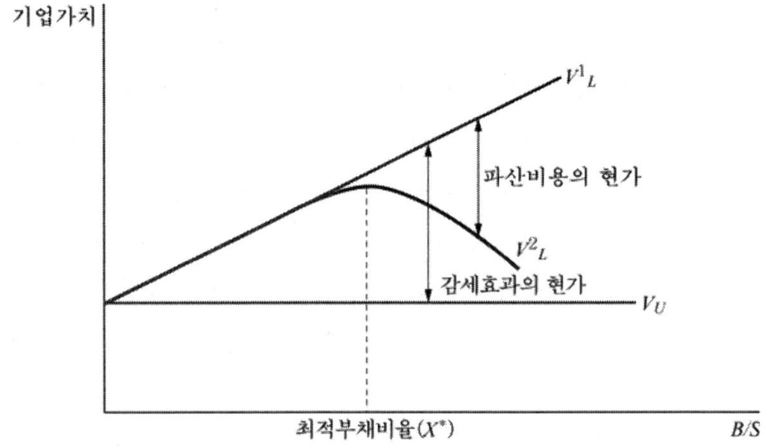


$$V_L = V_u + t \times B - BC \tag{9-12}$$

$BC$ : 기대파산비용의 현재가치

이를 그림으로 나타낸 것이 [그림 9-6]인데, 여기서 볼 수 있는 바와 같이 자기자본만으로 구성된 기업이 점차 부채를 사용하게 됨에 따라 감세효과에 기인해 가중평균자본비용은 재무레버리지가 증가함에 따라 하락하고 기업가치는 증가한다. 그러나 기업이 부채를 점점 더 많이 사용하게 되면 재무레버리지효과가 일정수준을 초과하여 감세효과보다 기대파산비용의 현재가가 더 커지게 되어 가중평균비용이 오히려 증가하게 되고 기업의 가치는 감소하게 된다. 이와 같이 파산비용이 존재하는 경우에는 일정수준의 부채의 사용은 기업가치를 증가시키나 과도한 부채의 사용은 기업가치를 감소시킴을 알 수 있다.

## 3. 대리비용과 자본구조

위임자가 의사결정권한을 대리인에게 위임하여 대신 수행하도록 하는 계약관계를 대리관계(agency relationship)이라고 한다. 예를 들어 주주, 채권자, 경영자 사이에도 대리관계가 성립하는데, 주주는 권한을 위임하는 위임자(principal)가 되고 경영자는 위임자로부터 권한을 위임받아 경영에 참가하는 대리인(agency)이 된다. 채권자 또한 자본조달 대가로 이자지급과 원금상환을 보장받는다는 계약 하에서 경영자에게 권한을 위임한다.

그런데 위임자인 주주와 채권자가 추구하는 목표와 대리인인 경영자가 추구하는 목표가 다를 수 있기 때문에 이들 사이에는 이해상충의 문제가 발생할 수 있다. 이와 같이 주주나 채권자 등의 위임자가 자신들의 권익보호를 위해 대리인을 감시하거나 이해상충으로 인해 추가적으로 발생하는 비용 등 대리관계에서 발생하는 제비용을 대리인 비용 또는 대리비용(agent cost)이라고 한다.

대리비용은 감시비용, 확증비용, 잔여손실로 구분된다. 먼저 감시비용(monitoring cost)은 대리인의 활동이 위임자의 이익에 반하지 않는지를 감독하는데 소요되는 비용을 말하는데, 외부감사비용, 약속이행여부를 확인하기 위한 법률자문비용, 경영자에 대한 보상성 인건비 등이 이에 해당된다. 한편 확증비용(bonding cost)은 대리인의 활동이 위임자의 이익을 위해 이루어진다는 것을 확인하는데 소요되는 비용을 말하는데, 재무제표보고, 공인회계사 감사 등에 소요되는 비용이 이에 해당된다. 그리고 잔여손실(residual cost)은 대리인과 위임자의 경쟁적 갈등관계로 인한 기업활동의 비능률 때문에 생기는 부의 감소를 말한다.

Jensen & Meckling(1976)은 경영자, 주주, 채권자사이의 대리관계에서의 이해상충이 발생시키는 추가적인 비용을 대리비용이라고 하고, 이들간의 이해상충관계와 대리비용의 효과를 고려하여 최적자본구조가 존재함을 주장하였다.[4] 기업에 있어서의 대리비용은 경영에 참여하지 않은 외부주주(outside equity holder)와 주주인 동시에 경영에 참여하는 내부주주(inside equity holder) 사이의 대리관계와 채권자와 주주사이의 대리관계에서 생기는 비용이라 할 수 있다.

외부주주와 내부주주의 관계에서 생기는 대리비용을 자기자본의 대리비용(agency cost of equity), 그리고 채권자와 주주의 관계에서 생기는 대리비용을 부채의 대리비용(agency cost of debt)이라고 한다. 먼저 자기자본의 대리비용으로는 경영자의 불필요한 소비와 직무태만으로 인한 손실을 들 수 있는데 외부주주의 자기자본비율이 높을수록 증가한다. 한편 부채의 대리비용은 기업이 위험이 높은 투자안을 채택함으로써 증대되는 채무불이행에 따른 위험을 보상받기 위해 채권자들이 높은 이자율을 요구하게 되므로 생기는 손실을 들 수 있는데, 이 경우 부채비율이 높을수록 증가한다. 이와 같은 대리비용과 최적자본구조와의 관계는 [그림 9-8]과 같이 나타낼 수 있다.

[그림 9-8]에서 보는 것처럼 기업규모와 총외부자본조달액이 일정하다고 가정하고 외부주주가 소유하는 자기자본을 $S_o$, 채권자로부터의 차입액을 $D$라고 하면, 총외부자본조달액 중 자기자본이 차지하는 비율($E$) 즉 $E = S_o / (D + S_o)$이다.

4) M. Jensen And W. Meckling, "The Theory of the Firm : Managerial Behavior, Agency Costs and Ownership Structure," *Journal of Financial Economics*, (October 1976), pp. 305~360.

[그림 9-8] 대리비용과 자본구조

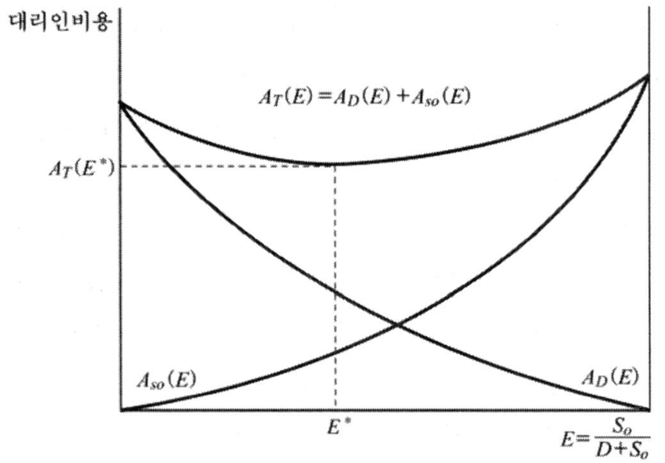


이 경우 외부주주의 자기자본(지분) $S_o$가 증가함에 따라 $E$도 증가하므로 자기자본의 대리비용함수 $A_{S_o}(E)$가 증가한다. 한편 부채의 대리비용 $A_D(E)$는 외부주주의 자기자본(지분) $S_o$가 증가할수록 부채($D$)는 상대적으로 감소하므로 감소한다. 따라서 $A_{S_o}(E)$와 $A_D(E)$의 합계인 $A_T(E)$를 최소로 하는 $E^*$가 최적자본구조가 되고 이 점에서 기업가치가 극대화된다.

이와 같이 대리비용을 고려하는 경우, 최적자본구조는 총대리비용을 최소화하는 점에서 결정되며, 총대리비용이 최저가 되도록 자기자본비율을 수정함으로써 기업가치를 극대화할 수 있다. 대리비용을 고려한 경우의 기업가치는 다음과 같이 나타낸다.

$$V_L = V_u + t \times B - BC - A_T(E) \qquad (9\text{-}13)$$

$A_T(E)$ : 총대리비용

[그림 9-9] 법인세, 파산비용 및 대리비용을 고려한 최적자본구조

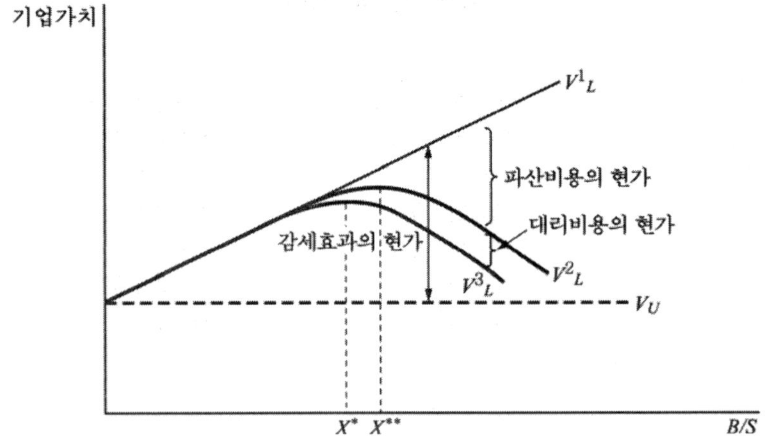


[그림 9-9]에서 보는 바와 같이 불완전자본시장 하에서 부채의 파산비용과 대리비용이 존재하는 경우 부채의 사용은 감세효과에 의해 기업가치의 증가를 가져오지만, 다른 한편으로는 파산비용과 대리비용을 발생시켜서 기업의 가치를 감소시킨다. 즉 일정수준($X^{**}$)까지의 부채의 이용은 부채의 감세효과에 기인해 기업의 가치를 증가시키지만 과도한 부채의 사용은 파산비용과 대리비용 등에 기인해 기업의 가치는 오히려 감소할 수 있다는 것이다.

## 중요개념 및 용어

계속기업
기업파산
자본잉여금
누적적 우선주
동질적 위험진단
완전자본시장
이익잉여금
비현실적인 시장
기대파산비용
납입자본
대리인비용
전환우선주
차익거래
파산비용
자본구조의 무관련이론
상환우선주
잔여손실
액면주식
만기
무액면주식
자본구조

# 연 습 문 제

1. 다음 용어에 대하여 설명하라.

| | | |
|---|---|---|
| 1) 자본구조 | 2) 재무구조 | 3) 최적자본구조 |
| 4) 재무레버리지효과 | 5) 총자본환원율 | 6) 파산비용 |
| 7) 대리비용 | 8) 감시비용 | 9) 잔여손실 |

2. 초기의 자본구조이론인 순이익접근법, 순영업이익접근법, 전통적 접근법을 비교하여 설명하라.

3. Modiglian와 Miller(MM)의 자본구조이론과 관련하여 가정과 명제 I, 명제 II에 대하여 서술하라.

4. 법인세가 있는 경우의 MM의 자기자본이론에 대하여 간단히 서술하라.

5. 법인세, 파산비용 및 대리비용을 고려한 자본구조이론에 대하여 서술하라.

6. 동일한 산업에 속해 있는 SS사와 YY사는 10억원의 자산을 보유하고 있으며 매년 현금흐름도 6억원으로 동일하다. 그런데 SS사는 10억원 모두를 주식으로 조달한 반면에, YY사는 10억원을 주식 6억원, 회사채 4억원으로 조달하였다. 자기자본비용이 10%, 타인자본비용이 4%라고 한다면 SS사와 YY사의 현금흐름은 각각 얼마인가?

# 제10장

# 배 당 정 책

배당정책은 기업의 경영성과로 나타난 이익을 어떻게 잘 배분함으로써 기업가치 극대화에 기여할 것인가에 대한 이익배분 의사결정 문제이다. 즉, 이익 중 얼마만큼을 주주에게 배분하고 얼마만큼을 기업 내에 유보하여 장래재투자자금으로 활용할 것인가를 결정하는 것이다. 이는 재투자목적으로 유보되는 사내유보이익이 기업성장의 중요한 원천으로서 기업가치에 미치는 영향이 크기 때문이다.

따라서 어느 정도의 배당이 적절한가 하는 것이 본 장에서 분석할 과제이다. 이와 같이 배당정책이 기업가치에 중요한 영향을 미친다면 적정한 배당을 결정하는 요인은 무엇일까? 본 장에서는 먼저 배당정책의 의의와 현실적으로 배당이 어떻게 결정되고 있는지 알아본 후, 이와 관련된 배당이론들을 살펴보기로 한다.

# 제 1 절 배당정책

## 1. 배당정책의 의의

배당(dividend)이 기업의 영업활동의 결과 실현된 영업이익 중에서 이자비용, 법인세 등을 지급하고 난 후의 세후이익, 즉 당기순이익 중에서 주주에게 배분되는 부분으로 출자지분에 대한 보상분을 의미한다면, 배당정책(dividend policy)은 기업이 당해연도의 영업활동결과 벌어들인 당기순이익을 주주들에게 지급할 것인가 또는 재투자를 위하여 기업 내에 유보할 것인가를 결정하는 것, 즉 기업의 당기순이익을 배당금과 기업 내 유보금으로 적절히 배분하는 의사결정을 의미한다.

배당은 주주들의 출자분, 즉 지분에 대해 기업이 지급하는 보상분으로 기업의 배당정책은 그 기업에 투자를 고려하고 있는 투자자들의 투자의사결정과 그 기업의 주가에 영향을 미친다. 또한 사내유보도 재투자를 위한 내부금융의 자금원으로서 기업의 재무구조개선에 기여하는 등 기업가치에 영향을 미친다. 이와 같이 배당은 주주의 입장에서, 사내유보는 기업의 입장에서 그 중요성이 각각 부각되고 있어 상호간에 상충적 관계에 있음과 아울러 보완적 관계에 있다고 말할 수 있다.

따라서 재무관리의 목표가 기업가치의 극대화에 있는 것과 동일하게 배당정책의 목표는 기업이 실현한 당기순이익 중에서 얼마만큼을 재투자를 위하여 사내유보하고 얼마만큼을 주주들에게 배당으로 지급했을 때 기업가치가 극대화될 수 있는가에 맞춰져 있다. 즉 현재 주주에게 현금으로 배당을 지급하는 것이 기업가치를 높이는가 또는 배당 대신 현금을 사내에 재투자하여 미래에 보다 많은 배당을 지급하거나 추가 자본이익을 제공하는 것이 기업가치를 높이는 가의 여부에 대한 의사결정이다.

## 2. 배당정책의 척도

기업의 배당의 정도를 측정하는 척도로는 배당성향, 주당배당액, 배당수익률 등이 있다.

배당성향은 당기순이익 중에서 주주에게 지불되는 배당금의 비율을 의미한다. 이와 같은 배당성향은 기업의 배당수준을 나타내는 상대지표로 활용된다.

$$\text{배당성향} = \frac{\text{배당액}}{\text{순이익}} = \frac{\text{주당배당액}}{\text{주당순이익}} \qquad (10\text{-}1)$$

식(10-1)에서 보는 바와 같이 배당성향은 배당액을 순이익으로 나눈 비율로서, 구체적으로는 주당 배당액(dividend per share : $DPS$)을 주당순이익(earnings per share : $EPS$)으로 나눈 비율을 말한다. 여기서 주당배당액은 1주에 대해 지급된 배당금의 비율로 식(10-2)와 같이 표시한다.

$$\text{주당배당액} = \frac{\text{배당액}}{\text{발행주식수}} \qquad (10\text{-}2)$$

한편 유보율은 기업의 순이익 중에서 배당을 지급하고 기업내부에 유보된 유보이익의 비율로 식(10-3)과 같이 표시한다.

$$\text{유보율} = \frac{\text{유보이익}}{\text{순이익}} = 1 - \text{배당성향}$$

배당수익률은 주식에 투자 시 투자자금이 배당에 의하여 연간 어느 정도의 수익을 실현시킬 수 있는가를 나타내는 지표로, 식(10-3)과 같이 기말의 주당배당액을 기초의 주가로 나눈 비율로 표시한다.

$$배당수익률 = \frac{기말의\ 주당\ 배당금}{기초의\ 주가} \times 100 \qquad (10\text{-}3)$$

## 제 2 절 완전시장과 배당이론

배당정책과 관련한 논쟁은 배당과 기업가치간의 연관성여부에 귀착되어 왔다고 말할 수 있다. 이와 관련한 논쟁은 크게 다음과 같이 세 가지로 구분할 수 있다. 첫 번째는 완전자본시장 하에서는 배당정책과 기업가치는 무관하다는 배당무관련론이고, 두 번째는 배당정책은 기업가치에 영향을 미친다는 배당선호론이며, 세 번째는 투자자는 배당보다 자본이득을 선호한다는 배당불선호론이다.

본 절에서는 완전시장과 관련한 배당이론으로 MM의 배당무관련론과 MM의 고객이론에 대해 살펴보고자 한다.

### 1. 배당무관련론

밀러와 모딜리아니(M. H. Miller & F. Modigliani : MM)는 1961년 발표한 논문에서 세금, 거래비용 등이 존재하지 않는 완전자본시장에서는 기업의 자본투자액이 정해졌다면 기업의 배당정책과 기업가치는 아무런 관련이 없다는 배당무관련론을 주장하였다.[1)]

MM은 완전자본시장이 존재하는 상황에서 ① 세금이 없다. ② 거래

1) M. H. Miller and F. Modigliani, "Dividend policy, Growth, and the Valuation of Shares," *Journal of Business*, 34(Oct.1961) pp. 411-433.

비용이 없다. ③ 투자자는 시장정보를 공유한다 등의 가정을 전제로, 기업의 가치는 투자의 수익성에 의하여 결정되는 것이며 이익을 배당과 유보로 구분하는 것은 단순히 기술적인 문제이기 때문에 배당정책과 기업의 가치는 관련이 없다는 것이다. 즉 기업의 자본투자액이 정해진 상황 하에서 주어진 순이익을 배당으로 지급할 것인가 또는 유보할 것인가 하는 문제는 단지 필요한 자금을 외부자금으로 조달하느냐 또는 내부자금으로 조달하느냐 하는 문제에 지나지 않는다는 것이다.

이와 같은 배당무관련의 주장을 MM은 다음과 같은 수식으로 증명하였다.

MM은 어떤 영업기간의 기초(현재)주가는 기말배당금과 기말주가의 합계를 적정할인율로 할인한 현재가치와 같다고 보았다. 따라서 다음과 같은 식이 성립된다.

$$P_0 = \frac{1}{1+K_e}(D_1 + P_1) \qquad (10\text{-}4)$$

$P_0$ : 기초주가
$K_e$ : 자본화율(모든 기간을 통하여 항상 일정)
$D_1$ : 기초주가
$P_1$ : 기말주가(배당락)

현재 시점에서 구주주식수가 $n$이고, 기간 I 중에 신주주식수를 $m$만큼 $P_1$의 가격으로 발행하면 기업의 현재 총가치는 다음과 같이 된다.

$$nP_0 = \frac{1}{1+K_e}[nD_1 + (n+m)P_1 - mP_1] \qquad (10\text{-}5)$$

$nP_0$ : 현재 총가치
$n$ : 기발행주식수
$m$ : 신주발행주식수

$mP_1$ : 신주 발행총액

식(10-5)가 의미하는 것은 현재시점에 있어서의 총가치($nP_0$)는 기간 I 에 지급될 배당액($nD_1$)과 기간 I의 총 발행주식가치[$(n+m)P_1$]에서 신주발행주식의 가치($mP_1$)을 차감한 금액의 현가가 된다는 것이다.

한편 신주발행주식의 총가치($mP_1$)는 기간 I 동안에 전체 투자소요액($I$)에서 유보이익($X-nD_1$)으로 충당하고 부족한 금액이므로 다음과 같이 계산된다.

$$mP_1 = I-(X-nD_1) \tag{10-6}$$

$I$ : I기간 동안 신투자액
$X$ : I기간 동안 순이익(배당지급 전)
$nD_1$ : I기간 동안 구주의 배당금 총액

식(10-6)을 식(10-5)에 대입하여 정리하면 다음과 같은 식이 도출된다.

$$nP_0 = \frac{1}{1+K_e}[(n+m)P_1 - I + X] \tag{10-7}$$

식(10-7)에 의하면 기업가치는 배당과는 무관하며, 순이익, 주식발행총액, 투자액, 자본화율 등에 의하여 결정된다는 것이다. 즉 배당의 증가에 의한 주주소득의 변화는 주식종가의 하락으로 상쇄되어 주주의 부에는 영향을 미치지 않는다는 것이다.

## 2. MM의 고객이론

MM은 배당정책이 주가에 영향이 없다는 것을 고객효과로도 설명할 수 있다고 주장하였다.

여기서 고객효과(clientele effect)란 투자자들이 자신의 선호도를 만족시킬 수 있는 배당성향을 지닌 주식에 투자하는 것을 말하는 데, 자본시장에서는 배당성향이 다른 주식들이 동시에 거래되고 있으며 투자자들은 자신의 선호도에 따라 배당성향이 다른 주식들을 선호하게 된다는 것이다. 즉 배당을 선호하는 투자자들은 배당을 많이 하는 기업들의 주식을 선택함으로써 배당소득에 대한 선호를 충족시키고 자본이득을 선호하는 투자자는 배당성향이 낮은 기업의 주식을 선호한다는 것이다.

예를 들어 배당을 선호하는 투자자가 어느 주식을 매수하였다가 기대만큼 배당을 하여주지 않으면 매도해 버리고 배당을 많이 해주는 주식을 매수한다. 한편 매매차익을 선호하는 투자자가 주가가 상승하지 않으면 바로 매도하고 다른 주식을 매수하게 된다. 그리고 배당을 많이 주더라도 주가가 하락하면 이 주식을 매도하고 주가상승의 전망이 있는 다른 주식을 매수한다.

이와 같이 투자자는 개인적 투자성향과 선호도에 따라 주식을 선택하는 것이지 배당성향이 높은가 낮은가의 여부는 주가와는 아무런 상관이 없다는 것이 MM의 고객이론(clientele theory)이다. 만일 투자자들이 원하는 배당성향크기의 주식들이 양적으로 충분히 공급이 이루어지지 않으면 기업은 자금조달이 어려워지므로 배당성향을 조정하게 된다. 즉 배당성향의 크기의 수준 및 범위의 주식이 수요와 공급측면에서 일치하지 않을 때에는 그 특정범위 수준의 배당성향을 유지하지 못하는 기업들은 배당성향을 조정함으로써 고객의 성향에 맞춰 수요와 공급이 빠르게 균형을 이룬다는 것이다. 이와 같이 배당성향에 따른 수요와 공급이 일치하는 균형상태에서는 배당정책이 주가에 아무런 영향을 미치지 않는다는 것이다.

# 제 3 절 시장의 불완전성과 배당이론

앞에서 언급한 배당무관련론은 완전자본시장과 몇 가지의 가정을 전제로 이론을 전개했으나, 실제의 현실에 적용하기에는 여러 가지의 문제점을 지니고 있다. 현실세계에서는 배당무관련설에서 가정한 것과 달리 자본조달과 주식매매에는 거래비용이 발생하고 증권발행비용이 존재하며, 외부금융조달에 제약이 따름과 더불어 배당소득세율과 자본이득세율에는 분명한 차이가 있다. 또한 이해관계자간의 이해상충에 기인하여 대리비용이 발생하고 정보획득면에서도 기관투자자와 개인투자자, 기업간에 정보의 비대칭성이 존재한다.

이와 같이 현실적으로는 시장의 불완전성 요인들로 인해 배당은 기업가치에 영향을 미칠 수도 있을 것이다. 이하에서는 불완전시장에서의 배당정책에 대하여 살펴보기로 한다.

## 1. 배당선호론

현실적으로 많은 투자자들은 배당을 선호하는 경향이 있는데, 그 근거는 다음과 같다.

첫째, 투자자들은 미래의 불확실한 자본이득보다는 현재의 확실한 현금배당을 더 선호한다는 것이다. 이는 투자자들이 원하는 시점에서의 일정수준의 배당수입이 미래의 불확실성과 주가변동으로 인한 자본이득실현보다 더 안정성이 높기 때문이다. 또한 투자자가 원하는 이익실현을 위해서는 주식을 매각하여야 하는데, 주식매각에 심적 부담이 수반되므로 일정액의 현금배당을 선호한다는 것이다.

둘째, 배당은 거래비용을 절감시켜 준다는 것이다. 자본시장에서 증권을 거래 시에는 현실적으로 거래비용이 존재하기 때문에 자본이득을 현금화하기 위해 주식을 매각하면 거래비용이 수반되는 반면에, 배당수입은 거래비용이 발생하지 않는다. 이와 같은 논리에 의거해 일반적으로 투자자들은 배당성향이 높을수록 해당기업의 가치를 높게 평가한다.

셋째, 배당은 자본이득보다도 수익성이 확실하기 때문에 미래의 불확실성을 제거하는 관점에서 더 선호한다는 것이다. 이는 기업가치를 표현하는 주가의 경우 기업환경의 변화와 기업을 둘러싼 대내외적으로 불확실한 환경요인으로 인하여 항상 변동하기 때문에 자본이득의 실현이 상대적으로 배당보다 리스크가 크다는 데에서 연유된다. 즉 투자자는 확실한 현재의 배당수입을 미래의 불확실한 시세차익보다 높게 평가한다는 것이다.

넷째, 현금배당이 오랫동안 하나의 관습이 되어와 배당을 지급하지 못할 경우 무배당이 경영자에게는 하나의 무능력으로 작용할 우려가 있다는 것이다.

다섯째, 배당과 주가와의 상관관계에 대한 확실한 이론적 근거가 없는 데도 불구하고 배당이 주가를 높여 준다고 믿는다는 것이다.

## 2. 배당불선호론(자본이득선호론)

배당불선호론(자본이득선호론)은 배당소득보다는 사내유보자금을 수익성 높은 투자안에 투입하여 실현되는 자본이득을 더 선호한다는 주장이다.

만약 수익률이 높은 재투자기회의 사업이 있는 경우 기업은 자본조달의 원천으로서 사내유보이익이나 부채 또는 보통주 발행 등으로 필요한 자금을 조달하게 되는데, 이 중에서 사내유보이익은 발행비용없이 즉시 조달이 가능한 유용한 자본조달수단이라는 것이다. 자본시장은 시장자체의 불완전성에 기인해 현실적으로 투자소요자금을 무제한적으로 적기에 조달하는 것이 용이하지 않다. 이 경우 만약 유보이익을 배당으로 지출한다면 그 만큼 투자기회를 상실하게 되는 결과를 초래하여 기업가치를 제고시킬 재투자기회를 감소시킨다는 것이다.

또한 투자자들은 배당소득과 자본이득에 대한 차등과세 때문에 배당보다는 자본이득을 선호한다는 것이다. 대부분의 국가에서는 자본이득에 대해 소득세를 부과하지 않거나 부과하더라도 배당소득세율보다는 낮은 것이 일반적이다. 우리나라의 경우도 자본이득에 대해 소득세를 부과하지 않고 있으며, 단지 증권양도의 경우에만 양도가액의 1,000분의 5의 세율을 적용하여 부과하고 있다. 또한 세법상 배당소득세는 이자소득세와 같은 성격으로 간주하여 세금공제가 인정되지 않는다. 이와 같은 사유로 유보이익에 의한 자본이득이 배당소득보다 선호된다는 것이다.

한편 기업이 투자정책과 관련하여 사업을 계속 추진하면서 배당을 예정대로 지급하기 위해서는 외부자금조달이 이루어져야 한다. 이와 같이 외부자금을 조달할 경우에는 발행비가 발생하는데, 이 발행비용은 유보이익의 감소를 야기시켜 주가하락의 요인으로 작용한다. 그런데 배당은 외부조달자금 중에서 발행비를 공제한 금액에서 지급되기 때문에 발행규모가 작을수록 조달자금총액에 비해 발행비용이 차지하는 비중이 커지게 된다. 따라서 발행비용이 높은 경우에는 배당을 적게 하고 유보이익에 의한 자본조달이 유리하다는 것이다.

## 3. 배당정책과 정보효과

현실적으로 자본시장에서의 대부분의 기업들은 주주들에게 배당을 지급하려고 노력하고 있고 이에 따라 주가도 배당지급액의 변화에 민감하게 반응하는 경향이 있는데, 이러한 배경의 하나로 배당의 정보효과를 들 수 있다. 즉 수익성이 높은 투자기회가 존재하고 이에 소요될 자본조달의 필요성에도 불구하고 기업이 일정한 배당을 시행하는 의사결정을 행하는 것은 투자자들에게 기업의 미래수익 또는 현금흐름에 대한 내부자정보를 전달 또는 신호(signalling)하기 위한 수단으로 배당을 활용한다는 것이다.

이러한 가정 하에서 예상외의 배당증가는 미래수익력의 기대치 증가로 평가되어 주가에 바람직한 영향을 미치고, 예상외의 배당감소는 미래수익력 기대치의 감소로 평가되어 주가에 바람직하지 못한 영향을 미친다고 말할 수 있다.

이와 같이 배당의 변화가 기업의 미래수익전망에 대한 유용한 정보를 투자자들에게 제공해 줌으로써 배당정책이 주가에 영향을 미치는 것으로 해석할 수 있다. 이는 여러 형태의 실증적 연구에 의해서도 뒷받침되고 있다. 즉 배당증가는 의미있는 양(+)의 초과이익을 선도하고 배당감소는 음(-)의 초과수익을 가져오고, 배당은 투자자들에게 다른 원천에서 얻는 정보보다 더 가치있는 정보를 전달한다는 것이다.

그러나 배당정책의 변화에 의해 전달되는 구체적인 기업관련 정보가 과연 무엇이며, 이러한 정보를 전달하는 보다 나은 수단의 존재여부에 대해서는 아직 명확하지 않은 실정이다.

## 4. 배당정책과 대리비용

기업과 관련한 경영자, 주주, 채권자 간에는 자신들의 이익추구를 위해 잠재적 이해상충의 대리관계가 존재하므로 대리비용(agency cost)이 발생한다. 즉 주주는 초과배당의 지급을 희구하는 반면에 채권자는 이자지급과 원금상환이 원활히 보장될 수 있도록 가능한 한 주주가 적은 배당을 받기를 원한다. 한편 지속적인 배당지급은 경영자들이 그들의 재량에 의해 사용할 수 있는 현금흐름의 범위를 축소시키고 재투자위험을 감소시킨다.

그리고 높은 배당지급은 경영자들로 하여금 내부금융보다 외부금융에 의존하는 비율을 높인다. 자본시장에서 새로운 증권을 발행하여 자본을 조달할 경우 기관투자자들과 새로운 증권의 투자자들은 그 기업의 미래전망에 관한 새로운 정보를 수집하여 평가한다. 이와 같은 행동은 주주들의 감시비용을 감소시킨다.

또한 높은 배당지급은 기업의 재투자에 대한 권한을 주주들에게 돌려주므로 재투자위험을 감소시킨다. 이는 경영자들은 새로운 투자에 필요한 자본을 지속적으로 조달하기 위하여 투자자들이 투자계획에 찬성하도록 해야 하기 때문이다.

이와 같이 경영자, 주주, 채권자 간의 대리관계는 여러 가지 형태로 다양한 대리비용을 발생시키지만, 지속적인 배당지급은 대리비용을 감소시켜 기업가치를 증대시키는 데에 기여한다고 말할 수 있다.

## 중요개념 및 용어

거래비용
고객이론
고객효과
내부보유율
목표배당
발행비용
배당금
배당락일
배당률
배당무관련론
배당무관련이론
배당부주가
배당불선호론
배당선호론
배당성향
배당수익률
배당정책
선호효과
유보이익
자사주매입
정기배당
정보의 비대칭성
정보전달효과
주당배당
주식배당
주식분할
추가배당
특권적소비
특별배당
현금배당

## 연 습 문 제

1. 다음 용어에 대하여 설명하라.
   1) 배당 및 배당정책 2) 배당성향 3) 주당배당액
   4) 유보율 5) 배당수익률 6) 고객효과

2. MM의 배당무관론에 대하여 간략히 서술하라.

3. MM의 고객이론에 대하여 간략히 서술하라.

4. 현실적으로 많은 투자자들이 배당을 선호하는 경향에 대하여 그 근거를 제시하라.

5. 자본이득 선호론에 대하여 간략히 서술하라.

6. 배당정책과 관련한 배당의 정보효과에 대하여 서술하라.

7. 배당정책과 대리비용의 관련성에 대하여 서술하라.

제11장

# 기업의 인수 · 합병(M&A)

오늘날 선진기업들은 세계화를 위한 21세기 신경영전략의 하나로서 기업의 합병. 인수(merger acquisition: 이하 M&A라 칭함)를 적극적으로 활용하고 있다. 우리나라의 경우도 1998년 4월 이후 외국인에 대한 적대적M&A의 전면적 허용과 자본시장의 완전개방으로 M&A여건이 성숙되면서 기업의 합병. 인수사례가 급격히 증가하고 있다.

본 장에서는 기업의 투자방법과 전략으로서 그 어느 때보다도 관심이 높아지고 있는 M&A란 무엇인지 알아본 후, M&A의 동기 및 유형, 그리고 효과, 적대적 M&A의 방어전략 등에 대해 구체적으로 알아본다.

# 제 1 절 M&A의 의의 및 유형

## 1. M&A의 의의

기업의 인수·합병(M&A: merger & acquisition)은 특정기업이 다른 기업의 경영지배권을 획득할 목적으로 소유지분의 전부 또는 일부를 확보하는 제반의 과정을 의미한다.

이러한 M&A는 둘 이상의 기업이 통합되어 하나의 기업이 되는 기업합병(merger)과 인수기업이 인수대상기업의 주식이나 자산을 전부 또는 일부 매입함으로써 경영권을 획득하는 기업인수(acquisition)가 결합된 개념이라고 볼 수 있다. 그런데 이러한 M&A라는 용어는 학문적 또는 법률적으로 정의된 용어라기보다는 실무적 차원에서 미국, 유럽, 일본 등의 선진국에서 널리 통용되는 용어라고 볼 수 있다. 우리나라에서도 통일된 용어가 없고 일반적으로 기업기업의 인수·합병이라고 한다.

기업합병(merger)은 흡수합병과 신설합병의 두 가지로 구분할 수 있다. 흡수합병은 인수기업이 피인수기업을 완전히 흡수하는 방법으로 피인수기업은 소멸하고 인수기업은 계속 존속하는 경우를 말한다. 한편 신설합병은 두 기업이 하나로 합쳐져 새로운 회사를 신설하는 방법을 말한다.

기업인수(acquisition)는 인수(매수)기업이 인수(매수)대상기업의 주식 또는 자산을 매수·취득하여 경영권을 획득하는 행위로, 이에는 자산의 일부 또는 전부가 매수되는 영업양수, 대주주로부터 직접 지분을 양수받거나 공개시장에서 주식매집 또는 주식공개매수에 의한 구주취득의 방법이 있다.

이와 같은 M&A는 기업의 입장에서 기업확장 및 기업지배 등을 위한 기업구조개편의 수단의 하나로 인식되고 있으며, 기업인수의 방법도 독과점문제, M&A중개기관의 역할, 자본의 동원 및 이동과정의 변화에 따라 점점 더 고도화 내지는 다양화되고 있다.

## 2. M&A의 유형

M&A의 기법이 다양해지고 고도화됨에 따라 M&A의 유형도 매우 다양해지고 있다. M&A의 유형은 다음과 같이 여러 형태로 분류하여 살펴볼 수 있다(〈표 11-1〉 참조).

〈표 11-1〉 M&A의 유형

| 분류방법 | 유 형 |
|---|---|
| 거래의사 | - 우호적 M&A - 적대적 M&A |
| 주식매수방법 | - 공개매수(tender offer, takeover bid : TOB)<br>- 개별직접매수 |
| 결합형태 | - 수평적 M&A - 수직적 M&A - 혼합적 M&A |
| 인수수단 | - 현금매수 - 주식교환 · 매수 - LBO |

### 1) 거래의사에 따른 분류

M&A는 거래당사간의 거래의사 유무에 따라 우호적 M&A와 적대적 M&A로 분류할 수 있다. 우호적 M&A는 인수기업의 제의에 인수대상기업의 경영진이 우호적으로 동의하거나 주주들에게 인수할 것을 권유하는 M&A를 말한다. 반면에 적대적 M&A는 인수대상기업의 경영진의 동의없이 강압적으로 주식을 인수하는 것을 말한다. 이는 주로 인수기업의 경영권획득 목적에 대하여 인수대상기업의 경영진이 경영권을 유지하려는 경우에 발생한다. 적대적 M&A는 주로 시장에서 주식을 매집하는 방법과 위임장대결(proxy fight), 공개매수(tender offer, takeover bid : TOB) 등의 방법으로 이루어진다.

### 2) 주식매수방법에 따른 분류

M&A는 주식매수방법에 따라 개별직접매수와 공개매수(tender offer, takeover bid : TOB)로 분류할 수 있다. 개별직접매수는 인수대상기업의 대주주와의 직접적 교섭에 의해 대주주 지분의 주식을 매수하거나 신주배정 참여를 통해 주식을 매입함으로써 경영권을 획득하는 방법인데, 이외에도 자본시장에서의 주식매입, 신주인수권부사채권(BW)나 전환사채권(CB)의 매수 등을 통한 주식매수방법이 있다. 공개매수는 크게 관련기업간의 교섭관계에 따라, 즉 인수대상기업의 경영진과의 사전합의하에서 이루어지는 우호적 매수(frindly TOB or tender offer)와, 인수대상기업의 경영진의 의사와 관계없이 일방적 혹은 적대적으로 이루어지는 비우호적 매수 혹은 적대적 매수(hostile TOB)로 구분된다.

### 3) 결합형태에 따른 분류

M&A는 인수기업과 인수대상기업과의 경제적 결합형태를 기준으로 수직적 M&A, 수평적M&A, 혼합적 M&A로 구분할 수 있다. 동일한 산업 내에서 생산활동의 단계가 비슷한 기업 간에 이루어지는 M&A를 수평적 M&A라고 하는데, 예를 들면 제지회사가 같은 업종의 다른 제지회사를 인수하는 경우이다. 이러한 수평적 M&A는 주로 시장점유율을 높이거나 판매력 강화 또는 생산 및 판매를 일원화하기 위해 시행하는 경우가 많다. 수직적 M&A는 생산단계가 서로 다른 기업 간에 이루어지는 M&A를 말하는데, 예를 들어 옷을 만드는 회사가 옷감을 만드는 회사를 인수하는 경우가 이에 해당된다. 이러한 수직적 M&A는 주로 반제품 등의 재료원천 확보라든가 일관된 생산체제 또는 종합화(integration) 등을 목적으로 이루어진다. 한편 생산이나 판매면에서 서로 관계가 없는 기업간의 결합형태를 혼합적 M&A라고 하는데, 예를 들어 제조업을 영위하는 기업이 자금조달을 위해 금융기관을 인수하는 경우가 이에 해당된다. 이러한 혼합적 M&A는 주로 사업다각화

나 인재확보 또는 자금조달의 강화, 관리비용의 절감 등을 목적으로 이루어진다.

#### 4) 인수수단에 의한 분류

M&A 관련 인수수단으로는 현금매수, 주식교환 · 매수, LBO(leveraged buy-out) 등이 활용된다. 현금매수는 기업의 구매대가로 현금을 지불하는 방법이고, 주식교환 · 매수는 특정기업을 인수하려는 기업이 주식을 새로 발행하여 인수대상기업의 주식과 교환 · 매수함으로써 해당회사를 자회사로 편입시키는 방법이다. 이 경우 인수하려는 기업은 인수대상기업을 인수할 때 새로 자금을 조달할 필요가 없다. LBO는 기업인수가 성공할 것이라는 기대 하에서 인수대상기업의 자산이나 미래현금흐름을 담보로 매수자금(부채)을 조달하여 기업을 인수하는 방법으로, 인수 후에 인수대상기업의 수익성이 향상되면 그 이익이나 자산의 매각대금으로 이들 채무를 상환해 나가는 M&A방법이다. 이러한 LBO는 성장잠재력이 있음에도 불구하고 시장에서 저평가된 기업을 대상으로 M&A할 경우에 많이 활용되며, 주식매입보다는 현금매입방식을 주로 사용한다. LBO는 명목상의 회사(paper company)를 설립하고 이를 통해 매수가 이루어지는 것이 일반적이다.

## 제 2 절 M&A의 동기

M&A의 동기는 크게 경영전략적 동기, 영업적 동기, 재무적 동기 등으로 나누어 살펴볼 수 있다.

## 1. 경영전략적 동기

### 1) 지속적 성장

시간을 다투는 현대사회에서 기업의 지속적인 성장과 개발을 하기 위해서 기업의 내부자원만을 활용하여 이익을 창출하고 신규사업이나 유망업종에 진출하는 내적 성장전략만으로는 한계에 직면할 수 있다. 따라서 이러한 경우에는 타 기업과의 결합을 통해 기업의 외부자원을 직접 인수·합병하는 외적 성장을 추구하게 된다. M&A를 통한 외적 성장은 시간을 절약할 수 있고 경쟁력을 쉽게 확보할 수 있다는 장점을 지니고 있다.

### 2) 효율성의 극대화

경영의 효율성을 극대화하기 위하여 M&A를 이용할 수 있다. 예를 들어 경영진이 무능하여 업계의 평균보다 낮은 이익을 올리고 있는 기업이나 활용가능한 많은 자산을 가지고 있으면서도 그 자산을 충분히 활용하지 못해 이익을 올리지 못하는 기업의 경우, M&A가 이루어지면 경영진이 새롭게 구성되면서 새로운 경영전략이나 재무전략을 추구하여 더 많은 이익을 올릴 수 있다. 또한 장기적인 관점에서 주력업종의 경쟁력을 강화시키고 시너지효과를 극대화하기 위해 M&A를 이용할 수 있다.

### 3) 글로벌(global)화에의 대응

글로벌화한 환경에 대응하기 위해 해외 거점을 마련하고 무역마찰을 피하기 위해서는 M&A를 이용할 수 있다. 즉 M&A를 통해 현지기업을 인수하면 해외시장에의 진출이 손쉬울 뿐만 아니라 해외 현지법인이나 합작투자보다 시간과 비용을 단축시킬 수 있다.

#### 4) 첨단기술의 도입

연구개발에 들어가는 막대한 비용과 시간을 절약하기 위해서 M&A가 행해질 수 있다. 특히 첨단기술의 경우에는 자체적인 연구개발을 처음부터 시작하기보다는 기존의 해당기술을 보유한 기업을 인수하는 것이 시간과 비용을 단축시키는 방법일 것이다.

### 2. 영업적 동기

#### 1) 시장점유율의 확대

수평적 M&A를 시행하면 기업규모를 대형화하거나 경영자원 이용의 집중도를 제고시켜 시장점유율을 확대시키고 나아가서는 시장지배력을 강화시킬 수 있다. 그러나 이러한 목적의 M&A는 시장에서 많은 마찰과 문제를 야기시킬 수 있다. 오늘날 각국이 독점규제 및 공정거래에 관한 법률 등으로 시장점유율 확대를 목적으로 하는 M&A를 제한하는 것도 이러한 취지를 반영한 것이라고 볼 수 있다.

#### 2) 규모의 경제(economies of scale)의 추구

동종기업간의 M&A로 생산판매의 규모가 대형화되면 원료구입비, 재고관리비, 유통판매비, 고정생산비 등 각종 비용의 감소를 추구할 수 있어 규모의 경제효과를 누릴 수 있다. 그런데 여기서 간과해서는 안될 점은 모든 경우의 M&A가 규모의 경제를 실현하는 것은 아니라는 점이다. 기업의 규모가 너무 비대해지는 경우에는 오히려 규모의 불경제(diseconomies of scale)가 나타나기도 한다.

#### 3) 시장참여의 시간단축

신규투자나 자체적인 기술개발로 시장에 참여하는 데 많은 시간과 비용이 소요될 경우 M&A를 이용하면 시장참여시간을 단축시키고 비용을 절감시킬 수 있다. 또한 신규사업에 진출하고자 할 때 진입장벽이 존재하는 경우 M&A는 이를 극복할 수 있는 수단으로 이용될 수 있다.

## 3. 재무적 동기

### 1) 위험분산의 효과

분산투자를 통한 위험절감효과가 적용된 경우로 현금흐름이 같지 않은 두 기업의 현금흐름을 평탄하게 하여 재무위험을 분산시킬 수 있다. 이는 특히 수평적 M&A보다 혼합적 M&A의 경우에 보다 크게 나타난다.

### 2) 자금능력의 확대

M&A를 통해 기업규모가 확대되고 위험분산의 효과로 파산위험이 줄어들면 이에 따라 자금능력이 확대될 수 있다. 즉 M&A 이후 확대된 자금조달능력에 기인한 시너지효과가 발생하면 기업가치가 증대될 수 있다.

### 3) 세금절감효과

만약 이월결손금에 대한 세금경감의 혜택이 있고 또한 합병에 의한 이익승계가 허용된다면 과다한 이익을 낸 기업이 이월결손금이 많은 기업을 합병함으로써 세금경감을 볼 수 있다. 또한 자본이득에 대한 세금이 없거나 낮은 경우 기업을 처분하고자 하는 대주주의 입장에서는 M&A를 통해 보유주식을 매각함으로써 상속세, 증여세 등의 세금부담을 줄일 수 있다.

# 제 3 절 M&A의 절차와 전략

## 1. M&A의 절차

M&A의 절차는 주어진 제반환경과 기업이 처한 여건에 따라 달라진다. 따라서 M&A의 절차를 정형화 또는 표준화할 수는 없다. 다만 일반적으로 우호적인 관계에서 M&A가 진행된다고 가정하면 M&A의 절차는 ① 전략수립 ② 대상기업의 선정과 기업가치평가 ③ 실사 ④ 교섭과 계약체결 ⑤ 대금지급과 사후관리의 5단계로 구분할 수 있다.

[그림 11-1] M&A의 일반적 절차

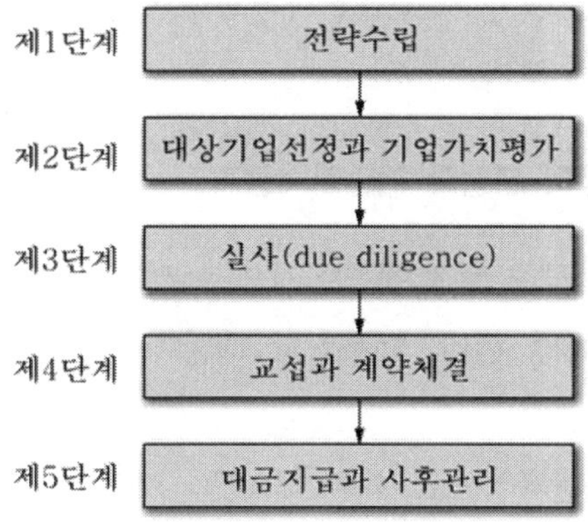


### 1) 전략수립

M&A는 기업의 성장과 경영효율의 향상을 위하여 택할 수 있는 여러 가지 방법의 하나이다. 따라서 M&A의 전략을 수립하기 이전에 기업의 전략계획을 수립한 후 전략실행의 수단으로서 M&A가 시행된다.

기업의 전략계획은 먼저 기업에 대한 객관적인 내부능력의 분석이 이루어져야 한다. 이때에는 기업의 강점과 약점에 대해 파악하여 회사의 현황을 분석해야 한다. 이러한 내부평가를 통해 기업은 자신이 갖추지 못하고 있는 강점을 지닌 다른 기업을 M&A함으로써 기업자신의 약점을 보강할 수 있다.

기업내부능력의 평가와 함께 이루어져야 할 것은 기업의 외부환경에 대한 체계적인 분석과 평가이다. 기업의 외부환경은 기업이 전략을 선택하는데 커다란 영향을 미치지만 기업의 능력만으로는 통제가 불가능한 특성을 지니고 있다. 또한 외부환경은 기업에게 위협의 요소로 작용할 수도 있으나 다른 한편으로는 기회의 요소로도 작용할 수도 있다. 따라서 외부환경에 대한 정확한 분석과 평가를 통해서 위협에 대처하고 기회를 최대로 활용하는 전략수립의 기초를 마련할 수 있다.

전략수립결과 신규투자보다 M&A가 전략실행에 보다 효율적인 방법으로 판단된다면 장기적으로 M&A를 위한 실천방안을 마련해야 한다. 즉 기업은 장기적인 M&A전략계획을 수립하고 인수가능성에 대해 대비하고 있어야 한다.

#### 2) 대상기업의 선정과 기업가치평가

M&A의 전략수집이 이루어지면 이러한 M&A전략에 따라 인수대상기업을 탐색하게 된다. M&A의 대상이 되는 기업의 특징을 살펴보면 다음과 같다.

첫째, 경영전략적으로 가치가 있는 기업이다. 즉 기술과 신제품기술이 뛰어나거나 판매망과 상품인지도가 높고 뛰어난 인재를 보유하고 있거나 잉여자금이 많고 부채가 적으며 시장점유율이 높은 기업들이다.

둘째, 인수 후 투자수익률이 높은 것으로 예상되는 기업이다. 즉 동일업종의 타기업과 비교하여 PER(price earning ratio)가 낮아 매매차익을 얻을 수 있는 기업이나 부동산 등 내재가치가 저평가되어 있는 기업, 비합리적인 경영으로 인해 기업의 효율성이 낮은 기업 등이다.

셋째, 주식을 쉽게 사 모을 수 있는 기업이다. 즉 안정화비율이 낮은 기업, 전환사채권 등 잠재주식이 많은 기업, 내분이 있는 기업 등이다.

한편 인수대상기업에 대한 정보와 자료를 수집하는 과정에서 M&A 정보가 누설되면 협상이 시작되기도 전에 가격이 오르거나 정보가 왜곡될 우려가 있다. 따라서 인수대상기업에 대한 사전적인 접근은 극비리에 진행시키는 것이 중요하다. M&A정보가 사전에 누설될 위험성이 높은 경우에는 중개기관을 적극적으로 활용하는 것이 바람직하다.

인수대상기업이 선정되면 해당기업에 대한 가치를 평가하게 된다. 이러한 기업가치평가는 구체적으로 대상기업의 실제인수가격의 산정, 즉 1주당의 주가를 산정하는 것을 의미한다. 따라서 그 대상기업이 공개기업인 경우는 현실적으로 거래가 이루어지고 있는 시장에서의 주가를 감안해야 하며, 비공개기업의 경우는 재무분석과 재무이론을 응용하여 합리적인 가격을 산정해야 한다. 일반적으로 기업의 가치를 평가하는 방법에는 미래현금흐름할인법, 옵션가치평가법, 자산가치평가법, 대체비용평가법, 주식시장가치평가법, 상대가치평가법 등이 있다.

미래현금흐름할인법(discounted cash flow)은 평가대상기업의 미래현금흐름을 현재가치로 할인하는 방법이고, 옵션가치평가법(option pricing valuation)은 매도자가 가지고 있는 대상기업의 주주지분에 대한 옵션의 가치를 인정하고 옵션가격결정모형을 이용한 가치평가법이다. 한편 자산가치평가법(break-up valuation)은 기업의 보유부동산이나 그 밖의 자산의 시장가치를 측정해 기업의 가치를 평가하는 방법이다.

대체비용평가법(replacement cost valuation)은 인수대상기업을 현재 상태의 수준으로 만들기 위하여 소요되는 비용을 평가하여 대상기업의 가치를 산정하는 방법이고, 주식시장가치평가법(stock market valuation)은 현재의 주가수준에 어느 정도의 프리미엄을 지불해야 해당기업을 인수할 수 있는가로 기업의 가치를 평가하는 방법이며, 상대가치평가법(relative valuation)은 측정대상이 되는 기업과 비슷한 상장법인의 주가를 비교하는 방법이다.

### 3) 실사

실사(due diligence)는 인수대상기업의 실제내용을 조사하는 것으로 M&A의 필수적인 절차라고 말할 수 있다. M&A과정에서 실사는 인수자가 인수대상자산의 실제존재여부, 향후 수익창출 가능성, 장부외부채, 환경문제 등의 잠재적인 채무의 존재여부 등을 확인하는 작업을 의미한다. 그런데 이러한 실사는 전체 M&A를 시행하는 과정에서 가장 많은 노력과 시간을 필요로 할 뿐만 아니라, 인수여부, 매매가격과 조건 등의 협상에 결정적인 역할을 하기 때문에 매우 중요한 과정의 하나로 간주된다.

일반적으로 실사는 다음과 같은 단계로 이루어진다. 먼저 실사를 담당할 실사팀을 구성하고 다음으로 이들이 회의를 통해 실사의 범위를 정한다. 그리고 실사를 실시하기 전에 자료제공에 따른 비밀보장계약을 맺는다. 다음으로 실사전략을 수립하고 마지막으로 직접적인 실사를 실시하고 정리하는 과정을 거친다.

실사결과는 크게 가치평가와 계약서작성 및 교섭을 위하여 사용되며 나아가 인수 후 경영을 위해서도 사용된다. 따라서 실사 시에는 인수 그 자체뿐만 아니라 인수 후 어떠한 점을 개선할 것인지, 어떠한 부분을 매각 폐쇄할 것인지, 어떠한 부문에서 모기업이 도와주면 대상기업의 가치가 향상되는지 등을 파악하여야 한다.

### 4) 교섭과 계약체결

교섭은 인수자와 매도자 사이에서 가장 적절한 거래가격을 찾기 위한 협상과정을 말한다. 교섭을 잘 하느냐 못 하느냐 여부에 따라 막대한 이익을 창출할 수도 있고 혹은 막대한 손실이 발생할 수도 있으므로 교섭은 M&A시행에 있어서 매우 중요한 역할을 차지하고 있다.

교섭을 행할 때에는 확고한 신념을 갖고 정확한 의사전달과 입장표명을 함으로써 상호간에 오해를 불러일으킬 소지를 줄이고 불필요한 시간낭비를 없애야 한다. 이와 관련 인수자와 매도자간에 오해를 남기지 않기 위해서는 의향서(letter of intent : LOI)를 작성하기도 한다. 의향서는 법적인 구속력은 없고 협상 당사자간에 구두로 진행되어 온 내용을 정리하는 의미를 지니고 있다.

교섭이 완전히 끝나면 거래 쌍방은 계약서를 작성, 서명, 날인하게 된다. M&A의 모든 거래에 계약서작성이 의무화되어 있는 것은 아니지만 양측의 의사표시를 명확히 하고 오해를 피하기 위해 관행적으로 이를 작성하는 것이 일반적이다. 특히 합병과 상장법인의 영업양도 등의 경우에는 계약서의 작성이 법률상으로 요구되고 있다.

M&A의 종결일(Closing date)은 계약서에 서명하는 날을 기준으로 할 수도 있으나, 기업을 실제로 인계하는 것은 서명한 날로부터 보통 1~3개월을 지나야 하므로 일반적으로 그때를 기준으로 삼는다. 계약서는 주로 쌍방 변호사들의 세밀한 검토를 거쳐 작성되며 거래당사자간의 이해관계 등에 따라 포함되어야 할 사항이 달라지지만 일반적으로 다음과 사항은 반드시 포함되어야 한다.

① 거래의 구조와 거래조건
② 대상기업의 모든 중요한 법률적 · 회계적인 사항과 매도자 · 인수자에 대한 기본정보
③ 매도자는 거래가 끝나기 전에 대상기업의 상태에 중대한 변동이 없도록 해야 한다는 의무
④ 계약서에 포함되어 있어야 할 문제점이 적절히 상대방에게 고지가 안 되고 거래가 끝나기 전 또는 후에 이러한 문제점이 나타났을 경우 조치사항

계약서의 서명과 날인이 끝나면 M&A의 실행을 위한 절차를 밟게 된다. 대외적으로는 M&A를 공개적으로 발표하고 금융위원회, 공정거래위원회 등의 관련 부서에 신고하며 주주, 채권자, 거래처 등에 보고나 통지를 하게 된다. 대내적으로는 생산, 판매, 재무, 인사 등 각 부문마다

조정을 도모하면서 M&A후의 경영성공을 위한 준비를 하게 된다.

#### 5) 대금지급과 사후관리

M&A의 거래에 따른 모든 대내외 절차가 완료되어 계약의 효력이 발생하면 대금을 지급하게 된다. 거래대금의 지급방법은 일반적으로 다음과 같이 네 가지 형태로 구분할 수 있다.

첫 번째는 현금에 의한 지급으로 가장 기본적이고 간결한 방법이다. 일반적으로 매도자의 입장에서는 현금에 의한 거래대금지급을 가장 선호한다.

두 번째는 채무증서에 의한 지급이다. 인수자의 입장에서 기업을 사고파는 M&A거래는 막대한 거래대금을 요구하기 때문에 현실적으로 현금으로만 그 대금을 지급하는 데에는 한계가 있다. 따라서 대금의 전부 또는 일부를 현금 대신 회사채나 어음 등의 채무증서로 지급한다.

세 번째는 주식에 의한 지급이다. 이는 인수기업의 주식이나 새롭게 발행한 주식을 매도자에게 지급하는 방식으로 매도자의 입장에서는 주식을 받은 즉시 현금화할 수 있다는 장점이 있고 인수자의 입장에서는 대금지급의 부담을 덜 수 있다는 장점을 지니고 있다.

네 번째는 연계방식에 의한 지급이다. 이는 일정기간동안 대상기업의 영업실적에 따라 대금을 지급하는 방법으로 매도자가 제시한 가격과 인수자가 제시한 가격이 차이가 많이 나는 경우에 사용한다.

체결된 계약조건에 따라 필요한 절차를 밟아 대금이 지급되면 거래를 완료하게 되는데, 거래를 완료한 후 인수자는 인수기업과 인수대상기업의 통합을 위한 사후관리(feedback)를 시작한다. 사후관리를 위해서는 먼저 인수준비팀을 구성하여야 한다. 일반적으로 대상기업을 인수한 다음 대상기업의 경영진과 종업원은 상당한 불확실성에 놓이게 되며 미래에 대하여 불안감을 느끼게 되는데 이러한 미래에 대한 불안감은 생산성을 저하시키고 이직을 조장하는 요인으로 작용할 수 있다. 따라서 인수준비팀은 인수 후의 이러한 비상사태를 타개해 나가야 하기 때문에 경험이 풍부하고 각 방면에서 전문적인 지식을 가진 사람으로 구성되어야 한다. 한편 인수자는 M&A거래의 과정에 노력을 경주하는 이상으로 인수기업과 인수대상기업간의 일체감 형성을 위해 노력해야 하며 대상기업의 경제적 가치와 시너지효과를 달성하기 위해 노력해야 한다.

## 2. M&A의 전략

M&A의 전략은 여러 가지 형태로 구분할 수 있는데 여기서는 주식매집전략, 공개매수(TOB: take over bid)전략, LBO(leveraged buyout), MBO(management buyout) 등에 대해 살펴보고자 한다.

### 1) 주식매집전략

주식매집(stock accumulation)전략은 시장을 통해 은밀히 주식을 매집하여 경영권을 장악하는 방법이다. 이를 위해 활용되는 세부전략으로는 주식시장에서의 매집(open market purchase), 장외시장에서의 매집(stress sweep)을 들 수 있다. 특히 장외시장에서의 매집은 차익거래(arbitrage)를 하고자 하는 투자자로부터 웃돈을 주고 사는 방법을 의미하는데, 이에는 법적인 제약이 따를 수 있음을 유의해야 한다.

주식매집전략은 적대적 M&A를 시도하고자 하는 기업이 우선적으로 고려해 볼 수 있는 전략이지만, 주가상승이나 루머와 같은 변수에 기인하여 기존 대주주가 알아차리지 못하게 필요한 주식을 매집하는 것이 쉽지 않기 때문에 반드시 성공을 장담할 수 있는 전략은 아니다. 그러나 일정한 기준을 넘는 지분이 확보되었을 때에는 가장 확실한 M&A 공격전략이 될 수 있다. 따라서 이 전략을 사용할 경우 가장 중요한 것은 기존대주주가 눈치를 채지 못하도록 얼마나 용의주도하게 주식을 매집하여 지분을 높일 수 있는가이다.

이와 관련하여 통상적으로 주변의 우호적인 투자자 또는 기업들과의 사전협의와 이에 따른 공동분산매수전략의 시도가 요구된다. 왜냐하면 어느 한 투자자 또는 기업이 계속해서 매집하는 경우에는 전략이 쉽게 노출되기 때문에 가능한 한 많은 협조적 투자자를 확보함으로써 일정한 수준의 지분을 유지해야 하기 때문이다.

### 2) 공개매수(TOB: take over bid)전략

공개매수(TOB: take over bid)전략은 불특정다수를 대상으로 증권을 시장 밖에서 매수청약을 하거나 매도청약을 권유하여 증권을 매수하는 전략이다. 미국의 경우 적대적 M&A건수의 70%정도가 공개매수로 이루어지는 등 M&A의 공격전략의 중요한 전략의 하나로 활용되고 있다.

공개매수(TOB: take over bid)를 통해 기업을 매수하고자 할 경우에는 먼저 매수하고자 하는 대상기업 주식의 수량과 매수가격 및 대금의 지급방법을 결정해야 한다.

대상기업의 주식을 매수하는 방법은 크게 전량인수(any-and-all offer)와 부분인수(partial offer)로 구분된다. 전량인수는 일정한 매수가격을 제시하고 언제까지 매수할 것인가를 정한 후 정해진 기일까지 응모한 주식의 전량을 매수하는 방법인데, LBO와 같은 방법으로 인수하여 탈상장(going private)시킬 경우 흔히 사용되며 매수대상기업이 방어하기에 가장 어려운 방법이다.

한편 부분인수는 대상기업의 경영권을 지배할 수 있는 정도만큼만 매수하는 방법으로, 매수마감일에 그 이상의 주식이 응모하였을 경우 응모한 주식에 비례해서 매수하는 것이다.

매수대금지급방법에는 현금매수와 주식교환, 2단계 가격제시법(two-tierpricing offer) 등이 있다. 현금매수(cash tender offer)는 현금을 지급하고 주식을 양도받는 방법이고, 주식교환(exchange offer)은 매수대금을 매수회사의 주식이나 기타, 다른 주식으로 지급하는 방법이다. 주식교환은 매수회사의 자금부담을 덜어준다는 장점을 지니고 있다. 한편

2단계 가격제시법은 주로 합병할 경우에 많이 사용되는 방법으로 1단계에서 높은 가격의 현금매수를 해주고 이에 응하지 않은 주주들에게 2단계에서 합병하고자 하는 기업의 주식을 불리한 조건으로 교환해 주는 방법이다. 이와 같은 2단계 가격제시법은 공개매수의 가격을 차등화하여 1단계 매수에 응하는 주주에게 높은 가격에 매수해 줌으로써 주주들에게 매도압박을 가하고자 하는 데 그 목적이 있어 M&A를 조기에 성공시키려는 수단의 하나로 활용되고 있다.

### 3) LBO(leveraged buyout)

LBO(leveraged buyout)는 인수대상기업의 자산 또는 미래현금흐름을 담보로 하여 자금을 조달하고 그 자금을 활용하여 대상기업을 인수하는 전략이다. LBO는 인수대상기업의 자산이 그 잠재능력에 비하여 저평가되었다고 판단되는 경우, 즉 현 소유주나 경영진의 경영능력이 떨어져 회사의 잠재능력을 최대한 활용 못하고 있다고 판단되는 경우에 많이 활용된다.

LBO자금은 주로 중 · 장기자금으로 정크펀드, LBO차입, LBO펀드를 주요원천으로 인수자금을 조달한다. 정크본드(junk bond)는 채무불이행위험정도가 높아서 저등급판정을 받은 고위험 · 고수익(high risk & high return)채권으로, ① 최초발행 시에는 신용평가기관으로부터 투자적격등급판정을 받았으나 나중에 투자부적격 등급으로 하락한 채권(fallen angels), ② 성장기업이기는 하나 규모가 작아 채권발행자격이 미달되는 중소기업이 발행한 채권, ③ LBO를 위해 인수대상기업의 자산을 담보로 발행되는 채권 등을 말한다.

LBO의 최대 장점으로는 잠재능력에 비해 저평가된 기업을 타인자본을 이용해 인수하여 정상화시킨 후 매각함으로써 적은 투자자금으로 막대한 이익을 추구할 수 있다는 것을 들 수 있다. 또한 새로운 외부차입금을 이용하여 기업의 경영권을 손쉽게 획득할 수 있으며, 재무적 동기이외에 경영전략적 차원에서 기업을 인수하려고 할 때에도 활용됨으로써 적은 부담으로 목적을 달성할 수 있는 장점이 있다.

반면에 인수대상기업이 인수시 예상했던 영업실적을 달성하지 못할 위험이 있고, 인수 후 매각하려던 자산이 순조롭게 매각되지 못하여 이자부담이 커질 수 있으며, 경우에 따라서는 예상했던 가격보다 싸게 매각될 수 있는 단점이 있다. 또한 인수시점 내지는 인수직후 금융을 일으키려고 할 때 예기치 못했던 변수의 발생으로 금융시장의 상황이 악화되어 높은 이자율을 감수할 위험도 있다.

#### 4) MBO(management buyout)

MBO(management buyout)은 기업내부의 현 경영진이 LBO형태로 기업전체 또는 일부사업부를 인수하는 전략을 말한다. MBO는 LBO의 특수한 형태로서 외부자금을 이용한다는 점에서는 LBO와 동일하다. 다만 LBO가 외부자에 의한 인수인데 반해, MBO는 현재의 경영진이 외부자금을 이용하여 인수한다는 점에서 커다란 차이점이 있다.

MBO는 원래 부실 등 위기상황에 처한 기업을 구제하기 위해서 은행 등 채권자가 기업 내 경영능력이 탁월한 경영자에게 인수자금을 제공하여 기업을 인수하도록 지원하는 방법에서 비롯되었는데, 최근에는 외부자의 악의적 매수제의에 대응하는 방어적 차원에서 이루어지는 경우가 많다.

이와 같은 MBO는 내부경영진이 인수함으로써 경영의 계속성을 유지할 수 있고 자사에 대한 충분한 정보를 가지고 있기 때문에 구조조정과 효율적 경영을 할 수 있는 장점이 있다. 반면에 내부정보를 이용하여 인수경쟁에서 저렴한 가격으로 기업을 인수할 경우 주주의 이익이 희생될 수 있을 뿐만 아니라, 경영진이 MBO를 통해서 주주로부터 기업을 인수하려는 공격자로서의 위치를 가짐과 아울러 주주로부터의 위임을 받아 기업을 지켜야 하는 수비자로서의 위치도 동시에 가지므로 경영진과 주주와의 대립이 발생할 수 있는 단점이 있다.

## 중요개념 및 용어

LBO
경영지배권
곰의 포옹
공개매수
공동보험효과
영업권
기업사냥꾼
기업인수
분리공개
분리매각
분리설립
수평적 통합
시너지효과
시장매집
신설합병
기업분할
완전매각
위임장대결
자본이득
재무시너지
분할설립
주식취득
차입매수
턴 그라운드
그린메일
영업시너지
합병
합병회사
흡수합병

## 연 습 문 제

1. 다음 용어에 대하여 설명하라.

| | | |
|---|---|---|
| 1) M&A | 2) 기업합병 | 3) 기업인수 |
| 4) 개별직접매수 | 5) 공개매수(TOB) | 6) 수평적 M&A |
| 7) 수직적 M&A | 8) 혼합적 M&A | 9) 주식매집전략 |
| 10) LBO | 11) MBO | 12) 정크본드 |

2. M&A의 유형과 관련하여 우호적 M&A와 적대적 M&A의 차이에 대하여 서술하라.

3. M&A의 동기를 크게 세 가지로 분류하여 개략적으로 서술하라.

4. M&A의 절차를 5단계로 분류하여 개략적으로 서술하라.

5. M&A와 관련한 기업가치 평가방법에 대하여 간략히 서술하라.

6. M&A의 전략 중의 하나인 공개매수(TOB)전략과 관련하여 1) 대상기업의 주식매수 방법과 2) 매수대금지급방법에 대하여 서술하라.

7. LBO는 어떠한 경우에 활용되며, 어떠한 장 · 단점이 있는가를 서술하라.

# 제12장

# 선물과 옵션

개인과 기업들은 다양한 경제적 · 재무적 활동과 관련하여 미래의 불확실성과 많은 위험에 노출되어 있다고 말할 수 있다. 이러한 불확실성과 위험을 회피하거나 분산하는 방법으로 이익을 극대화할 수 있는 자산에 대한 위험관리 기법으로서 파생상품들이 최근 많이 개발되고 있다. 이와 같이 파생상품은 미래 상품가격의 불확실성을 없애는 위험헤징(hedging)수단으로 많이 활용되는데, 이에 대한 투자에는 신중성과 전문적인 지식을 요구됨을 유의해야 할 것이다.

본 장에서는 대표적인 파생상품(derivative assets)인 선물(futures)과 옵션(options), 스왑(swap)에 대하여 기초개념과 기능 그리고 이들을 이용한 위험관리기법 등에 대하여 알아보고자 한다.

## 제 1 절 선물거래의 의의와 기능 및 조건

### 1. 선물거래의 의의

선물거래(future trading)란 수량·규격·품질 등이 표준화되어 있는 특정대상물을 현재시점(계약시)에서 정한 가격(선물가격)으로 장래의 일정시점(결제일 또는 만기일)에 인수 및 인도할 것을 약속하는 거래로서, 거래소에서 규정한 정형화된 방법으로 거래하는 것을 의미한다.

선물계약(futures contract)은 미래의 미리 정해 놓은 일정한 시점(결제일 또는 만기일)에 일정량과 질을 갖춘 특정상품을 미리 정한 가격(선물가격)으로 매매하기로 현재 시점에서 약속한 것으로, 계약의 만기일 이전에 반대매매를 행하거나 또는 만기일에 현물에 대한 인수 및 인도를 함으로써 거래를 종결한다. 따라서 계약의 시점에서는 대상상품의 소유권이전도 발생되지 않고 그에 따른 채권·채무의 결제도 일어나지 않는 단순한 장래 이행약속만 남는다.

예를 들어 갑이 선물시장에서 오늘 S전자주식 100주를 한 달 후에 주당 40만원에 사겠다는 계약을 을과 체결하고, 한 달 후에 을로부터 S전자주식 100주를 받고 그 대금 4,000만원(40만원×100주)을 을에게 지급하는 것이 선물거래이다. 이 경우 정해진 시한(결제일)인 한 달 후에 선물매수자인 갑은 계약 시에 정한 대금 4,000만원(40만원×100주)을 선물매도자인 을에게 지불하고 S전자주식 100주를 수령하여야 하고, 선물매도자인 을은 S전자주식을 선물매수자인 갑에게 인도하고 계약 시에 정한 대금 4,000만원을 수령함으로써 당해 선물계약은 종료된다.

## 2. 선물거래의 기능

### 1) 가격변동위험의 전가기능

선물거래를 통해서 가격변동으로부터 발생되는 위험을 줄일 수 있다. 즉, 가격하락 위험에 처해 있는 헤져(hedger)는 선물을 미리 매도하고, 반대로 가격상승 위험에 처해 있는 헤져(hedger)는 선물을 미리 매입함으로써 위험을 전가할 수 있다.

### 2) 현물시장의 유동성확대 기능

선물거래는 현물시장의 유동성을 확대하는 효과를 촉진시킨다. 왜냐하면 선물시장에서는 현물의 가격변동 리스크를 헤지(hedge)할 수 있으므로 투자위험이 감소되는 결과를 가져와 투자자들은 현물시장에 보다 적극적으로 포지션을 취할 수 있기 때문이다. 또한 이에 따라 신규투자자들의 유입이 증대되고 특히 기관투자자들의 적극적인 투자가 유발된다.

### 3) 미래의 가격정보제공 기능

선물시장에서 경쟁적으로 형성되는 선물가격은 미래의 현물가격에 대한 기대값 즉 시장참여자들이 예상하고 있는 현물가격의 가중평균으로 볼 수 있다. 따라서 선물시장은 미래의 현물가격도 예측할 수 있는 가격예시기능을 지니고 있다고 말할 수 있다.

### 4) 새로운 투자수단의 제공

선물거래는 비교적 적은 비용(거래대금 10% 내외의 증거금)으로 큰 금액의 거래를 할 수 있도록 되어 있다. 따라서 선물시장은 가격변동위험을 적극적으로 취하는 투기거래자(speculator)에게 긴요한 새로운 투자수단을 제공해 준다. 그리고 차익거래나 스프레드(spread)거래와 같은 새로운 투자기회를 투자자에게 제공해 준다.

## 3. 선물거래의 조건

선물거래의 특징 중의 하나는 표준화된 거래조건을 통하여 거래가 이루어진다는 점이다. 따라서 선물거래소는 선물거래의 기초가 되는 선물거래조건을 정한다. 표준화된 선물거래의 조건들 및 사용용어들을 정리하면 다음과 같다.

### 1) 기초자산

기초자산(underlying asset)이란 선물거래시 인수도의 대상이 되는 상품을 의미한다. 기초자산에 명시된 내용은 실물인수도에 있어 인수도 되는 기초자산의 가격결정기준이 된다. 예를 들어 주가지수선물거래의 경우 기초자산은 주가지수이고, 주가지수선물옵션의 경우에는 주가지수 선물, 귀금속선물의 기초자산은 금, 은 등이다.

### 2) 거래단위

거래단위(trading size)는 선물시장에서 거래되는 상품의 기본단위로서, 선물계약 1건의 크기이다. 선물거래의 기초자산을 상장시킬 때에는 적정한 규모의 물량을 단위화하고, 이를 기본단위로 거래하도록 하고 있다. 이렇게 정해진 하나의 단위를 1계약이라고 하고, 매매주문시의 주문수량은 이 계약단위를 의미한다.

선물거래에 있어서 거래단위는 원활한 거래를 위하여 고려해야 할 중요한 사항이다. 거래단위가 작을 경우에는 많은 투자자들이 참여할 수 있어 유동성확대에 도움을 줄 수 있으나, 자금여유가 없는 투자자들이 참여하게 되어 시장을 불안정하게 할 수 있다. 한편, 거래단위가 클 경우에는 자금규모가 큰 기관투자자들만이 참여하게 됨으로써 시장의 안정성에는 도움이 되지만, 상대적으로 시장참여를 제한하게 됨에 따라 유동성확보 문제를 야기시킬 수도 있다.

우리나라의 선물거래에 있어서 상품별 거래단위는 KOSPI 200주가지수선물의 경우, 지수에 거래단위 승수인 500,000원을 곱한 것이 거래단위가 된다. 만약 120.20포인트이면 60,100,000원(120.20×500,000원)을 매매하는 결과가 된다. 국채선물은 1억원, CD금리선물은 액면가 5억원, 미국달러선물은 50,000달러, 이 각각 거래단위이다.

### 3) 가격표시방법

선물계약의 가격표시방법(price quatation)은 대상 현물시장의 가격표시방식을 기준으로 선물거래소에서 규정하고 있다. 따라서 거의 대부분의 선물가격은 상품의 계약단위당 가격으로 표시된다.

한국거래소(이하에서는 거래소로 칭함)에서는 미국달러선물가격을 1달러당 원, 금선물가격을 1g당 원, 그리고 CD금리선물가격을 수익률로 표시하고 있다. 이에 따라 예를 들어 미국달러선물계약의 가격이 1,200원이라면 미국달러선물 1계약에 대한 실제가격은 1계약단위인 50,000달러에 선물가격 1,200원을 곱한 6,000만원(1,200원×50,000달러)이 된다.

### 4) 호가단위

호가단위(tick)는 선물거래 시 호가할 수 있는 최소가격변동폭을 말한다. 호가단위는 각 거래소에서 지정한 매매거래단위를 고려하여 금액으로 나타낼 수 있는데, 이를 틱 가치(tick value)라고 한다.

호가단위는 투자자의 가격선택기준이 되기 때문에 이를 높게 하느냐 낮게 하느냐 하는 것은 투자자의 가격선택폭확대 및 거래의 활성화 측면에서 매우 중요한 의미를 지니고 있다.

우리나라의 경우 KOSPI 200지수가 100포인트 미만일 때는 0.05포인트(25,000원), 100포인트 이상일 때에는 0.10포인트(50,000원)를 호가단위로 하고 있다.

### 5) 일일가격제한폭

거래소에서는 급격한 가격변동으로 인한 거래질서의 혼란을 막기 위해 하루 동안에 등락할 수 있는 가격제한폭을 설정하고 있다. 일일가격제한폭(daily price limit)은 선물가격이 전일종가를 기준으로 당일거래시간 동안 등락할 수 있는 최대한의 가격범위를 말한다.

만약 가격이 일일가격제한폭까지 변동하는 경우 거래소마다 적용하는 방식은 다르나 일반적으로 일정기간 거래를 중단시키거나 가격제한폭 이내의 거래만 허용하는 방식을 취하고 있다. 우리나라의 경우 선물가격의 등락을 제한하기 위하여 거래상품별로 일일가격제한폭을 설정하고 있다. 또한 여러 가지 소문 등에 의하여 가격이 일시적으로 급등락하는 것을 방지하기 위해 매매거래중단제도를 채택하고 있다.

한편 가격제한폭제도는 인도월이 되면 적용되지 않는다. 이는 선물계약의 인도월에는 선물가격이 현물가격에 거의 접근해 있기 때문에 가격제한이 없는 현물시장거래와 보조를 맞추기 위한 것이다.

# 제 2 절 주가지수선물거래

## 1. 주가지수선물거래의 개념 및 특징

주가지수선물거래란 증권시장에서 매매되고 있는 전체주식 또는 일부주식의 가격수준을 나타내는 주가지수를 대상으로 하는 선물거래를 말한다. 이러한 의미를 지니고 있는 주가지수선물거래는 다음과 같은 특징이 있다.

첫째, 주가지수선물거래는 실재하지 않는 대상을 매매한다.

예를 들어 농·축산물이나 광산물의 선물거래는 실제로 존재하는 상품을 표준화하여 선물거래의 대상으로 하고 있는 반면, 주가지수선물거래는 주식시장에 상장되어 있는 전체주식 또는 일부주식의 가격수준을 나타내는 수치인 주가지수를 대상으로 하는 선물거래이다. 따라서 주가지수선물거래는 어디까지나 계산상으로 존재하는 것이지 실제로 존재하는 상품은 아니다.

둘째, 주가지수선물거래는 최종결제 시 현금결제만이 가능하다. 앞에서 언급한 것처럼 일반적으로 선물거래에서는 최종거래일까지 반대매매되지 않은 계약은 매매대상인 실물을 인도하고 그 대가를 지불함으로써 종료된다. 그러나 주가지수선물거래의 대상인 주가지수는 계산상의 수치에 불과하여 인수도 할 수 없기 때문에 현금(계약시에 정한 주가지수의 수치와 결제시의 현물주가지수의 수치와의 차에 해당하는 현금)만으로 결제할 수 있다.

우리나라에서 시행하고 있는 주가지수선물거래에는 유가증권시장에 상장되어 있는 200개 종목의 전체가격수준을 나타내는 주가지수를 대상상품으로 하고 있는 KOSPI 200선물거래와 코스닥시장에 상장되어 있는 스타지수를 대상상품으로 하고 있는 KOSDAQ 스타지수선물이 있다.

## 2. 주가지수선물의 가격결정

주가지수선물가격은 시장에서 개별종목별로 매도와 매수호가에 의하여 결정되지만, 선물가격은 장래 일정시점의 현물주가지수이므로 현물주가지수가 중요한 가격결정요소로 작용한다.

예를 들어, 이론적으로는 1년 후에 인도할 조건으로 하는(즉, 1년 만기) KOSPI 200선물을 구입하는 것과 현재 KOSPI 200지수에 포함된 주식을 매입하여 1년간 보유하는 것은 같다. 따라서 장래의 일정한 시기인 1년 후에 인도하기 위하여 현재 주식 200종목을 매입한 경우에 매입비용에 상당하는 금융비용이 발생하므로 주가지수선물가격은 현물주가지수에 금융비용을 더하여야 한다. 또한 일반상품과 달리 주식을 보유할 경우 보유비용이 소요되지 않고 오히려 보유기간동안 배당이익이 발생하므로 배당이익만큼은 차감하여야 한다.

이와 같이 선물가격은 이론적으로는 현물가격에 금융비용, 배당금을 감안하여 산출한 가격과 유사한 가격이다. 예를 들어 KOSPI 200선물의 이론가격은 KOSPI 200 주가지수에 포함된 주식전체를 결제일까지 보유하는데 따른 순보유비용(금융비용-배당수입)을 잔존일수를 감안하여 이론적으로 산출할 수 있다.

선물이론가격=현물+(금융비용-배당수입)

$$F = S_o + S_o(r - d)(t/365)$$

단, $F$ : KOSPI 200선물의 이론가격
$S_o$ : 현재시점의 KOSPI 200 현물지수
$r$ : 이자율
$d$ : 배당수익률
$t$ : 만기까지의 잔존일수

그러나 실제로는 각 투자자별로 중요한 가격결정요소인 장래의 예상주가지수전망에 따른 수요와 공급에 의하여 결정되기 때문에 이론가격과 항상 일치하지는 않는다. 즉 선물가격은 일반적으로 향후 주식시장이 상승할 것으로 예상되면 이론가격보다 높게 형성되고, 하락할 것으로 예상되면 이론가격보다 낮게 형성된다.

일반적으로 주가지수선물의 이론가격은 잔존기간이 긴 원월물의 가격이 잔존기간이 짧은 근월물의 가격보다 높다. 또한 주가지수선물거래의 경우 일반적으로 결제월이 가까운 종목(근월물)의 가격에 비하여 결제월이 먼 종목(원월물)의 가격이 기대요인으로 인하여 크게 움직인다. 따라서 시세가 상승추세에 있는 경우에는 근월물보다 원월물가격의 상승폭이 크며, 반대로 하락추세에 있는 경우에는 근월물보다 원월물가격의 하락폭이 크다.

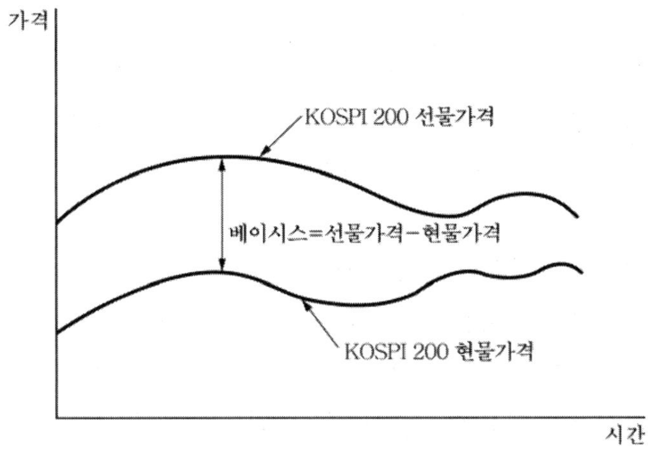


## 3. 주가지수선물거래의 유형

주가지수선물거래는 크게 헤지거래(hedge trading)와 투기거래(speculation trading)로 구분된다. 헤지거래는 현물상품의 선물시장을 통하여 현물시장의 가격변동위험을 회피하는 것인데 반해, 투기거래는 현물시장의 참여 없이 선물시장에서 포지션을 보유 또는 매각함으로써 이에 따른 매매차익을 획득하고자 하는 거래이다. 투기거래는 다시 순수한 투기거래(open position trading)와 차익거래(arbitrage trading) 그리고 스프레드거래(spread trading)로 세분된다.

① 헤지거래

헤지거래(hedge trading)는 현물시장으로부터의 가격변동위험을 회피하기 위해 현물시장에서 취한 포지션과 반대된 포지션을 선물시장에서 취함으로써 한 쪽 시장에서의 손실을 다른 한 쪽의 이익으로 상쇄하고자 하는 거래이다. 이러한 의미를 지니고 있는 헤지거래는 매입헤지(long hedge)와 매도헤지(short hedge)로 나누어진다.

매입헤지는 주가지수선물을 매입함으로써 포트폴리오 가치를 보전하는 것을 말한다. 즉 주식포트폴리오를 가까운 장래에 매입하고자 하는 투자자는 주식시세의 상승에 의한 손실을 미리 회피하기 위해 현재시점에서 주가지수선물을 매입하게 된다. 이 경우에 예상한 대로 시세가 상승한 경우 주가지수선물을 비싼 가격으로 매도하여 이득을 취하게 되는데, 이것은 향후 높은 가격으로 매입하는 현물의 기회손실을 보전하게 된다.

매도헤지는 주식 포트폴리오를 보유하고 있는 투자자가 주가하락에 의한 손실을 회피하기 위하여 현물에 대응하여 주가지수선물을 매각하는 헤지이다. 즉 현재시점에서 선물시장에서 주가지수선물을 매도하고 미래 원하는 시점에서 주식 포트폴리오를 매도하면 가격변동의 방향에 관계없이 투자가치가 보전된다. 예상대로 주가가 하락하면 현물시장에서는 기회손실을 보지만 선물시장에서는 현재보다 싼 가격으로 매입할 수 있게 되므로 이익을 보게 된다. 만약 예상과 반대로 가격이 상승하면 현물시장에서의 기회이익은 선물시장에서의 손실을 보전하게 된다.

〈예제 12-1〉

□ 개시조건

- 50억원 상당의 주식포트폴리오를 보유하고 있는 기관투자자 A가 주가손실에 대비해 KOSPI 200선물을 100계약을 매도하고자 함.
- KOSPI 200현물지수는 100포인트이고, 2개월 후에 최종 결제되는 선물가격은 이론가격인 102포인트(이론가격 산출 적용금리가 연 12%이고, 동 기간 중 배당수익은 발생하지 않는다고 가정)에 매도

□ 투자결과

- 최종 결제시 KOSPI 200지수가 예상대로 하락한 경우와 반대로 상승한 경우로 나누어 헤지거래의 결과를 보면 다음과 같음.

〈KOSPI 200지수가 10% 하락하여 90포인트가 된 경우〉

| 보유주식 손익 | KOSPI 200 선물거래 손익 | 손익 |
|---|---|---|
| 50억원×△10%=<br>△5억원(손실) | 12포인트×50만원×100계약=<br>6억원(이익) | 1억원 |

〈KOSPI 200지수가 10% 상승하여 110포인트가 된 경우〉

| 보유주식 손익 | KOSPI 200 선물거래 손익 | 손익 |
|---|---|---|
| 50억원×10%=<br>5억원(이익) | △8포인트×50만원×100계약=<br>△4억원(손실) | 1억원 |

- 거래결과에서 보는 바와 같이 KOSPI 200선물을 이용하면 헤지기간 중 주식가격이 상승하든 하락하든 주가변동에 따른 손익은 주가지수선물에서 200선물을 이용하는 대신 보유주식을 전부 매각할 경우 주식대금 운용으로 얻게 될 이자수입 1억원(50억원×12%×2/12월)도 확보하게 됨.

② 순수한 투기거래

순수한 투기거래(open position trading)란 주식을 보유하지 않고 장래의 주가변동을 예측하여 선물만 매도 또는 매수함으로써 시세변동에 따른 차익획득을 목적으로 하는 거래를 말한다. 선물거래는 거래대금의 일정률(예: 15%)인 증거금만으로 거래가 가능하고 언제든지 반대매매에 의해 포지션을 해소할 수 있기 때문에 투기목적의 거래에 쉽게 이용될 수 있다.

이러한 순수한 투기거래는 헤져 또는 차익거래자가 선물을 매도, 매수하고자 하는 경우 거래상대방의 역할을 수행하여 선물시장의 가격형성을 원활히 하고 유동성을 제고하는 역할을 수행한다. 그러나 순수한 투기거래는 레버리지효과로 인해 낮은 투자금액으로 높은 이익을 얻을 수 있지만, 반대로 예상이 틀린 경우 큰 손실을 볼 수 있으므로 선물거래 유형 중에서 가장 위험이 큰 거래이다.

〈예제 12-2〉

□ 개시조건

- 투자자 B가 향후 KOSPI 200지수의 상승을 예상하고 보유자금 7,500만원으로 KOSPI 200선물을 매수한 후 KOSPI 200지수가 상승 또는 하락하는 경우의 손익을 주식투자와 비교하고자 함.
- 현재의 선물가격은 100포인트이고, 10계약을 매수하여 증거금으로 7,500만원을 납부하였다고 가정

□ 투자결과

〈KOSPI 200지수가 5% 상승한 경우〉

| KOSPI 200선물 거래결과 | | 주식을 매수한 경우 투자결과 | |
|---|---|---|---|
| (105P-100P)×50만원<br>×10계약=2,500만원<br>(이익) | 투자수익률: 33%<br>(2,500/7,500) | 7,500만원<br>×5%=375<br>만원(이익) | 투자수익률 : 5% |

〈KOSPI 200지수가 5% 하락한 경우〉

| KOSPI 200선물 거래결과 | | 주식을 매수한 경우 투자결과 | |
|---|---|---|---|
| (95P-100P)×50만원<br>×10계약=2,500만원<br>(손실) | 투자수익률 :<br>△33%<br>(2,500/7,500) | 7,500만원×△5%=<br>△375만원(손실) | 투자수익률:<br>△5% |

- 거래결과에서 보는 바와 같이 주가지수선물에 투자하는 것이 주식에 투자하는 것보다 수익률이 약 7배 정도 크다는 것을 알 수 있음.
- 이는 주가지수선물거래의 위탁증거금률이 15%이기 때문에 발생하는 레버리지효과에 의한 것임(손실이 발생할 때도 레버리지효과로 인하여 큰 폭의 손실을 입음).

③ 차익거래

차익거래(arbitrage trading)는 선물의 이론가격과 실제가격 사이에 일시적인 가격불균등이 발생했을 경우에 장래 그 차이가 좁혀질 것으로 예상하여 현물과 선물시장에 동시에 개입하여 각각 반대방향으로 매매

하는 거래를 말한다.

실제 선물가격이 이론 선물가격보다 높은 경우에는 선물에서 매도포지션을 취하고 현물은 매입하고, 반대로 선물가격이 이론 선물가격보다 낮은 경우에는 선물에서 매입포지션을 취하고 현물은 매도한다.

주가지수선물의 이론가격은 지수의 현물가격에 보유비용을 합한 것이다. 여기서 보유비용이란 지수현물을 보유하는 데 대한 금융비용으로 현물지수에 대한 이자비용에서 현물지수를 보유함으로써 발생하는 배당수익을 차감한 것이 된다. 일반적으로 배당수익률은 단기이자율보다 낮으므로 이론 선물가격은 현물가격을 상회한다.

그런데 실제 선물가격이 이론 선물가격과 일치하는 경우는 거의 없다. 따라서 차익거래로 인한 수익(이론과 실제 선물가격과의 차이)이 단기금융비용보다 높으면 차익거래의 기회가 존재한다고 할 수 있다. 이때 차익거래자는 차익거래를 하는데 드는 거래비용과 세금 등을 고려하여 최종적으로 의사결정을 해야 한다.

〈예제 12-3〉

□ 개시조건

- 2008년 11월 12일 현재 현물시장의 KOSPI 200지수는 100포인트이고, KOSPI 200선물 12월물(최종거래일 12월 12일)의 가격은 102P, 단기 금리 연 9%, 예상배당수익률 연 3%(연중 균등배당가정)라고 가정
- 이때 KOSPI200선물 12월물 선물이론가격은 100.5P가 되어 선물가격(102P)이 상대적으로 높음.
- 이에 따라 투자자C는 12월물 KOSPI 200선물 10계약을 102P에 매도함과 아울러 선물 10계약에 상당하는 현물주식 5억원(100P×50만원×10계약)을 연 9%의 금리로 차입하여 매수하였음.
- 최종거래일의 KOSPI 200현물종가지수는 97P라고 가정.

### □ 투자결과

| 구 분 | 현물시장 | 선물시장 |
|---|---|---|
| 매매체결 결과 | ① 주식매매<br>-매수(11/12):5억원(100P×50만원 ×10계약)<br>-매도(12/12):4.85억원(5억원 ×97/100)<br>-결과 : 0.15억원 손실<br>② 차입금의 이자비용: 0.0375억원 =5억원×9%×1/12<br>③ 배당수입 : 0.0125억원 =5억원×3%×1/12 | ① KOSPI 200선물매매<br>-매도(11/12)5.1억원 (102P×50만원×10계약)<br>-최종결제 (12/12): 4.85억원 (5억원×97/100)<br>- 결과 : 0.25억원 이익 |
| (손익) | 0.175억원 손실 | 0.25억원 이익 |
| 총손익 | 0.075억원 이익(0.25억원-0.175억원) | |

- 여기에서 차익거래이익 0.075억원은 11월 12일의 선물가격 102P와 선물이론가격 100.5P의 차이인 1.5포인트에 해당하는 금액(1.5P×50만원×10계약)으로 이 금액은 최종현물지수가 어떻게 형성되더라도 동일하다.

#### ④ 스프레드 거래

선물에 있어서 스프레드란 서로 다른 두 개의 선물상품 또는 결제월 종목간의 가격차이를 의미하고, 선물스프레드 거래(spread trading)란 이러한 서로 다른 두 개의 선물상품 또는 결제월 종목을 동시에 사고 파는 거래를 말한다. 이러한 스프레드거래의 목적은 서로 다른 두 포지션의 가격변동폭 차이에서 이익을 추구하는 데에 있다.

선물 스프레드거래의 가격은 원월물에서 근원물의 가격을 뺀 수치를 말한다. 이는 주가지수선물의 경우 일반적으로 원월물의 가격이 근월물의 가격보다 이론적으로 높기 때문이다. 따라서 거래시에 매도와 매수의 기준을 원월물을 기준으로 하여, 스프레드매도는 원월물매도와 근월물매수를, 매수는 원월물매수와 근월물매도를 각각 의미한다.

스프레드거래에서 매수자란 스프레드를 매수, 즉 원월물을 매수하고 근월물을 매도하는 자를 말한다. 매수자는 현재 시장에서 형성된 종목간의 가격차, 즉 스프레드가 적정수준보다 작아서 향후에 스프레드의 확대를 예상하고 스프레드 매수포지션을 취하게 되는데, 거래성립이후 매수시의 스프레드보다 더 크게 되면 이익이 발생하고, 작아지면 손실이 발생한다. 한편 스프레드거래에서 매도자란 스프레드를 매도, 즉 원월물을 매도하고 근월물을 매수하는 자를 말한다. 매도자는 현재 시장에서 형성된 종목간의 가격차, 즉 스프레드가 적정수준보다 커서 향후에 스프레드의 축소를 예상하고 스프레드 매도포지션을 취하게 되는데, 거래성립 이후 매도시의 스프레드보다 더 작아지면 이익이 발생하고, 커지면 손실이 발생한다.

〈예제 12-4〉

□ 개시조건

- 현재 KOSPI 200지수는 100포인트이고, KOSPI 200선물 12월물은 103P, 3월물은 105P라고 가정
- 이에 따라 투자자 C는 12월물의 이론가격 102P, 3월물의 이론가격 106P에 비해 12월물은 고평가되어 있고, 3월물은 저평가되었다고 판단하여, 선물스프레드가격 +2P에 선물스프레드 5계약을 매수하였음.

□ 투자결과

- 한달 후 선물스프레드가 +4P로 확대된 경우의 투자결과는 다음과 같음.

〈선물스프레드가 +4P로 확대된 경우〉

| 주문유형 | 스프레드 구성종목 거래내역 | |
|---|---|---|
| | 근월종목(12월물) | 원월종목(3월물) |
| 스프레드 +2P에 매수 | KOSPI 200 12월물 5계약 103P에 매도 | KOSPI 200 3월물 5계약 105P에 매수 |
| 스프레드 +4P에 매도 | KOSPI 200 12월물 5계약 104P에 매수 | KOSPI 200 3월물 5계약 108P에 매도 |
| 결 과 | -1P(103P-104P)×50만원×5계약=250만원손실 | 3P(108P-105P)×50만원×5계약=750만원 이익 |
| | 총손익 : 500만원이익(=2P×50만원×5계약) | |

## 제 3 절 옵션의 기본적인 이해

### 1. 옵션의 개념

옵션(option)은 특정대상물을 사전에 정한 가격으로 일정한 기간(혹은 일정한 시점)내에서 살 수 있는 권리 또는 팔 수 있는 권리를 의미한다. 여기서 옵션의 대상이 되는 목적물을 대상자산(underlying asset) 또는 기초자산이라 하고, 사전에 정한 가격을 권리행사가격이라고 한다. 그리고 일정한 기간 내란 옵션계약에 따라 옵션의 매수자가 옵션의 매도자에 대해 특정한 가격으로 대상자산을 거래할 수 있는 기간인 권리행사기간을 말하고, 사전에 정한 시점을 만기일이라고 한다. 옵션 중에는 살 권리를 콜(call)옵션이라고 하고, 팔 권리를 풋(put)옵션이라고 한다.

옵션거래는 옵션을 거래대상으로 하는 거래로서 옵션매입자와 옵션매도자간에 이루어진다. 옵션매도자는 옵션매수자에게 옵션(권리)을 제공하고, 옵션매수자는 옵션매도자에게 그 대가를 지급한다. 이와 같이 옵션매입자가 미리 정해진 조건으로 기초자산을 사거나 팔 수 있는 권리를 얻는 대신 옵션매도자에게 일정한 대가를 지불하는데, 이를 프리미엄 또는 옵션가격이라고 한다.

〈표 12-1〉 선물거래와 옵션거래의 차이점

| | | 선물거래 | 옵션거래 |
|---|---|---|---|
| 거래대상 | | - 기초자산 자체 | - 기초자산을 매도·매수할 수 있는 권리 |
| 권리·의무 | | - 매수자 : 권리와 의무<br>- 매도자 : 권리와 의무 | - 매수자 : 권리<br>- 매도자 : 의무 |
| 계약시 수수 금액 | | - 프리미엄 수수가 없음 | - 매도자 : 권리부여⇒매수자<br>- 매수자 : 프리미엄⇒매도자 |
| 증거금 | | - 매도자와 매수자 모두 납부 | - 의무를 부담하는 매도자만 납부 |
| 위험 구조 | 매수자 | - 위험 무한정 | - 위험이 프리미엄에 한정 |
| | 매도자 | - 위험 무한정 | - 위험무한정(단, 프리미엄만큼 위험감소) |
| 결제방법 | | - 반대매매 또는 최종결제 | - 반대매매 또는 권리행사 |

자료 : 거래소

옵션거래의 매수자(buyer)는 옵션을 취득함으로써 권리를 보유하는 자를 의미하며, 보유자(holder)라고 한다. 한편 옵션거래의 매도자(seller)는 옵션을 발행하여 매도함으로써 의무를 지는 자를 말하며, 발행자(writer)라고도 한다. 옵션거래의 매수자는 대금(프리미엄)을 지불하는 대신에 기초자산을 권리행사가격으로 살(팔) 수 있는 권리를 보유한다. 옵션은 권리이며 의무가 아니기 때문에 권리의 행사여부는 매수자의 자유선택이다. 즉 매수자는 자산에게 유리한 경우에 한하여 권리를 행사하면 된다. 옵션거래의 매도자는 대금(프리미엄)을 받는 대신에 기초자산을 권리행사가격에 팔(살) 의무를 갖는다. 매도자는 매수자의 요구가 있으면 즉시 권리행사에 따를 의무를 이행한다.

옵션거래는 선물거래와 계약시점부터 상당기간 후에 대상물의 결제를 이행한다는 점과 경제적 기능이 유사하지만, 여러 측면에서 차이점이 있다(〈표 12-1〉 참조).

## 2. 옵션거래의 특징

옵션거래는 주식거래나 선물거래 등 다른 금융상품거래와는 다른 다양한 특징을 지니고 있다.

### 1) 손익구조의 비대칭성

선물거래의 경우 시장가격변동분이 전부 이익이나 손실로 실현된다. 즉 손익이 무제한적으로 증가될 수 있다. 이에 비해 옵션거래는 손실이나 이익 어느 한쪽이 제한되어 있다. 옵션매수의 경우는 이익이 무제한적인 반면에 손실이 제한되어 있고, 옵션매도의 경우는 손실이 무제한적인 반면에 이익이 제한되어 있다. 따라서 선물거래에서는 손익이 대칭적인 구조인데 비해, 옵션거래는 손익이 비대칭적인 구조라고 말할 수 있다.

### 2) 거래기법의 다양성

옵션거래는 다른 파생상품과 결합하여 다양한 형태의 손익구조 및 투자수단을 제공한다. 뿐만 아니라 옵션거래에서는 시황변동의 방향 이외에 시황의 변동성에 대한 예측까지도 이용할 수 있다. 실제로 옵션거래에서는 가격이 움직이는 방향보다도 가격이 얼마나 큰 폭으로 변동할 것인가가 더 중요하게 되는 경우가 많다.

### 3) 기한부 상품

옵션거래는 권리에 대한 거래이며 그 권리는 채권과 같이 일정한 기간으로 제한되어 있다. 따라서 그 기간 내에는 권리를 행사할 수 있지만 그 기간이 지나면 권리를 행사할 수 없다.

### 4) 가치의 소모성

옵션은 향후 장세가 자신이 생각한 대로 움직이는 경우 권리를 행사하거나 반대매매를 통해 투자수익을 올리는 상품이기 때문에 다른 조건이 일정하다면 계약기간이 길수록 기초자산가격변동의 가능성이 커지게 되어 옵션의 가치가 상승하며 계약만료일이 다가올수록 그 가치(시간가치)가 하락하는 특성을 지니고 있다. 따라서 옵션을 소모성상품이라고 하며 만료일에는 "기초자산가격-권리행사가격", 즉 권리행사가치만 남게 된다.

## 3. 옵션의 기능

옵션이 갖고 있는 기능에는 체계적 위험 헤지기능, 거래위험 한정기능, 투자기회 확대기능, 포트폴리오의 효율적 관리기능, 잠재적 수요창조기능 등이 있다.

### 1) 체계적 위험 헤지기능

주식시장에서 투자자는 개별종목이 지니고 있는 고유한 리스크를 회피하기 위해 다수종목의 포트폴리오를 구성한다. 그러나 이것만으로 시장전체가 지니고 있는 체계적 위험까지 회피할 수는 없다.

따라서 현재 기초자산을 보유하고 있는 투자자는 풋옵션을 보유함으로써 기초자산의 가격이 하락하는데 따라 발생되는 위험을 회피할 수 있고, 반대로 장래에 기초자산을 매수하고자 하는 투자자의 경우에는 콜옵션을 보유함으로써 실제로 매수한 기초자산의 가격이 상승하는 데에 따른 리스크를 회피할 수 있다.

### 2) 거래위험 한정기능

옵션은 기초자산의 가격변동에도 불구하고 손실을 프리미엄으로 한정시키고 이익을 극대화할 수 있는 기능이 있다. 즉 콜옵션 거래의 경우 매수자는 기초자산의 가격이 상승하면 권리를 행사하여 기초자산의 가격이 상승하는데 따른 이익을 얻을 수 있지만, 예측이 잘못되어 기초자산의 가격이 하락하여 권리행사가격 이하로 떨어진 경우에는 매수할 수 있는 권리를 포기함으로써 기초자산의 가격하락에 따른 손실을 프리미엄금액으로 한정시킬 수 있다.

### 3) 투자기회의 확대기능

옵션거래는 다양한 형태의 투자수단을 제공하여 준다. 즉 가격변동폭이 클 것으로 예상하거나, 작을 것으로 예상하는 경우 다른 투자수단으로는 실현할 수 없는 이익을 가능하게 하여 주는 투자기회를 확대하는 기능이 있다.

### 4) 효율적 포트폴리오관리기능

주식시장의 경우 포트폴리오의 리스크를 조정할 필요가 있을 때 단기간 동안에 거액의 매매를 하면 거래비용이 커질 뿐만 아니라 주가의 변동성을 증대시킨다. 이러한 경우 옵션거래를 이용하면 낮은 비용으로 포트폴리오의 리스크를 보다 효율적으로 조정할 수 있다.

예를 들어 주가가 하락할 것으로 예상되는 경우에는 보유하고 있는 주식을 대량으로 매도해야만 하는 부담뿐만 아니라, 주식을 매도할 경우 주가하락을 초래할 수 있다. 이때 옵션거래를 이용하면 주식가격의 커다란 변동없이 효율적으로 포트폴리오를 관리할 수 있다.

### 5) 잠재적 수요창조기능

현재 주식매입자금은 없으나, 미래에 현금유입이 있을 것으로 예상하는 투자자의 경우, 향후 주가가 상승하리라고 보는 대상주식의 콜옵션을 매수하고, 현금유입이 있게 되는 시점에서 옵션권리를 행사하여 기초자산을 매입할 수 있다. 이와 같이 옵션은 투자자에게 잠재적 수요를

창조하게 하는 기능을 갖는다.

## 4. 옵션거래의 구분

옵션거래는 권리의 유형에 따라 콜옵션과 풋옵션으로 구분되고, 권리행사 가능시기에 따라 유럽형옵션과 미국형옵션으로 구분된다.

### 1) 권리의 유형에 따른 분류

콜옵션거래는 기초자산을 권리행사가격에 살 수 있는 권리를 매매대상으로 하는 거래이다. 콜옵션의 매수자는 살 수 있는 권리를 취득하고 그 대가로 대금인 프리미엄을 매도자에게 지불한다. 반면에 콜옵션의 매도자는 대금인 프리미엄을 받는 대신에 매수자의 청구가 있으면 기초자산을 권리행사가격으로 매도하여야 한다.

풋옵션거래는 기초자산을 권리행사가격에 팔 수 있는 권리를 매매대상으로 하는 거래이다. 풋옵션의 매수자는 팔 수 있는 권리를 취득하고, 그 대가로 대금인 프리미엄을 매도자에게 지불한다. 반면에 풋옵션의 매도자는 대금인 프리미엄을 받는 대신에 매수자의 청구가 있으면 기초자산을 권리행사가격으로 매입하여야 한다.

### 2) 권리행사기간에 따른 분류

유럽형 옵션은 장래 일정시점(만기일)에만 권리행사가 가능한 옵션인데 비해, 미국형 옵션은 장래 일정시점(만기일)이전에 언제든지 권리행사가 가능한 옵션이다.

유럽형 옵션은 이론가치의 산출이 용이하고 업무처리량이 상대적으로 적으며 매도측에 유리한 특징이 있다. 이에 비해 미국형 옵션은 유럽형 옵션에 비해 권리행사를 할 기회가 많기 때문에 프리미엄의 값이 비싸고, 만기일이전에 권리행사가 가능하기 때문에 거래가 상대적으로 활발하며 다양한 투자전략을 구사할 수 있다(〈표 12-2〉 참조).

〈표 12-2〉 유럽형 옵션과 미국형 옵션의 비교

| | 유럽형 옵션 | 미국형 옵션 |
|---|---|---|
| 권리행사가능일 | - 거래최종일에 한정 | - 언제라도 가능 |
| 프리미엄 | - 비교적 낮음 | - 비교적 높음 |
| 권리행사 위험 | - 작다 | - 크다 |
| 매도자의 입장 | - 권리행사위험은 낮지만 프리미엄은 낮음 | - 권리행사위험은 높지만 프리미엄은 높음 |
| 매수자의 입장 | - 포지션해소기회가 한정 | - 포지션의 해소가 언제라도 가능 |

# 제 4 절 옵션거래의 이해

## 1. 옵션거래의 손익구조

### 1) 콜옵션 매수자

콜옵션의 이익과 손실은 옵션프리미엄과 기초자산의 가격 및 권리행사가격에 의해서 결정된다. 콜옵션은 미래의 시장가격과는 관계없이 약정된 가격으로 기초자산을 살 수 있는 권리이기 때문에, 기초자산의 가격이 약정된 권리행사가격보다 높을 것으로 예상하는 투자자들이 콜옵션을 매입하게 될 것이다.

만약, 만기일에 기초자산의 가격($S_T$)이 옵션의 권리행사가격($K$)보다 높으면, 콜옵션매입자는 권리를 행사하여 시장가격보다 낮은 권리행사가격으로 기초자산을 매입함으로써, 기초자산의 가격과 권리행사가격의 차이($S_T - K$)만큼의 이익을 실현할 수 있다. 그러나 옵션매입시 옵션프리미엄($C_O$)을 지급하였기 때문에 실제이익은 ($S_T - K - C_O$)이다. 이와 반대로 만기일에 기초자산의 가격이 옵션의 권리행사가격보다 낮으면, 콜옵션 매입자는 권리를 행사하지 않고 옵션프리미엄만큼의 손실을 보게 된다. 따라서 만기일에 콜옵션 매입자의 손익은 [$\text{Max}(0, S_T - K) - C_O$]이 된다.

[그림 12-1] 콜옵션 매수자의 손익형태(만기일)

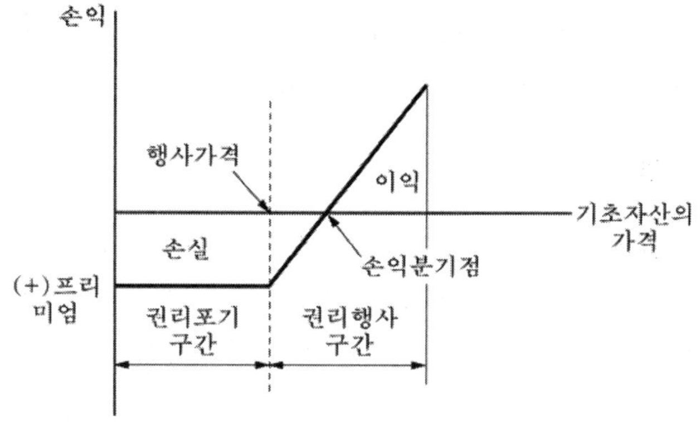


### 2) 콜옵션 매도자

콜옵션매도자는 옵션이 행사되면 반드시 이에 응해야 하기 때문에, 만기일에 기초자산의 가격이 옵션의 권리행사가격보다 높으면 콜옵션 매도자는 ($S_T - K$)만큼의 손실이 발생한다. 이와 반대의 경우에는 옵션이 행사되지 않기 때문에 손익의 변화가 없다.

[그림 12-2] 콜옵션 매도자의 손익형태(만기일)

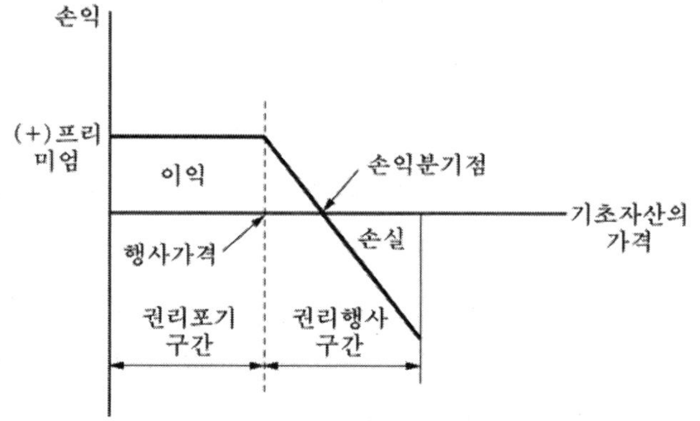

그러나 콜옵션 매도자는 옵션프리미엄만큼의 수입이 있기 때문에, 만기일에 콜옵션 매도자의 손익은 [$C_O$ + Min(0, $K-S_T$)]이 된다.

이와 같이 콜옵션 매도자의 손익은 콜옵션 매수자와는 대칭관계를 이루고 있기 때문에 매수자의 이익은 매도자의 손실이며, 매수자의 손실은 매도자의 이익이 됨을 알 수 있다.

### 3) 풋옵션매수자

풋옵션의 이익 또는 손실도 옵션프리미엄과 기초자산 및 권리행사가격의 관계에 의해서 결정된다. 풋옵션은 미래의 시장가격과는 관계없이 약정된 가격으로 기초자산을 팔 수 있는 권리이기 때문에, 기초자산의 가격이 약정된 권리행사가격보다 낮을 것으로 예상하는 투자자들이 풋옵션을 매입하게 될 것이다.

[그림 12-3] 풋옵션 매수자의 손익형태(만기일)

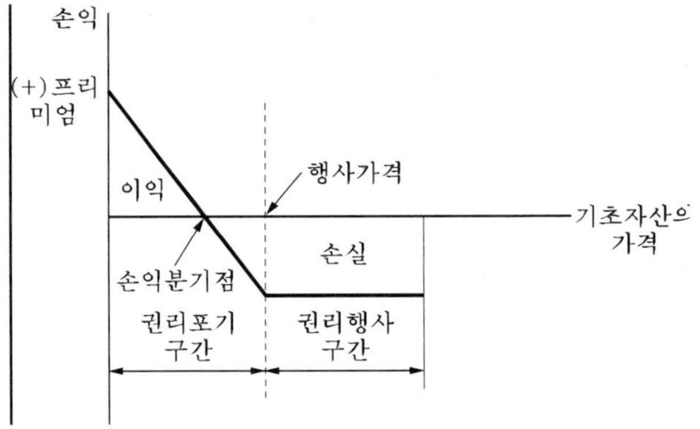


만약, 만기일에 기초자산의 가격($S_T$)이 옵션의 권리행사가격($K$)보다 낮으면, 풋옵션매입자는 권리를 행사하여 시장가격보다 높은 권리행사가격으로 대상자산을 매도함으로써, 권리행사가격과 기초자산의 가격과의 차이($K-S_T$)만큼의 이익을 실현할 수 있다. 그러나 옵션매입시 옵션프리미엄($C_O$)을 지급하였기 때문에 실제이익은($K-S_T-C_O$)이다. 이와 반대로 만기일에 기초자산의 가격이 옵션의 권리행사가격보다 높으면, 풋옵션 매입자는 권리를 행사하지 않고 옵션프리미엄만큼의 손실을 보게 된다. 따라서 만기일에 풋옵션 매입자의 손익은 [Max(0, $K-S_T$)-$C_O$]이 된다.

#### 4) 풋옵션매도자

풋옵션매도자는 옵션이 행사되면 반드시 이에 응해야 하기 때문에, 만기일에 기초자산의 가격이 옵션의 권리행사가격보다 낮으면 콜옵션 매도자는 ($K-S_T$)만큼의 손실이 발생한다. 이와 반대의 경우에는 옵션이 행사되지 않기 때문에 손익의 변화가 없다. 그러나 풋옵션 매도자는 옵션프리미엄만큼의 수입이 있기 때문에, 만기일에 콜옵션 매도자의 손익은 [$C_O$ + Min(0, $S_T-K$)]이 된다.

이와 같이 풋옵션 매도자의 손익은 풋옵션 매수자와는 대칭관계를 이루고 있기 때문에 매수자의 이익은 매도자의 손실이며, 매수자의 손실은 매도자의 이익이 됨을 알 수 있다.

[그림 12-4] 풋옵션 매도자의 손익형태(만기일)

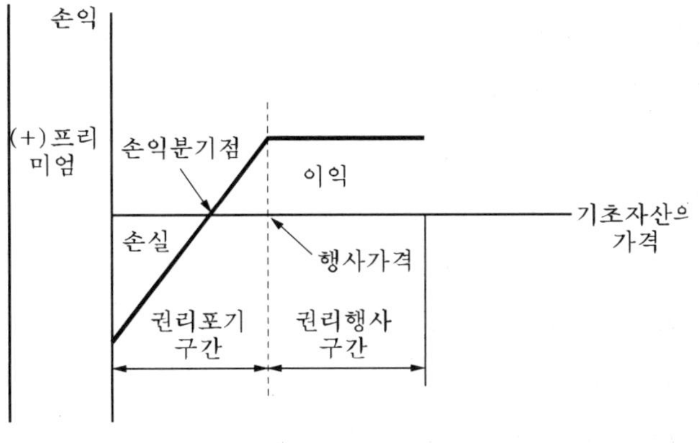

## 2. 옵션의 권리행사가격

앞에서 언급한 것처럼 권리행사가격은 사전에 정한 특정한 가격으로 기초자산을 사거나 팔 수 있는 가격을 의미하는 것으로, 옵션을 행사한다는 것은 권리행사가격에 대상자산을 매수 또는 매도한다는 것을 말한다. 일반적으로 권리행사가격은 기초자산의 시장가격에 상당히 근접한 가격에서 정해진다.

옵션은 권리행사가격과 기초자산의 현재가격에 따라 내가격옵션(in the money option: ITM option), 등가격옵션(at the money option : ATM option), 외가격옵션(out of the money option: OTM option)으로 나눌 수 있다.

내가격옵션은 옵션의 내재가치가 존재하는 옵션을 말하는데, 콜옵션은 현재가격이 권리행사가격보다 높을 때, 풋옵션은 현재가격이 권리행사가격보다 낮을 때 내재가치가 존재한다.[1] 콜옵션 또는 풋옵션에서 권리행사가격과 기초자산의 시장가격이 같은 경우를 등가격옵션이라 하며, 옵션의 내재가치가 전혀 없는 상태, 즉 콜옵션의 경우 권리행사가격이 기초자산의 시장가격보다 낮을 때를 외가격옵션이라 한다. 따라서 내가격옵션은 옵션매입자에게 이익을 발생시키는 것이고, 등가격옵션은 이익과 손실을 발생시키지 않는 것이며, 외가격옵션은 손실을 발생시키는 것이다.

기초자산의 현재가격을 $S_t$, 권리행사가격을 $K$라고 하면, 콜옵션은 $S_t > K$일 때 내가격옵션, $S_t = K$일 때, 등가격옵션, 그리고 $S_t < K$일 때 외가격옵션이 된다. 한편 풋옵션은 $S_t < K$일 때 내가격옵션, $S_t = K$일 때, 등가격옵션, 그리고 $S_t > K$일 때 외가격옵션이 된다.

1) 이러한 상황을 내가격(ITM)상태라고 한다.

〈표 12-3〉 옵션의 권리행사가격과 기초자산의 현재가격과의 관계

| | 콜옵션 | 풋옵션 |
|---|---|---|
| 내가격옵션(ITM) | 행사가격($K$) 〈 현재가격($S_t$) | 행사가격($K$) 〉 현재가격($S_t$) |
| 등가격옵션(ATM) | 행사가격($K$) = 현재가격($S_t$) | 행사가격($K$) = 현재가격($S_t$) |
| 외가격옵션(OTM) | 행사가격($K$) 〉 현재가격($S_t$) | 행사가격($K$) 〈 현재가격($S_t$) |

옵션을 신규로 상장하거나, 신규결제월물을 상장하는 경우 권리행사가격의 설정은 직전 거래일의 기초자산의 종가를 기준으로 설정한다. 신규설정은 권리행사가격간격의 정수배인 가격으로서 권리행사가격설정기준에 가장 가까운 등가격(ATM)을 찾고, 등가격을 중심으로 해당 상품의 권리행사가격간격을 감안하여 소정의 내가격(ITM) 및 외가격(OTM)이 설정된다.

거래개시일의 다음날부터는 기초자산의 가격이 변동함에 따라 기존에 설정되어 있는 권리행사가격과 괴리되어 내가격 또는 외가격이 일정수 이하가 되는 경우에는 ITM 또는 OTM의 행사가격 개수를 충족할 때까지 권리행사가격을 추가로 설정한다. 이러한 권리행사가격은 상기의 요건이 충족될 경우에는 최종거래일이 속하는 주에도 ATM이 변경되면 권리행사가격을 추가로 설정한다.

예를 들어 KOSPI200옵션의 연속 3개월물의 경우 전일의 KOSPI200이 변동하여 ITM 또는 OTM이 5개 이하가 된 때에는 6개가 될 때까지 2.5P간격으로 추가 설정한다. 원월물의 경우에는 ITM 또는 OTM이 2개 이하가 된 때에는 3개가 될 때까지 5P간격으로 추가 설정한다. 또한 원월물이 처음으로 연속 3개월 물이 되는 날에는 기존 5P간격사이에 2.5P간격으로 추가 설정한다.

〈표 12-4〉 옵션별 권리행사가격의 간격과 수

| 구 분 | 상 품 | 간격 | | 권리행사가격의 수 | |
|---|---|---|---|---|---|
| | | 연속월 | 분기월 | 연속월 | 분기월 |
| 지 수 | KOSPI200옵션 | 2.5P | 5P | ATM±4 (9개) | ATM±3 (7개) |
| 개별주식 | 주식옵션 | 〈표 12-5 참조〉 | | ATM±4(9개) | |
| 금 리 | 3년국채선물옵션 | 0.25 | | ATM±4(9개) | |
| 통 화 | 미국달러 옵션 | 10원 | | ATM±3(7개) | |

자료 : 증권선물거래소(현재의 한국거래소), 「선물시장 거래제도의 이해」, 2007년.

〈표 12-5〉 개별주식옵션의 권리행사가격

| 권리행사가격의 수준 | 권리행사가격 설정간격 |
|---|---|
| 5,000원 미만 | 100원 |
| 5,000원 ~ 10,000원 미만 | 200원 |
| 10,000원 ~ 20,000원 미만 | 500원 |
| 20,000원 ~ 50,000원 미만 | 1,000원 |
| 50,000원 ~ 100,000원 미만 | 2,000원 |
| 100,000원 ~ 200,000원 미만 | 5,000원 |
| 200,000원 ~ 500,000원 미만 | 10,000원 |
| 500,000원 ~ 1,000,000원 미만 | 20,000원 |
| 1,000,000 원 미만 | 50,000원 |

자료 : 〈표 10-4〉와 동일

## 3. 옵션가격(프리미엄)의 구성

옵션거래에서 프리미엄은 거래성립에 따라 옵션매도자가 살 수 있는 권리 또는 팔 수 있는 권리를 매수자에게 부여하는 대신에 매수자가 권리를 제공하는 옵션매도자에게 지불하는 대가를 의미한다. 따라서 옵션의 가치가 올라가면 프리미엄은 비싸지고 가치가 떨어지면 프리미엄은 싸지게 된다.

옵션가격, 즉 프리미엄은 각 종목별로 거래소의 옵션시장에서 매도와 매수호가의 경합에 의하여 가격이 형성된다는 점에서 주가지수선물과 동일하지만, 매도자와 매수자가 반드시 결제를 이행해야 하는 주가지수 선물과 달리 매수자의 일방적 의사표시에 의해 결제이행여부가 결정되므로 주가지수와 단순히 비교하여 이론가격을 산출할 수 없는 특성이 있다.

그리고 프리미엄은 산출시점에서 권리를 행사하여 받을 수 있는 금액(행사가치)보다 높게 형성되므로 권리행사시 받을 수 있는 금액과 동 금액을 초과하는 옵션가격의 차액을 구분하여 옵션의 가치를 평가할 수 있다. 이와 같이 옵션가격 즉, 프리미엄은 행사가치와 행사가치를 초과하는 가치(시간가치)로 구분된다.

| 옵션의 가격(프리미엄)=행사가치 + 시간가치 |
|---|

#### 1) 행사가치

행사가치(exercise value)란 옵션의 권리를 행사하는 경우에 확실하게 얻어지는 이익으로서 내재가치(intrinsic value) 또는 본질가치라고도 한다. 이러한 행사가치는 권리행사가격과 기초자산의 가격만으로 결정된다.

콜옵션의 행사가치는 권리행사를 통하여 기초자산을 낮은 가격으로 매수하여 곧바로 현물시장에서 매도하여 얻을 수 있는 차액을 말한다. KOSPI 200지수처럼 주가지수옵션의 경우에는 KOSPI 200지수에서 권리행사가격을 뺀 수치를 행사가치라고 말한다.

| 콜옵션의 행사가치 = 기초자산가격-권리행사가격(≥0) |
|---|
| KOSPI 200콜옵션의 행사가치 =<br>KOSPI 200지수 - 권리행사가격(≥0) |

풋옵션의 행사가치는 현물시장에서 매수한 기초자산을 권리를 행사하여 매도자에게 높은 가격에 매도하여 얻을 수 있는 차액을 말한다. KOSPI 200지수처럼 주가지수옵션의 경우에는 권리행사가격에서 KOSPI

200지수를 뺀 수치를 행사가치라고 말한다.

| 풋옵션의 행사가치 = 권리행사가격-기초자산가격(≥0) |
|---|
| KOSPI 200 풋옵션의 행사가치 =<br>권리행사가격 - KOSPI 200지수≥0) |

### 2) 시간가치

시간가치(time value)란 옵션의 프리미엄 중 행사가치를 초과하는 부분을 말한다. 따라서 KOSPI 200의 콜옵션 및 풋옵션의 시간가치는 다음과 같다.

| KOSPI 200콜옵션의 시간가치 =<br>프리미엄 -( KOSPI 200지수 - 권리행사가격) |
|---|
| KOSPI 200풋옵션의 시간가치 =<br>프리미엄- (권리행사가격 - KOSPI 200지수 ) |

예를 들어 KOSPI 200지수가 74포인트인 경우에 권리행사가격이 70포인트인 콜옵션의 프리미엄이 4.5P(포인트)라면, 그 옵션의 시간가치는 0.5포인트[=4.5P-(74P-70P)]가 된다. 반면에 KOSPI 200지수가 66포인트인 경우에 권리행사가격이 70포인트인 풋옵션의 프리미엄이 4.5포인트라면, 그 옵션의 시간가치는 0.5포인트[=4.5P-(70P-66P)]가 된다.

시간가치는 매수자에게는 만기일까지의 잔존기간동안에 옵션에 의하여 얻어지는 이익과 회피할 수 있는 위험에 대한 기대치이며, 매도자에게는 얻는 것보다도 얻는 것보다도 잃는 것이 많을 수 있는 위험에 대한 대가이다. 따라서 시간가치는 잔존기간중의 기대가치로 만기일에 근접할수록 감소하며, 프리미엄은 행사가치 또는 "0"에 접근하게 된다. 또한 시간가치는 옵션이 만기일이전에 이익을 얻을 확률에 대한 기대가치이기 때문에 장래에 행사가치를 가질 가능성이 클수록 그 가치는 상승한다.

이와 같이 시간가치는 만기일까지의 잔존기간, 기초자산의 가격변동성 등 다양한 요소에 의하여 결정되기 때문에 이들의 관계는 행사가치와 달리 간단하게 파악되지 않는 특성이 있다.

## 4. 옵션가격의 결정요인

옵션의 가격도 다른 상품과 마찬가지로 시장참가자의 수요와 공급에 의하여 결정된다. 물론 옵션이 파생상품이기 때문에 기초자산의 가격(KOSPI 200옵션의 경우 KOSPI 200지수)이 가장 큰 영향을 주는데, 이외에도 여러 변수들에 의해 가격이 결정된다.

[그림 12-5] KOSPI 200 옵션가격의 결정요인

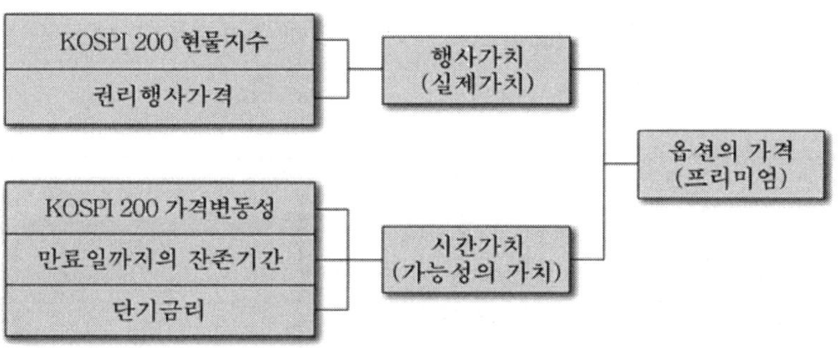


〈표 12-5〉 옵션가격 결정변수가 옵션가격에 미치는 영향

| 프리미엄 결정변수 | | | 옵션가격의 변화 | |
|---|---|---|---|---|
| | | | Call | Put |
| 행사가치 | KOSPI 200 | 상승 | 상승 | 하락 |
| | | 하락 | 하락 | 상승 |
| | 권리행사가격 | 높다 | 싸다 | 비싸다 |
| | | 낮다 | 비싸다 | 싸다 |
| 시간가치 | 잔존기간 | 길다 | 비싸다 | |
| | | 짧다 | 싸다 | |
| | 가격변동성 | 증가 | 상승 | |
| | | 감소 | 하락 | |
| | 단기금리 | 상승 | 상승 | 하락 |
| | | 하락 | 하락 | 상승 |

## 5. 옵션거래의 결제

옵션거래를 엄밀히 분류해 보면 옵션이란 권리와 그 대가로 프리미엄(대금)을 주고받는 거래(이하 '1차거래'라 함)와 옵션의 매수자가 권리행사함에 따라 새로이 성립하는 거래(이하 '2차거래'라 함)로 구성된다. 따라서 옵션거래의 결제도 1차 거래에 대한 결제와 거래가 성립된 후의 결제가 있으며 후자의 결제방법으로는 권리행사, 반대매매, 권리포기가 있다.

1차 거래의 결제방법은 주식현물거래에 있어 매도자가 주식의 소유권을 매수자에게 인도하고 그 대가로 매수자로부터 대금을 받아 결제하는 것과 동일하다.

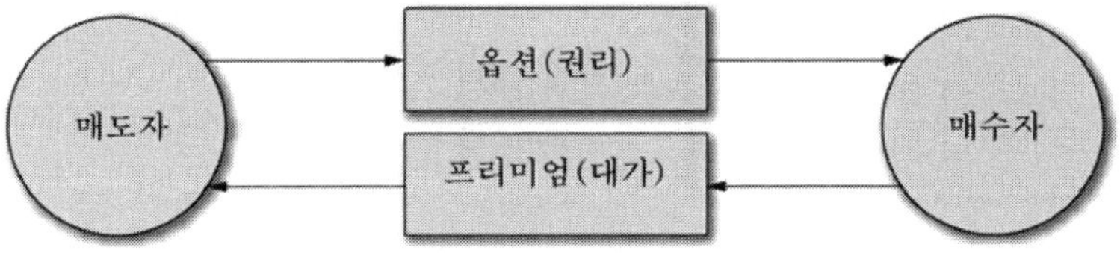


1차 거래가 성립된 후의 결제방법으로는 반대매매에 의한 결제와 권리행사에 의한 결제 및 권리포기의 3가지 형태가 있는데, 옵션의 매수자는 3가지 방법 중에서 자유롭게 선택할 수 있다. 이에 비해 옵션의 매도자가 스스로 자신의 의무를 소멸시키는 방법은 반대매매 이외에는 없다.

의무이행과 의무소멸(기한만료)은 매도자가 권리행사를 배정받거나, 매수자가 권리행사를 포기하였을 때 이루어지므로 옵션의 매도자에게 있어서는 이른바 강제적인 결제방법이라고 할 수 있다.

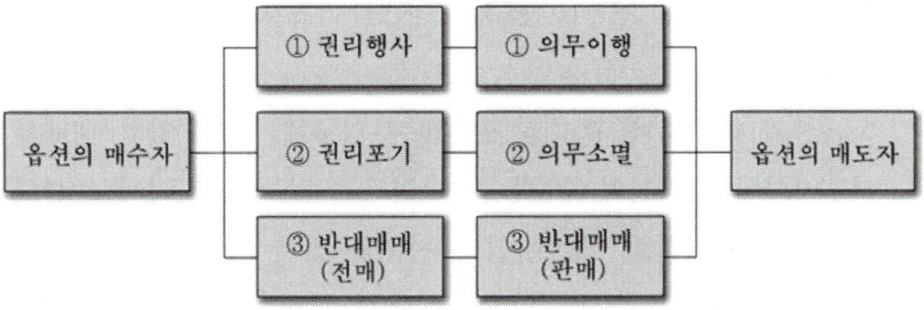


### 1) 권리행사

옵션매수자는 만기일에 권리행사를 통해 결제할 수 있다. 콜옵션 매수자는 권리행사를 통해 기초자산을 권리행사가격에 살 수 있으며, 풋옵션 매수자는 기초자산을 권리행사가격에 팔 수 있다. 이 때 콜옵션 매도자나 풋옵션 매도자는 콜옵션 매입자나 풋옵션 매입자의 권리행사 요구에 응해야 한다. 이를 KOSPI 200의 콜옵션과 풋옵션을 예를 들어 설명하면 다음과 같다.

| 옵션의 매수자가 | |
|---|---|
| KOSPI 200 콜옵션을 권리행사한 경우 | KOSPI 200 풋옵션을 권리행사한 경우 |
| (행사일 KOSPI 200-권리행사가격)×10만원을 | (권리행사가격-행사일 KOSPI 200)×10만원을 |
| 옵션의 매도자로부터 받는다. | |
| (예) 권리행사가격이100인 KOSPI 200콜옵션을 1개 보유한 A가 행사일에 KOSPI 200이 110으로 상승하였을 때에 권리행사를 하였다면, A는 100만원[(110-100)×10만원]을 옵션의 매도자로부터 받음 | (예) 권리행사가격이 100인 KOSPI 200 풋옵션을 1개 보유한 C가 행사일에 KOSPI 200이 90으로 하락하였을 때에 권리행사를 하였다면, C는 100만원[(100-90)×10만원]을 옵션의 매도자로부터 받음 |

### 2) 권리포기

만기일까지 옵션의 매수자가 반대매매나 권리행사를 하지 않는 경우에는 사전에 정한 기한(만기일)이 지나면 권리가 소멸되는데, 이를 권리포기라고 한다. 이러한 권리포기는 옵션매수자가 기초자산의 가격이 불리하게 움직일 경우에 보유하고 있는 옵션을 포기할 경우에 이루어진다.

옵션의 매수자가 권리를 포기하는 경우에는 매수자와 매도자 사이에 기초자산이나 금전의 수수는 이루어지지 않는다. 따라서 옵션의 매수자는 계약 시 지불한 프리미엄의 전부를 잃게 되지만 그 이외의 추가적인 손실은 발생하지 않는다. 또한 옵션의 매도자는 권리행사에 대한 의무에서 해방되고 계약 시에 받은 프리미엄전액이 이익으로 확정된다. 이는 옵션의 매수자 입장에서 보면 권리를 포기한 것이 되고, 옵션의 매도자의 입장에서는 의무로부터 벗어나게 되는 것을 의미한다.

앞의 예에서 권리행사가격이 100인 KOSPI 200콜옵션을 1개 보유한 A가 KOSPI 200이 95로 하락하면, 권리행사를 포기함으로써 손실을 옵션프리미엄 50만원[(100-95)×10만원]으로 한정시킨다. 이 경우 옵션매도자는 옵션매입자의 권리행사포기로 의무가 소멸되어 옵션을 매도할 때 획득한 옵션프리미엄 50만원 전액이 이익이 된다.

### 3) 반대매매

반대매매란 선물의 경우와 마찬가지로 만기일 이전에 기존의 포지션과 반대포지션을 취하여, 즉 기존매수(매도)한 계약과 동일한 종목, 동일한 수량을 매도(매수)하여 옵션거래에 의한 결제의무를 벗어나는 결제방법이다.

반대매매에는 전매(long liquidation)와 환매(short liquidation)가 있다. 전매는 기존의 매입포지션을 청산하기 위하여 매도포지션을 취하는 것이고, 환매는 기존의 매도포지션을 청산하기 위하여 매입포지션을 취하는 것이다. 따라서 옵션거래에 있어 옵션매입자는 전매를 통해, 옵션매도자는 환매를 통해 기존의 포지션을 청산할 수 있다.

옵션매수자는 전매를 통해 권리의무를 청산할 수 있는데, 이 경우 매입 시의 옵션가격보다 반대매매시의 가격이 높을 때에는 이익을 얻을 수 있지만, 반대로 반대매매시의 가격이 낮을 때에는 손실을 입게 된다. 한편, 옵션매도자는 환매를 통해 권리의무를 청산할 수 있는데, 이 경우 매도시의 옵션가격보다 반대매매시의 가격이 낮을 때에는 이익을 얻을 수 있지만, 반대로 반대매매시의 가격이 높을 때에는 손실을 입게 된다.

옵션시장에서는 만기일에 권리를 행사하기보다는 전매, 환매 등의 반대매매에 의해 손익을 결정하는 방법이 일반적이다.

## 6. 옵션거래의 유형

### 1) 콜옵션 매수

콜옵션 매수는 기초자산의 가격이 상승하리라고 예상하는 경우 가장 간단하면서도 가장 높은 투자수익률을 올릴 수 있다. 즉, 콜옵션 매수자는 기초자산가격이 권리행사가격을 초과하는 폭이 옵션매입시 지불한 프리미엄보다 큰 경우 이익이 발생하며, 예상과 반대로 기초자산가격이 하락한 경우라도 손실은 지불한 프리미엄에 한정된다.

〈예제 12-5〉

- KOSPI 200현물가격이 100P일 때 권리행사가격이 100P인 콜옵션 1계약을 30만원(3P×10만원)에 매수하였다면
- 옵션만기일에 KOSPI 200 현물지수가 상승하여 100P 이상인 경우, 콜옵션 매수자는 권리를 행사.
  - 만일, 만기일에 KOSPI 200 현물지수가 105P가 되어 권리를 행사하였다면, 권리행사로 차금 50만원[(105P-100P)×10만원]을 받을 수 있으므로 옵션매수비용 30만원을 차감한 20만원의 순이익이 발생
  - 콜옵션매수자는 KOSPI 200 현물지수가 상승하면 할수록 이익은 그만큼 증가

- 옵션만기일에 KOSPI 200 현물지수가 100P 이하인 경우,
  - 콜옵션 매수자는 권리행사를 포기. 옵션대금으로 지불한 30만원만 손실

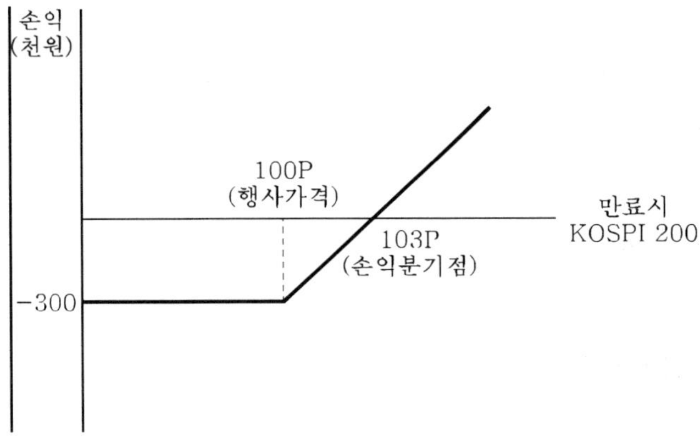


### 2) 콜옵션 매도

콜옵션 매도는 기초자산 가격이 상승할 가능성이 희박하다고 확신하는 경우에 사용되는 기법이다. 즉, 콜옵션 매도자는 기초자산 가격이 행사가격을 초과하는 폭이 옵션 매도 시에 수령한 프리미엄보다 작으면 이익이 발생하지만, 이와 반대로 기초자산가격이 상승하게 되면 손실은 무한대로 커진다.

〈예제 12-6〉

- KOSPI 200현물가격이 100P일 때 권리행사가격이 100P인 콜옵션 1계약을 30만원(3P×10만원)에 매도하였다면
- 옵션만기일에 KOSPI 200 현물지수가 하락하여 100P 이하인 경우,
  - 옵션 매수자의 권리행사포기로 의무가 해소되어 옵션매도시 수령한 프리미엄(30만원)만큼 이익이 발생.
- 옵션만기일에 KOSPI 200 현물지수가 100P를 상회하는 경우,

· 콜옵션 매도자는 옵션매수자의 권리행사요구에 응해야 하며, 손실 규모는 KOSPI 200현물지수의 수준에 따라 달라짐.

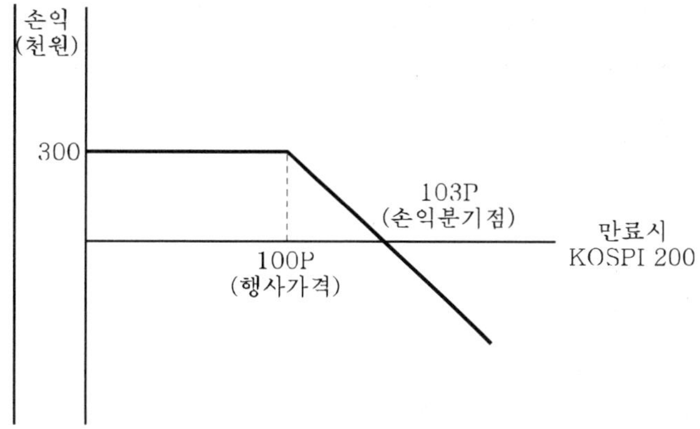


### 3) 풋옵션매수

풋옵션매수는 기초자산 가격이 하락할 것이라고 예상하는 경우에 사용되는 기법이다. 즉, 풋옵션 매수자는 기초자산 가격이 권리행사가격을 하회하는 폭이 옵션매수 시 지불한 프리미엄보다 큰 경우 이익이 발생하며, 이와 반대로 기초자산 가격이 상승하더라도 손실은 지불한 프리미엄에 한정된다.

〈예제 12-7〉

- KOSPI 200현물가격이 100P일 때 행사가격이 100P인 풋옵션 1계약을 20만원(2P×10만원)에 매수하였다면
- 옵션만기일에 KOSPI 200 현물지수가 하락하여 100P 이하인 경우,
  · 풋옵션 매수자는 권리를 행사.
  · 만일, 만기일에 KOSPI 200 현물지수가 95P가 되어 권리를 행사하였다면, 권리행사로 차금 50만원[(100P-95P)×10만원]을 받을 수 있으므로 옵션매수비용 20만원을 차감한 30만원의 순이익이

발생
· 풋옵션매수자는 KOSPI 200 현물지수가 하락하면 할수록 이익은 그만큼 증가
- 옵션만기일에 KOSPI 200 현물지수가 100P 이상인 경우,
· 풋옵션 매수자는 권리행사를 포기. 옵션대금으로 지불한 20만원만 손실

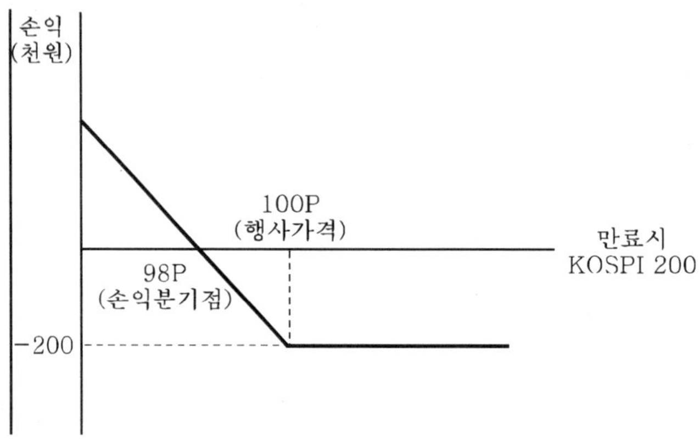


#### 4) 풋옵션 매도

풋옵션 매도는 기초자산 가격이 하락할 가능성이 희박하다고 확신하는 경우에 사용되는 기법이다. 즉, 풋옵션 매도자는 기초자산 가격이 권리행사가격을 하회하는 폭이 옵션 매도 시에 수령한 프리미엄보다 작으면 이익이 발생하지만, 이와 반대로 기초자산 가격이 상승하게 되면 손실은 무한대로 커진다.

〈예제 12-8〉
- KOSPI 200현물가격이 100P일 때 행사가격이 100P인 풋옵션 1계약을 20만원(2P×10만원)에 매도하였다면
- 옵션만기일에 KOSPI 200 현물지수가 상승하여 100P 이상인 경우,

· 옵션 매수자의 권리행사포기로 의무가 해소되어 옵션매도시 수령한 프리미엄(20만원)만큼 이익이 발생.

- 옵션만기일에 KOSPI 200 현물지수가 100P를 하회하는 경우,

  · 풋옵션 매도자는 옵션매수자의 권리행사요구에 응해야 하며, 손실규모는 KOSPI 200현물지수의 수준에 따라 달라짐.

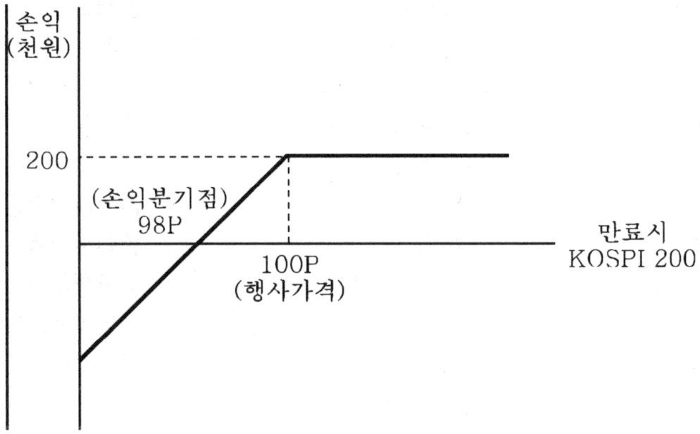

## 중요개념 및 용어

| | | |
|---|---|---|
| KOSDAQ | 선물거래소 | 전매 |
| KOSPI 200 | 선물계약 | Nikkei 225 |
| 선물중개회사 | 조건부 청구권 | S&P 500 |
| 선물포지션 | 주가지수선물 | 결제소 |
| 스왑거래 | 주가지수옵션 | 공매 |
| 차익거래 | 시카고 상품거래소 | 차익거래자 |
| 금융공학 | 시카고 옵션거래소 | 콜옵션 |
| 옵션 | 통화스왑 | 기초자산 |
| 투기자 | 레버리지기능 | 옵션가격결정모형 |
| 파생상품 | 옵션의 보유자 | 편의수익률 |
| 옵션의 행사 | 풋. 콜패러티 | 미국형옵션 |
| 외국환위험 | 풋옵션 | 보유비용모형 |
| 외환스왑 | 행사가격 | 블랙. 숄즈옵션평가모형 |
| 헤저 | 헤지(hedge)기능 | 선도거래 |
| 선물 | 유럽형옵션 | 현물-선물등가식 |
| 이자율스왑 | 장외시장 | 환매 |

## 연 습 문 제

1. 다음 용어에 대하여 설명하라.

| | | |
|---|---|---|
| 1) 선물거래 | 2) 기초자산 | 3) 헤지거래 |
| 4) 차익거래 | 5) 스프레드거래 | 6) 옵션 |
| 7) 콜옵션 | 8) 풋옵션 | 9) 유럽형옵션 |
| 10) 미국형옵션 | 11) 내가격옵션 | 12) 외가격옵션 |
| 13) 등가격옵션 | 14) 행사가치 | 15) 시간가치 |

2. 선물거래와 옵션거래의 차이점에 대하여 서술하라.

3. 주가지수선물거래의 유형을 크게 세 가지로 구분하여 개략적으로 서술하라.

4. 옵션거래 시 콜옵션 매수자와 풋옵션 매수자의 손익구조를 비교하여 설명하라.

5. 옵션가격의 결정변수가 옵션가격에 미치는 영향을 개략적으로 서술하라.

6. 옵션거래의 결제방법 (세 가지)에 대하여 설명하라.

# 제13장

# 국제재무관리

지금까지는 국내기업 활동을 중심으로 한 재무관리에 대하여 살펴보았다. 그러나 오늘날 많은 기업의 경영활동은 한 나라 안에서만 이루어지지 않고 그 범위가 세계 각국을 대상으로 하는 국제기업의 형태로 계속 확대. 발전하고 있다. 따라서 기업들이 국제금융시장에서 자금을 조달하거나 외국에 직접투자하는 비중이 점점 높아짐에 따라 환 위험관리 등 국제재무관리의 중요성이 부각되고 있다.

본 장에서는 국제재무관리의 의의를 알아본 후, 외환시장과 환율, 국제 자본예산 및 국제자본조달 등에 관해서 살펴보고자 한다. 주요기능 중 에 하나인 자본조달결정과 관련된 금융시장에 대해서 알아본다.

## 제 1 절 국제재무관리의 의의와 필요성

국제재무관리는 기업이 처한 제반 환경요인을 고려하여 기업가치 극대화를 추구하기 위해 위험최소화와 수익극대화가 실현되도록 해외투자결정과 해외자본조달을 관리하는 것을 말한다. 이와 같이 국제재무관리는 재무관리기능을 국제적으로 확대한 개념으로 일반적 재무관리와 비교시 투자 및 자본조달이란 기본적 재무의사결정측면에서는 동일하지만, 국제적 투자와 자본조달에 있어서의 의사결정에는 상당한 차이가 있다.

기업이 국제시장을 대상으로 영업활동을 전개할 경우에는 국내기업의 활동에 한정되는 투자결정과 자본조달결정 및 배당결정이외의 의사결정, 예를 들어 해외투자에 필요한 투자자금과 조달자본액이 외화로 이루어짐에 따른 외환위험, 투자대상국의 조세제도·회계처리기준·정치 및 경제체제의 차이에 따른 투자위험 등을 고려하지 않으면 안 된다.

오늘날 기업도 국제환경변화 및 범세계화(globalization)의 진전에 따라 글로벌 시대의 구성원으로서 경영활동을 추구해야만 성장이 가능한 환경에 접하게 되었다. 이와 관련하여 국제재무관리에 대한 이론과 지식함양이 필요한 이유는 다음과 몇 가지로 나누어 정리할 수 있다.

첫째, 경영자의 입장에서는 국제시장에 발생하고 있는 제반 현상들, 예를 들어 국가간의 환율 및 이자율의 변동, 인플레이션, 경제성장 및 정치적 사건 등이 기업에 미칠 영향을 파악함과 아울러, 이에 어떻게 대처해야 할 것인가의 의사결정을 하는데 도움을 받을 수 있다.

둘째, 경영자가 사전에 국제시장에서 어떠한 현상이 어떻게 발생할 것인가를 예측할 수 있게 해줌으로써 기업에게 도움을 주는 방향으로 의사결정을 할 수 있게 해준다.

셋째, 오늘날 기업은 국제화를 추구하지 않으면 WTO(World Trade Organization)에서 추구하는 제반활동에 적응할 수 없으므로 국내에서도 생존이 쉽지 않다. 이와 같은 관점에서 볼 때 국제재무관리는 시대적인 조류에 적응하기 위한 기업의 경영관리의 중요부분이라고 말할 수 있다.

넷째, 기업이 자금조달의 경로로 국내금융·자본시장에 국한하지 않고 국제금융·자본시장을 활용할 수 있으면 보다 낮은 자본비용으로 다양한 방법을 통하여 자금을 조달할 수 있다. 또한 투자의 경우에도 한 국가에 한정하여 투자하는 것보다 여러 나라에 분산투자가 가능하여 효율적으로 위험분산의 효과를 추구할 수 있다.

## 제 2 절 환율과 환율결정이론

### 1. 환율의 의의 및 표시방법

환율(foreign exchange rate)은 일정시점에서 한 나라의 통화와 다른 나라의 통화를 교환할 때 두 나라 화폐 사이의 교환비율을 말한다. 일반적으로 통화의 가치는 그 통화가 갖는 구매력으로 표현되는데, 일국통화의 국내에서의 구매력을 대내가치라고 한다면 외국에서의 구매력은 외화와 교환됨으로써 실현되기 때문에 환율은 일국 통화의 대외가치를 말한다.

환율은 어느 나라의 화폐를 기준으로 나타내느냐에 따라 자국통화표시와 외국통화표시의 두 가지의 표시방법이 있다. 먼저 자국통화표시는 외국화폐를 기준으로 하여 외국화폐 1단위를 바꾸기 위해서 자국화폐를 얼마나 지급하여야 하는가를 나타내는 방법이다. 세계의 대부분의 국가가 이 방법을 채택하고 있다. 한편, 외국통화표시는 자국통화 1단위로 외국화폐를 얼마나 받을 수 있는가를 표시하는 방법으로 현재 영국이 이 방법을 채택하고 있다.

환율의 변동은 일반적으로 일국통화의 대외가치가 변동하는 것을 의미하는데 환율이 올랐다든가 내렸다고 말할 때에는 환율표시방법에 따라 달라짐을 유의해야 할 것이다. 외국통화표시환율의 경우에는 환율이 오르면(예를 들어 £1=US$2.5, 2.6로 변하면) 자국화폐의 가치도 올라가 별 문제가 없으나, 자국통화표시환율의 경우에는 그 의미가 반대로 나타나게 된다. 예를 들어 우리나라의 대미달러환율이 US$1=₩950, 960로 변동하였다면 환율이 올랐다고 말하는데 이 경우 미달러에 대한 원화가치는 하락한 것이 된다.

## 2. 환율의 종류

환율은 거래의 종류에 따라 여러 가지의 형태로 구분하여 볼 수 있다.

### 1) 매입환율과 매도환율

사고자 하는 사람과 팔고자하는 사람의 환율은 서로 다른데, 사고자 하는 환율을 매입환율(bid rate), 팔고자 하는 환율을 매도환율(offer rate)이라고 한다. 이와 같이 외환시장에서는 매입환율과 매도환율의 두 가지 환율이 동시에 고시되고 있는데, 이는 딜러입장에서 고객에게 매도할 경우와 매입할 경우의 환율을 의미한다.

그리고 매도환율과 매입환율과의 차이를 스프레드(spread)라고 하는데, 이 스프레드가 외환거래수익의 원천이 된다. 매도환율과 매입환율의 중간을 중간환율(middle rate)이라고 하는데, 단순히 환율이라고 할 때에는 중간환율을 택하는 것이 합리적이다.

### 2) 기준환율, 교차환율과 재정환율

기준환율(central rate)은 각종 외환거래의 기준이 되는 환율로서 우리나라의 경우 전영업일에 거래된 은행간 원화/미 달러화 현물거래 중익일물의 거래환율을 거래량으로 가중평균하여 결정하는 시장평균환율의 성질을 지니고 있다.

일본의 엔화(￥) 등 미달러화 이외의 기타통화에 대한 환율은 우리나라의 원화(₩)의 대미환율에 국제외환시장에서 형성되는 기타통화의 대미달러 환율을 재정하여 간접적으로 산출하고 있다. 예를 들어 원화의 대미환율이 US$1=₩1,200이고 미달러화와 일본의 엔화의 환율이 US$1=￥100이라면 원화의 대 엔화환율은 연쇄방식에 의해 간접적으로 산출된다(￥100=₩1,200). 이때 우리나라의 원화의 대미달러환율을 기준으로 간접적으로 계산된 원화의 엔화에 대한 환율을 재정환율(arbitrage rate)이라고 하며 재정환율을 계산하기위하여 사용된 달러화와 엔화의 환율을 교환환율(cross rate)이라고 한다.

### 3) 현물환율과 선물환율, 스왑레이트

앞에서 설명한 것처럼 외환의 매매계약에 따른 자금결제를 언제 행하느냐에 따라 현물환거래와 선물환거래로 나누어지는데, 외환매매계약 후 제2영업일 이내에 외환의 수도와 결제가 이루어지는 거래를 현물환거래라 하고 이때 적용되는 환율을 현물환율(spot rate)이라고 한다. 통상 환율이라고 하면 현물환율을 말하는데, 선물환율이나 스왑레이트의 기준이 되고 있다.

선물환율(forward rate)은 외환매매계약 체결시 미래의 특정일에 외환을 수도·결제하기로 약정하는 선물환거래에 적용되는 환율을 말하는데, 양 통화간 금리차와 현물환율에 의해 결정된다.

이 때 선물환율과 현물환율과의 차이를 스왑레이트(swap rate)라고 하는데, 이는 외환스왑거래에도 적용된다.

### 4) 은행간환율과 대고객환율

국제외환시장에서 외환거래란 은행간 거래를 의미하며 이러한 은행간 거래에서 자유롭게 형성될 수 있는 환율을 은행간 환율(inter-bank rate)이라 한다. 그런데 통상 은행간 거래에 있어서는 전신환이 이용되기 때문에 은행간 환율은 실제로는 전신환율을 의미한다.

은행이 고객과의 외환거래에 적용하는 환율을 대고객환율이라고 한다. 우리나라의 경우 서울외국환중개(주)에서 고시하는 달러 대 원화의 시장평균환율과 달러 대 기타통화의 환율을 받아 각 외국환은행이 대고객매매기준을 고시하되, 시장이 급변할 경우 독자적으로 재고시할 수 있다.

대고객 매매기준율에 일정한 마진을 가감한 대고객 환율은 다음과 같이 분류할 수 있다.

**① 전신환매매율**

전신환매매율(telegraphic transfer buying/selling)은 환어음의 결제를 전신으로 행하는 경우 적용되는 환율로서 환어음이 송달과 이에 따른 자금결제가 즉시 완료되므로 우송기간에 대한 금리요인이 게재되지 않는다.

현재 외국환은행의 대고객 전신환매매율은 기준환율을 중심으로 상하 일정범위 내에서 외국환은행이 자율적으로 결정한다.

**② 일람출급환어음매입률**

일람출급환어음매입률(at sight export L/C buying rate)은 환어음이 지급은행에 제시되어야 지급되는 일람출급환어음 매입시 적용되는 환율로서 환어음의 우송기간이 경과하여야만 자금화가 되므로 해당기간에 대한 금리를 전신환매입률(T/T buying rate)에서 차감한 율이 된다.

**③ 수입어음결제율**

수출상의 거래은행(L/C매입은행 : negotiation bank)은 신용장개설은행(opening bank)의 대외거래예치금계좌에서 수입어음의 대금을 즉시 상환받는데 비해 신용장개설은행은 선적서류(shipping documents)가 우송되어 온 후에야 수입업자로부터 환어음대전을 회수하게 되므로 우송기간에 해당하는 자금을 부담하게 된다. 따라서 수입어음결제율(import L/C settlement rate)은 전신환매도율에 환가료를[1] 가산하여 산출한다.

④ 기한부어음매입률

기한부어음매입률(usance bill buying rate)은 기한부어음매입에 적용되는 환율이다. 외국환은행이 일람 후 일정기간이 경과하여야 지급되는 조건의 기한부어음을 매입할 때에는 동 어음매입 후 대금회수까지 자금부담을 하게 되므로 이 기간에 대한 금리를 사전에 공제하게 된다.

⑤ 현찰매매율

외국통화현찰을 매매할 때 적용되는 환율로서 매입한 현찰을 외국에 보내거나, 부족한 현찰을 받으려면 보험료와 운임이 소요되므로 현찰매매율(cash buying/selling rate)은 전신매매율의 상하한 범위보다 넓은 범위 내에서 결정된다.

## 3. 환율의 결정

### 1) 구매력평가이론

구매력평가이론(purchasing power parity theory)은 두 국가간의 현물환율이 당초의 균형상태에서 장래에 일어나게 될 양국간 인플레이션 차이에 비례하여 환율이 변동한다는 이론이다.

구매력평가란 양국의 상품가격수준, 즉 물가수준을 상대적으로 비교·평가해서 현물환율에 의해 조정된 양국 상품의 등가를 말하는데, 여기서 물가수준은 인플레이션이 반영되어 결정된다. 구매력평가이론에 의하면 자국의 물가수준이 외국의 물가수준보다 더 높다면 양국의 통화의 구매력이 동일해지는 균형수준까지 자국통화의 가치는 하락하게 되고, 반대로 자국의 물가수준이 외국의 물가수준보다 낮다면 양국 통

1) 환가료는 환어음의 우송기간에 대한 금리부분을 말한다.

화의 구매력이 같아지는 균형수준까지 자국통화의 가치는 상승하게 된다는 것이다.

국내물가변동률(국내인플레이션율)은 외국물가변동률(외국인플레이션)에 현물환율변동률이 반영되어 균형상태, 즉 구매력등가관계가 성립하는데, 이를 식으로 나타내면 다음과 같다.

$$\frac{P_{Dt}}{P_{D0}} = \frac{S_{D/Ft}}{S_{D/F0}} = \frac{P_{Ft}}{P_{F0}} \tag{13-1}$$

$P_{Dt}$ : $t$시점의 국내상품가격
$P_{D0}$: $t$ 최초(0시점)의 국내상품가격
$P_{Ft}$: $t$ 시점의 외국상품가격
$P_{F0}$: 최초(0시점)의 외국상품가격
$S_{D/Ft}$: $t$ 시점의 국내통화와 외국통화의 현물환율
$S_{D/F0}$: $t$ 최초(0시점)의 국내통화와 외국통화의 현물환율

| 1+국내 인플레이션($i_D$) = 현물환율 변동률 ×[1+외국인플레이션($i_F$)] |
|---|

식(13-1)에서 $P_{Dt}/P_{D0}$는 $1+i_D$로, $P_{Ft}/P_{F0}$는 $1+i_F$로 전환하여 식(13-2)와 같이 나타낼 수 있다.

$$\frac{1+i_{Dt}}{1+i_{Ft}} = \frac{S_{D/Ft}}{S_{D/F0}} \tag{13-2}$$

$i_{Dt}$ : $t$시점의 국내 인플레이션율
$i_{Ft}$ : $t$시점의 외국 인플레이션율
$S_{D/Ft}$ : $t$시점의 국내통화와 외국통화의 현물환율
$S_{D/F0}$ :최초(0시점)의 국내통화와 외국통화의 현물환율

식(13-2)에 미래의 기대인플레이션율을 반영하면 식(13-3)과 같이 표시할 수 있는데, 이러한 균형조건을 구매력 평가라고 한다.

$$\frac{E[1+i_{Dt}]}{E[1+i_{Ft}]} = \frac{E[S_{D/Ft}]}{S_{D/F0}} \tag{13-3}$$

$E[S_{D/Ft}]$ : $t$시점의 국내통화와 외국통화의 기대현물환율

일반적으로 구매력평가설은 단기적으로 성립하지 않으나 관세, 수송비용, 기술개발, 또는 석유파동 등에 기인 장기적으로는 그 존재가 인식되고 있다.

〈예제 13-1〉 미국의 기대물가상승률이 연 2%이고 한국의 기대물가상승률이 연 4%이다. 그리고 현재 대미달러 환율이 US $1=₩1,200이다. 이 때 다른 조건이 일정할 경우 구매력평가설에 의하면 1년 후 균형환율은 얼마로 조정되어야 하나?

$$\frac{1+0.04}{1+0.02} = \frac{E[S_{D/Ft}]}{1,200}$$

예상균형환율 US $1=₩1,223.5

### 2) 국제피셔효과

피셔효과(Fisher effect)는 피셔(Irving Fisher)의 실질수익률에 관한 이론으로 한 나라의 명목이자율은 실질이자율과 예상인플레이션의 합계로 이루어진다는 이론이다. 즉 국제간의 자금이동이 완전히 자유롭다면 각 국의 실질이자율은 동일하게 되며 명목이자율은 예상인플레이션 차이만큼 달라진다는 이론이다.

$$(1+R_n) = (1+R_t)(1+i) \tag{13-4}$$

$$R_n = R_r + i + R_r \cdot i \qquad (13\text{-}5)$$

$R_n$ : 명목이자율(norminal interest rate)
$R_r$ : 실질이자율(real interest rate)
$i$ : 인플레이션율(inflation rate)

국제피셔효과(international Fisher effect)는 두 나라 사이의 현물환율이 이자율차이만큼 변동한다는 이론이다. 즉 현물환율은 두 나라사이에 존재하는 이자율차이만큼 반대방향으로 변동하여 이자율차이를 정확히 상쇄시킨다는 이론이다. 이를 식으로 나타내면 식(13-6)과 같이 표시할 수 있다.

$$\frac{1+R_{Dt}}{1+R_{Ft}} = \frac{E[S_{D/Ft}]}{S_{D/FD}} \qquad (13\text{-}6)$$

$R_{Dt}$ : $t$시점의 국내이자율
$R_{Ft}$ : $t$시점의 외국이자율

〈예제 13-2〉 인플레이션율이 반영된 한국의 명목이자율은 연 6%, 인플레이션율이 반영된 미국의 명목이자율은 4%이다. 현재 대미달러 환율이 US＄ 1=₩1,200이라면 국제피셔효과에 의한 원화/달러 균형환율은 얼마인가?

$$\frac{1+0.06}{1+0.04} = \frac{E[S_{D/Ft}]}{1,200}$$

예상균형환율 US＄1=₩ 1,223.0

### 3) 이자율 평가설

이자율 평가설(interest party theorem)은 정상적인 여건 하에서 거래비용을 무시한다면 동일한 위험과 만기를 지닌 금융자산에 대한 국가간의 이자율의 차이가 양 통화간의 선물환율의 차와 같다는 이론이다.

국가간의 자본이동이 자유로운 상황 하에서 국가간의 이자율의 차이와 변동은 금리차익을 추구하고자 하는 단기자본의 이동을 유발시킴으로써 현물환율과 선물환율의 변동을 야기시킨다. 따라서 국제금융시장에서 투자가 행해져 외화표시 금융자산과 자국화표시 금융자산 중에서 선택해야 할 경우에는 이자율차이뿐만 아니라 미래의 환율변동까지도 고려해야만 한다.

만일 미래의 환율변동까지를 고려하더라도 국내금융자산에의 투자가 외국 금융자산에의 투자보다 유리하다고 판단되는 경우에는 국내금융자산에 대한 투자수요가 증가하여 국내 이자율은 하락하게 될 것이다. 이와 반대로 만일 해외금융자산에의 투자가 유리하다고 판단되는 경우에는 해외금융자산에 대한 투자수요가 증가하여 외국의 이자율이 하락하게 될 것이다.

이에 따라 두 나라간의 이자율차이는 두 나라간의 현물환율과 선물환율의 변동과 동일한 수준에서 균형을 이루게 되는데, 이와 같은 균형관계를 식으로 표시하면 식(13-7)과 같다.

$$\frac{1+k_{Dt}}{1+k_{Ft}} = \frac{F_{D/Ft}}{S_{D/F0}} \qquad (13\text{-}7)$$

$F_{D/Ft}$ : $t$시점의 국내통화와 외국통화의 선물환율

$S_{D/F0}$ : 최초(0시점)의 국내통화와 외국통화의 선물환율

$k_{Dt}$ : $t$시점의 국내증권의 명목이자율

$k_{Ft}$ : $t$시점의 외국증권의 명목이자율

〈예제 13-3〉 이자율이 연 3%이고 만기가 1년인 미국의 재무증권에 대한 투자기회와 이자율이 연 6%이고 만기가 1년인 국내 통화안정증

권에의 투자기회가 있다고 하자. 이 경우 이들 두 투자기회로부터 이자율평가설에 입각한 선물환율은 얼마인가?(단, 현재 원/달러 현물환율은 US $1 = ₩ 1,200임)

$$\frac{1+0.06}{1+0.03} = \frac{F_{D/Ft}}{1,200}$$

선물환율 US $1 = ₩ 1,234.9

## 제 3 절 해외투자

해외투자는 크게 두 가지의 형태로 구분해 볼 수 있다. 하나는 자본의 국제적 이동뿐만 아니라 생산기술, 경영기법 등을 이전시키는 해외직접투자이고 다른 하나는 외국의 주식, 채권 등 증권에 투자하는 해외간접투자이다. 양자는 국제간의 자본이동이라는 측면에는 서로 동일하나, 해외간접투자가 경영참가에 목적을 두지 않고 배당이나 이자수익 등을 추구하는 데에 목적이 있는 반면에, 해외직접투자는 경영에 직접 참가함을 목적으로 하고 있다는 점에서 차이가 있다.

### 1. 해외직접투자

#### 1) 해외직접투자의 의의 및 동기

해외직접투자(foreign direct investments)는 경영지배권의 획득을 목적으로 행해지는 투자로서 주식매수, 기업인수, 현지 자회사 설립 등의 형태로 이루어진다. 최근 세계 각국의 해외 직접투자가 급속하게 이루어지고 있는데, 이처럼 기업이 해외직접투자를 행하게 되는 이유는 다음과 같이 크게 세 가지로 나누어 살펴볼 수 있다.

첫 번째는 전략적인 측면으로 ① 기업의 시장 확보, ② 원재료 확보의 원활화, ③ 생산효율성 추구, ④ 기술이나 경영의 전문성에 대한 지식획득, ⑤ 정치적 안정 추구 등을 들 수 있다.

두 번째는 형태적인 측면을 들 수 있는데, 이는 다시 외부환경의 자극과 조직의 내부적인 자극으로 구분된다. 외부환경의 자극은 외국정부나 자사 상품의 유통업자 그리고 고객 등의 요구에 응하여 투자하는 경우나, 시장상실에 대한 두려움과 동일업종 경쟁기업의 성공적인 해외영업활동에 대한 대응으로 투자하는 경우가 이에 해당된다. 한편 조직의 내부적인 자극으로는 부품이나 다른 제품의 시장창조를 위한 것과 낡은 기계류 등을 활용하기 위해 행하는 투자를 들 수 있다.

세 번째는 경제적인 측면으로 이에는 산업조직론, 제품주기이론, 내부화론 등의 이론이 있다. 산업조직론은 제품과 요소시장의 불완전성 때문에 해외 직접투자가 일어난다는 이론이다. 이는 정부나 기업의 정책에 기인하여 발생하는 제품 및 요소시장의 불완전성을 회피하기 위해 해외투자가 발생한다는 것으로, 규모의 경제 실현, 경영상의 전문성과 우월한 기술능력발휘, 자금조달능력의 우위, 제품차별화 등의 이점을 추구할 수 있다. 제품주기이론은 본질적으로 수출 및 내수시장에서 이윤을 보존하기 하기 위해 행해지는 방어적인 투자로서, 다음과 같은 과정을 통해 설명할 수 있다. 즉 새로운 제품이 국내시장에 소개되고 난 후 생산과정의 표준화를 통해 생산과 판매가 효율적으로 조정되어 일정한 기간이 경과되면 수출을 하게 되는데, 어느 정도 성숙기에 도달하면 다른 기업들에 의해 유사제품이 개발되어 이윤은 줄어들고 수출 및 내수시장은 잠식당하게 된다. 이때 기업은 생산요소 비용이 싼 해외생산지를 찾아 나섬으로써 제품의 단위당 비용을 낮추고자 한다는 것이다. 내부화론은 해외직접투자는 앞에서 본 두 가지의 이론과 같이 시장의 불완전성이나 과점적 기업의 경쟁상 우위에 의해 유발되는 것이 아니라 기업의 내적 사정에 의해 행해진다는 이론이다. 즉 해외직접투자는 기업고유의 요인에 의한 것으로 기업이 내적으로 독점적 정보를 소유하고 조사, 경영, 마케팅 기술 등의 전문지식을 통하여 새로운 정보를 산출해 낼 수 있는 능력을 소유할 때 시도되게 된다는 것이다.

### 2) 해외 직접투자의 결정요인

해외투자에 대한 의사결정도 국내투자에 대한 의사결정과 마찬가지로 기대수익과 위험으로 설명할 수 있다. 다만 해외투자와 관련된 기대수익과 위험은 환율의 존재, 국가간의 세율 및 조세제도의 차이, 회계관습의 차이 및 위험이 영향을 미치는 기타요인들이 특별히 존재하기 때문에 이들을 파악하기가 대단히 복잡하고 어렵다는 점에 유의해야 할 것이다.

① 위험

해외 직접투자를 통한 국제적 분산투자는 국내에서만 행해지는 분산투자보다 위험을 줄이는데 보다 효과적일 수 있다. 앞의 포트폴리오이론에서 언급한 바와 같이 위험을 결정하는 가장 중요한 요소는 투자자산들간의 상관관계인데, 해외 직접투자는 상관관계가 낮은 투자안들을 결합함으로써 위험을 줄일 수 있다. 국내에서의 투자안들은 동일 국민경제 내에서 상호관련성을 가지고 있기 때문에 경제질서가 서로 독립되어 있는 다른 국가에 투자하는 것이 상관관계측면에서 유리할 수 있기 때문이다. 즉 서로 다른 국가들의 경제순환은 완전히 일치하는 것이 아니기 때문에 국내와 비교해 상대적으로 상관성이 낮은 국경을 넘어 서로 다른 국가에 투자함으로써 위험을 줄일 수 있다는 것이다.

② 기대수익

해외투자가 국내투자에 비하여 같은 위험수준이라면 보다 높은 수익을 기대할 수 있다.

국내시장에서는 경쟁으로 인하여 단순히 정상이윤만을 기대할 수밖에 없는데 비해, 해외시장에서는 유리한 경제환경을 이용함과 더불어 그들의 독특한 경험으로 높은 수익을 추구할 수 있다. 이는 시장을 해외로 확장하는 목적 이외에도 임금이나 기타비용이 싼 국가에서 제조함으로써 생산의 효율성을 높일 수 있고, 원자재가 풍부한 나라에서 필요한 원자재를 안정적으로 확보하여 높은 수익을 실현할 수 있기 때문이다.

## 2. 해외간접투자

해외간접투자(foreign indirect investment)는 외국의 주식, 채권 등 증권에 투자하는 것으로 해외 국제분산투자라고도 한다.

해외간접투자에서는 어느 한 나라의 증권의 투자가치를 분석할 때 그 나라의 통화단위로 표시된 명목수익률이 아닌 본국통화와의 환율변동 가능성을 감안한 실효수익률을 기준으로 삼아야 한다. 또한 투자자는 기대수익의 극대화뿐만 아니라 투자위험의 극소화에도 주안점을 두어 투자결정에 있어서 기대수익과 위험을 동시에 고려해야 한다. 해외간접투자에 따른 효과는 다음과 같이 정리할 수 있다.

첫째, 일반적으로 서로 다른 나라의 주식에 분산투자하는 것이 특정 국가의 주식에 분산투자하는 것보다 위험을 경감시킬 수 있다. 이는 앞에서 언급한 바와 같이 경제상황이 다른 국가간에는 그 국가들의 주식간 수익률의 상관관계가 매우 낮을 것이므로 결국 위험분산효과를 확대시켜 준다고 볼 수 있기 때문이다.

둘째, 해외간접투자는 기업의 지배구조개선과 대리비용의 감소를 가져오는 동시에 선진국의 자본시장으로부터의 자본조달을 용이하게 함으로써 자본비용을 감소시킬 수 있다.

셋째, 외국자본시장에서의 국제분산투자는 시장통합과 약간의 시장분할의 효과를 추구할 수 있다. 외국자본시장이 통화규제와 투자장벽, 법적규제, 정보부족 등이 없는 완전시장이라면 투자자들은 효율적인 주식분산투자를 통해 주주의 부에 변동이 없는 전 세계시장을 대상으로 한 통합된 포트폴리오를 구성할 수 있다. 이러한 시장에서 투자자들은 국내주식들로만 구성된 것과 달리 외국주식들에도 분산투자함으로써 보다 신속하고 광범위하게 위험을 감소시킬 수 있다. 또한 외국의 자본시장이 불완전성이 크고 국내자본시장에서와 같이 CAPM을 고려한 투자가 가능한 시장이라면 국가간 자본시장은 분할시장으로서의 역할을 수행할 수 있다. 이러한 경우 투자자는 해외분산투자를 통해 주주의 부를 증가시킬 수 있다.

그러나 해외간접투자를 할 경우에는 투자대상 국가의 조세문제, 거래비용, 국가간 법적 제한, 환위험 등 고려해야 할 문제가 국내투자보다 훨씬 많고 또한 불확실성이 높기 때문에 신중한 의사결정을 하지 않으면 안 된다.

## 제 4 절 국제금융시장

### 1. 국제금융시장의 의의 및 기능

국내거주자들 사이에 소요자금의 조달과 보유자금의 운용이 이루어지는 것을 국내금융(domestic finance)이라고 한다면 이와 같은 자금의 조달 및 운용이 비거주자를 상대로 국제적으로 이루어지는 경우를 국제금융(international finance)이라고 한다. 국제금융시장(international financial market)은 이러한 국제금융이 이루어지는 장소, 즉 거주지 또는 국적이 다른 경제주체상호간에 직접 또는 간접적으로 장·단기 금융거래가 이루어지는 시장을 말한다.

여기서 장·단기 금융거래란 구체적으로 국제무역거래, 해외투자거래, 자금의 대차거래 등에 수반하여 예금, 채권, 주식 등의 금융자산이 이동되는 거래를 말하며, 거주자 또는 국적이 다른 경제주체간에라는 것은 금융거래자의 양 당사자 중 적어도 어느 일방이 비거주자인 경우를 의미한다.

이와 같은 의미를 지닌 국제금융시장은 국제유동성의 편재를 시정시킬 뿐만 아니라 각국 금융시장간에 연계성을 제고시킴으로써 세계금융자산의 효율적 배분을 촉진시킨다. 또한 거시적으로는 세계 각국의 생산력증대와 무역·투자확대, 발전도상국의 경제개발과 발전에 기여하며, 미시적으로는 국제금융시장에서 자금의 수요자 및 공급자 모두에게 일층 높은 유동성, 수익성, 안정성이라는 효용을 제공한다.

## 2. 국제금융센터

국제금융센터는 세계적인 금융기관들이 지점 또는 현지법인의 형태로 영업망을 집중시킴으로써 국제금융거래가 지속적으로 이루어지는 장소를 말한다. 이러한 국제금융센터는 그 기능에 따라 전통적 금융센터, 역외금융센터, 기장역외금융센터 등으로 나누어 볼 수 있다.

전통적 금융센터(traditional financial center)는 상대적으로 우월한 경제규모, 자국통화의 국제통용력 및 고도로 발달된 국내금융시장을 바탕으로 국제교역이나 자본의 유출입과정에서 자생적으로 성장한 런던, 뉴욕과 같은 국제금융활동의 중심지를 말한다.

역외금융센터(offshore financial center)는 비거주자로부터 자금을 조달하여 비거주자를 대상으로 운영하는 금융중개시장으로서, 조세 및 금융상의 우대조치를 부여하여 정책적으로 창설된 금융센터로서 싱가포르, 홍콩, 바레인, 룩셈부르크 금융센터 등을 말한다.

기장역외금융센터(booking offshore financial center)는 단순히 거래내역의 기장처리(booking)만을 전담하는 금융센터로서 세금혜택, 금융규제회피 및 거래비밀보장 등을 목적으로 하는 조세피난처(tax heaven)로서 케이만군도, 바하마 등이 여기에 속한다.

이하에서는 주요 국제금융센터에 대해 간략히 살펴보고자 한다.

### 1) 런던금융센터

런던은 17세기 이전부터 세계무역의 중심지역이었기 때문에 무역업무를 뒷받침하기위해 금융업이 일찍부터 발달하였다.

런던이 국제금융센터로 발전할 수 있었던 배경을 보면 미국의 지급준비금 예치 의무, 금리상한규제 등 정책당국의 규제를 회피하기 위한 유로달러 시장이 런던을 중심으로 급속히 발전한 데다 1986년 '금융서비스법'을 성문화함과 더불어 증권시장대개혁(Big Bang) 등 금융규제 완화를 시행함으로써 여타 유럽국가들의 금융활동을 런던으로 흡수할 수 있었기 때문이다.

런던금융센터는 지리적으로 런던의 동남부에 위치한 약 1평방마일의 City of London소재 금융시장을 말하는데, 대부분의 금융기관 본점과 현지에 진출한 외국금융기관의 지점이나 자회사들이 이곳에 집결하고 있어 다양한 형태의 금융거래를 취급함에 따라 시장유동성이 풍부하고 거래비용이 저렴할 뿐만 아니라 시간대에 있어서도 오전에는 도쿄와 오후에는 뉴욕과 영업시간대에 연결됨으로써 전 세계금융시장과 당일에 거래할 수 있는 지리적 장점도 런던이 국제금융센터로 발전하는데에 크게 기여하고 있다.

현재 런던금융센터는 유로달러시장을 중심으로 한 평행시장(parallel money market)[2]의 발전과 런던City에 소재하고 있는 증권시장, 보험시장, 자유금시장, 상품시장과의 상호보완적 작용으로 명실공히 세계적

2) 현재 런던금융시장은 전통적인 금융시장과 평행시장으로 구성되어 있는데, 전통적인 금융시장은 영란은행, 할인상사(discount houses) 및 상업은행(clearing banks) 등을 중심으로 콜머니, 상업어음 및 무역어음(trade bill) 등의 할인시장(discount market)을 주축으로 하고 있으며, 평행시장은 은행간의 유동성포지션을 조절하기 위하여 오버나이트(overnight), 콜(call) 등 단기자금의 거래가 이루어지는 은행간 대차거래(interbank market), 파운드 및 달러표시 정기예금증서시장, 유러달러 또는 유로금융시장, 지방예금시장(local authority market), 할부판매회사에 대한 금융을 전담하는 금융회사(finance company)가 자금조달목적으로 예금을 받아들이는 금융회사예금시장(inter-company market) 등을 일컫는다.

인 국제금융시장으로서의 역할을 하고 있다.

### 2) 뉴욕금융센터

뉴욕금융센터는 20세기 이후 미국이 세계경제의 주도적 역할을 수행하면서 고도화된 국내금융시장을 배경으로 런던금융센터와 더불어 세계 최대의 국제금융센터로 성장할 수 있었다. 즉 미달러화는 2차대전 이후 국제기축통화로서 민간부문은 물론 중앙은행의 대외준비자산(reserve currency)으로서 가장 중요한 기능을 수행하였다.

특히 채권시장은 거래규모, 투자대상물의 다양화, 가격결정의 투명성 및 지급결제제도의 효율성 등에 있어서 가장 발달된 시장이 되었고, 뉴욕소재 금융기관들은 신종금융상품과 금융기법의 개발에 있어 선도적 역할을 수행해 왔다.

또한 제도적 측면에서 미국은 국내금융기관과 비거주자간의 금융거래를 촉진하여 역외시장으로서의 과도한 자금이탈을 억제하고자 1981년 12월 역외금융센터(IBF : international banking facilities)를 창설하여 운영하여 왔다. IBF는 역외자금만을 취급하며 일명 양키달러시장이라고도 부르는데, IBF가 취급하는 예금과 대출은 지불준비금이나 예금금리상한규제의 적용이 배제되고 대부분의 주에서 주세, 시세 또는 지방세를 면제하는 등 우대조치를 취하고 있다. 그러나 연방정부세는 면제혜택을 받지 못하고 있으며, 최근에는 금융규제완화와 더불어 예금금리상한규제를 의미하는 Regulation Q가 단계적으로 철폐됨으로써 예금금리상한규제에 대한 면제혜택도 없어지게 되었다. IBF는 IBF에 규정한 국내기관을 제외하고는 거주자로부터 예금의 수치나 대출이 금지되어 있다.

### 3) 도쿄금융센터

도쿄금융센터는 일본경제의 고도성장에 따른 대외개방필요성과 해외로부터의 국내금융시장 개방압력 등에 대응하여 엔화국제화를 장기간에 걸쳐 단계적으로 추진함으로써 1980년대 이후에야 국제금융센터로 성장·발전하였다. 즉 일본은 IMF 8조국으로의 이행 및 OECD가입(1964년) 등을 계기로 경상거래의 자유화 폭을 확대하고 자본거래의 단계적 자유화를 추진하였고 1980년대 초반에는 자본수출국으로서의 지위를 확립하면서 "외화관리의 원칙적 자유"를 주 내용으로 하는 '신외환법'을 시행함으로써 엔화의 국제화를 위한 여건조성에 주력하였다. 1980년에는 외화관리체계를 negative system으로 전환하였고 1984년에는 선물환거래에 대한 실수요원칙을 폐지하였다.

1980년대 후반에는 미국에 대한 국제수지 불균형심화와 이에 따른 시장개방압력의 증대 등에 대응하여 '미·일 달러 엔 위원회'보고서에 의거하여 금융시장개방과 국내금융시장의 자유화를 추진함과 더불어, 유로엔시장의 자유화, 도쿄역외금융시장(JOM : Japan Offshore Market)의 창설[3] 등을 통해 엔화의 국제화를 본격적으로 추진해 옴으로써 도쿄금융센터는 외환, 엔화채권 및 주식거래를 중심으로 세계3위의 국제금융센터로 부상하였다.

## 3. 국제금융시장의 유형

국제금융시장은 주로 국제간의 신용(credit)이 이루어지는 좁은 의미의 국제금융시장과 외환시장까지를 포함한 넓은 의미의 국제금융시장으로 구분할 수 있는데, 일반적으로 국제금융시장이라고 하면 협의의 국제금융시장을 의미하며 외환시장은 별도의 시장으로 분류하고 있다.

국제금융시장은 금융거래자의 거주성에 따라 역내시장(혹은 외국시장: foreign market)과 역외시장(offshore market 또는 euro-market)으로 구분되는데, 이들 시장은 다시 금융기관의 경유여부에 따라 직접금융시장과 간접금융시장으로 구분된다.

---

3) JOM은 역외금융계정을 통한 예금에 대해서는 금리규제의 적용을 배제하고 지급준비금의무와 예금 및 대출금이자에 대한 원천세를 면제해 주고 있다.

역내시장은 비거주자들이 소재국의 통화로 발행된 금융자산을 거래하는 시장을 말하는데, 직접금융시장으로서의 외국채시장(foreign bond market)[4]과 간접금융시장으로서의 외국중개시장이 있다. 여기서 외국채시장은 비거주자가 그 채권시장이 속해 있는 국가의 통화로 채권을 발행하고 매매하는 시장을 말한다. 외국중개시장의 예로서는 런던금융시장에서 영국의 금융기관을 중심으로 파운드화표시자금이 거래되고 뉴욕금융시장에서는 미국의 금융기관을 중심으로 달러화표시자금이 거래되는 것을 들 수 있다.

역외시장은 특정국 통화표시의 금융자산이 그 통화발행국의 영토나 규제 밖에서 거래되는 시장을 말한다. 예를 들면 달러화표시의 자금이 미국 이외의 지역에서 거래되거나 마르크표시의 자금이 독일 이외의 지역에서 거래되는 경우이다. 역외시장은 직접금융시장형태인 유로채 또는 유로본드시장과 간접금융시장 형태인 유로커런시시장이 있다.

국제금융시장에서의 간접금융시장은 국내금융시장에서의 분류와 같이 국제적으로 자금의 대차거래가 은행 등과 같은 금융중개기관을 통해 이루어지는 시장으로 외국중개시장과 유로커런시시장(euro-currency market)이 여기에 해당된다. 그리고 직접금융시장은 국제자금거래가 수요자와 공급자에 의해 직접거래되는 시장으로서 흔히 자금의 수요자인 기업 등이 발행한 주식이나 채권을 자금의 공급자가 직접 매입하는 형태로 이루어지는 자본시장을 말한다.

이하에서는 주요 국제금융시장에 대해 간략히 살펴보고자 한다.

### 1) 유로시장

유로시장(Euro market)은 유로커런시(Euro currency)로 표시된 장단기 금융자산이 각국의 규제를 벗어나 효율적으로 거래되고 있는 범세계적인 국제금융시장을 말한다. 오늘날 유러시장은 흔히 역외시장

4) 여기서 외국채시장은 비거주자가 그 채권시장이 속해 있는 국가의 통화로 채권을 발행하고 매매하는 시장을 말하다.

(offshore market) 또는 대외금융시장(external financial market)과 동일한 개념으로 사용되고 있다.

유로커런시는 특정국의 통화가 통화발행국의 영역을 벗어나 외국소재 금융기관에 예치되어 있는 자금을 말한다. 예를 들어 유로달러는 달러발행국인 미국이외의 지역에 예치되어 있는 달러자금을 말한다. 따라서 유로달러자금을 조달, 운용하는 시장을 유로달러시장이라고 한다. 만약 일본 엔화가 일본이외의 지역, 예를 들어 프랑크푸르트 혹은 싱가포르 소재은행에 예치될 때 이를 유로엔이라고 한다. 따라서 유로커런시는 유럽지역에서 거래되는 통화에 한정되는 지역적인 개념이 아니고 특정통화가 그 통화의 발행국 이외의 지역에서 거래되는 경우 이들 통화들을 지칭하는 것으로 거래대상통화에 따라 유로달러, 유로엔, 유로프랑 등 여러 유로통화들이 생성된다. 이러한 관점에 볼 때 앞에서 언급한 유로시장은 특정국 통화표시의 금융자산거래가 통화발행국 영토밖에서 거래되는 국제금융시장이라고 다시 정의할 수 있다.

유로시장은 원래 만기가 1년미만인 단기금융시장으로 출발하였으나 그 이후 점차 중장기금융시장으로 확대·발전되었다. 이에 따라 현재의 유로시장은 자금거래기간의 장단기에 따라 만기1년 미만의 자금이 거래되는 유로머니시장(Euro money market)과 만기 1년 이상의 중장기시장인 유로크레디트시장(Euro money market) 및 유로본드시장(Euro bond market)으로 구분된다. 유로머니시장은 주로 유로은행의 대고객거래 및 유로은행간거래를 중개하는 도매금융시장으로, 여기서 유로은행의 대고객거래는 주로 다국적기업, 수출입상사, 정부기관 및 환거래은행과의 거래로서 유로예금의 예수 및 단기대출의 자금거래를 말한다. 한편 유로크레디트시장은 만기 3~10년 정도의 신디케이트 대출 등을 중심으로 하는 중장기자금대출시장을 말하며, 유로본드시장은 채권발행을 통하여 형성되는 중장기 자금의 조달 및 운용시장을 말한다.

### 2) 유로머니시장

앞에서 언급한 것처럼 유로머니시장은 유로시장에서 거래되는 1년 이내의 단기자금시장을 의미한다. 유로달러시장은 미국은행의 해외지점을 포함하여 미국 이외의 국가에 소재하는 은행에 달러표시로 예치된 예금증서가 유통되는 시장으로 유로머니시장에서 압도적인 위치를 점유하고 있다.

유로달러의 발행자는 런던 등에 소재한 유로은행과 미국은행의 해외지점이나 현지법인들이고, 투자자는 미국의 상업은행, 기업, MMF 등으로 주로 런던에 소재하는 브로커에 의해 중개된다.

유로달러예금은 양도가 불가능한 예금과 양도가 가능한 예금(CD)로 구분되는데 대부분은 정기예금으로 이루어지고 있다. 이들 예금의 만기는 1일부터 5년까지 다양하나 이중 7일부터 180일만기의 유로예금이 단기예금의 주종을 이루고 있다. 유로예금은 1일예금(overnight)에도 이자가 지급되는 부리예금이며, 통상최소예금단위가 100만달러를 상회하는 도매금융의 성격을 띠고 있다. 만기구조면에서는 예금과 대출이 대체로 일치하는 소위 매치된 예금거래(matched deposit dealing)를 특징으로 하고 있어 유동성위험은 물론 금리 및 환리스크도 상대적으로 낮다. 유로달러예금 중에는 정기예금의 형태가 아닌 것으로 콜머니(call money)가 있는데, 이는 예금자가 하루 전에 통지하면 언제나 인출이 가능한 예금으로 예금자에게는 높은 이자를 보장해 줄 뿐만 아니라 예금자가 인출을 통지하면 언제든지 현금화할 수 있어 유리하고, 은행측으로서는 차입비용이 저렴하고 콜머니의 절반은 정기예금으로 간주될 수 있기 때문에 안정적인 자금이라는 측면에서 이를 선호하고 있다. 한편 유로CD는 1966년 미국 시티은행의 런던지점이 처음 발행하면서 확산되었는데 거래단위는 통상 100만달러이며 만기로는 대부분 3개월~6개월이며 그 외 5년 만기인 것도 있다.

유로달러예금은 미국은행에 대한 청구권이기 때문에 동 시장에서 거래되는 자금은 대부분 미국 내에 위치한 은행계좌를 통해 자금이체가 실행된다. 이러한 관계에 연유하여 지준이 부족한 미국은행들은 Fed Fund와 함께 유로예치를 많이 활용하는 실정이어서 1일 유로달러금리는 1일물 Fed Fund금리에 연동되어 있다.

유로달러금리는 미국의 정기예금의 지불준비부담비용과 연방예금보험공사(FDIC)의 보험료를 감안한 실질조달비용을 하한으로 하고 prime rate에서 보상예금(compensating balance)의 기여도를 계상한 실질 대출금리를 상한으로 하여 단기자금시장의 여건에 따라 LIBOR기준으로 결정된다. 한편 유로달러의 예금금리는 미국 국내예금 금리보다 높은데 이는 국내예금에 부과되는 지준준비금 및 예금보험료 등의 부담이 없으므로 최소한 동 부담비용만큼은 높은 금리를 제시할 수 있으며, 또한 규제비용이 발생하지 않음에 기인하여 미국 국내금리보다 낮은 금리로 대출할 수 있다.

### 3) 유로대출시장

일반적으로 유로대출시장(Euro credit market)은 중장기 유로대출시장을 말하는데, 여기에는 유로은행이 민간인에게 개별적으로 융자해 주는 대출시장과 여러 은행으로 구성된 금융기관이 공동융자를 제공하는 신디케이트론(syndicate loan)시장이 있다. 거래의 대부분은 신디케이트론시장에서 이루어진다.

신디케이트론은 유로커런시시장에서 일단의 금융기관이 차관단을 형성하여 정부 또는 공공기관 등 특정 차입자에게 일정조건으로 대규모의 중장기자금을 융자하는 것을 말하는데, 이는 국제적으로 무담보신용대출의 특성을 띠며 전통적인 은행업무와 투자은행의 인수업무기능이 혼합된 융자형태이다.

신디케이트론의 금리는 일반적으로 기준금리인 LIBOR에 일정 스프레드를 가산한 금리를 적용하거나 또는 미국의 prime rate에 일정 스프레드를 가산하는 경우가 있다. 또한 신디케이트론 금액의 일정분에는 LIBOR + 스프레드(spread)를, 잔여분에 대해서는 prime rate + 스프레드를 적용하는, 즉 두 금리를 혼합하여 적용하는 경우도 있다. 신디케이트론에 적용되는 LIBOR는 매 3개월 또는 6개월 단위로 갱신(rollover)시점의 시장금리로 조정되는데 통상적으로는 6개월 단위로 새로운 LIBOR가 적용된다. LIBOR는 인출 또는 갱신시점 2영업일전 대리은행이 오전 11시 유로시장에서 통상 6개 주요은행으로부터 은행간 대출금리를 보고받아 산정한다.

## 중요개념 및 용어

| | | |
|---|---|---|
| 교환비율 | 외환시장 | 장외시장 |
| 구매력평가이론 | 자국통화표시환율 | 외국통화표시환 |
| 기준환율 | 교차환율 | 재정환율 |
| 유로달러 | 피셔효과 | 국제금융시장 |
| 국재재무관리 | 유로본드 | 해외직접투자 |
| 국제피셔효과 | 유로본드시장 | 해외채 |
| 다국적기업 | 유로엔채권 | 현물환거래 |
| 런던은행간 이자율 | 유로채권 | 현물환율 |
| 선물환 거래 | 유로통화 | 환노출 |
| 선물환율 | 이자율평가이론 | 환위험 |
| 스왑거래 | 일물일가의 법칙 | 환위험헤징 |

## 연 습 문 제

1. 다음 용어에 대하여 설명하라.

| | |
|---|---|
| 1) 국제재무관리 | 2) 환율 |
| 3) 매입환율과 매도환율 | 4) 기준환율, 교차환율, 재정환율 |
| 5) 현물환율과 선물환율 | 6) 은행간환율과 대고객환율 |
| 7) 구매력평가 | 8) 피셔효과 |
| 9) 해외직접투자 | 10) 해외간접투자 |
| 11) 역외시장 | 12) 역내시장 |
| 13) 외국채시장 | 14) 유로시장 |
| 15) 유로커런시시장 | 16) 유러머니시장 |
| 17) 유로본드시장 | 18) 유로대출시장 |

2. 외환시장에서 원화의 대미환율이 US$1=₩1,000이고 미달러화와 영국의 파운드화가 £1 = US$2.5이면 원화의 영국파운드화에 대한 환율은 얼마인가?

3. 미국의 기대물가상승률이 연 4%이고 한국의 기대물가상승률이 연 6%이며, 현재 원화의 대미달러환율이 US$1=₩1,000이다. 이 때 다른 조건이 동일하다고 할 경우 구매력 평가설에 의한 1년 후의 균형환율은 얼마인가?

4. 이자율이 연 4%이고 만기가 1년인 미국의 재무증권에 대한 투자기회와, 이자율이 연 8%이고 만기가 1년인 국내 통화안정증권에의 투자기회가 있다고 하자. 이 경우 두 투자기회로부터 이자율평가설에 입각한 선물환율은 얼마인가(단, 현재 원/달러환율은 US

$1=₩1,000임)?

5. 해외직접투자의 결정요인을 크게 위험과 기대수익으로 구분하여 설명하라.

6. 유로머니시장과 유로 크레디트시장, 유로본드시장을 개략적으로 비교·설명하라.

7. 신디케이트론시장에 대하여 서술하라.

부 록

# 현 가 표

〈부표-1〉 복리이자요소
〈부표-2〉 연금의 복리이자요소
〈부표-3〉 현가이자요소
〈부표-4〉 연금의 현가이자요소
〈부표-5〉 표준정규분포표

## <부표-1> 복리이자요소($CVIF$)

$CVIF = (1+i)^n$ ($n$ = 기간, $i$ = 기간당 이자율)

| n/i | 1.0 | 1.5 | 2.0 | 2.5 | 3.0 | 3.5 | 4.0 | 4.5 | 5.0 | 5.5 |
|---|---|---|---|---|---|---|---|---|---|---|
| 1 | 1.01000 | 1.01500 | 1.02000 | 1.02500 | 1.03000 | 1.03500 | 1.04000 | 1.04500 | 1.05000 | 1.05500 |
| 2 | 1.02010 | 1.03022 | 1.04040 | 1.05062 | 1.06090 | 1.07122 | 1.08160 | 1.09202 | 1.10250 | 1.11302 |
| 3 | 1.03030 | 1.04568 | 1.06121 | 1.07689 | 1.09273 | 1.10872 | 1.12486 | 1.14117 | 1.15762 | 1.17424 |
| 4 | 1.04060 | 1.06136 | 1.08243 | 1.10381 | 1.12551 | 1.14752 | 1.16986 | 1.19252 | 1.21551 | 1.23882 |
| 5 | 1.05101 | 1.07728 | 1.10408 | 1.13141 | 1.15927 | 1.18769 | 1.21665 | 1.24618 | 1.27628 | 1.30696 |
| 6 | 1.06152 | 1.09344 | 1.12616 | 1.15969 | 1.19405 | 1.22926 | 1.26532 | 1.30226 | 1.34010 | 1.37884 |
| 7 | 1.07214 | 1.10984 | 1.14869 | 1.18869 | 1.22987 | 1.27228 | 1.31593 | 1.36086 | 1.40710 | 1.45468 |
| 8 | 1.08286 | 1.12649 | 1.17166 | 1.21840 | 1.26677 | 1.31681 | 1.36857 | 1.42210 | 1.47746 | 1.53469 |
| 9 | 1.09369 | 1.14339 | 1.19509 | 1.24886 | 1.30477 | 1.36290 | 1.42331 | 1.48609 | 1.55133 | 1.61909 |
| 10 | 1.10462 | 1.16054 | 1.21899 | 1.28008 | 1.34392 | 1.41060 | 1.48024 | 1.55297 | 1.62889 | 1.70814 |
| 11 | 1.11567 | 1.17795 | 1.24337 | 1.31209 | 1.38423 | 1.45997 | 1.53945 | 1.62285 | 1.71034 | 1.80209 |
| 12 | 1.12682 | 1.19562 | 1.26824 | 1.34489 | 1.42576 | 1.51107 | 1.60103 | 1.69588 | 1.79586 | 1.90121 |
| 13 | 1.13809 | 1.21355 | 1.29361 | 1.37851 | 1.46853 | 1.56396 | 1.66507 | 1.77220 | 1.88565 | 2.00577 |
| 14 | 1.14947 | 1.23176 | 1.31948 | 1.41297 | 1.51259 | 1.61869 | 1.73168 | 1.85194 | 1.97993 | 2.11609 |
| 15 | 1.16097 | 1.25023 | 1.34587 | 1.44830 | 1.55797 | 1.67535 | 1.80094 | 1.93528 | 2.07893 | 2.23248 |
| 16 | 1.17258 | 1.26899 | 1.37279 | 1.48451 | 1.60471 | 1.73399 | 1.87298 | 2.02237 | 2.18287 | 2.35526 |
| 17 | 1.18430 | 1.28802 | 1.40024 | 1.52162 | 1.65285 | 1.79468 | 1.94790 | 2.11338 | 2.29202 | 2.48480 |
| 18 | 1.19615 | 1.30734 | 1.42825 | 1.55966 | 1.70243 | 1.85749 | 2.02582 | 2.20848 | 2.40662 | 2.62147 |
| 19 | 1.20811 | 1.32695 | 1.45681 | 1.59865 | 1.75351 | 1.92250 | 2.10685 | 2.30786 | 2.52695 | 2.76565 |
| 20 | 1.22019 | 1.34685 | 1.48595 | 1.63862 | 1.80611 | 1.98979 | 2.19112 | 2.41171 | 2.65330 | 2.91776 |

| n/i | 6.0 | 6.5 | 7.0 | 7.5 | 8.0 | 8.5 | 9.0 | 9.5 | 10.0 | 10.5 |
|---|---|---|---|---|---|---|---|---|---|---|
| 1 | 1.06000 | 1.06500 | 1.07000 | 1.07500 | 1.08000 | 1.08500 | 1.09000 | 1.09500 | 1.10000 | 1.10500 |
| 2 | 1.12360 | 1.13422 | 1.14490 | 1.15562 | 1.16640 | 1.17722 | 1.18810 | 1.19902 | 1.21000 | 1.22102 |
| 3 | 1.19102 | 1.20795 | 1.22504 | 1.24230 | 1.25971 | 1.27729 | 1.29503 | 1.31293 | 1.33100 | 1.34923 |
| 4 | 1.26248 | 1.28647 | 1.31080 | 1.33547 | 1.36049 | 1.38586 | 1.41158 | 1.43766 | 1.46410 | 1.49090 |
| 5 | 1.33823 | 1.37009 | 1.40255 | 1.43563 | 1.46933 | 1.50366 | 1.53862 | 1.57424 | 1.61051 | 1.64745 |
| 6 | 1.41852 | 1.45914 | 1.50073 | 1.54330 | 1.58687 | 1.63147 | 1.67710 | 1.72379 | 1.77156 | 1.82043 |
| 7 | 1.50363 | 1.55399 | 1.60578 | 1.65905 | 1.71382 | 1.77014 | 1.82804 | 1.88755 | 1.94872 | 2.01157 |
| 8 | 1.59385 | 1.65500 | 1.71819 | 1.78348 | 1.85093 | 1.92060 | 1.99256 | 2.06687 | 2.14359 | 2.22279 |
| 9 | 1.68948 | 1.76257 | 1.83846 | 1.91724 | 1.99900 | 2.08386 | 2.17189 | 2.26322 | 2.35795 | 2.45618 |
| 10 | 1.79085 | 1.87714 | 1.96715 | 2.06103 | 2.15892 | 2.26098 | 2.36736 | 2.47823 | 2.59374 | 2.71408 |
| 11 | 1.89830 | 1.99915 | 2.10485 | 2.21561 | 2.33164 | 2.45317 | 2.58043 | 2.71366 | 2.85312 | 2.99906 |
| 12 | 2.01220 | 2.12910 | 2.25219 | 2.38178 | 2.51817 | 2.66169 | 2.81266 | 2.97146 | 3.13843 | 3.31369 |
| 13 | 2.13293 | 2.26749 | 2.40984 | 2.56041 | 2.71962 | 2.88793 | 3.06580 | 3.25374 | 3.45227 | 3.66193 |
| 14 | 2.26090 | 2.41487 | 2.57853 | 2.75244 | 2.93719 | 3.13340 | 3.34173 | 3.56285 | 3.79750 | 4.04643 |
| 15 | 2.39656 | 2.57184 | 2.75903 | 2.95888 | 3.17217 | 3.39974 | 3.64248 | 3.90132 | 4.17725 | 4.47130 |
| 16 | 2.54053 | 2.73901 | 2.95216 | 3.18079 | 3.42594 | 3.68872 | 3.97030 | 4.27195 | 4.59497 | 4.94079 |
| 17 | 2.69277 | 2.91705 | 3.15881 | 3.41935 | 3.70002 | 4.00226 | 4.32763 | 4.67778 | 5.05447 | 5.45957 |
| 18 | 2.85434 | 3.10665 | 3.37993 | 3.67580 | 3.99602 | 4.34245 | 4.71712 | 5.12217 | 5.55992 | 6.03283 |
| 19 | 3.02560 | 3.30859 | 3.61653 | 3.95149 | 4.31570 | 4.71156 | 5.14166 | 5.60878 | 6.11591 | 6.66627 |
| 20 | 3.20713 | 3.52364 | 3.86968 | 4.24785 | 4.66096 | 5.11204 | 5.60441 | 6.14161 | 6.72750 | 7.36623 |

# 복리이자요소($CVIF$)

| n/i | 11.0 | 11.5 | 12.0 | 12.5 | 13.0 | 13.5 | 14.0 | 14.5 | 15.0 | 15.5 |
|---|---|---|---|---|---|---|---|---|---|---|
| 1 | 1.11000 | 1.11500 | 1.12000 | 1.12500 | 1.13000 | 1.13500 | 1.14000 | 1.14500 | 1.15000 | 1.15500 |
| 2 | 1.23210 | 1.24322 | 1.25440 | 1.26562 | 1.27690 | 1.28822 | 1.29960 | 1.31102 | 1.32250 | 1.33402 |
| 3 | 1.36763 | 1.38620 | 1.40493 | 1.42383 | 1.44290 | 1.46214 | 1.48154 | 1.50112 | 1.52087 | 1.54080 |
| 4 | 1.51807 | 1.54561 | 1.57352 | 1.60181 | 1.63047 | 1.65952 | 1.68896 | 1.71879 | 1.74901 | 1.77962 |
| 5 | 1.68506 | 1.72335 | 1.76234 | 1.80203 | 1.84244 | 1.88356 | 1.92541 | 1.96801 | 2.01136 | 2.05546 |
| 6 | 1.87041 | 1.92154 | 1.97382 | 2.02729 | 2.08195 | 2.13784 | 2.19497 | 2.25337 | 2.31306 | 2.37406 |
| 7 | 2.07616 | 2.14252 | 2.21068 | 2.28070 | 2.35261 | 2.42645 | 2.50227 | 2.58011 | 2.66002 | 2.74204 |
| 8 | 2.30454 | 2.38891 | 2.47596 | 2.56578 | 2.65844 | 2.75402 | 2.85259 | 2.95423 | 3.05902 | 3.16706 |
| 9 | 2.55804 | 2.66363 | 2.77308 | 2.88651 | 3.00404 | 3.12581 | 3.25195 | 3.38259 | 3.51788 | 3.65795 |
| 10 | 2.83942 | 2.96995 | 3.10585 | 3.24732 | 3.39457 | 3.54780 | 3.70722 | 3.87306 | 4.04556 | 4.22493 |
| 11 | 3.15176 | 3.31149 | 3.47855 | 3.65324 | 3.83586 | 4.02675 | 4.22623 | 4.43466 | 4.65239 | 4.87980 |
| 12 | 3.49845 | 3.69231 | 3.89598 | 4.10989 | 4.33452 | 4.57036 | 4.81790 | 5.07768 | 5.35025 | 5.63617 |
| 13 | 3.88328 | 4.11693 | 4.36349 | 4.62363 | 4.89801 | 5.18736 | 5.49241 | 5.81395 | 6.15279 | 6.50977 |
| 14 | 4.31044 | 4.59037 | 4.88711 | 5.20158 | 5.53475 | 5.88765 | 6.26135 | 6.65697 | 7.07570 | 7.51879 |
| 15 | 4.78459 | 5.11827 | 5.47356 | 5.85178 | 6.25427 | 6.68248 | 7.13794 | 7.62223 | 8.13706 | 8.68420 |
| 16 | 5.31089 | 5.70687 | 6.13039 | 6.58325 | 7.06732 | 7.58462 | 8.13725 | 8.72746 | 9.35762 | 10.03025 |
| 17 | 5.89509 | 6.36316 | 6.86604 | 7.40615 | 7.98608 | 8.60854 | 9.27646 | 9.99294 | 10.76126 | 11.58494 |
| 18 | 6.54355 | 7.09492 | 7.68996 | 8.33192 | 9.02427 | 9.77069 | 10.57517 | 11.44191 | 12.37545 | 13.38060 |
| 19 | 7.26334 | 7.91084 | 8.61276 | 9.37341 | 10.19742 | 11.08974 | 12.05569 | 13.10099 | 14.23177 | 15.45459 |
| 20 | 8.06231 | 8.82058 | 9.64629 | 10.54509 | 11.52309 | 12.58685 | 13.74348 | 15.00063 | 16.36653 | 17.85005 |

| n/i | 16.0 | 16.5 | 17.0 | 17.5 | 18.0 | 18.5 | 19.0 | 19.5 | 20.0 | 20.5 |
|---|---|---|---|---|---|---|---|---|---|---|
| 1 | 1.16000 | 1.16500 | 1.17000 | 1.17500 | 1.18000 | 1.18500 | 1.19000 | 1.19500 | 1.20000 | 1.20500 |
| 2 | 1.34560 | 1.35722 | 1.36890 | 1.38062 | 1.39240 | 1.40422 | 1.41610 | 1.42802 | 1.44000 | 1.45202 |
| 3 | 1.56090 | 1.58117 | 1.60161 | 1.62223 | 1.64303 | 1.66401 | 1.68516 | 1.70649 | 1.72800 | 1.74969 |
| 4 | 1.81064 | 1.84206 | 1.87389 | 1.90613 | 1.93878 | 1.97185 | 2.00534 | 2.03926 | 2.07360 | 2.10838 |
| 5 | 2.10034 | 2.14600 | 2.19245 | 2.23970 | 2.28776 | 2.33664 | 2.38635 | 2.43691 | 2.48832 | 2.54059 |
| 6 | 2.43640 | 2.50009 | 2.56516 | 2.63164 | 2.69955 | 2.76892 | 2.83976 | 2.91211 | 2.98598 | 3.06141 |
| 7 | 2.82622 | 2.91260 | 3.00124 | 3.09218 | 3.18547 | 3.28117 | 3.37931 | 3.47997 | 3.58318 | 3.68900 |
| 8 | 3.27841 | 3.39318 | 3.51145 | 3.63331 | 3.75886 | 3.88818 | 4.02138 | 4.15856 | 4.29982 | 4.44525 |
| 9 | 3.80296 | 3.95306 | 4.10840 | 4.26914 | 4.43545 | 4.60750 | 4.78545 | 4.96948 | 5.15978 | 5.35653 |
| 10 | 4.41143 | 4.60531 | 4.80683 | 5.01624 | 5.23383 | 5.45988 | 5.69468 | 5.93853 | 6.19173 | 6.45461 |
| 11 | 5.11726 | 5.36519 | 5.62399 | 5.89409 | 6.17592 | 6.46996 | 6.77667 | 7.09654 | 7.43008 | 7.77781 |
| 12 | 5.93603 | 6.25045 | 6.58007 | 6.92555 | 7.28759 | 7.66690 | 8.06424 | 8.48037 | 8.91610 | 9.37226 |
| 13 | 6.88579 | 7.28177 | 7.69868 | 8.13752 | 8.59936 | 9.08528 | 9.59645 | 10.13404 | 10.69932 | 11.29357 |
| 14 | 7.98752 | 8.48326 | 9.00745 | 9.56159 | 10.14724 | 10.76606 | 11.41977 | 12.11018 | 12.83918 | 13.60876 |
| 15 | 9.26552 | 9.88300 | 10.53872 | 11.23487 | 11.97374 | 12.75778 | 13.58953 | 14.47166 | 15.40701 | 16.39855 |
| 16 | 10.74800 | 11.51369 | 12.33030 | 13.20097 | 14.12902 | 15.11797 | 16.17154 | 17.29364 | 18.48842 | 19.76025 |
| 17 | 12.46768 | 13.41345 | 14.42645 | 15.51114 | 16.67224 | 17.91479 | 19.24413 | 20.66589 | 22.18610 | 23.81111 |
| 18 | 14.46251 | 15.62667 | 16.87895 | 18.22558 | 19.67324 | 21.22903 | 22.90051 | 24.69574 | 26.62332 | 28.69238 |
| 19 | 16.77651 | 18.20507 | 19.74837 | 21.41506 | 23.21443 | 25.15640 | 27.25161 | 29.51141 | 31.94798 | 34.57432 |
| 20 | 19.46075 | 21.20891 | 23.10559 | 25.16270 | 27.39302 | 29.81033 | 32.42941 | 35.26614 | 38.33758 | 41.66205 |

# 복리이자요소$(CVIF)$

| $n/i$ | 21.0 | 21.5 | 22.0 | 22.5 | 23.0 | 23.5 | 24.0 | 24.5 | 25.0 | 25.5 |
|---|---|---|---|---|---|---|---|---|---|---|
| 1 | 1.21000 | 1.21500 | 1.22000 | 1.22500 | 1.23000 | 1.23500 | 1.24000 | 1.24500 | 1.25000 | 1.25500 |
| 2 | 1.46410 | 1.47622 | 1.48840 | 1.50062 | 1.51290 | 1.52522 | 1.53760 | 1.55002 | 1.56250 | 1.57502 |
| 3 | 1.77156 | 1.79361 | 1.81585 | 1.83827 | 1.86087 | 1.88365 | 1.90662 | 1.92978 | 1.95312 | 1.97666 |
| 4 | 2.14359 | 2.17924 | 2.21533 | 2.25188 | 2.28887 | 2.32631 | 2.36421 | 2.40258 | 2.44141 | 2.48070 |
| 5 | 2.59374 | 2.64778 | 2.70271 | 2.75855 | 2.81531 | 2.87299 | 2.93162 | 2.99121 | 3.05176 | 3.11328 |
| 6 | 3.13843 | 3.21705 | 3.29730 | 3.37922 | 3.46283 | 3.54815 | 3.63521 | 3.72405 | 3.81470 | 3.90717 |
| 7 | 3.79750 | 3.90871 | 4.02271 | 4.13954 | 4.25928 | 4.38196 | 4.50767 | 4.63645 | 4.76837 | 4.90350 |
| 8 | 4.59497 | 4.74909 | 4.90771 | 5.07094 | 5.23891 | 5.41172 | 5.58951 | 5.77238 | 5.96046 | 6.15389 |
| 9 | 5.55992 | 5.77014 | 5.98740 | 6.21190 | 6.44386 | 6.68348 | 6.93099 | 7.18661 | 7.45058 | 7.72313 |
| 10 | 6.72750 | 7.01072 | 7.30463 | 7.60958 | 7.92594 | 8.25409 | 8.59442 | 8.94733 | 9.31322 | 9.69253 |
| 11 | 8.14027 | 8.51803 | 8.91165 | 9.32174 | 9.74891 | 10.19381 | 10.65708 | 11.13942 | 11.64153 | 12.16412 |
| 12 | 9.84973 | 10.34940 | 10.87221 | 11.41913 | 11.99116 | 12.58935 | 13.21478 | 13.86858 | 14.55191 | 15.26597 |
| 13 | 11.91817 | 12.57452 | 13.26410 | 13.98843 | 14.74913 | 15.54785 | 16.38633 | 17.26638 | 18.18989 | 19.15880 |
| 14 | 14.42099 | 15.27804 | 16.18220 | 17.13583 | 18.14143 | 19.20159 | 20.31905 | 21.49665 | 22.73736 | 24.04429 |
| 15 | 17.44940 | 18.56282 | 19.74228 | 20.99139 | 22.31395 | 23.71397 | 25.19562 | 26.76332 | 28.42170 | 30.17558 |
| 16 | 21.11377 | 22.55383 | 24.08558 | 25.71445 | 27.44616 | 29.28675 | 31.24257 | 33.32034 | 35.52712 | 37.87036 |
| 17 | 25.54766 | 27.40290 | 29.38441 | 31.50020 | 33.75878 | 36.16913 | 38.74078 | 41.48382 | 44.40890 | 47.52730 |
| 18 | 30.91267 | 33.29452 | 35.84897 | 38.58774 | 41.52330 | 44.66888 | 48.03857 | 51.64735 | 55.51113 | 59.64675 |
| 19 | 37.40433 | 40.45284 | 43.73575 | 47.26998 | 51.07365 | 55.16606 | 59.56783 | 64.30095 | 69.38891 | 74.85667 |
| 20 | 45.25924 | 49.15020 | 53.35761 | 57.90572 | 62.82059 | 68.13008 | 73.86410 | 80.05468 | 86.73613 | 93.94512 |

| $n/i$ | 26.0 | 26.5 | 27.0 | 27.5 | 28.0 | 28.5 | 29.0 | 29.5 | 30.0 | 30.5 |
|---|---|---|---|---|---|---|---|---|---|---|
| 1 | 1.26000 | 1.26500 | 1.27000 | 1.27500 | 1.28000 | 1.28500 | 1.29000 | 1.29500 | 1.30000 | 1.30500 |
| 2 | 1.58760 | 1.60022 | 1.61290 | 1.62562 | 1.63840 | 1.65122 | 1.66410 | 1.67702 | 1.69000 | 1.70302 |
| 3 | 2.00038 | 2.02428 | 2.04838 | 2.07267 | 2.09715 | 2.12182 | 2.14669 | 2.17175 | 2.19700 | 2.22245 |
| 4 | 2.52047 | 2.56072 | 2.60145 | 2.64266 | 2.68435 | 2.72654 | 2.76923 | 2.81241 | 2.85610 | 2.90029 |
| 5 | 3.17580 | 3.23931 | 3.30384 | 3.36939 | 3.43597 | 3.50361 | 3.57230 | 3.64207 | 3.71293 | 3.78488 |
| 6 | 4.00150 | 4.09773 | 4.19587 | 4.29597 | 4.39805 | 4.50214 | 4.60827 | 4.71649 | 4.82681 | 4.93927 |
| 7 | 5.04189 | 5.18362 | 5.32876 | 5.47736 | 5.62950 | 5.78525 | 5.94467 | 6.10785 | 6.27485 | 6.44575 |
| 8 | 6.35279 | 6.55729 | 6.76752 | 6.98363 | 7.20576 | 7.43404 | 7.66863 | 7.90966 | 8.15730 | 8.41170 |
| 9 | 8.00451 | 8.29497 | 8.59475 | 8.90413 | 9.22337 | 9.55274 | 9.89253 | 10.24301 | 10.60450 | 10.97727 |
| 10 | 10.08568 | 10.49313 | 10.91533 | 11.35277 | 11.80591 | 12.27527 | 12.76136 | 13.26470 | 13.78584 | 14.32534 |
| 11 | 12.70796 | 13.27381 | 13.86247 | 14.47478 | 15.11157 | 15.77372 | 16.46215 | 17.17779 | 17.92160 | 18.69457 |
| 12 | 16.01203 | 16.79137 | 17.60534 | 18.45534 | 19.34280 | 20.26923 | 21.23618 | 22.24524 | 23.29807 | 24.39641 |
| 13 | 20.17515 | 21.24108 | 22.35878 | 23.53056 | 24.75879 | 26.04596 | 27.39467 | 28.80758 | 30.28749 | 31.83731 |
| 14 | 25.42069 | 26.86997 | 28.39565 | 30.00146 | 31.69125 | 33.46906 | 35.33912 | 37.30582 | 39.37374 | 41.54769 |
| 15 | 32.03007 | 33.99051 | 36.06248 | 38.25186 | 40.56480 | 43.00774 | 45.58746 | 48.31103 | 51.18586 | 54.21973 |
| 16 | 40.35789 | 42.99799 | 45.79935 | 48.77112 | 51.92294 | 55.26495 | 58.80783 | 62.56278 | 66.54161 | 70.75675 |
| 17 | 50.85094 | 54.39245 | 58.16517 | 62.18318 | 66.46136 | 71.01545 | 75.86209 | 81.01880 | 86.50410 | 92.33755 |
| 18 | 64.07218 | 68.80645 | 73.86976 | 79.28355 | 85.07053 | 91.25485 | 97.86210 | 104.91934 | 112.45532 | 120.50050 |
| 19 | 80.73095 | 87.04016 | 93.81460 | 101.08652 | 108.89028 | 117.26248 | 126.24210 | 135.87054 | 146.19191 | 157.25314 |
| 20 | 101.72099 | 110.10579 | 119.14453 | 128.88531 | 139.37955 | 150.68228 | 162.85230 | 175.95234 | 190.04947 | 205.21534 |

## <부표-2> 연금의 복리이자요소($CVIF_a$)

$$CVIF_a = \frac{(1+i)^n - 1}{i}$$

| n/i | 1.0 | 1.5 | 2.0 | 2.5 | 3.0 | 3.5 | 4.0 | 4.5 | 5.0 | 5.5 |
|---|---|---|---|---|---|---|---|---|---|---|
| 1 | 1.00000 | 1.00000 | 1.00000 | 1.00000 | 1.00000 | 1.00000 | 1.00000 | 1.00000 | 1.00000 | 1.00000 |
| 2 | 2.01000 | 2.01500 | 2.02000 | 2.02500 | 2.03000 | 2.03500 | 2.04000 | 2.04500 | 2.05000 | 2.05500 |
| 3 | 3.03010 | 3.04522 | 3.06040 | 3.07562 | 3.09090 | 3.10622 | 3.12160 | 3.13702 | 3.15250 | 3.16802 |
| 4 | 4.06040 | 4.09090 | 4.12161 | 4.15252 | 4.18363 | 4.21494 | 4.24646 | 4.27819 | 4.31012 | 4.34227 |
| 5 | 5.10100 | 5.15227 | 5.20404 | 5.25633 | 5.30914 | 5.36247 | 5.41632 | 5.47071 | 5.52563 | 5.58109 |
| 6 | 6.15210 | 6.22955 | 6.30812 | 6.38774 | 6.46841 | 6.55015 | 6.63298 | 6.71689 | 6.80191 | 6.88805 |
| 7 | 7.21353 | 7.32299 | 7.43428 | 7.54743 | 7.66246 | 7.77941 | 7.89829 | 8.01915 | 8.14201 | 8.26689 |
| 8 | 8.28567 | 8.43284 | 8.58297 | 8.73612 | 8.89234 | 9.05169 | 9.21423 | 9.38001 | 9.54911 | 9.72157 |
| 9 | 9.36853 | 9.55933 | 9.75463 | 9.95452 | 10.15911 | 10.36850 | 10.58279 | 10.80211 | 11.02656 | 11.25626 |
| 10 | 10.46221 | 10.70272 | 10.94972 | 11.20338 | 11.46388 | 11.73139 | 12.00611 | 12.28821 | 12.57789 | 12.87535 |
| 11 | 11.56683 | 11.86326 | 12.16871 | 12.48347 | 12.80779 | 13.14199 | 13.48635 | 13.84118 | 14.20679 | 14.58350 |
| 12 | 12.68250 | 13.04121 | 13.41209 | 13.79555 | 14.19203 | 14.60196 | 15.02580 | 15.46403 | 15.91713 | 16.38559 |
| 13 | 13.80933 | 14.23683 | 14.68033 | 15.14044 | 15.61779 | 16.11303 | 16.62684 | 17.15991 | 17.71298 | 18.28680 |
| 14 | 14.94742 | 15.45038 | 15.97394 | 16.51895 | 17.08632 | 17.67699 | 18.29191 | 18.93211 | 19.59863 | 20.29257 |
| 15 | 16.09689 | 16.68214 | 17.29342 | 17.93192 | 18.59891 | 19.29568 | 20.02359 | 20.78405 | 21.57856 | 22.40866 |
| 16 | 17.25786 | 17.93237 | 18.63928 | 19.38022 | 20.15688 | 20.97103 | 21.82453 | 22.71933 | 23.65749 | 24.64114 |
| 17 | 18.43044 | 19.20135 | 20.01207 | 20.86473 | 21.76158 | 22.70501 | 23.69751 | 24.74170 | 25.84036 | 26.99640 |
| 18 | 19.61474 | 20.48937 | 21.41231 | 22.38635 | 23.41443 | 24.49969 | 25.64541 | 26.85508 | 28.13238 | 29.48120 |
| 19 | 20.81089 | 21.79671 | 22.84056 | 23.94600 | 25.11686 | 26.35718 | 27.67123 | 29.06356 | 30.53900 | 32.10267 |
| 20 | 22.01900 | 23.12366 | 24.29737 | 25.54465 | 26.87037 | 28.27968 | 29.77807 | 31.37142 | 33.06595 | 34.86831 |

| n/i | 6.0 | 6.5 | 7.0 | 7.5 | 8.0 | 8.5 | 9.0 | 9.5 | 10.0 | 10.5 |
|---|---|---|---|---|---|---|---|---|---|---|
| 1 | 1.00000 | 1.00000 | 1.00000 | 1.00000 | 1.00000 | 1.00000 | 1.00000 | 1.00000 | 1.00000 | 1.00000 |
| 2 | 2.06000 | 2.06500 | 2.07000 | 2.07500 | 2.08000 | 2.08500 | 2.09000 | 2.09500 | 2.10000 | 2.10500 |
| 3 | 3.18360 | 3.19922 | 3.21490 | 3.23062 | 3.24640 | 3.26222 | 3.27810 | 3.29402 | 3.31000 | 3.32602 |
| 4 | 4.37462 | 4.40717 | 4.43994 | 4.47292 | 4.50611 | 4.53951 | 4.57313 | 4.60696 | 4.64100 | 4.67526 |
| 5 | 5.63709 | 5.69364 | 5.75074 | 5.80839 | 5.86660 | 5.92537 | 5.98471 | 6.04462 | 6.10510 | 6.16616 |
| 6 | 6.97532 | 7.06373 | 7.15329 | 7.24402 | 7.33593 | 7.42903 | 7.52333 | 7.61886 | 7.71561 | 7.81361 |
| 7 | 8.39384 | 8.52287 | 8.65402 | 8.78732 | 8.92280 | 9.06050 | 9.20043 | 9.34265 | 9.48717 | 9.63403 |
| 8 | 9.89747 | 10.07686 | 10.25980 | 10.44637 | 10.63663 | 10.83064 | 11.02847 | 11.23020 | 11.43589 | 11.64561 |
| 9 | 11.49132 | 11.73185 | 11.97799 | 12.22985 | 12.48756 | 12.75124 | 13.02104 | 13.29707 | 13.57948 | 13.86840 |
| 10 | 13.18079 | 13.49442 | 13.81645 | 14.14709 | 14.48656 | 14.83510 | 15.19293 | 15.56029 | 15.93742 | 16.32458 |
| 11 | 14.97164 | 15.37156 | 15.78360 | 16.20812 | 16.64549 | 17.09608 | 17.56029 | 18.03852 | 18.53117 | 19.03866 |
| 12 | 16.86994 | 17.37071 | 17.88845 | 18.42373 | 18.97713 | 19.54925 | 20.14072 | 20.75217 | 21.38428 | 22.03772 |
| 13 | 18.88214 | 19.49981 | 20.14064 | 20.80551 | 21.49530 | 22.21093 | 22.95338 | 23.72363 | 24.52271 | 25.35168 |
| 14 | 21.01506 | 21.76729 | 22.55049 | 23.36592 | 24.21492 | 25.09886 | 26.01919 | 26.97738 | 27.97498 | 29.01360 |
| 15 | 23.27597 | 24.18217 | 25.12902 | 26.11836 | 27.15211 | 28.23227 | 29.36091 | 30.54023 | 31.77248 | 33.06003 |
| 16 | 25.67252 | 26.75401 | 27.88805 | 29.07724 | 30.32428 | 31.63201 | 33.00339 | 34.44155 | 35.94973 | 37.53133 |
| 17 | 28.21287 | 29.49302 | 30.84021 | 32.25803 | 33.75022 | 35.32073 | 36.97370 | 38.71349 | 40.54470 | 42.47212 |
| 18 | 30.90565 | 32.41006 | 33.99903 | 35.67738 | 37.45024 | 39.32299 | 41.30133 | 43.39127 | 45.59917 | 47.93169 |
| 19 | 33.75998 | 35.51672 | 37.37896 | 39.35318 | 41.44626 | 43.66544 | 46.01845 | 48.51344 | 51.15908 | 53.96452 |
| 20 | 36.78558 | 38.82530 | 40.99549 | 43.30467 | 45.76196 | 48.37701 | 51.16011 | 53.12222 | 57.27499 | 60.63080 |

# 연금의 복리이자요소($CVIF_a$)

| $n/i$ | 11.0 | 11.5 | 12.0 | 12.5 | 13.0 | 13.5 | 14.0 | 14.5 | 15.0 | 15.5 |
|---|---|---|---|---|---|---|---|---|---|---|
| 1 | 1.00000 | 1.00000 | 1.00000 | 1.00000 | 1.00000 | 1.00000 | 1.00000 | 1.00000 | 1.00000 | 1.00000 |
| 2 | 2.11000 | 2.11500 | 2.12000 | 2.12500 | 2.13000 | 2.13500 | 2.14000 | 2.14500 | 2.15000 | 2.15500 |
| 3 | 3.34210 | 3.35822 | 3.37440 | 3.39062 | 3.40690 | 3.42322 | 3.43960 | 3.45602 | 3.47250 | 3.48902 |
| 4 | 4.70973 | 4.74442 | 4.77933 | 4.81445 | 4.84980 | 4.88536 | 4.92114 | 4.95715 | 4.99337 | 5.02982 |
| 5 | 6.22780 | 6.29003 | 6.35285 | 6.41626 | 6.48027 | 6.54488 | 6.61010 | 6.67593 | 6.74238 | 6.80945 |
| 6 | 7.91286 | 8.01338 | 8.11519 | 8.21829 | 8.32271 | 8.42844 | 8.53552 | 8.64395 | 8.75374 | 8.86491 |
| 7 | 9.78327 | 9.93492 | 10.08901 | 10.24558 | 10.40466 | 10.56628 | 10.73049 | 10.89732 | 11.06680 | 11.23897 |
| 8 | 11.85943 | 12.07744 | 12.29969 | 12.52628 | 12.75726 | 12.99273 | 13.23276 | 13.47743 | 13.72682 | 13.98101 |
| 9 | 14.16397 | 14.46634 | 14.77566 | 15.09206 | 15.41571 | 15.74675 | 16.08535 | 16.43165 | 16.78584 | 17.14807 |
| 10 | 16.72201 | 17.12997 | 17.54873 | 17.97857 | 18.41975 | 18.87256 | 19.33729 | 19.81424 | 20.30372 | 20.80602 |
| 11 | 19.56143 | 20.09992 | 20.65458 | 21.22589 | 21.81432 | 22.42036 | 23.04451 | 23.68731 | 24.34927 | 25.03095 |
| 12 | 22.71318 | 23.41141 | 24.13313 | 24.87912 | 25.65018 | 26.44710 | 27.27074 | 28.12197 | 29.00166 | 29.91075 |
| 13 | 26.21163 | 27.10372 | 28.02911 | 28.98901 | 29.98470 | 31.01746 | 32.08865 | 33.19965 | 34.35191 | 35.54691 |
| 14 | 30.09491 | 31.22065 | 32.39260 | 33.61264 | 34.88271 | 36.20482 | 37.58106 | 39.01360 | 40.50470 | 42.05668 |
| 15 | 34.40535 | 35.81102 | 37.27971 | 38.81422 | 40.41746 | 42.09247 | 43.84241 | 45.67057 | 47.58041 | 49.57547 |
| 16 | 39.18994 | 40.92929 | 42.75327 | 44.66599 | 46.67173 | 48.77495 | 50.98034 | 53.29280 | 55.71747 | 58.25967 |
| 17 | 44.50083 | 46.63616 | 48.88367 | 51.24924 | 53.73906 | 56.35957 | 59.11759 | 62.02026 | 65.07508 | 68.28991 |
| 18 | 50.39592 | 52.99931 | 55.74971 | 58.65540 | 61.72513 | 64.96811 | 68.39405 | 72.01320 | 75.83635 | 79.87485 |
| 19 | 56.93947 | 60.09423 | 63.43967 | 66.98732 | 70.74940 | 74.73880 | 78.96922 | 83.45511 | 88.21180 | 93.25545 |
| 20 | 64.20282 | 68.00507 | 72.05243 | 76.36073 | 80.94682 | 85.82854 | 91.02491 | 96.55610 | 102.44357 | 108.71004 |

| $n/i$ | 16.0 | 16.5 | 17.0 | 17.5 | 18.0 | 18.5 | 19.0 | 19.5 | 20.0 | 20.5 |
|---|---|---|---|---|---|---|---|---|---|---|
| 1 | 1.00000 | 1.00000 | 1.00000 | 1.00000 | 1.00000 | 1.00000 | 1.00000 | 1.00000 | 1.00000 | 1.00000 |
| 2 | 2.16000 | 2.16500 | 2.17000 | 2.17500 | 2.18000 | 2.18500 | 2.19000 | 2.19500 | 2.20000 | 2.20500 |
| 3 | 3.50560 | 3.52222 | 3.53890 | 3.55562 | 3.57240 | 3.58922 | 3.60610 | 3.62302 | 3.64000 | 3.65702 |
| 4 | 5.06650 | 5.10339 | 5.14051 | 5.17786 | 5.21543 | 5.25323 | 5.29126 | 5.32951 | 5.36800 | 5.40671 |
| 5 | 6.87714 | 6.94545 | 7.01440 | 7.08398 | 7.15421 | 7.22508 | 7.29660 | 7.36877 | 7.44160 | 7.51509 |
| 6 | 8.97748 | 9.09145 | 9.20685 | 9.32368 | 9.44197 | 9.56172 | 9.68295 | 9.80568 | 9.92992 | 10.05568 |
| 7 | 11.41387 | 11.59154 | 11.77201 | 11.95533 | 12.14152 | 12.33064 | 12.52271 | 12.71779 | 12.91590 | 13.11710 |
| 8 | 14.24009 | 14.50414 | 14.77325 | 15.04751 | 15.32699 | 15.61180 | 15.90203 | 16.19775 | 16.49908 | 16.80610 |
| 9 | 17.51851 | 17.89733 | 18.28471 | 18.68082 | 19.08585 | 19.49999 | 19.92341 | 20.35632 | 20.79890 | 21.25135 |
| 10 | 21.32147 | 21.85039 | 22.39311 | 22.94996 | 23.52131 | 24.10748 | 24.70886 | 25.32580 | 25.95868 | 26.60788 |
| 11 | 25.73290 | 26.45570 | 27.19993 | 27.96621 | 28.75514 | 29.56737 | 30.40354 | 31.26433 | 32.15041 | 33.06250 |
| 12 | 30.85016 | 31.82089 | 32.82392 | 33.86029 | 34.93106 | 36.03733 | 37.18021 | 38.36087 | 39.58049 | 40.84031 |
| 13 | 36.78619 | 38.07133 | 39.40399 | 40.78584 | 42.21865 | 43.70423 | 45.24445 | 46.84124 | 48.49659 | 50.21257 |
| 14 | 43.67198 | 45.35310 | 47.10266 | 48.92336 | 50.81801 | 52.78952 | 54.84090 | 56.97528 | 59.19591 | 61.50614 |
| 15 | 51.65949 | 53.83636 | 56.11012 | 58.48495 | 60.96525 | 63.55557 | 66.26067 | 69.08546 | 72.03509 | 75.11490 |
| 16 | 60.92501 | 63.71936 | 66.64883 | 69.71982 | 72.93899 | 76.31335 | 79.85019 | 83.55712 | 87.44210 | 91.51345 |
| 17 | 71.67301 | 75.23305 | 78.97913 | 82.92078 | 87.06801 | 91.43132 | 96.02173 | 100.85076 | 105.93052 | 111.27371 |
| 18 | 84.14069 | 88.64650 | 93.40559 | 98.43192 | 103.74025 | 109.34611 | 115.26585 | 121.51665 | 128.11662 | 135.08481 |
| 19 | 98.60320 | 104.27318 | 110.28453 | 116.65750 | 123.41349 | 130.57514 | 138.16636 | 146.21239 | 154.73994 | 163.77719 |
| 20 | 115.37971 | 122.47825 | 130.03290 | 138.07256 | 146.62792 | 155.73153 | 165.41797 | 175.72381 | 186.68792 | 198.35151 |

# 연금의 복리이자요소($CVIF_a$)

| $n/i$ | 21.0 | 21.5 | 22.0 | 22.5 | 23.0 | 23.5 | 24.0 | 24.5 | 25.0 | 25.5 |
|---|---|---|---|---|---|---|---|---|---|---|
| 1 | 1.00000 | 1.00000 | 1.00000 | 1.00000 | 1.00000 | 1.00000 | 1.00000 | 1.00000 | 1.00000 | 1.00000 |
| 2 | 2.21000 | 2.21500 | 2.22000 | 2.22500 | 2.23000 | 2.23500 | 2.24000 | 2.24500 | 2.25000 | 2.25500 |
| 3 | 3.67410 | 3.69122 | 3.70840 | 3.72562 | 3.74290 | 3.76022 | 3.77760 | 3.79502 | 3.81250 | 3.83002 |
| 4 | 5.44566 | 5.48484 | 5.52425 | 5.56389 | 5.60377 | 5.64388 | 5.68422 | 5.72481 | 5.76562 | 5.80668 |
| 5 | 7.58925 | 7.66408 | 7.73958 | 7.81577 | 7.89263 | 7.97019 | 8.04844 | 8.12738 | 8.20703 | 8.28738 |
| 6 | 10.18299 | 10.31185 | 10.44229 | 10.57431 | 10.70794 | 10.84318 | 10.98006 | 11.11859 | 11.25879 | 11.40067 |
| 7 | 13.32142 | 13.52890 | 13.73959 | 13.95353 | 14.17076 | 14.39133 | 14.61528 | 14.84265 | 15.07348 | 15.30784 |
| 8 | 17.11892 | 17.43762 | 17.76230 | 18.09308 | 18.43004 | 18.77329 | 19.12294 | 19.47909 | 19.84186 | 20.21133 |
| 9 | 21.71389 | 22.18670 | 22.67001 | 23.16402 | 23.66895 | 24.18502 | 24.71245 | 25.25147 | 25.80232 | 26.36522 |
| 10 | 27.27381 | 27.95684 | 28.65741 | 29.37592 | 30.11280 | 30.86849 | 31.64343 | 32.43808 | 33.25290 | 34.08835 |
| 11 | 34.00130 | 34.96757 | 35.96204 | 36.98550 | 38.03875 | 39.12259 | 40.23786 | 41.38541 | 42.56612 | 43.78088 |
| 12 | 42.14158 | 43.48559 | 44.87369 | 46.30724 | 47.78766 | 49.31639 | 50.89494 | 52.52483 | 54.20765 | 55.94501 |
| 13 | 51.99131 | 53.83499 | 55.74590 | 57.72636 | 59.77882 | 61.90575 | 64.10972 | 66.39341 | 68.75956 | 71.21098 |
| 14 | 63.90948 | 66.40951 | 69.00999 | 71.71479 | 74.52795 | 77.45359 | 80.49605 | 83.65979 | 86.94945 | 90.36978 |
| 15 | 78.33047 | 81.68756 | 85.19219 | 88.85062 | 92.66937 | 96.65518 | 100.81510 | 105.15644 | 109.68680 | 114.41407 |
| 16 | 95.77987 | 100.25038 | 104.93447 | 109.84200 | 114.98332 | 120.36915 | 126.01072 | 131.91976 | 138.10850 | 144.58965 |
| 17 | 116.89364 | 122.80402 | 129.02004 | 135.55645 | 142.42948 | 149.65589 | 157.25329 | 165.24010 | 173.63562 | 182.46001 |
| 18 | 142.44130 | 150.20711 | 158.40445 | 167.05664 | 176.18826 | 185.82502 | 195.99407 | 206.72391 | 218.04452 | 229.98730 |
| 19 | 173.35396 | 183.50163 | 194.25342 | 205.64438 | 217.71155 | 230.49390 | 244.03264 | 258.37126 | 273.55564 | 289.63405 |
| 20 | 210.75829 | 223.95447 | 237.98917 | 252.91436 | 268.78520 | 285.65995 | 303.60047 | 322.67220 | 342.94455 | 364.49072 |

| $n/i$ | 26.0 | 26.5 | 27.0 | 27.5 | 28.0 | 28.5 | 29.0 | 29.5 | 30.0 | 30.5 |
|---|---|---|---|---|---|---|---|---|---|---|
| 1 | 1.00000 | 1.00000 | 1.00000 | 1.00000 | 1.00000 | 1.00000 | 1.00000 | 1.00000 | 1.00000 | 1.00000 |
| 2 | 2.26000 | 2.26500 | 2.27000 | 2.27500 | 2.28000 | 2.28500 | 2.29000 | 2.29500 | 2.30000 | 2.30500 |
| 3 | 3.84760 | 3.86522 | 3.88290 | 3.90062 | 3.91840 | 3.93622 | 3.95410 | 3.97202 | 3.99000 | 4.00802 |
| 4 | 5.84798 | 5.88951 | 5.93128 | 5.97330 | 6.01555 | 6.05805 | 6.10079 | 6.14377 | 6.18700 | 6.23047 |
| 5 | 8.36845 | 8.45023 | 8.53273 | 8.61595 | 8.69991 | 8.78459 | 8.87002 | 8.95618 | 9.04310 | 9.13077 |
| 6 | 11.54425 | 11.68954 | 11.83657 | 11.98534 | 12.13588 | 12.28820 | 12.44232 | 12.59826 | 12.75603 | 12.91565 |
| 7 | 15.54575 | 15.78727 | 16.03244 | 16.28131 | 16.53392 | 16.79034 | 17.05059 | 17.31474 | 17.58284 | 17.85492 |
| 8 | 20.58764 | 20.97089 | 21.36119 | 21.75867 | 22.16342 | 22.57558 | 22.99527 | 23.42259 | 23.85769 | 24.30067 |
| 9 | 26.94043 | 27.52818 | 28.12872 | 28.74230 | 29.36918 | 30.00962 | 30.66389 | 31.33226 | 32.01499 | 32.71237 |
| 10 | 34.94494 | 35.82314 | 36.72347 | 37.64643 | 38.59255 | 39.56236 | 40.55642 | 41.57527 | 42.61949 | 43.68965 |
| 11 | 45.03062 | 46.31627 | 47.63880 | 48.99919 | 50.39846 | 51.83763 | 53.31778 | 54.83997 | 56.40533 | 58.01499 |
| 12 | 57.73858 | 59.59008 | 61.50128 | 63.47397 | 65.51003 | 67.61136 | 69.77993 | 72.01776 | 74.32693 | 76.70955 |
| 13 | 73.75061 | 76.38145 | 79.10662 | 81.92931 | 84.85283 | 87.88059 | 91.01611 | 94.26300 | 97.62500 | 101.10596 |
| 14 | 93.92576 | 97.62253 | 101.46541 | 105.45987 | 109.61162 | 113.92655 | 118.41078 | 123.07058 | 127.91249 | 132.94327 |
| 15 | 119.34646 | 124.49250 | 129.86106 | 135.46132 | 141.30286 | 147.39561 | 153.74990 | 160.37639 | 167.28623 | 174.49096 |
| 16 | 151.37653 | 158.48300 | 165.92354 | 173.71318 | 181.86766 | 190.40335 | 199.33736 | 208.68742 | 218.47210 | 228.71070 |
| 17 | 191.73442 | 201.48099 | 211.72289 | 222.48430 | 233.79059 | 245.66830 | 258.14518 | 271.25020 | 285.01371 | 299.46745 |
| 18 | 242.58536 | 255.87344 | 269.88806 | 284.66747 | 300.25195 | 316.68375 | 334.00727 | 352.26899 | 371.51781 | 391.80500 |
| 19 | 306.65755 | 324.67989 | 343.75783 | 363.95101 | 385.32248 | 407.93861 | 431.86937 | 457.18833 | 483.97313 | 512.30550 |
| 20 | 387.38850 | 411.72004 | 437.57243 | 465.03753 | 494.21275 | 525.20109 | 558.11147 | 593.05886 | 630.16504 | 669.55865 |

## <부표-3> 현가이자요소($PVIF$)

$$PVIF = \frac{1}{(1+i)^n} \quad (n = \text{기간},\ i = \text{기간당 이자율})$$

| n/i | 1.0 | 1.5 | 2.0 | 2.5 | 3.0 | 3.5 | 4.0 | 4.5 | 5.0 | 5.5 |
|---|---|---|---|---|---|---|---|---|---|---|
| 1 | 0.99010 | 0.98522 | 0.98039 | 0.97561 | 0.97087 | 0.96618 | 0.96154 | 0.95694 | 0.95238 | 0.94787 |
| 2 | 0.98030 | 0.97066 | 0.96117 | 0.95181 | 0.94260 | 0.93351 | 0.92456 | 0.91573 | 0.90703 | 0.89845 |
| 3 | 0.97059 | 0.95632 | 0.94232 | 0.92860 | 0.91514 | 0.90194 | 0.88900 | 0.87630 | 0.86384 | 0.85161 |
| 4 | 0.96098 | 0.94218 | 0.92385 | 0.90595 | 0.88849 | 0.87114 | 0.85480 | 0.83856 | 0.82270 | 0.80722 |
| 5 | 0.95147 | 0.92826 | 0.90573 | 0.88385 | 0.86261 | 0.84197 | 0.82193 | 0.80245 | 0.78353 | 0.76513 |
| 6 | 0.94205 | 0.91454 | 0.88797 | 0.86230 | 0.83748 | 0.81350 | 0.79031 | 0.76790 | 0.74622 | 0.72525 |
| 7 | 0.93272 | 0.90103 | 0.87056 | 0.84127 | 0.81309 | 0.78599 | 0.75992 | 0.73483 | 0.71068 | 0.68744 |
| 8 | 0.92348 | 0.88771 | 0.85349 | 0.82075 | 0.78941 | 0.75941 | 0.73069 | 0.70319 | 0.67684 | 0.65160 |
| 9 | 0.91434 | 0.87459 | 0.83676 | 0.80073 | 0.76642 | 0.73373 | 0.70259 | 0.67290 | 0.64461 | 0.61763 |
| 10 | 0.90529 | 0.86167 | 0.82035 | 0.78120 | 0.74409 | 0.70892 | 0.67556 | 0.64393 | 0.61391 | 0.58543 |
| 11 | 0.89632 | 0.84893 | 0.80426 | 0.76214 | 0.72242 | 0.68495 | 0.64958 | 0.61620 | 0.58468 | 0.55491 |
| 12 | 0.88745 | 0.83639 | 0.78849 | 0.74356 | 0.70138 | 0.66178 | 0.62460 | 0.58966 | 0.55684 | 0.52598 |
| 13 | 0.87866 | 0.82403 | 0.77303 | 0.72542 | 0.68095 | 0.63940 | 0.60057 | 0.56427 | 0.53032 | 0.49856 |
| 14 | 0.86996 | 0.81185 | 0.75788 | 0.70773 | 0.66112 | 0.61778 | 0.57748 | 0.53997 | 0.50507 | 0.47257 |
| 15 | 0.86135 | 0.79985 | 0.74301 | 0.69047 | 0.64186 | 0.59689 | 0.55526 | 0.51672 | 0.48102 | 0.44793 |
| 16 | 0.85282 | 0.78803 | 0.72845 | 0.67362 | 0.62317 | 0.57671 | 0.53391 | 0.49447 | 0.45811 | 0.42458 |
| 17 | 0.84438 | 0.77639 | 0.71416 | 0.65720 | 0.60502 | 0.55720 | 0.51337 | 0.47318 | 0.43630 | 0.40245 |
| 18 | 0.83602 | 0.76491 | 0.70016 | 0.64117 | 0.58739 | 0.53836 | 0.49363 | 0.45280 | 0.41552 | 0.38147 |
| 19 | 0.82774 | 0.75361 | 0.68643 | 0.62553 | 0.57029 | 0.52016 | 0.47464 | 0.43330 | 0.39573 | 0.36158 |
| 20 | 0.81954 | 0.74247 | 0.67297 | 0.61027 | 0.55368 | 0.50257 | 0.45639 | 0.41464 | 0.37689 | 0.34273 |

| n/i | 6.0 | 6.5 | 7.0 | 7.5 | 8.0 | 8.5 | 9.0 | 9.5 | 10.0 | 10.5 |
|---|---|---|---|---|---|---|---|---|---|---|
| 1 | 0.94340 | 0.93897 | 0.93458 | 0.93023 | 0.92593 | 0.92166 | 0.91743 | 0.91324 | 0.90909 | 0.90498 |
| 2 | 0.89000 | 0.88166 | 0.87344 | 0.86533 | 0.85734 | 0.84946 | 0.84168 | 0.83401 | 0.82645 | 0.81898 |
| 3 | 0.83962 | 0.82785 | 0.81630 | 0.80496 | 0.79383 | 0.78291 | 0.77218 | 0.76165 | 0.75131 | 0.74116 |
| 4 | 0.79209 | 0.77732 | 0.76290 | 0.74880 | 0.73503 | 0.72157 | 0.70843 | 0.69557 | 0.68301 | 0.67073 |
| 5 | 0.74726 | 0.72988 | 0.71299 | 0.69656 | 0.68058 | 0.66505 | 0.64993 | 0.63523 | 0.62092 | 0.60700 |
| 6 | 0.70496 | 0.68533 | 0.66634 | 0.64796 | 0.63017 | 0.61295 | 0.59627 | 0.58012 | 0.56447 | 0.54932 |
| 7 | 0.66506 | 0.64351 | 0.62275 | 0.60275 | 0.58349 | 0.56493 | 0.54703 | 0.52979 | 0.51316 | 0.49712 |
| 8 | 0.62741 | 0.60423 | 0.58201 | 0.56070 | 0.54027 | 0.52067 | 0.50187 | 0.48382 | 0.46651 | 0.44989 |
| 9 | 0.59190 | 0.56735 | 0.54393 | 0.52158 | 0.50025 | 0.47988 | 0.46043 | 0.44185 | 0.42410 | 0.40714 |
| 10 | 0.55839 | 0.53273 | 0.50835 | 0.48519 | 0.46319 | 0.44229 | 0.42241 | 0.40351 | 0.38554 | 0.36845 |
| 11 | 0.52679 | 0.50021 | 0.47509 | 0.45134 | 0.42888 | 0.40764 | 0.38753 | 0.36851 | 0.35049 | 0.33344 |
| 12 | 0.49697 | 0.46968 | 0.44401 | 0.41985 | 0.39711 | 0.37570 | 0.35553 | 0.33654 | 0.31863 | 0.30175 |
| 13 | 0.46884 | 0.44102 | 0.41496 | 0.39056 | 0.36770 | 0.34627 | 0.32618 | 0.30734 | 0.28966 | 0.27308 |
| 14 | 0.44230 | 0.41410 | 0.38782 | 0.36331 | 0.34046 | 0.31914 | 0.29925 | 0.28067 | 0.26333 | 0.24713 |
| 15 | 0.41727 | 0.38883 | 0.36245 | 0.33797 | 0.31524 | 0.29414 | 0.27454 | 0.25632 | 0.23939 | 0.22365 |
| 16 | 0.39365 | 0.36510 | 0.33873 | 0.31439 | 0.29189 | 0.27110 | 0.25187 | 0.23409 | 0.21763 | 0.20240 |
| 17 | 0.37136 | 0.34281 | 0.31657 | 0.29245 | 0.27027 | 0.24986 | 0.23107 | 0.21378 | 0.19784 | 0.18316 |
| 18 | 0.35034 | 0.32189 | 0.29586 | 0.27205 | 0.25052 | 0.23028 | 0.21199 | 0.19523 | 0.17986 | 0.16576 |
| 19 | 0.33051 | 0.30224 | 0.27651 | 0.25307 | 0.23171 | 0.21224 | 0.19449 | 0.17829 | 0.16351 | 0.15001 |
| 20 | 0.31180 | 0.28380 | 0.25842 | 0.23541 | 0.21455 | 0.19562 | 0.17843 | 0.16282 | 0.14864 | 0.13575 |

# 현가이자요소($PVIF$)

| $n/i$ | 11.0 | 11.5 | 12.0 | 12.5 | 13.0 | 13.5 | 14.0 | 14.5 | 15.0 | 15.5 |
|---|---|---|---|---|---|---|---|---|---|---|
| 1 | 0.90090 | 0.89686 | 0.89286 | 0.88889 | 0.88496 | 0.88106 | 0.87719 | 0.87336 | 0.86957 | 0.86580 |
| 2 | 0.81162 | 0.80436 | 0.79719 | 0.79012 | 0.78315 | 0.77626 | 0.76947 | 0.76276 | 0.75614 | 0.74961 |
| 3 | 0.73119 | 0.72140 | 0.71178 | 0.70233 | 0.69305 | 0.68393 | 0.67497 | 0.66617 | 0.65752 | 0.64901 |
| 4 | 0.65873 | 0.64699 | 0.63552 | 0.62430 | 0.61332 | 0.60258 | 0.59208 | 0.58181 | 0.57175 | 0.56192 |
| 5 | 0.59345 | 0.58026 | 0.56743 | 0.55493 | 0.54276 | 0.53091 | 0.51937 | 0.50813 | 0.49718 | 0.48651 |
| 6 | 0.53464 | 0.52042 | 0.50663 | 0.49327 | 0.48032 | 0.46776 | 0.45559 | 0.44378 | 0.43233 | 0.42122 |
| 7 | 0.48166 | 0.46674 | 0.45235 | 0.43846 | 0.42506 | 0.41213 | 0.39964 | 0.38758 | 0.37594 | 0.36469 |
| 8 | 0.43393 | 0.41860 | 0.40388 | 0.38974 | 0.37616 | 0.36311 | 0.35056 | 0.33850 | 0.32690 | 0.31575 |
| 9 | 0.39092 | 0.37543 | 0.36061 | 0.34644 | 0.33288 | 0.31992 | 0.30751 | 0.29563 | 0.28426 | 0.27338 |
| 10 | 0.35218 | 0.33671 | 0.32197 | 0.30795 | 0.29459 | 0.28187 | 0.26974 | 0.25819 | 0.24718 | 0.23669 |
| 11 | 0.31728 | 0.30198 | 0.28748 | 0.27373 | 0.26070 | 0.24834 | 0.23662 | 0.22550 | 0.21494 | 0.20493 |
| 12 | 0.28584 | 0.27083 | 0.25668 | 0.24332 | 0.23071 | 0.21880 | 0.20756 | 0.19694 | 0.18691 | 0.17743 |
| 13 | 0.25751 | 0.24290 | 0.22917 | 0.21628 | 0.20416 | 0.19278 | 0.18207 | 0.17200 | 0.16253 | 0.15362 |
| 14 | 0.23199 | 0.21785 | 0.20462 | 0.19225 | 0.18068 | 0.16985 | 0.15971 | 0.15022 | 0.14133 | 0.13300 |
| 15 | 0.20900 | 0.19538 | 0.18270 | 0.17089 | 0.15989 | 0.14964 | 0.14010 | 0.13120 | 0.12289 | 0.11515 |
| 16 | 0.18829 | 0.17523 | 0.16312 | 0.15190 | 0.14150 | 0.13185 | 0.12289 | 0.11458 | 0.10686 | 0.09970 |
| 17 | 0.16963 | 0.15715 | 0.14564 | 0.13502 | 0.12522 | 0.11616 | 0.10780 | 0.10007 | 0.09293 | 0.08632 |
| 18 | 0.15282 | 0.14095 | 0.13004 | 0.12002 | 0.11081 | 0.10235 | 0.09456 | 0.08740 | 0.08081 | 0.07474 |
| 19 | 0.13768 | 0.12641 | 0.11611 | 0.10668 | 0.09806 | 0.09017 | 0.08295 | 0.07633 | 0.07027 | 0.06471 |
| 20 | 0.12403 | 0.11337 | 0.10367 | 0.09483 | 0.08678 | 0.07945 | 0.07276 | 0.06666 | 0.06110 | 0.05602 |

| $n/i$ | 16.0 | 16.5 | 17.0 | 17.5 | 18.0 | 18.5 | 19.0 | 19.5 | 20.0 | 20.5 |
|---|---|---|---|---|---|---|---|---|---|---|
| 1 | 0.86207 | 0.85837 | 0.85470 | 0.85106 | 0.84746 | 0.84388 | 0.84034 | 0.83682 | 0.83333 | 0.82988 |
| 2 | 0.74316 | 0.73680 | 0.73051 | 0.72431 | 0.71818 | 0.71214 | 0.70616 | 0.70027 | 0.69444 | 0.68869 |
| 3 | 0.64066 | 0.63244 | 0.62437 | 0.61643 | 0.60863 | 0.60096 | 0.59342 | 0.58600 | 0.57870 | 0.57153 |
| 4 | 0.55229 | 0.54287 | 0.53365 | 0.52462 | 0.51579 | 0.50714 | 0.49867 | 0.49038 | 0.48225 | 0.47430 |
| 5 | 0.47611 | 0.46598 | 0.45611 | 0.44649 | 0.43711 | 0.42797 | 0.41905 | 0.41036 | 0.40188 | 0.39361 |
| 6 | 0.41044 | 0.39999 | 0.38984 | 0.37999 | 0.37043 | 0.36115 | 0.35214 | 0.34339 | 0.33490 | 0.32665 |
| 7 | 0.35383 | 0.34334 | 0.33320 | 0.32340 | 0.31393 | 0.30477 | 0.29592 | 0.28736 | 0.27908 | 0.27108 |
| 8 | 0.30503 | 0.29471 | 0.28478 | 0.27523 | 0.26604 | 0.25719 | 0.24867 | 0.24047 | 0.23257 | 0.22496 |
| 9 | 0.26295 | 0.25297 | 0.24340 | 0.23424 | 0.22546 | 0.21704 | 0.20897 | 0.20123 | 0.19381 | 0.18669 |
| 10 | 0.22668 | 0.21714 | 0.20804 | 0.19935 | 0.19106 | 0.18315 | 0.17560 | 0.16839 | 0.16151 | 0.15493 |
| 11 | 0.19542 | 0.18639 | 0.17781 | 0.16966 | 0.16192 | 0.15456 | 0.14757 | 0.14091 | 0.13459 | 0.12857 |
| 12 | 0.16846 | 0.15999 | 0.15197 | 0.14439 | 0.13722 | 0.13043 | 0.12400 | 0.11792 | 0.11216 | 0.10670 |
| 13 | 0.14523 | 0.13733 | 0.12989 | 0.12289 | 0.11629 | 0.11007 | 0.10421 | 0.09868 | 0.09346 | 0.08855 |
| 14 | 0.12520 | 0.11788 | 0.11102 | 0.10459 | 0.09855 | 0.09288 | 0.08757 | 0.08258 | 0.07789 | 0.07348 |
| 15 | 0.10793 | 0.10118 | 0.09489 | 0.08901 | 0.08352 | 0.07838 | 0.07359 | 0.06910 | 0.06491 | 0.06098 |
| 16 | 0.09304 | 0.08685 | 0.08110 | 0.07575 | 0.07078 | 0.06615 | 0.06184 | 0.05782 | 0.05409 | 0.05061 |
| 17 | 0.08021 | 0.07455 | 0.06932 | 0.06447 | 0.05998 | 0.05582 | 0.05196 | 0.04839 | 0.04507 | 0.04200 |
| 18 | 0.06914 | 0.06399 | 0.05925 | 0.05487 | 0.05083 | 0.04711 | 0.04367 | 0.04049 | 0.03756 | 0.03485 |
| 19 | 0.05961 | 0.05493 | 0.05064 | 0.04670 | 0.04308 | 0.03975 | 0.03670 | 0.03389 | 0.03130 | 0.02892 |
| 20 | 0.05139 | 0.04715 | 0.04328 | 0.03974 | 0.03651 | 0.03355 | 0.03084 | 0.02836 | 0.02608 | 0.02400 |

# 현가이자요소(*PVIF*)

| n/i | 21.0 | 21.5 | 22.0 | 22.5 | 23.0 | 23.5 | 24.0 | 24.5 | 25.0 | 25.5 |
|---|---|---|---|---|---|---|---|---|---|---|
| 1 | 0.82645 | 0.82305 | 0.81967 | 0.81633 | 0.81301 | 0.80972 | 0.80645 | 0.80321 | 0.80000 | 0.79681 |
| 2 | 0.68301 | 0.67740 | 0.67186 | 0.66639 | 0.66098 | 0.65564 | 0.65036 | 0.64515 | 0.64000 | 0.63491 |
| 3 | 0.56447 | 0.55753 | 0.55071 | 0.54399 | 0.53738 | 0.53088 | 0.52449 | 0.51819 | 0.51200 | 0.50590 |
| 4 | 0.46651 | 0.45888 | 0.45140 | 0.44407 | 0.43690 | 0.42987 | 0.42297 | 0.41622 | 0.40960 | 0.40311 |
| 5 | 0.38554 | 0.37768 | 0.37000 | 0.36251 | 0.35520 | 0.34807 | 0.34111 | 0.33431 | 0.32768 | 0.32120 |
| 6 | 0.31863 | 0.31084 | 0.30328 | 0.29593 | 0.28878 | 0.28184 | 0.27509 | 0.26852 | 0.26214 | 0.25594 |
| 7 | 0.26333 | 0.25584 | 0.24859 | 0.24157 | 0.23478 | 0.22821 | 0.22184 | 0.21568 | 0.20972 | 0.20394 |
| 8 | 0.21763 | 0.21057 | 0.20376 | 0.19720 | 0.19088 | 0.18478 | 0.17891 | 0.17324 | 0.16777 | 0.16250 |
| 9 | 0.17986 | 0.17331 | 0.16702 | 0.16098 | 0.15519 | 0.14962 | 0.14428 | 0.13915 | 0.13422 | 0.12948 |
| 10 | 0.14864 | 0.14264 | 0.13690 | 0.13141 | 0.12617 | 0.12115 | 0.11635 | 0.11177 | 0.10737 | 0.10317 |
| 11 | 0.12285 | 0.11740 | 0.11221 | 0.10728 | 0.10258 | 0.09810 | 0.09383 | 0.08977 | 0.08590 | 0.08221 |
| 12 | 0.10153 | 0.09662 | 0.09198 | 0.08757 | 0.08339 | 0.07943 | 0.07567 | 0.07211 | 0.06872 | 0.06551 |
| 13 | 0.08391 | 0.07953 | 0.07539 | 0.07149 | 0.06780 | 0.06432 | 0.06103 | 0.05792 | 0.05498 | 0.05220 |
| 14 | 0.06934 | 0.06545 | 0.06180 | 0.05836 | 0.05512 | 0.05208 | 0.04921 | 0.04652 | 0.04398 | 0.04159 |
| 15 | 0.05731 | 0.05387 | 0.05065 | 0.04764 | 0.04482 | 0.04217 | 0.03969 | 0.03736 | 0.03518 | 0.03314 |
| 16 | 0.04736 | 0.04434 | 0.04152 | 0.03889 | 0.03643 | 0.03415 | 0.03201 | 0.03001 | 0.02815 | 0.02641 |
| 17 | 0.03914 | 0.03649 | 0.03403 | 0.03175 | 0.02962 | 0.02765 | 0.02581 | 0.02411 | 0.02252 | 0.02104 |
| 18 | 0.03235 | 0.03003 | 0.02789 | 0.02591 | 0.02408 | 0.02239 | 0.02082 | 0.01936 | 0.01801 | 0.01677 |
| 19 | 0.02673 | 0.02472 | 0.02286 | 0.02116 | 0.01958 | 0.01813 | 0.01679 | 0.01555 | 0.01441 | 0.01336 |
| 20 | 0.02209 | 0.02035 | 0.01874 | 0.01727 | 0.01592 | 0.01468 | 0.01354 | 0.01249 | 0.01153 | 0.01064 |

| n/i | 26.0 | 26.5 | 27.0 | 27.5 | 28.0 | 28.5 | 29.0 | 29.5 | 30.0 | 30.5 |
|---|---|---|---|---|---|---|---|---|---|---|
| 1 | 0.79365 | 0.79051 | 0.78740 | 0.78431 | 0.78125 | 0.77821 | 0.77519 | 0.77220 | 0.76923 | 0.76628 |
| 2 | 0.62988 | 0.62491 | 0.62000 | 0.61515 | 0.61035 | 0.60561 | 0.60093 | 0.59629 | 0.59172 | 0.58719 |
| 3 | 0.49991 | 0.49400 | 0.48819 | 0.48247 | 0.47684 | 0.47129 | 0.46583 | 0.46046 | 0.45517 | 0.44995 |
| 4 | 0.39675 | 0.39052 | 0.38440 | 0.37841 | 0.37253 | 0.36676 | 0.36111 | 0.35557 | 0.35013 | 0.34479 |
| 5 | 0.31488 | 0.30871 | 0.30268 | 0.29679 | 0.29104 | 0.28542 | 0.27993 | 0.27457 | 0.26933 | 0.26421 |
| 6 | 0.24991 | 0.24404 | 0.23833 | 0.23278 | 0.22737 | 0.22212 | 0.21700 | 0.21202 | 0.20718 | 0.20246 |
| 7 | 0.19834 | 0.19292 | 0.18766 | 0.18257 | 0.17764 | 0.17285 | 0.16822 | 0.16372 | 0.15937 | 0.15514 |
| 8 | 0.15741 | 0.15250 | 0.14776 | 0.14319 | 0.13878 | 0.13452 | 0.13040 | 0.12643 | 0.12259 | 0.11888 |
| 9 | 0.12493 | 0.12056 | 0.11635 | 0.11231 | 0.10842 | 0.10468 | 0.10109 | 0.09763 | 0.09430 | 0.09110 |
| 10 | 0.09915 | 0.09530 | 0.09161 | 0.08808 | 0.08470 | 0.08146 | 0.07836 | 0.07539 | 0.07254 | 0.06981 |
| 11 | 0.07869 | 0.07534 | 0.07214 | 0.06909 | 0.06617 | 0.06340 | 0.06075 | 0.05821 | 0.05580 | 0.05349 |
| 12 | 0.06245 | 0.05955 | 0.05680 | 0.05418 | 0.05170 | 0.04934 | 0.04709 | 0.04495 | 0.04292 | 0.04099 |
| 13 | 0.04957 | 0.04708 | 0.04473 | 0.04250 | 0.04039 | 0.03839 | 0.03650 | 0.03471 | 0.03302 | 0.03141 |
| 14 | 0.03934 | 0.03722 | 0.03522 | 0.03333 | 0.03155 | 0.02988 | 0.02830 | 0.02681 | 0.02540 | 0.02407 |
| 15 | 0.03122 | 0.02942 | 0.02773 | 0.02614 | 0.02465 | 0.02325 | 0.02194 | 0.02070 | 0.01954 | 0.01844 |
| 16 | 0.02478 | 0.02326 | 0.02183 | 0.02050 | 0.01926 | 0.01809 | 0.01700 | 0.01598 | 0.01503 | 0.01413 |
| 17 | 0.01967 | 0.01838 | 0.01719 | 0.01608 | 0.01505 | 0.01408 | 0.01318 | 0.01234 | 0.01156 | 0.01083 |
| 18 | 0.01561 | 0.01453 | 0.01354 | 0.01261 | 0.01175 | 0.01096 | 0.01022 | 0.00953 | 0.00889 | 0.00830 |
| 19 | 0.01239 | 0.01149 | 0.01066 | 0.00989 | 0.00918 | 0.00853 | 0.00792 | 0.00736 | 0.00684 | 0.00636 |
| 20 | 0.00983 | 0.00908 | 0.00839 | 0.00776 | 0.00717 | 0.00664 | 0.00614 | 0.00568 | 0.00526 | 0.00487 |

## <부표-4> 연금의 현가이자요소($PVIF_a$)

$$PVIF_a = \frac{(1+i)^n - 1}{i(1+i)^n}$$

| n/i | 1.0 | 1.5 | 2.0 | 2.5 | 3.0 | 3.5 | 4.0 | 4.5 | 5.0 | 5.5 |
|---|---|---|---|---|---|---|---|---|---|---|
| 1 | 0.99010 | 0.98522 | 0.98039 | 0.97561 | 0.97087 | 0.96618 | 0.96154 | 0.95694 | 0.95238 | 0.94787 |
| 2 | 1.97039 | 1.95588 | 1.94156 | 1.92742 | 1.91347 | 1.89969 | 1.88609 | 1.87267 | 1.85941 | 1.84632 |
| 3 | 2.94098 | 2.91220 | 2.88388 | 2.85602 | 2.82861 | 2.80164 | 2.77509 | 2.74896 | 2.72325 | 2.69793 |
| 4 | 3.90197 | 3.85438 | 3.80773 | 3.76197 | 3.71710 | 3.67308 | 3.62990 | 3.58753 | 3.54595 | 3.50515 |
| 5 | 4.85343 | 4.78264 | 4.71346 | 4.64583 | 4.57971 | 4.51505 | 4.45182 | 4.38998 | 4.32948 | 4.27028 |
| 6 | 5.79548 | 5.69719 | 5.60143 | 5.50812 | 5.41719 | 5.32855 | 5.24214 | 5.15787 | 5.07569 | 4.99553 |
| 7 | 6.72819 | 6.59821 | 6.47199 | 6.34939 | 6.23028 | 6.11455 | 6.00206 | 5.89270 | 5.78637 | 5.68297 |
| 8 | 7.65168 | 9.48592 | 7.32548 | 7.17014 | 7.01969 | 6.87396 | 6.73275 | 6.59589 | 6.46321 | 6.33457 |
| 9 | 8.56602 | 8.36051 | 8.16224 | 7.97086 | 7.78611 | 7.60769 | 7.43533 | 7.26879 | 7.10782 | 6.95220 |
| 10 | 9.47130 | 9.22218 | 8.98259 | 8.75206 | 8.53020 | 8.31661 | 8.11090 | 7.91272 | 7.72174 | 7.53763 |
| 11 | 10.36763 | 10.07112 | 9.78685 | 9.51421 | 9.25262 | 9.00155 | 8.76048 | 8.52892 | 8.30642 | 8.09254 |
| 12 | 11.25508 | 10.90750 | 10.57534 | 10.25776 | 9.95400 | 9.66334 | 9.38507 | 9.11858 | 8.86325 | 8.61852 |
| 13 | 12.13374 | 11.73153 | 11.34837 | 10.98318 | 10.63495 | 10.30274 | 9.98565 | 9.68285 | 9.39357 | 9.11708 |
| 14 | 13.00370 | 12.54338 | 12.10625 | 11.69091 | 11.29607 | 10.92052 | 10.56312 | 10.22282 | 9.89864 | 9.58965 |
| 15 | 13.86505 | 13.34323 | 12.84926 | 12.38138 | 11.93793 | 11.51741 | 11.11839 | 10.73955 | 10.37966 | 10.03758 |
| 16 | 14.71787 | 14.13126 | 13.57771 | 13.05500 | 12.56110 | 12.09412 | 11.65230 | 11.23401 | 10.83777 | 10.46216 |
| 17 | 15.56225 | 14.90765 | 14.29187 | 13.71220 | 13.16612 | 12.65132 | 12.16567 | 11.70719 | 11.27407 | 10.86461 |
| 18 | 16.39827 | 15.67256 | 14.99203 | 14.35336 | 13.75351 | 13.18968 | 12.65930 | 12.15999 | 11.68959 | 11.24607 |
| 19 | 17.22601 | 16.42616 | 15.67846 | 14.97889 | 14.32380 | 13.70984 | 13.13394 | 12.59329 | 12.08532 | 11.60765 |
| 20 | 18.04555 | 17.16863 | 16.35143 | 15.58916 | 14.87747 | 14.21241 | 13.59033 | 13.00794 | 12.46221 | 11.95038 |

| n/i | 6.0 | 6.5 | 7.0 | 7.5 | 8.0 | 8.5 | 9.0 | 9.5 | 10.0 | 10.5 |
|---|---|---|---|---|---|---|---|---|---|---|
| 1 | 0.94340 | 0.93897 | 0.93458 | 0.93023 | 0.92593 | 0.92166 | 0.91743 | 0.91324 | 0.90909 | 0.90498 |
| 2 | 1.83339 | 1.82063 | 1.80802 | 1.79557 | 1.78326 | 1.77111 | 1.75911 | 1.74725 | 1.73554 | 1.72396 |
| 3 | 2.67301 | 2.64848 | 2.62432 | 2.60053 | 2.57710 | 2.55402 | 2.53129 | 2.50891 | 2.48685 | 2.46512 |
| 4 | 3.46511 | 3.42580 | 3.38721 | 3.34933 | 3.31213 | 3.27560 | 3.23972 | 3.20448 | 3.16987 | 3.13586 |
| 5 | 4.21236 | 4.15568 | 4.10020 | 4.04588 | 3.99271 | 3.94064 | 3.88965 | 3.83971 | 3.79079 | 3.74286 |
| 6 | 4.91732 | 4.84101 | 4.76654 | 4.69385 | 4.62288 | 4.55359 | 4.48592 | 4.41983 | 4.35526 | 4.29218 |
| 7 | 5.58238 | 5.48452 | 5.38929 | 5.29660 | 5.20637 | 5.11851 | 5.03295 | 4.94961 | 4.86842 | 4.78930 |
| 8 | 6.20979 | 6.08875 | 5.97130 | 5.85730 | 5.74664 | 5.63918 | 5.53482 | 5.43344 | 5.33493 | 5.23919 |
| 9 | 6.80169 | 6.65611 | 6.51523 | 6.37889 | 6.24689 | 6.11906 | 5.99525 | 5.87528 | 5.75902 | 5.64632 |
| 10 | 7.36009 | 7.18883 | 7.02358 | 6.86408 | 6.71008 | 6.56135 | 6.41766 | 6.27880 | 6.14457 | 6.01477 |
| 11 | 7.88687 | 7.68904 | 7.49867 | 7.31542 | 7.13896 | 6.96898 | 6.80519 | 6.64730 | 6.49506 | 6.34821 |
| 12 | 8.38384 | 8.15873 | 7.94269 | 7.73528 | 7.53608 | 7.34469 | 7.16073 | 6.98384 | 6.81369 | 6.64996 |
| 13 | 8.85268 | 8.59974 | 8.35765 | 8.12584 | 7.90378 | 7.69096 | 7.48690 | 7.29118 | 7.10336 | 6.92304 |
| 14 | 9.29498 | 9.01384 | 8.74547 | 8.48915 | 8.24424 | 8.01010 | 7.78615 | 7.57185 | 7.36669 | 7.17018 |
| 15 | 9.71225 | 9.40267 | 9.10791 | 8.82712 | 8.55948 | 8.30424 | 8.06069 | 7.82817 | 7.60608 | 7.39382 |
| 16 | 10.10590 | 9.76777 | 9.44665 | 9.14151 | 8.85137 | 8.57533 | 8.31256 | 8.06226 | 7.82371 | 7.59622 |
| 17 | 10.47726 | 10.11058 | 9.76322 | 9.43396 | 9.12164 | 8.82519 | 8.54363 | 8.27604 | 8.02155 | 7.77939 |
| 18 | 10.82760 | 10.43247 | 10.05909 | 9.70601 | 9.37189 | 9.05548 | 8.75563 | 8.47127 | 8.20141 | 8.94515 |
| 19 | 11.15812 | 10.73471 | 10.33560 | 9.95908 | 9.60360 | 9.26772 | 8.95011 | 8.64956 | 8.36492 | 8.09515 |
| 20 | 11.46992 | 11.01851 | 10.59401 | 10.19449 | 9.81815 | 9.46334 | 9.12855 | 8.81238 | 8.51356 | 8.23091 |

# 연금의 현가이자요소($PVIF_a$)

| n/i | 11.0 | 11.5 | 12.0 | 12.5 | 13.0 | 13.5 | 14.0 | 14.5 | 15.0 | 15.5 |
|---|---|---|---|---|---|---|---|---|---|---|
| 1 | 0.90090 | 0.89686 | 0.89286 | 0.88889 | 0.88496 | 0.88106 | 0.87719 | 0.87336 | 0.86957 | 0.86580 |
| 2 | 1.71252 | 1.70122 | 1.69005 | 1.67901 | 1.66810 | 1.65732 | 1.64666 | 1.63612 | 1.62571 | 1.61541 |
| 3 | 2.44371 | 2.42262 | 2.40183 | 2.38134 | 2.36115 | 2.34125 | 2.32163 | 2.30229 | 2.28323 | 2.26443 |
| 4 | 3.10245 | 3.06961 | 3.03735 | 3.00564 | 2.97447 | 2.94383 | 2.91371 | 2.88410 | 2.85498 | 2.82634 |
| 5 | 3.69590 | 3.64988 | 3.60478 | 3.56057 | 3.51723 | 3.47474 | 3.43308 | 3.39223 | 3.35216 | 3.31285 |
| 6 | 4.23054 | 4.17029 | 4.11141 | 4.05384 | 3.99755 | 3.94250 | 3.88867 | 3.83600 | 3.78448 | 3.73407 |
| 7 | 4.71220 | 4.63704 | 4.56376 | 4.49230 | 4.42261 | 4.35463 | 4.28830 | 4.22358 | 4.16042 | 4.09876 |
| 8 | 5.14612 | 5.05564 | 4.96764 | 4.88205 | 4.79877 | 4.71774 | 4.63886 | 4.56208 | 4.48732 | 4.41451 |
| 9 | 5.53705 | 5.43106 | 5.32825 | 5.22848 | 5.13166 | 5.03765 | 4.94637 | 4.85771 | 4.77158 | 4.68789 |
| 10 | 5.88923 | 5.76777 | 5.65022 | 5.53643 | 5.42624 | 5.31952 | 5.21612 | 5.11591 | 5.01877 | 4.92458 |
| 11 | 6.20652 | 6.06975 | 5.93770 | 5.81016 | 5.68694 | 5.56786 | 5.45273 | 5.34140 | 5.23371 | 5.12951 |
| 12 | 6.49236 | 6.34058 | 6.19437 | 6.05348 | 5.91765 | 5.78666 | 5.66029 | 5.53834 | 5.42062 | 5.30693 |
| 13 | 6.74987 | 6.58348 | 6.42355 | 6.26976 | 6.12181 | 5.97943 | 5.84236 | 5.71034 | 5.58315 | 5.46055 |
| 14 | 6.98187 | 6.80133 | 6.62817 | 6.46201 | 6.30249 | 6.14928 | 6.00207 | 5.86056 | 5.72448 | 5.59355 |
| 15 | 7.19087 | 6.99671 | 6.81086 | 6.63289 | 6.46238 | 6.29893 | 6.14217 | 5.99176 | 5.84737 | 5.70870 |
| 16 | 7.37916 | 7.17194 | 6.97399 | 6.78479 | 6.60388 | 6.43077 | 6.26506 | 6.10634 | 5.95424 | 5.80840 |
| 17 | 7.54879 | 7.32909 | 7.11963 | 6.91982 | 6.72909 | 6.54694 | 6.37286 | 6.20641 | 6.04716 | 5.89472 |
| 18 | 7.70162 | 7.47004 | 7.24967 | 7.03984 | 6.83991 | 6.64928 | 6.46742 | 6.29381 | 6.12797 | 5.96945 |
| 19 | 7.83929 | 7.59644 | 7.36578 | 7.14652 | 6.93797 | 6.73946 | 6.55037 | 6.37014 | 6.19823 | 6.03416 |
| 20 | 7.96333 | 7.70982 | 7.46944 | 7.24135 | 7.02475 | 6.81890 | 6.62313 | 6.43680 | 6.25933 | 6.09018 |

| n/i | 16.0 | 16.5 | 17.0 | 17.5 | 18.0 | 18.5 | 19.0 | 19.5 | 20.0 | 20.5 |
|---|---|---|---|---|---|---|---|---|---|---|
| 1 | 0.86207 | 0.85837 | 0.85470 | 0.85106 | 0.84746 | 0.84388 | 0.84034 | 0.83682 | 0.83333 | 0.82988 |
| 2 | 1.60523 | 1.59517 | 1.58521 | 1.57537 | 1.56564 | 1.55602 | 1.54650 | 1.53709 | 1.52778 | 1.51857 |
| 3 | 2.24589 | 2.22761 | 2.20959 | 2.19181 | 2.17427 | 2.15698 | 2.13992 | 2.12309 | 2.10648 | 2.09010 |
| 4 | 2.79818 | 2.77048 | 2.74324 | 2.71643 | 2.69006 | 2.66412 | 2.63859 | 2.61346 | 2.58873 | 2.56440 |
| 5 | 3.27429 | 3.23646 | 3.19935 | 3.16292 | 3.12717 | 3.09208 | 3.05764 | 3.02382 | 2.99061 | 2.95801 |
| 6 | 3.68474 | 3.63645 | 3.58918 | 3.54291 | 3.49760 | 3.45323 | 3.40978 | 3.36721 | 3.32551 | 3.28465 |
| 7 | 4.03857 | 3.97979 | 3.92238 | 3.86631 | 3.81153 | 3.75800 | 3.70570 | 3.65457 | 3.60459 | 3.55573 |
| 8 | 4.34359 | 4.27449 | 4.20716 | 4.14154 | 4.07757 | 4.01519 | 3.95437 | 3.89504 | 3.83716 | 3.78069 |
| 9 | 4.60654 | 4.52746 | 4.45057 | 4.37578 | 4.30302 | 4.23223 | 4.16333 | 4.09627 | 4.03097 | 3.96738 |
| 10 | 4.83323 | 4.74460 | 4.65860 | 4.57513 | 4.49409 | 4.41538 | 4.33894 | 4.26466 | 4.19247 | 4.12230 |
| 11 | 5.02864 | 4.93099 | 4.83641 | 4.74479 | 4.65601 | 4.56994 | 4.48650 | 4.40557 | 4.32706 | 4.25087 |
| 12 | 5.19711 | 5.09098 | 4.98839 | 4.88918 | 4.79323 | 4.70037 | 4.61050 | 4.52349 | 4.43922 | 4.35757 |
| 13 | 5.34233 | 5.22831 | 5.11828 | 5.01207 | 4.90951 | 4.81044 | 4.71471 | 4.62217 | 4.53268 | 4.44612 |
| 14 | 5.46753 | 5.34619 | 5.22930 | 5.11666 | 5.00806 | 4.90333 | 4.80228 | 4.70474 | 4.61057 | 4.51960 |
| 15 | 5.57546 | 5.44737 | 5.32419 | 5.20567 | 5.09158 | 4.98171 | 4.87586 | 4.77384 | 4.67547 | 4.58058 |
| 16 | 5.66850 | 5.53422 | 5.40529 | 5.28142 | 5.16235 | 5.04786 | 4.93770 | 4.83167 | 4.72956 | 4.63119 |
| 17 | 5.74870 | 5.60878 | 5.47461 | 5.34589 | 5.22233 | 5.10368 | 4.98966 | 4.88006 | 4.77463 | 4.67318 |
| 18 | 5.81785 | 5.67277 | 5.53385 | 5.40076 | 5.27316 | 5.15078 | 5.03333 | 4.92055 | 4.81220 | 4.70804 |
| 19 | 5.87746 | 5.72770 | 5.58449 | 5.44745 | 5.31624 | 5.19053 | 5.07003 | 4.95444 | 4.84350 | 4.73696 |
| 20 | 5.92884 | 5.77485 | 5.62777 | 5.48719 | 5.35275 | 5.22408 | 5.10086 | 4.98279 | 4.86958 | 4.76096 |

# 연금의 현가이자요소($PVIF_a$)

| n/i | 21.0 | 21.5 | 22.0 | 22.5 | 23.0 | 23.5 | 24.0 | 24.5 | 25.0 | 25.5 |
|---|---|---|---|---|---|---|---|---|---|---|
| 1 | 0.82645 | 0.82305 | 0.81967 | 0.81633 | 0.81301 | 0.80972 | 0.80645 | 0.80321 | 0.80000 | 0.79681 |
| 2 | 1.50946 | 1.50045 | 1.49153 | 1.48272 | 1.47399 | 1.46536 | 1.45682 | 1.144836 | 1.44000 | 1.43172 |
| 3 | 2.07393 | 2.05798 | 2.04224 | 2.02671 | 2.01137 | 1.99624 | 1.98130 | 1.96656 | 1.95200 | 1.93763 |
| 4 | 2.54044 | 2.51686 | 2.49364 | 2.47078 | 2.44827 | 2.42611 | 2.40428 | 2.38278 | 2.36160 | 2.34074 |
| 5 | 2.92598 | 2.89453 | 2.86364 | 2.83329 | 2.80347 | 2.77418 | 2.74538 | 2.71709 | 2.68928 | 2.66194 |
| 6 | 3.24462 | 3.20538 | 3.16692 | 3.12922 | 3.09225 | 3.05601 | 3.02047 | 2.98561 | 2.95142 | 2.91788 |
| 7 | 3.50795 | 3.46122 | 3.41551 | 3.37079 | 3.32704 | 3.28422 | 3.24232 | 3.20130 | 3.16114 | 3.12182 |
| 8 | 3.72558 | 3.67178 | 3.61927 | 3.56799 | 3.51792 | 3.46900 | 3.42122 | 3.37454 | 3.32891 | 3.28432 |
| 9 | 3.90543 | 3.84509 | 3.78629 | 3.72897 | 3.67310 | 3.61863 | 3.56550 | 3.51368 | 3.46313 | 3.41380 |
| 10 | 4.05408 | 3.98773 | 3.92318 | 3.86039 | 3.79927 | 3.73978 | 3.68186 | 3.62545 | 3.57050 | 3.51697 |
| 11 | 4.17692 | 4.10513 | 4.03540 | 3.96766 | 3.90185 | 3.83788 | 3.77569 | 3.71522 | 3.65640 | 3.59918 |
| 12 | 4.27845 | 4.20175 | 4.12737 | 4.05523 | 3.98524 | 3.91731 | 3.85136 | 3.78733 | 3.72512 | 3.66469 |
| 13 | 4.36236 | 4.28128 | 4.20277 | 4.12672 | 4.05304 | 3.98163 | 3.91239 | 3.84524 | 3.78010 | 3.71688 |
| 14 | 4.43170 | 4.34673 | 4.26456 | 4.18508 | 4.10816 | 4.03371 | 3.96160 | 3.89176 | 3.82408 | 3.75847 |
| 15 | 4.48901 | 4.40060 | 4.31522 | 4.23272 | 4.15298 | 4.07588 | 4.00129 | 3.92912 | 3.85926 | 3.79161 |
| 16 | 4.53637 | 4.44494 | 4.35673 | 4.27161 | 4.18941 | 4.11002 | 4.03330 | 3.95914 | 3.88741 | 3.81802 |
| 17 | 4.57551 | 4.48143 | 4.39077 | 4.30335 | 4.21904 | 4.13767 | 4.05911 | 3.98324 | 3.90993 | 3.83906 |
| 18 | 4.60786 | 4.51147 | 4.41866 | 4.32927 | 4.24312 | 4.16006 | 4.07993 | 4.00260 | 3.92794 | 3.85582 |
| 19 | 4.63460 | 4.53619 | 4.44152 | 4.35042 | 4.26270 | 4.17818 | 4.09672 | 4.01816 | 3.94235 | 3.86918 |
| 20 | 4.65669 | 4.55653 | 4.46027 | 4.36769 | 4.27862 | 4.19286 | 4.11026 | 4.03065 | 3.95388 | 3.87983 |

| n/i | 26.0 | 26.5 | 27.0 | 27.5 | 28.0 | 28.5 | 29.0 | 29.5 | 30.0 | 30.5 |
|---|---|---|---|---|---|---|---|---|---|---|
| 1 | 0.79365 | 0.75051 | 0.78740 | 0.78431 | 0.78125 | 0.77821 | 0.77519 | 0.77220 | 0.76923 | 0.76628 |
| 2 | 1.42353 | 1.41543 | 1.40740 | 1.39946 | 1.39160 | 1.38382 | 1.37612 | 1.36849 | 1.36095 | 1.35347 |
| 3 | 1.92344 | 1.90943 | 1.89559 | 1.88193 | 1.86844 | 1.85511 | 1.84195 | 1.82895 | 1.81611 | 1.80343 |
| 4 | 2.32019 | 2.29994 | 2.27999 | 2.26034 | 2.24097 | 2.22188 | 2.20306 | 2.18452 | 2.16624 | 2.14822 |
| 5 | 2.63507 | 2.60865 | 2.58267 | 2.55713 | 2.53201 | 2.50730 | 2.48300 | 2.45909 | 2.43557 | 2.41243 |
| 6 | 2.88498 | 2.85269 | 2.82100 | 2.78990 | 2.75938 | 2.72942 | 2.70000 | 2.67111 | 2.64275 | 2.61489 |
| 7 | 3.08332 | 3.04560 | 3.00866 | 2.97247 | 2.93702 | 2.90227 | 2.86821 | 2.83484 | 2.80211 | 2.77003 |
| 8 | 3.24073 | 3.19811 | 3.15643 | 3.11567 | 3.07579 | 3.03679 | 2.99862 | 2.96126 | 2.92470 | 2.88891 |
| 9 | 3.36566 | 3.31866 | 3.27278 | 3.22797 | 3.18421 | 3.14147 | 3.09970 | 3.05889 | 3.01900 | 2.98001 |
| 10 | 3.46481 | 3.41396 | 3.36439 | 3.31606 | 3.26892 | 3.22293 | 3.17806 | 3.13428 | 3.09154 | 3.04982 |
| 11 | 3.54350 | 3.48930 | 3.43653 | 3.38514 | 3.33509 | 3.28633 | 3.23881 | 3.19249 | 3.14734 | 3.10331 |
| 12 | 3.60595 | 3.54885 | 3.49333 | 3.43933 | 3.38679 | 3.33566 | 3.28590 | 3.23745 | 3.19026 | 3.14430 |
| 13 | 3.65552 | 3.59593 | 3.53806 | 3.48183 | 3.42718 | 3.37406 | 3.32240 | 3.27216 | 3.22328 | 3.17571 |
| 14 | 3.69485 | 3.63315 | 3.57327 | 3.51516 | 3.45873 | 3.40394 | 3.35070 | 3.29896 | 3.24867 | 3.19978 |
| 15 | 3.72607 | 3.66257 | 3.60100 | 3.54130 | 3.48339 | 3.42719 | 3.37264 | 3.31966 | 3.26821 | 3.21822 |
| 16 | 3.75085 | 3.68582 | 3.62284 | 3.56180 | 3.50265 | 3.44528 | 3.38964 | 3.33565 | 3.28324 | 3.23235 |
| 17 | 3.77052 | 3.70421 | 3.64003 | 3.57789 | 3.51769 | 3.45936 | 3.40282 | 3.34799 | 3.29480 | 3.24318 |
| 18 | 3.78613 | 3.71874 | 3.65357 | 3.59050 | 3.52945 | 3.47032 | 3.41304 | 3.35752 | 3.30369 | 3.25148 |
| 19 | 3.79851 | 3.73023 | 3.66423 | 3.60039 | 3.53863 | 3.47885 | 3.42096 | 3.36488 | 3.31053 | 3.25784 |
| 20 | 3.80834 | 3.73931 | 3.67262 | 3.60815 | 3.54581 | 3.48549 | 3.42710 | 3.37057 | 3.31579 | 3.26271 |

<부표-5>

# 정규분포표

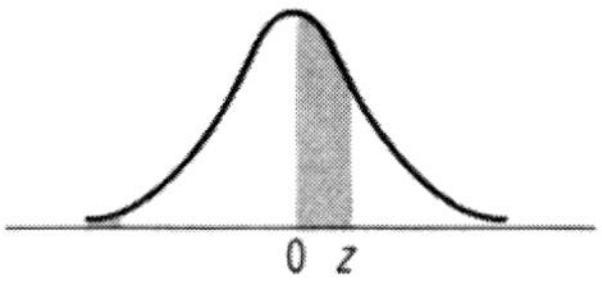


| z | .00 | .01 | .02 | .03 | .04 | .05 | .06 | .07 | .08 | .09 |
|---|---|---|---|---|---|---|---|---|---|---|
| 0.0 | .0000 | .0040 | .0080 | .0120 | .0160 | .0199 | .0239 | .0279 | .0319 | .0359 |
| 0.1 | .0398 | .0438 | .0478 | .0517 | .0557 | .0596 | .0636 | .0675 | .0714 | .0753 |
| 0.2 | .0793 | .0832 | .0871 | .0910 | .0948 | .0987 | .1026 | .1064 | .1103 | .1141 |
| 0.3 | .1179 | .1217 | .1255 | .1293 | .1331 | .1368 | .1406 | .1443 | .1480 | .1517 |
| 0.4 | .1554 | .1591 | .1628 | .1664 | .1700 | .1736 | .1772 | .1808 | .1844 | .1879 |
| 0.5 | .1915 | .1950 | .1985 | .2019 | .2054 | .2088 | .2123 | .2157 | .2190 | .2224 |
| 0.6 | .2258 | .2291 | .2324 | .2357 | .2389 | .2422 | .2454 | .2486 | .2518 | .2549 |
| 0.7 | .2580 | .2612 | .2642 | .2673 | .2704 | .2734 | .2764 | .2794 | .2823 | .2852 |
| 0.8 | .2881 | .2910 | .2939 | .2967 | .2996 | .3023 | .3051 | .3078 | .3106 | .3133 |
| 0.9 | .3159 | .3186 | .3212 | .3238 | .3264 | .3289 | .3315 | .3340 | .3365 | .3389 |
| 1.0 | .3413 | .3438 | .3461 | .3485 | .3508 | .3531 | .3554 | .3577 | .3599 | .3621 |
| 1.1 | .3643 | .3665 | .3686 | .3708 | .3729 | .3749 | .3770 | .3790 | .3810 | .3830 |
| 1.2 | .3649 | .3869 | .3888 | .3907 | .3925 | .3944 | .3962 | .3980 | .3997 | .4015 |
| 1.3 | .4032 | .4049 | .4066 | .4082 | .4099 | .4115 | .4131 | .4147 | .4162 | .4177 |
| 1.4 | .4192 | .4207 | .4222 | .4236 | .4251 | .4265 | .4279 | .4292 | .4306 | .4319 |
| 1.5 | .4332 | .4345 | .4357 | .4370 | .4382 | .4394 | .4406 | .4418 | .4429 | .4441 |
| 1.6 | .4452 | .4463 | .4474 | .4484 | .4495 | .4505 | .4515 | .4525 | .4535 | .4545 |
| 1.7 | .4554 | .4564 | .4573 | .4582 | .4591 | .4599 | .4608 | .4616 | .4625 | .4633 |
| 1.8 | .4641 | .4649 | .4656 | .4664 | .4671 | .4678 | .4686 | .4693 | .4699 | .4709 |
| 1.9 | .4713 | .4719 | .4726 | .4732 | .4738 | .4744 | .4750 | .4756 | .4761 | .4767 |
| 2.0 | .4772 | .4778 | .4783 | .4788 | .4793 | .4798 | .4803 | .4808 | .4812 | .4817 |
| 2.1 | .4821 | .4826 | .4830 | .4834 | .4838 | .4842 | .4846 | .4850 | .4854 | .4857 |
| 2.2 | .4861 | .4864 | .4868 | .4871 | .4875 | .4878 | .4881 | .4884 | .4887 | .4890 |
| 2.3 | .4893 | .4896 | .4898 | .4901 | .4904 | .4906 | .4909 | .4911 | .4913 | .4916 |
| 2.4 | .4918 | .4920 | .4922 | .4925 | .4927 | .4929 | .4931 | .4932 | .4934 | .4936 |
| 2.5 | .4938 | .4940 | .4941 | .4943 | .4945 | .4946 | .4948 | .4949 | .4951 | .4952 |
| 2.6 | .4953 | .4955 | .4956 | .4957 | .4959 | .4960 | .4961 | .4962 | .4963 | .4964 |
| 2.7 | .4965 | .4966 | .4967 | .4968 | .4969 | .4970 | .4971 | .4972 | .4973 | .4974 |
| 2.8 | .4974 | .4975 | .4976 | .4977 | .4977 | .4978 | .4979 | .4979 | .4980 | .4981 |
| 2.9 | .4981 | .4982 | .4982 | .4983 | .4984 | .4984 | .4985 | .4985 | .4986 | .4986 |
| 3.0 | .4987 | .4987 | .4987 | .4988 | .4988 | .4989 | .4989 | .4989 | .4990 | .4990 |
| 3.1 | .4990 | .4991 | .4991 | .4991 | .4992 | .4992 | .4992 | .4992 | .4993 | .4993 |
| 3.2 | .4993 | .4993 | .4994 | .4994 | .4994 | .4994 | .4994 | .4995 | .4995 | .4995 |
| 3.3 | .4995 | .4995 | .4995 | .4996 | .4996 | .4996 | .4996 | .4996 | .4996 | .4997 |
| 3.4 | .4997 | .4997 | .4997 | .4997 | .4997 | .4997 | .4997 | .4997 | .4997 | .4998 |
| 3.5 | .4998 | .4998 | .4998 | .4998 | .4998 | .4999 | .4998 | .4998 | .4998 | .4998 |
| 3.6 | .4998 | .4998 | .4999 | .4999 | .4999 | .4998 | .4999 | .4999 | .4999 | .4999 |
| 3.7 | .4999 | .4999 | .4999 | .4999 | .4999 | .4999 | .4999 | .4999 | .4999 | .4999 |
| 3.8 | .4999 | .4999 | .4999 | .4999 | .4999 | .4999 | .4999 | .4999 | .4999 | .4999 |
| 3.9 | .5000 | .5000 | .5000 | .5000 | .5000 | .5000 | .5000 | .5000 | .5000 | .5000 |

# 참고문헌

강길준 · 이상근 공저, 『기업재무의 이해』, 삼영사, 2005년
권수영 등, 『회계정보 유용성』, 신영사, 2003년
김권중 · 김문철 공저, 『재무관리분석과 가치평가』, 다산출판사, 2003년
김동환 · 김안생 · 김종천 공저, 『최신재무관리』, 무역경영사, 2007년
김영규 · 감형규 공저, 『재무관리』, 신영사, 2007년
김효석, 『재무관리』, 형설출판사, 2007년
민성기, 『재무관리원론』, 창민사, 2008년
박수용, 『재무관리론(제3판)』, 삼영사, 2004년
박세일, 『법경제학』, 박영사, 2003년
송지영, 『금융시장과 금융상품의 이해』, 청목출판사, 2007년
______,『자본시장-금융투자와 금융투자업-』, 청목출판사, 2009년
양현봉 · 이상진, 『법인설립제도 개선방안』, 산업연구원, 2007년
윤평구 · 황인태, 『재무관리』, 청목출판사, 2005년
이강남, 『국제금융론』, 법문사, 2006년
이광로 · 김병순, 『재무관리』, 신영사, 2003년
이정규 · 김동욱 · 김건우, 『재무관리(제4판)』, 홍문사, 2002년
이철송, 『상법강의』, 박영사, 2004년
장경천 · 정헌용 · 김현석 공저, 『재무관리의 이해』, 삼영사, 2007년
장영광, 『현대재무관리』, 신영사, 2006년
정운오 · 나인철 · 이명곤, 『중급재무회계 I』, 경문사, 2004년
증권선물거래소(현재의 한국거래소), 『KOSPI 200 선물 · 옵션거래의 이해, 2001년
______________________________, 「선물시장 거래제도의 이해」, 2007년.
한국은행, 『우리나라의 금융시장』, 한국은행, 2007년
Jensen, M. And W. Meckling, "The Theory of the Firm : Managerial Behavior, Agency Costs and Ownership Structure," *Journal of Financial Economics*, (October 1976), pp. 305-360.
Magginson, Smart(2006), Introduction To Financial Management, Tomson
Modigliani, F. and M. H. Miller, "Corporate Income Taxes and the Cost of Capital : A Correction," *American Economic Review*, 53 (June 1963) pp. 433-443.
______________________________, "Dividend policy, Growth, and the Valuation of Shares," *Journal of Business*, 34(October 1961) pp. 411-433.
______________________________, "The Cost of Corporate Finance and Theory of

Investment," *American Economic Review*, 48, no.3(June 1958) pp. 261-297.

Raun, D. L., "The Limitation of Profit Graphs, Break-even Analysis and Budgets," Accounting Review(October 1964), pp. 927-945.

Saunders(2007), Cornett, *Financial Markets and Institutions*, McGRAW-HILL

Tobin, J. "A General Equilibrium Approach to Monetary Theory," *Journal of Money*, Credit and Banking(February 1969), pp. 15-29

Trant, J. B., Bank Administration(1931), p. 180.

Wall, A., Study of Credit Barometers, *federal Reserve Bulletin*, 5(March 1919), pp. 229-243.

Weston, J. F. and E. F. Brigham, *Managerial Finance*(Hinsdale, IllIonis: the Drayden Press, 1981), pp. 138-152.

現代財務管理論 硏究會 ,『現代財務管理論』, 中央經濟社, 2008年

牧浦建二,『現代財務管理槪論』, 稅務管理協會, 2007年

# 찾아보기

〈국문〉

(ㄱ)



(ㄴ)

〈영문〉

(A)



(B)



(C)

## [저자 소개]

• 송지영
성균관대학교 졸업(경제학사)
日本 同志社(DOSHISHA)大學 대학원 졸업(상학석사)
日本 同志社(DOSHISHA)大學 대학원 졸업(상학박사)
JAFCO(Japan Associated Finance Co.), 한국투자증권(구 동원증권(주) )근무
현재 수원과학대학교 증권금융과 교수

〈저서 및 주요논문〉
『아시아NIEs의금융 · 증권시장(일본어판)』(晃洋書房, 共著 1991).
『금융기관론(개정판)』(창민사, 2004)
『증권시장과 증권투자의 이해』(청목출판사, 2005년)
『현대경제학원론』(청목출판사, 2007년)
『금융시장과 금융상품의 이해』(청목출판사, 2007년)
『금융제도와 금융기관의 이해』(청목출판사, 2008년)
『자본시장-금융투자와 금융투자업-』(청목출판사, 2009년)
『현대경제학원론(개정판)』(청목출판사, 2010년)
『투자론(공저)』(청목출판사, 2012년)
『현대인을 위한 생활경제』(청목출판사, 2012년)
『글로벌시대의 금융시스템-금융제도와 금융기관-』(청목출판사, 2012년)
『현대금융시장론』(청목출판사, 2013년)
한국에 있어서의 경제발전과 금융제도발전과정의 상호관계에 관한 연구(일본어판)
한국에 있어서의 증권업재편성과 증권시장개혁에 대하여(일본어판)
한국의 금융재편성과 증권업의 변화-일본과의 비교-(일본어판)
금융 · 자본시장의 환경변화와 증권산업의 대응방안-투자은행업과 자산관리업을 중심으로-
시장중심시스템으로의 전환과 금융개혁의 과제-한국과 일본의 케이스를 중심으로-등 다수

• 강성익
경희대학교 법학과 졸업(법학사)
日本 同志社(DOSHISHA)대학 대학원 상학연구과 석사과정 졸업(상학석사)
日本 同志社(DOSHISHA)대학 대학원 상학연구과 박사과정 수료
가톨릭대학교 대학원 경영학과 졸업(경영학박사)
한국증권금융 (조사부장, IT부문장, 상무) 근무
현재 수원과학대학교 세무회계과 교수

〈저서 및 논문〉
『회사법』(청목출판사, 2012)
『아시아 NIEs의 금융·증권시장(일본어 판)』(晃洋書房, 共著, 1991)
주가지수선물거래의 한국에의 도입타당성에 관한 연구(일본어판)
주식매입선택권이 주가에 미치는 영향 외 다수

• 전수영
가톨릭대학교 회계학과 졸업
가톨릭대학교 경영학 석사
가톨릭대학교 경영학 박사
현, 수원과학대학교 증권금융과 강사
가톨릭대학교 경영대학원 강사
송담대 세무회계과 강사
경복대 세무회계정보과 강사

〈저서 및 논문〉
『전산회계 2급』(청람출판사, 2013)
종교법인회계 및 재무보고기준에 관한 연구
병원의 경영성과평가에 관한 연구
BSC를 활용한 병원의 경영성과에 관한 연구
재무분석가의 이익예측치의 정확성에 관한 연구
애널리스트의 이익예측결정요인
기업분할의 공시효과와 기업특성
재무분석가의 예측치 수와 발생액

알기쉬운 재무관리

2017년 9월 10일 중판인쇄
2017년 9월 15일 중판발행

저 자 송지영 · 강성익 · 전수영
발행인 유 성 열
발행처 형지사
서울특별시 영등포구 신길로 40길 20
전화 (02) 833-6090 · 6091
FAX (02) 849-0817
등록 제318-2005-000030호

파본은 바꾸어 드립니다. 값 23,000원

http : //www.chongmok.co.kr



ISBN 978-89-92938-78-5